동서 철학에 대한 주체적 기록

김형효 철학전작 5

동서 철학에 대한 주체적 기록

초판 인쇄   2015년 7월 30일
초판 발행   2015년 8월 12일

지은이   김형효
펴낸이   유재현
편 집   온현정
마케팅   장만
디자인   박정미
인쇄·제본   영신사
종 이   한서지업사

펴낸곳   소나무
등 록   1987년 12월 12일 제2013-000063호
주 소   412-190 경기도 고양시 덕양구 대덕로 86번길 85(현천동 121-6)
전 화   02-375-5784
팩 스   02-375-5789
전자우편   sonamoopub@empas.com
전자집   http://cafe.naver.com/sonamoopub

ⓒ 김형효, 2015

ISBN 978-89-7139-344-4   94100
ISBN 978-89-7139-340-6   (세트)

책값 25,000원

이 도서의 국립중앙도서관 출판시도서목록(CIP)은 서지정보유통지원시스템 홈페이지(http://seoji.nl.go.kr)
와 국가자료공동목록시스템(http://www.nl.go.kr/kolisnet)에서 이용하실 수 있습니다.(CIP제어번호:
CIP2015018677)

김형효 철학전작 **5**

동서東西 철학哲學에 대한
주체적主體的 기록記錄

소나무

일러두기

1. 이 책의 원본은 1985년 고려원에서 출간된 『東西哲學에 대한 主體的 記錄』이다.

2. 원칙적으로 출판 당시의 서술 그대로 유지하되, 판형과 레이아웃을 통일하였다.

3. 다만 인명과 지명 등은 국립국어원의 원칙에 따라 표기하고, 명확한 오자와 잘못
   된 문장은 수정하였으며, 미주는 각주로 처리하였다.

4. 또한 강조는 ' '로, 논문·시(시조) 등은 「 」로, 단행본은 『 』로, 잡지는 《 》로,
   영화·드라마와 노래 제목은 〈 〉로 통일하였다.

머리말

　몇 년간 여름휴가 때 충청도 오지에 있는 산사에서 속진(俗塵)의 때를 벗기고 좀 더 깊은 불법의 세계를 공부해볼 양으로 며칠을 보낸 적이 있었다. 세속의 생활이 몸에 밴 필자로서 하루아침에 세속을 초월하는 정신세계에 몰입하기가 쉬운 것이 아니었다. 좋아하는 담배도 피우지 못하는 금욕의 분위기 속에서 밤잠이 잘 오지 않아 달빛을 의지해서 산사의 계곡을 거닐었다. 하늘에는 휘영청 밝은 달이 중천에 떠 있었고 여름 밤 하늘의 가느다란 구름이 달을 배경으로 어디론가 흘러가고 있었다. 저 구름은 한가롭게 바람 따라 흘러가지만 이 모든 것이 대자연의 필연 속의 움직임에 불과한 것이 아닌가?

　문득 불법에서 말하는 필연과 자유를 상상해보았다. 삶을 지닌 모든 중생은 그 기원을 정확히 알 수 없는 인연의 업에 따라 나고 살다 삶을 마친다. 인연의 그물이 나의 존재를 둘러싸고 있다. 이 인연의 그물에서 볼 때 나의 인생은 어떤 필연의 장 안에서 놀게 되는 것이다. 인간은 필연의 이법(理法)을 벗어나지 못한다. 그러나 인간에게는 또 다른 면이 있음을 불법은 말한다. 모든 인간에게는 다 여래장(如來藏)이 깃들어 있어서 각자가 그 여래장의 씨앗을 잘 가꾸면 누구든지 성불할 수 있다고 말한다. 그것을 잘 가꾸고 못 가꾸는 것은 결국 각 개인의 수행과 노력의 산물이다. 이 수행과 노력은 자유의 표현이다.

　그러면 인생에 있어서 흔히 서로 상반되는 것으로 말하는 필연성과 자유를 어떻게 동시적으로 볼 것인가? 달과 구름이 상호 교차하여 지나가면 달이 가는지 구름이 가는지를 얼른 판별하기가 힘들다. 필연성과 자유의 관계도 저와 같은 것이 아닐까?

　흔히 우리의 인생을 연극에 비유한다. 필자는 이 비유가 여러 가지로 적절하다고 평소에 생각해왔다. 우리가 어떤 연극을 볼 때 그 드라마에 몰입하고 동참하는 것은 그 드라마가 자신의 인생적 가능성과 관계가 있고 그 드라마의 주인공이 자기 자신의 분신인 것으로 여겨지기 때문이다. 모든 연극에는 대본이 주어져 있고 대본의 구성(plot)에 따라 연극이 진행된다. 그런데 대본의 플롯은 주어져 있지만, 주어진 역할에 따른 연출과 연기는 각자의 능력(수행과 노력의 결과)의 결실과 관계되는 것이 아닌가?

비록 필자가 드라마를 아무리 좋아한다 해도 연기력과 연출 능력이 부족하기 때문에 그 플롯의 전개 과정의 노예가 되어 전혀 개성과 주어진 역할의 노릇도 잘 못해내는 이른바 플롯의 꼭두각시가 되는 것이 아닌가 하고 생각한다. 거기에 반하여 스스로의 연기력과 연출력이 강한 인간은 비록 필연적인 플롯이 주어져 있다 하여도 마치 자기 자신이 스스로 연극을 창조해내는 자유인의 영혼과 느낌을 갖게 될 것이다. 이렇게 볼 때 스스로의 창조적인 연출 능력이 부족한 사람은 주어진 연극 대본의 필연성에 질질 끌려 다니는 부자유의 입장을 면치 못할 것이고, 그와 반면에 창조적인 주체적 연출 능력을 왕성하게 지니고 있는 사람은 스스로 그 연극을 만들어가는 자유인 자체라고 생각하게 될 것이다.

필자는 역사나 인생에 있어서 늘 문제되는 필연적 운명과 자유의 관계도 저와 같은 이치를 지니고 있는 것이 아닌가 하고 생각한다. 필자가 이 책의 제목을 '동서 철학에 대한 주체적 기록'이라고 정한 까닭도 이미 주어진 동서 문화의 필연성 속에서 어떻게 창조적인 자유인의 연출을 스스로 배양해나갈 것인가 하는 지적 성찰의 한 단면에서다. 그것이 하나의 국면이기 때문에 의미라는 말을 붙이지 않고 '기록'이라는 개념을 붙이게 되었다.

아무쪼록 이 책이 강호 제현의 비판을 받아 필자로 하여금 보다 성숙한 사색을 펴나가는 데 도움이 되면 그 이상 더 바라는 바가 없다 하겠다.

1985년 9월
김형효

차례

제2부

제1부

I. 한국 고대 사상의 철학적 접근*

1. 한국 고대 사상에 대한 방법론적 접근

우리가 후기 현상학의 방법론적 성과를 수용하기로 약속한다면, 인간이란 그가 살아온 고향의 경험이요, 마찬가지로 인생이란 고향의식의 시간화다. 이것을 더 이론적으로 규명하면, 인간은 자기가 살아온 '체험의 세계', '삶의 세계'를 어떻게 해석하고 어떻게 생각하느냐 하는 문제에 스스로 의미를 걸게 된다. 그런 점에서 '나'라는 인간은 무엇이며 또 나의 인생은 어떤 것인가 하는 자기 반성은 내가 현재 살고 있는 나의 체험세계인 이곳을 어떻게 '느끼고' 또 어떻게 '생각하고' 또 어떻게 '믿는가' 하는 문제에 대응되는 함수관계를 떠나서 다른 해결 방안을 가질 수 없다. 그래서 고향의 경험, 고향의 체험이 가장 으뜸의 중요성을 지니게 된다.

그러면 후기 현상학에서 고향의 경험이란 무엇을 뜻하는가? 고향의 경험은 바로 철학이 출발해야 하는 근원적인 가정(假定)인 것이다. 해석학적으로 모든 철학적 사상을 이해하기 위해서는 그것이 출발하였던 가정 없이는 그 이해가 불가능하다. 바로 그러한 가정의 세계가 경험의 세계, 고향의 세계, '삶의 세계(Lebenswelt)'다.

그런 점에서 한국 사상의 철학적인 이해 역시 그 사상이 가정의 출발점으로 삼고 있는 한국적인 경험과 체험을 무시하고는 성립하지 않는다. 그러면 좀 더 철학적으로 모든 철학 사상의 근원적인 가정으로부터 제기되는 경험

---

* 《한국철학연구(上)》, 한국철학회 편, 1977.

이란 도대체 무엇인가?

경험이란 낱말에 대하여 우리는 두 가지의 엄격한 구분을 지어야 할 것 같다. 즉, '경험적 위치(la position empirique)'와 '경험적 소여(la donnée empirique)'이다. 왜냐하면 모든 철학 이론의 경험에 대한 태도와 명명은 결국 종합적으로 이와 같은 두 가지 개념으로 나누어지기 때문이다. 쉽게 설명하면 '경험적 소여'란 실증과학의 요구에 대응하는 '데이터'로서의 뜻을 말한다. 그래서 모든 영·미 계통의 경험론이 아끼는 경험의 개념은 전부 주객이 엄연히 분리된 본질을 안고 있다. 그 반면에 '경험적 위치'는 근원적 '순수 경험(Ur-gefühl)'의 세계로서 주객 미분(未分)의 성질을 지닌 이른바 주객 원융의 '공체험적 장(le champ transvécu)'의 요소와 같다. '경험적 소여가 영·미 계통의 경험론에서 주로 사랑받는다면, '경험적 위치'는 프랑스·독일 계통의 후기 현상학적 경험론에서 회자되고 있다. 그러면 그 두 가지 경험의 개념을 한 번 정리하여보기로 하자.

경험적 위치	경험적 소여
① 원시적 순수 경험의 세계 ② 객관적 여건과 주관적 행동이라는 이원론 이전에 주객이 하나로 융화된 체험의 분위기 ③ 경험은 주객 미분이 주는 공동체의 장으로서 공체험적 성질을 지님	① 실증과학의 요구에 응하는 '데이터'의 뜻 ② 주객의 분리가 엄연히 이원론적으로 성립되어 객관은 주관의 의식 활동의 바깥에 있는 존재 ③ 객관은 송신기계, 주체는 수신기계로서 독립적으로 전달 가능한 메시지의 세계

위의 도표에서 우리는 가치론상의 우열이 아니라 존재론상으로 경험적인 위치의 세계가 경험적 소여의 세계보다 선행하고 시원적임을 알 수 있다. 우리가 상식적으로 상상하여도 먼저 위치가 정해져야 '데이터'가 그다음에 주어진다. 산에 있는 자와 들에 있는 자의 생활권의 위치가 다르므로 그들에게 각각 주어지는 경험의 '데이터'가 다를 수밖에 없다.

그런 점에서 경험적 위치는 결코 그 자체에서 합리적으로 사유될 수 없는 의식의 시원적 모습이다. 만약에 합리적으로 사유하려는 순간부터 그것은 이미 순수성을 잃고 미리 목적의식을 설정하여놓은 인간의 삐딱한 경향성에 의하여 조작된 이념과 그 조작에 의하여 농간을 당하는 자료로 분리되어버린다. 프랑스의 시인 폴 클로델의 표현처럼 '경험적 위치'의 세계는 자기가 살고 있는 세계와의 '함께 태어남(co-naissance)'이다. 그처럼 '함께 태어나는' 순간에 어째서 세계와 나를 잇는 탯줄이 없겠는가?

그런 점에서 경험적 위치는 결코 개념적인 논리에 의하여 설명이 안 되는 차원이다. 오히려 경험적 위치는 모든 인간의 합리적 사고를 가능케 하는, 즉 합리적 사고의 스타일을 결정케 하는 사유의 시원적 조건이 아닐 수 없다. 그래서 가브리엘 마르셀은 '인간의 사유란 경험적 위치를 실현시키는 역사'라고 하였다. 이 말을 쉽게 풀이하면, 지성의 연원이 합리적 오성의 사유에서 오는 것이 아니라, 오히려 그러한 오성적 사유 이전에 존재하는 시원적인 경험에서 시작됨을 뜻한다.

그런 점에서 보면, 인간의 모든 정신생활과 철학 사상은 '삶의 세계'로서만 자신을 실현시키고 있는 셈이다. 그래서 후기 현상학은 철학적 지성과 이론이 고향의 경험과 체험에서 분리될 수 없고 오직 체험적인 것만이 지성과 그것의 철학을 가능케 한다는 사실을 말하여준다. 그러므로 낱말의 싱싱한 뜻에서의 지성과 철학은 늘 경험의 지성화이다.

생각도 경험적인 느낌의 울타리를 넘지 못한다. 보통 우리는 느낌을 외부적 감각적인 측면에서, 그리고 생각을 내면적인 의식의 측면에서 각각 제한시키려는 교육에 젖어 있다. 그러나 후기 현상학의 성과는 경험적인 느낌의 본질과 생각하는 의식의 본질이 다른 것이 아님을 알린다. 왜냐하면 느낌의 체험을 외부에서 관찰함이 시원적인 것이 아니듯이 생각하고 있는 의식의 현재진행형이 결코 내부에서 토막토막 조각으로 분절될 수 없는 것이기 때문이다. 그러한 불가능성을 현상학에서는 '의식 지향성'이라 한다.

헤겔은 "순수한 내면성은 순수한 외면성과 같다"라고 말하였다. 이 말은 우리의 현상학적 방법론에 큰 길잡이 역할을 한다. 왜냐하면 앞에서 언급한 바와 같이 외부적인 감각의 느낌이 내면적인 의식의 생명과 함께 원시적 고향의 세계에서도 결코 다른 것이 아님을 깨닫는다면 헤겔의 표현이 우리의 세계에 적중되기 때문이다. 따라서 안팎의 구별이 없는 그런 세계가 바로 후설이 말한 '삶의 세계'이며, 그곳은 곧 현실(바깥)과 꿈(안)의 구별이 나누어지기 이전의 시적 조화의 원산지이다. 이 점에서 바로 우리가 한국 고대 사상을 철학적으로 접근하고자 하는 존재 이유가 뚜렷이 떠오른다. 왜냐하면 한국인의 고대 사상은 곧 한국인의 고향의식이요 그것의 체험이기 때문이다. 그런데 그와 같은 광범위한 원초적 의식을 우리가 철학적으로 왜 다루어야 하는가의 인식 근거를 여기서 밝히지 않으면 안 된다.

이 점에서 현대 프랑스의 후기 현상학자인 메를로퐁티보다 더 큰 시사를 주는 이가 없다. 더구나 그의 철학이 실존적 현상학과 구조주의의 교차로에 위치해 있다는 점에서 더욱 의의가 크다. 그에 의하면 철학은 결코 지각의 세계를 떠나서 존재하지 않는다. 메를로퐁티적인 뜻에서의 지각은 우리가 앞에서 기술한 '삶의 세계', '고향의 체험'과 다른 것이 아니다. 그런 점에서 '고향'에 뿌리박은 삶의 실존을 외면하는 순수 본질의 탐구는 존재할 수가 없으며, '이미 거기에(déjà-là)' 있어온 고향의 세계를 고려하지 않는 초월의 철학도 성립할 수가 없으며, 역사적인 지반을 가지지 않는 엄밀 과학도 인식론적으로 불가능하다. 그러므로 실존적인 삶의 세계로 변형된 기술적 현상학은 지각의 세계를 하나의 과학이나 대상으로 취급하지 않고 모든 과학적·철학적 지식과 이론이 이룩되는 하나의 바탕으로 여긴다.

"먼저 존재하는 유일한 로고스는 세계 자체다. 그리고 그 세계를 표면적인 실존으로 옮기는 철학은 가능적인 존재로부터 출발하지는 않는다."[1] 그런 점에서 철학한다는 것은 결국 우리가 태어나기 전에 거기에 그리고 우리에 '앞서 있어온 고향'으로서의 세계를 다시 배우는 것이며, 또한 '고향'에서 생긴 것들의 지각으로 재귀하는 것이다. "참다운 철학은 세계를 보는 것을 다시

---

1) Maurice Merleau-Ponty, *Phénoménologie de la Perception*(Paris: P.U.F.), p.XV. "Mais le seul Logos qui pré-existe est le monde même, et la philosophie qui le fait passer à l'existence manifeste ne commence pas par être possible."

배우는 일이요, 그 점에서 이야기된 역사는 한 편의 철학 논문과 같은 깊이를 가지고서 세계를 의미할 수 있다."[2] 따라서 세계의 의미는, '삶의 세계'의 의미는 모든 합리적·오성적 분석이 가능하게 되는 바의 출발점으로서 간주되는 '집합'이나 '전체'로서 파악된 지평 속에 이미 전제된다.

그러므로 시원적인 '집합'이나 '전체'로서의 '삶의 세계', '고향의 세계', '경험적 위치' 등을 분절시키지 않고 순수하게 현상학적으로 해명하는 의식은 낱말의 메를로퐁티적인 뜻에서 지각이 아닐 수 없다. 왜냐하면 지각은 합리적 인식 이전의 의식이고 또 반성 이전의 근원적인 의식의 현상이기 때문이다. 그러한 지각은 순수히 주관적인 것도 아니며 순수히 객관적인 것도 아닌 하나의 세계를 교부한다. 예를 들어보자. 우리가 무심코 별다른 주의력을 집중시키지 않고 두 손을 마주잡았다고 생각하여보자. 이때 우리가 지각하는 현상이 어떠한가? 능동적으로 잡는 주체와 수동적으로 잡히는 객체의 이원적 분리가 전혀 나타나지 않는다. 그런 점에서 두 손의 시원적 접촉에서 주관적인 것과 객관적인 것 사이에 '하나의 가정적 종합(une synthèse présomptive)'이 형성된다. 이리하여 '삶의 세계' '고향의 체험'이 그리는 '경험적 위치'를 그 자체에서 이해하는 지각이 시간과 공간 속에 존재한다기보다 오히려 시간과 공간에 산다고 함이 더 정확한 표현이 되리라. 이리하여 나의 현재 의식과 이미 오래전부터 거기에 있어온 세계 사이에 끊을 수 없는 계약을 알리는 지각의 땅이 구성된다. 이와 같이 계약된 땅 위에서 보면 합리적 오성의 사유와 세계의 관계보다 더 길고, 더 오래고, 더 깊은 지각과 세계의 관계가 교통되어왔다. 메를로퐁티의 철학에서 지각함은 우리가 사는 세계를 믿는 것이요, '반성 이전의 코기토(le cogito pré-réflexif)'에 의하여 거기에 참여하는 것이다.

그러나 아직도 철학적으로 해명이 안 된 문제가 여전히 우리에게 남아 있

---

2) 같은 책, p.XVI. "La vraie philosophie est de rapprendre à voir le monde, et en ce sens une histoire racouteé peut signifier le monde avec autante de 'profondeur' qu'avec un traité de philosophie."

다. 이른바 왜 그러한 반성 이전의 세계를 철학의 이성적 인식세계가 고려해야 하는가의 인식론상의 문제는 여전히 풀리지 않았다. 그러나 지금까지의 전개는 그런 문제 풀이에 직접 도움을 주는 풍부한 암시를 지니고 있다. 여기서 우리는 또다시 메를로퐁티의 말을 잠깐 들어보기로 하자. "사물들 속에서 반성되지 않은 채 남아 있는 자기의 삶의 현전(現前) 속으로 의식을 넣어야 한다. 그리고 의식이 망각하여온 자기 자신의 역사에서 의식을 깨닫게 함은 바로 철학적인 반성의 참다운 역할이다."[3]

철학적인 의미에서 인식함의 행위는 체험의 수준을 넘어서야 가능하다. 왜냐하면 철학적 인식은 논리와 이성에 의한 의미 부여의 세계이기 때문이다. 그렇다면 이성적인 인식이 체험의 세계, 지각의 세계를 없애는가 아니면 완수하는가? 이러한 물음 앞에서 우리의 주장은 분명하다. 철학적 인식과 사유는 경험적 위치의 확장이요 그것의 의식화이다. 그러므로 오성과 이성에 의한 인식은 원천적으로 경험의 지각 속에 내포된 것과 동일한 본질에서 이룩된다. 그래서 지각의 밭인 '삶의 세계'는 철학적 인식의 노력이 그 실마리를 찾도록 하는 선천적 천을 구성한다. 그래서 '지각의 밭은 낱말의 후설적인 뜻에서 '근원적인 믿음(Urglauge)'의 수준과 같다. 그러한 '근원적 믿음'은 모든 이성적 의식의 원산지라는 점에서 무의식적이다. 따라서 철학은 무의식적인 지각세계의 완성과 그것에 대한 방법론적 해명 이외에 다른 것이 될 수 없다. 그렇기 때문에 인식의 세계는 이성의 세계인데, 그것은 지각에 의하여 느껴진 세계의 풍요함을 온전히 다 퍼내지는 못한다. 좌우간 철학적 인식은 발명이 아니요, '고향의 경험'의 확장이요, 자유화요, 전대미문의 승진이다.

그러므로 모든 철학 이론의 밑바닥에 하나의 원천적인 하부 구조가 있음을 인정해야 한다. 그러한 하부 구조는 '고향의 체험'이 낳는 무의식적인 사유로 간주되어도 좋으리라. 그래서 그런 사유는 모든 인간 정신의 자유로운 형성

---

3) 같은 책, p.40. "Il faut mettre la conscience en présence de sa vie irréfléchie dans les choses et l'éveiller à sa propre histoire qu'elle oubliait, c'est là le vrai rôle de la réflexion philosophique."

을 미리 어떤 주어진 틀의 형식 속에 예치시킨다. 그래서 하나의 철학은 주어진 '삶의 세계'에서 이미 오래전부터 살아왔을 뿐이다. 그런데 그 살아온 존재 방식은 마치 산기슭에 자욱하게 덮인 안개와 같다. 그러다가 어떤 새로운 기상 여건의 변화에 따라 그 안개가 이슬이나 비로 모습을 구체화한다. 이래서 주어진 한 '삶의 세계'에서 구체화된 철학은 개인의 인격적인 주체의 창조로 등록된다. 그러나 개인의 작품으로 등록된 철학은 안개처럼 깔려 있던 그 고향의 무의식적인 밭의 한 특출한 표출일 뿐이다.

"그러므로 우리가 그 도구가 되는 세계나 집단이나 또는 짝의 영혼이 아니라, 그 본래성을 지니고 있고 결코 중단함이 없으며 어른들의 큰 정열을 뒷받침하여주는 시원적인 '세상사람(le On)'을 이해해야 한다."4) 이래서 '세상사람'의 의미가 부각된다. 하이데거의 철학에서 '세상사람(das man)'은 비본래적 삶의 스타일로서 배격된다. 그러나 메를로퐁티의 철학에서 '세상사람'은 추방되지 않고 '고향'의 시원적 상호주관성으로 등록된다. 그리하여 '세상사람이 지각한다'가 모든 코기토의 저장소로 여겨진다. 바로 한 고향에 사는 모든 '세상사람'이 공통으로 무의식의 수준에서 느끼는 것이 신화요, 민요요, 설화다. 그러므로 신화와 민요와 설화의 연구는 곧 코기토로서의 철학의 나무가 움트는 자연의 토양에 대한 연구와 같다. 그런 토양은 '환경의 감정적 범주'와 같다. "우리의 자연적 태도는 우리 자신의 감정을 체험하거나 우리 자신의 쾌락에 동의하는 것이 아니라 환경의 감정적 범주에 따라 사는 것이다."5) 이리하여 우리는 한국 고대사의 사상이 실어온 신화, 민요, 그리고 설화를 연구해야 할 철학적인 당위성을 인식하게 된 셈이다.

---

4) Maurice Merleau-Ponty, *Signes*(Paris: Gallimard), p.221. "Il faut donc concevoir, non pas certes une âme du monde ou du groupe on du couple, dont nous serions les instruments, mais un *On* primordial qui a son authenticité, qui d'ailleurs ne cesse jamais, soutient les plus grandes passions de l'adulte."

5) Maurice Merleau-Ponty, *Phénoménologie de la Perception*, p.435. "Notre attitude naturelle, n'est pas d'éprouver nos propres sentiments ou d'adhérer à nos plaisirs, mais de vivre selon les categories sentimentales du milieu."

2. 한국의 '감정적 범주'

앞 절에서 우리는 후기 현상학의 방법론에 의하여 의식을 가지고 말하는 이성의 코기토가 실상은 말 없는 무의식의 코기토에 불가분의 관계로 뿌리를 박게 됨을 보았다. 이런 현상을 좀 더 이론적으로 정리하면 철학적 사유는 스스로 자기 자신을 정립하지 못하고 오직 자기가 뿌리를 박은 토양의 조건들과의 대화와 마중을 통하여 자라게 된다. 그래서 철학의 세계에는 무수히 많은 것이 주어지고 또 부가되기도 하는데, 철학자는 그런 것들의 저자가 원천적으로 될 수 없다. 그러므로 철학은 실재를 창조하지 않고 수용할 뿐이다.

그런 의미에서 한국인의 '감정적 범주'는 그 이름을 받을 만한 가치가 있는 모든 한국 철학의 모태가 된다. 그래서 한국 철학사의 서술에서 우리의 고대 사상을 상징적으로 담고 있는 신화와 설화를 철학적으로 연구해야 할 필요성이 있다. 왜냐하면 그것들은 사실상 한국인의 '감정적 범주'로서 우리의 모든 철학적 창조를 위한 사유를 제한시켜주기 때문이다. 단군 신화는 그런 점에서 우리의 '감정적 범주'를 알리는 으뜸의 위치를 누린다. 단군 신화를 분석하면 거기에는 몇 가지의 의미 연관이 상징적으로 담겨 있음을 우리가 보게 된다.

① 단군 신화는 철두철미한 건국 신화요, 정치 이념을 담은 신화다. 그래서 서양의 신화와 같은 존재의 신화, 창조의 신화와는 거리가 멀다. 왜냐하면 환인의 서자 환웅이 '수의천하(數意天下) 탐구인세(貪求人世)'할 때 이미 지상에 인간이 살고 있었음을 전제로 한다. 그래서 '홍익인간(弘益人間)·재세이화(在世理化)'의 정치 이념이 하늘에서 내려오게 된다.

② 단군 신화의 진리치는 늘 천(天)·인(人) 합일의 경지다. 왜냐하면 서구의 신화적 발상처럼 인간이 자기의 구원을 위하여 제신(諸神)에게 가는 것이 아니라 환웅천왕이 지상으로 하강하였다. 인간계가 그토록 좋았다. 그리고 아울러 천부인(天符印)을 세 개 가지고 하계하였는데, 천부인의 의미는 천·지·인 부합(符合)의 가치 척도를 뜻한다고 보아야 한다.

③쑥과 마늘을 먹으면서 시련을 이긴 곰은 웅녀가 되어서 잉태의 욕망을 가졌다. 모든 신화 속에 등장하는 성적 리비도의 한국적 표현이다. 웅녀의 간절한 소망에 환웅은 사람으로 가화(假化)하여 그녀와 결혼하여주었다.

④단군왕검이 조선을 다스리기 1500여 년 만에 기자(箕子)의 동래로 단군은 아사달에 숨어 산신이 되어서 1908살까지 살았다. 이것은 단군조선의 정신적인 연장과 관계된다.

이와 같이 우리는 단군 신화 속에 깃들인 의미 연관의 상징을 네 가지로 나누었다. 이제 그것들에 대한 '감정적 범주'를 펼쳐보기로 하자.

앞에서 언급한 바와 같이 단군 신화는 형이상학적 '존재의 물음(Seinsfrage)'을 담고 있는 것이라기보다 오히려 탁월한 정치 신화요, 그 점에서 건국 신화다. 왜냐하면 그 신화의 중추적 핵심은 '홍익인간·재세이화'로 표현되기 때문이다. 그런데 더욱이 단군 신화의 정치성이 우리 민족의 사고 범주를 정치적으로 제약시킨 흔적이 민족사에 연면히 이어진다. 왜냐하면 '홍익인간·재세이화'의 정치철학이 신라의 건국정신을 알리는 박혁거세의 탄생 설화에도 보이기 때문이다. "천지가 진동하고 해와 달이 밝아서 그를 혁거세왕이라고 칭하였다. 아마도 그것은 신라의 방언일 것이다. 혹은 그를 불구내(弗矩內. 밝은애)왕이라고도 하니, 그 뜻은 광명의 이(理)로 세상을 다스린다(光明理世)는 것이다."[6]

또 하나의 전승으로서 우리는 고구려 광개토왕릉비에서 고구려의 건국 이념의 정치적 표상을 볼 수 있다. "세자 유류왕에게 고명하기를 도로써 세상을 통치하라(以道興治)."[7] 이와 같이 단군 신화의 정치적 범주가 고구려·신라를 거쳐 고려와 조선까지 계승된다는 사실을 우리는 간과해서는 안 된다. 『용비어천가』 제83장에 고려 태조 왕건이 아직 등극하기 전에, 꿈에 바다 가운데서 있는 구층 금탑 위에 올라가 보았다는 기록이 나온다.[8] 여기서 구층 금탑

---

6) 『三國遺事』新羅始祖 赫居世王編. "天地振動, 日月淸明, 因名赫居世王, 蓋鄕言也, 或作弗矩內王, 言光明理世也."

7) 崔南善, 『新訂 三國遺事』附錄 참조. "顧命世子, 儒留王, 以道興治."

의 개념은 단군 신화의 상징적 의미 연관과 상당한 거리를 취하고 있는 것 같다. 그러나 고려가 신라와 마찬가지로 불교 국가이고 또 신라의 호국 불교의 상징인 황룡사의 구층탑을 연상하면, 왕건의 구층 금탑은 신라의 구층탑과 같은 전통을 지녔다고 보겠다. 단지 금탑의 소이는 금이 지닌 불변성 때문에 오는 고귀한 보편정신과 연관이 있을 듯하다. 그런 불교적 정치 표상인 금탑이 단군 신화의 정치 표상과 관계됨은 조선의 금척사상과 연결될 때 두드러지게 나타난다.

『용비어천가』제13장과 제83장에 조선 태조의 건국 이념에 대한 송가(頌歌)가 고려 태조의 그것과 비슷하게 나온다. 제13장의 전고(典考)에 "꿈에 신인(神人)이 스스로 하늘에서 하강하여 이 태조에게 금척을 주면서 말하기를 공은 문무가 겸전(兼全)하니 백성이 따르기를 원하므로 이 금척을 가지고 나라를 바로 다스리라. 공이 아니면 누가 하리오"[9]라는 글귀가 있다. 여기서 우리는 조선이 유교를 이데올로기로 삼은 나라임을 상기할 필요가 있다. 그런 유교국이 신인을 건국의 노래에 등장시킴은 예사로운 일이 아니다. 그러므로 거기에 나오는 신인의 하강은 환웅과 단군의 하강으로 간주되어야 함이 마땅하다. 마치 애초에 환웅이 금척 대신에 천부인을 가지고 하늘에서 내려왔듯이, 그래서 국조신(國祖神)이 태조에게 강림하여 '홍익인간·재세이화'의 금척을 정치국(正治國)의 불변적 표본으로 주었다고 해석된다. 그런 점에서 고려 건국에 언급된 구층 금탑도 전혀 단군 신화와 다른 이역(異域)의 의미 연관은 아니리라.

이상의 논거로써 단군 신화 속에 박힌 정치적 표상의 무게와 두께가 얼마나 줄기차게 우리 민족의 의식적 사고의 세계를 정치화하였는가를 짐작할 수 있으리라. 그런 뜻에서 이 낱말의 메를로퐁티적 스타일에서의 '세상사람

---

8) "君位를 보배라 하매, 큰 命을 알리오리라. 바다 위에 금탑이 솟으니(位曰大寶, 大命將告, 肆維海上, 迺湧金塔)."

9) "자로 제도가 나매 仁政을 맡기리라. 하늘 위의 금척이 내리시니(夢有神人, 自天而降, 以金尺授之曰, 公資兼文武, 民望屬言, 持此正國, 非公而誰)."

이 지각한다'는 원천적 경험은 우리 민족의 경우에 '우리 모두가 정치적으로 지각한다'로 탈바꿈되는 듯하다. 바로 그러한 이유 때문에 오늘의 우리 지성도 애오라지 정치 지향적인 성향으로 기울어진 것이 아닌가 여겨진다.

단군 신화를 정치 신화로 결정(結晶)시키는 요인은 '홍익인간·재세이화'이다. 이 상징적 의미가 신화 속에 등장되기에 그것은 우리 민족의 '체험세계', '삶의 세계'의 '원천적 믿음'으로 등록된다. 그런 고향의식의 시간화가 고구려에서의 '이도여치(以道與治)', 신라에서의 '광명이세(光明理世)', 고려에서의 '구층 금탑', 조선에서의 '금척' 등으로 이어진다. 그러면 그와 같은 정치적 삶의 세계, 정치적 지각이라는 우리 민족의 하부 의식구조의 원형이 어떻게 상부의 의식의 정치철학과 정치제도로 나타났는가? 이러한 물음에 대한 답변으로서 우리는 신라의 화백제도와 마찬가지로 고구려의 제가평의제도(諸加評議制度)나 백제의 정사암(政事岩) 고사, 고려의 도병마사제도(都兵馬使制度)와 조선의 의정부(議政府) 등을 생각한다. 어떻든 우리 민족의 고대 사상을 철학적으로 접근함에 있어서 단군 신화의 분석은 첫째로 우리 민족의 '감정적 범주'가 매우 정치적이라는 고향의식으로 결론을 맺는다. 그래서 한국 철학사는 아마도 한국 정치사와의 맥락을 고려하지 않고서는 제대로 해석되기 어려우리라.

앞에서 분석된 바와 같이 단군 신화의 상징적 의미 연관은 또 천·지·인 합일의 고향의식을 지닌다. 천·지·인 합일이라고 하되, 인간이 신을 찾아간 것이 아니라 신이 인간을 찾아 인간에게 가까이 온다. 서양 철학의 정신 계통은 인간을 가끔 신과 동물의 중간 존재로 보고 있다. 플라톤의 인간학에서도 인간의 영혼을 세 부분으로 나누어 신적인 영혼과 동물적인 영혼의 중간 위치에 현실적인 인간의 영혼인 '투모스(thumos)'를 두어서 신적인 것과 동물적인 것의 투쟁 및 갈등 속에 인간의 드라마를 놓았다. 그리스도교의 문화권에서도 그 점은 마찬가지다. 파스칼의 『명상록』 속에 맺힌 고뇌는 하늘의 은총과 대지의 중력 사이에 긴 인간의 현기증을 대변한다.

그러나 우리 민족의 근원적인 느낌의 고향, 삶의 신화세계에서는 하늘과

땅의 대립과 갈등이 없다. 단군 신화에서 하늘의 상징인 환웅만이 '탐구인세(貪求人世)'
한 것이 아니고, 땅의 상징인 곰도 인간이 되기를 간절히 소망하였다. 단군은
하늘과 땅의 결합에 의하여 낳은 아들이다. 때문에 단군의 존재에 대한 상징
적 의미 연관은 곧 천·지·인의 합일적 성질이다. 마치 하늘과 땅이 인간을 부
러운 존재로 보았던 듯하다.

　이와 같은 우리 민족의 신화를 그 의미 연관에서 두드러지게 부각시키기
위하여 그리스도교의 창세기 신화와 대비하여보기로 하자. 이 점에서 현대
프랑스의 상징철학의 태두인 폴 리쾨르의 이론이 우리를 돕는다.[10] 이 철학
자는 그리스도교의 창세기 신화를 '초점 불일치의 신화'라 부른다. 즉, 인간
의 해석에 대하여 초점이 한 곳으로 일치되고 있지 않다는 의미다. 예를 들
면, 영원한 하나님이 인간을 당신의 모습대로 창조하였다. 그것은 인간의 지
성과 의지가 신적 지성과 의지에 참여할 수 있음을 뜻한다. 그런데 어째서 신
은 또 금단의 열매를 만들어서 그것을 먹으면 선악을 분별하는 힘으로서의
지성이 생긴다고 하였을까? 그뿐만이 아니다. 나체에 대해서도, 그것은 인
간 사이의 교통의 순수함을 나타내기도 하고 동시에 금단의 지성은 거기에
서 부끄러움을 느끼기도 한다. 이것이 리쾨르가 보는 '초점 불일치'의 현상이
다. 이 현상이 지니는 의미는 결국 지상에 사는 인간 존재의 형이상학적 세계
와 결부된다. 그러나 여기서는 리쾨르의 인간학을 해설할 필요가 없다. 좌우
간에 한국 고대 사상—우리의 고향의식으로서의—의 발상법에서는 그러한 불일
치가 일어나지 않는다. 오히려 하늘과 땅은 인간에게 초점이 일치하는 경험
으로 귀일한다.

　그러면 그러한 초점 일치의 신화가 담고 있는 체험의 의미 연관은 무엇일
까? 그것은 우리의 '감정적 범주'가 지극히 현세적임을 말한다. 현세적이라
는 것은 현실적·비현실적인 구별을 넘어선 몰(沒)내세적 무의식의 표출 방식
을 가리킨다. 그러한 표출 방식은 낱말의 야스퍼스적인 뜻에서 죽음의 한계

---

10) P. Ricoeur, *La Symbolique du Mal*(Paris: Aubier) 참조.

상황에 직면하는 실존의식과는 그 등록지대가 다르다. 물론 죽음은 태양과 산 사람들의 세계를 떠나 영원한 어둠으로 들어가는 것일지도 모른다. 그러나 죽음의 직면은 야스퍼스에 의하면 새로운 초월의 요구, 새로운 세계의 시작이기도 하다. 그래서 그는 삶을 사랑하되 거기에서 자신을 상실하지 말며, 죽음을 사랑하되 거기로 도피하지 말 것을 가르친다. 그러나 우리가 공통으로 갖는 고향의 감정적 범주는 지극히 현세적이기에 삶을 죽음의 저편에서 재조명하여보는 역설을 무의식적으로 발산하지 못한다.

그러면 그런 현세적 '감정의 범주'가 어떤 사유 방식을 잉태시켰는가 함을 철학적으로 성찰하여보아야 한다. 무엇보다 먼저 우리는 그 범주가 우리에게 당위와 자연의 일체감을 하나의 '근원적 믿음'으로 증여하였다고 깨달아야 할 것 같다. 칸트의 윤리학에서 우리는 당위와 자연의 근원적인 괴리를 본다. 그래서 자연성을 의지에 의하여 초극함이 곧 윤리적 당위로 등장된다. 로마서에서 성 바울은 "나는 해서는 안 되는 것을 즐겨 행하고 해야 할 것을 행하지 않는도다"라고 처절한 자기 분열의 고백을 토해낸다. 그러나 그와 같은 자기 분열의 모순 대립은 동북아의 사고 원형에서는 찾아보기 어렵다. 맹자가 증언한 순임금의 정신적 모습이 그 대표적인 보기다. "순(舜)은 인의(仁義)를 행해야 되겠다고 해서 실천한 것이 아니라 자연스럽게 인의가 행하여졌다."[11] 그렇기 때문에 『맹자』이루(離婁)에 대한 주석은 순이 강제로 힘써 인의를 실행한 것이 아니라 '안이행지(安而行之)'라고 말하였다. 바로 이 '안이행지'의 개념은 자연의 있음과 의지의 해야 함이 대립되는 초점 불일치의 등록지대와는 번지수가 다름을 말한다.

그런 점에서 단군 신화가 우리에게 새겨놓는 '감정적 범주'는 '있음'과 '해야 함'이 상처 없이 조화를 이룬 모습, 행복한 의식으로 정위(定位)된다. 이래서 적어도 우리 민족의 '고향 체험'에서는 낙원에서 추방된 유적(流謫)의 신화가

---

11) 『孟子』 離婁 下. "舜明於庶物, 察於人倫, 由仁義行, 非行仁義也." 註. "物事物也, 明則有以識其理也, 人倫說見…由仁義行, 非行仁義, 則仁義已根於心, 而所行皆從此, 出非以仁義, 爲美而後勉强, 行之所謂, 安而行之, 此則聖人之事, 不待存之, 而無不存矣."

없다. 유적의 신화는 고향 상실의 상처를 먼저 간직하고 있어야만 가능하다. 그러나 우리의 '삶의 세계'에서는 여기가 바로 고향이기에 상실의 상처가 남기는 불행한 의식이 없다. 유적의 신화는 영혼과 육체의 갈등을 근원적 체험으로 표출한다. 그래서 존재론적 영혼의 세계와 소유적 육체의 질서 사이에 이원적 대립을 지상에 살고 있는 인간의 '운명(ananke)'으로 여기도록 그 신화는 가르친다. 또 유적의 신화는 인간의 유한성을 강조한다. 유한성의 철학은 인간에게 근원적인 죄의식을 시간 속에 잉태시킨다. 죄의식은 결국 자기의 실존적 참회를 동반한다.

그런데 우리의 '근원적 믿음'이라는 경험적 위치에서 볼 때 자기의 과오에 대한 처절한 존재론적 고백이 이성의 언어로써 기록되지 않았다는 민족사적 사실을 한갓 우연으로 돌려서는 안 된다. 정송강(鄭松江)의 별곡, 윤고산(尹孤山)의 시조, 「정과정곡(鄭瓜亭曲)」 등은 한결같이 유적자의 버림받은 고향 상실의 이데아적 문학이 아니라 사랑으로 그려진 '님' 속에 감추어진 관료적 행복에 대한 현세적 복귀를 노래한 것이다. 마찬가지로 치마저고리와 같은 민속 의상과 춤은 서양 무용에서 보는 인간 존재의 내면적 불안·고뇌가 아니라 현세적 즐거움과 슬픔을 표시하는 율동으로 가득 차 있다. 요컨대 우리의 공동 무의식세계에서는 존재와 소유의 구별이 불명료하다. 우리의 말본에서 '나는 ~을 가지고 있다'라는 것이 허용된다. 이 어법은 우리의 '감정적 범주'에서 존재와 소유의 두 세계가 애매하게 하나로 융해되어 있음을 알린다.

지금까지 단군 신화의 상칭 체계에 깃들어 있는 우리 민족의 '감정적 범주'를 전개시켜나가면서 첫째는 정치 중심적이요, 둘째는 현세 중심적이라고 하였다. 그런데 현세 중심적이라는 의미 연관은 자연과 당위의 초점 일치, 영혼과 육체의 갈등을 알리는 유적 신화의 부재, 존재의식과 소유의식의 무분별한 혼재 등으로 가지들을 뻗고 있다는 점을 살펴보았다. 그와 같이 현세 중심적 '체험의 세계'를 다양한 가지들로 뻗게 하는 원동력은 무엇인가? 이것의 비밀을 푸는 열쇠의 발견은 아마도 우리 고대 사상의 핵심을 햇볕에 내놓는 작업과 동일하리라.

여기서 우리는 그 열쇠의 이름을 '신바람'이라 부른다.[12] 신바람은 단적으로 무(巫)적 의식의 '접신탈아(接神脫我)'적 순간을 말한다. 이능화는 우리나라 무속의 유래를 환웅과 단군에서 찾는다. 그런 무교의 기원이 무엇인가? 이능화에 의하면 그것은 '무이강신(舞以降神)·가이유신(歌以侑神)'이다.[13] 그래서 무당과 가무자는 원칙적으로 같은 개념이다. 가무를 하는 까닭은 '신을 내리게 함'과 '신과 벗함'을 목적으로 한다. 우리의 고대 사회에는 가무의식의 사례(史例)가 많다. 유명한 영고, 동맹, 무천, 한가위, 팔관회 등이 그것이다. 또 이러한 신바람의 무적 의식이 정치교육의 제도와 결부되어 나타난 것이 고구려의 조백도(皂帛道)요 신라의 화랑도다. 더구나 이능화는 고대 신라의 임금도 제정 일치의 정치 현상에 의하여 무당이었음을 논증한다. 고대 신라의 왕명에 '차차웅(次次雄)'이 있다. 이 '차차웅'이 곧 샤먼이다. '차차웅'은 사천제사(事天祭祀)를 주관하였기에 모두 그를 외경하였다. 그런데 '차차웅'이라는 낱말은 '환웅'에서 나왔다. 즉, '환(桓)'과 '한(寒)'은 그 음이 비슷하므로 '차다'인 '寒'은 '次'로 이독화(吏讀化)되었다.[14]

그러면 도대체 그 '신바람'이 무슨 특질을 지니는가?[15] "무적 의식으로서의 신바람은 결국 두 가지의 특성을 갖게 된다. 그 하나는 미치려는 의식이요, 또 다른 하나는 풀려는 의식이다."[16] 신을 내리게 하기 위하여(降神) 의식이 미치는 것이요, 신과 벗하기 위하여(侑神) 의식이 행해진다. 따라서 '미치는 의식'은 신이라는 '노에마(noema)'로의 몰입을 뜻하고, '푸는 의식'은 신이라는 '노에마'의 해체를 말한다. 그래서 한국인의 무의식은 어느 한 곳에 에누

12) 金炯孝, 「삶의 世界와 韓國思想史의 眞理」, 《韓國學報》 창간호(一志社).

13) 李能和, 「朝鮮巫俗考」, 《啓明》 19號. "蓋舞以降神, 歌以侑神, 爲人祈禱避災趨福, 故曰舞者, 卽巫俗之起源云爾."

14) 같은 글. "新羅方言, 謂巫曰次次雄, 雄之謂巫必自神市桓雄始…新羅人以次次雄, 尙祭祀事鬼神, 故畏敬之…桓與寒音相近, 而寒訓次."

15) 金炯孝, 앞의 글 참조.

16) 같은 글, p.136.

리 없이 몰입한다. 사상적인 극한 대립, 정치적인 극한 투쟁, 종교적인 열광성, 주석(酒席)에서의 가무의 난립 등, 이 모든 것은 '신바람'이 지닌 '미치는 의식'의 발로다. 그런가 하면 일단 기분이 맞으면 '보는 둥 안 보는 둥', '하는 척 안 하는 척'과 같은 표현이 암시하듯 분별지를 넘는 의식의 해체 현상이 노정된다. 그러므로 모든 한국사에서 가치론상으로 정기능·역기능의 사실들은 그 동기에 있어서 '신바람'의 건강과 병에 달렸다고 보아야 하리라.

단군사상이 무적 의식의 체험된 세계와 직결된다는 이론이 성립된다면 이 '신바람'은 단군 신화의 모든 상징 체계를 하나로 엮는 물레라고 보아야 한다. 그래서 정치 중심적 표상, 현세 중심적 표상도 모두 '신바람'과 함수관계를 갖게 된다. 그런데 이 '신바람'이 왜 현세적인가 하는 의문이 아직도 풀리지 않고 있다. '신바람'은 인간이 초월적인 신들을 찾아가는 것이 아니라 신들이 인간에게 지상에 오도록 한다. 그러므로 무적인 의미에서의 신들은 늘 지구 인력권의 범위에 있는 이 땅에 머물고 있는 듯하다.

이제 우리는 세 번째로 단군 신화가 품고 있는 상징적 의미 연관들 가운데 성(性)적 본질의 세계를 살펴볼 필요에 이르렀다. 어둠 속에서 햇빛을 보지 않고 시련을 이긴 곰은 웅녀가 되어서 잉태의 강렬한 욕망을 느낀다. 그래서 인간으로 가화한 환웅이 그 욕망을 들어주고 사라진다. 이러한 성적 리비도의 표현 방식이 고주몽의 탄생 설화에도 나타난다. 해모수(解慕漱)는 웅신산(熊神山)에서 하백(河伯)의 딸 유화(柳花)와 관계를 맺고 난 다음에 환웅처럼 무대 뒤로 사라진다.

이런 상징 체계가 우리에게 무슨 체험의 공간을 구성할까? 곰은 동혈(洞穴) 속에서 21일(3·7일)간 있었다. 본디 100일을 동혈에서 참아야 한다고 하였다. 지금도 출산 후 100일을 따지고, 또 3·7일을 계산한다. 동혈이 자궁이라면 여인이 된 웅녀는 풍요(잉태)의 리비도다. 그리고 환웅이 사라진 다음에도 웅녀는 성의 갈등을 느끼지도 않았고 그녀의 리비도는 병리학적으로 짓밟히지 않았다.

앞에서 본 바와 같이 창세기에서 아담과 이브라는 양과 음의 리비도는 뱀의 출현으로 조화가 깨져 성의 부끄러움이라는 현상으로 나아간다. 이브는 아담에게 '부드러움'의 상징이며 뱀은 아담에게 '에로티즘'의 상징이다. 그래서 성의 '부드러움'과 '에로티즘' 사이에 갈등과 긴장, 그리고 존재론적 파열이 있다. 성의 아름다움은 인간에게 상실된 낙원의 영상이며 동시에 지옥의 문이기도 하다. 그리스의 오이디푸스 신화에도 근친상간을 범한 리비도의 맹목과 거기에서 오는 고달픈 삶의 회한이 새겨져 있다.

우리 민족의 신화에는 그와 같은 성의 질환 현상이 크게 부각되어 있지 않다. 그 점에서 신라의 처용 설화도 단군 신화와 동일한 경험적 위치, 체험의 세계에 속한다. 「처용가」의 상징적 의미 연관을 융(C. G. Jung)의 세계에 대입시켜보면, 역신과 처용을 별개의 분리된 존재로 보아서는 안 된다. 그 점은 폴 리쾨르의 말처럼 뱀과 아담, 이브의 존재들을 별도로 분리시켜 보아서는 안 된다는 것과 같다. 이브는 아담에 대해서 여인이자 동시에 뱀이며, 또 그 역의 논리도 성립한다. 그래서 낱말의 융적인 뜻에서 역신은 '그림자(shadow)'다. 병리적이고 맹목적인 성의 화신인 역신은 자유인인 처용의 그림자다. 그러나 처용은 아내의 간통에 정신적 발작과 경련을 일으키지 않고 역신의 항복을 받는다. 이처럼 성에 있어서 에로티즘과 부드러움의 내면적 갈등, 선신(善神)과 악마의 영원한 대결이 드라마로서 구성되지 않는다.

신라 설화의 하나인 수로부인의 고사도 마찬가지다. 수로부인을 두고 읊은 노래가 바로 향가 「헌화가」다.

검붉은 바위 가에
잡은 암소 놓게 하시고
나를 아니 부끄러워하시면
꽃을 꺾어 받자오리다.[17]   (李載浩 역)

---

[17] 『三國遺事』卷二. "紫布岩乎邊希/ 執音乎手母牛放敎遣/ 吾肹不諭慚肹伊賜等/ 花肹折叱可獻乎理音如."

신라의 한 노인이 미녀 수로부인에게 벼랑 위의 철쭉꽃을 위험을 무릅쓰고 꺾어 바치겠다는 설화는 에토스의 상징으로 등장되는 일반적인 노인이 아름다움의 화신인 미녀에게 헌화한다는 이상의 의미를 지닌다. 즉, 습속(ethos)과 미감(aisthesis)의 일치다. 아름다움에 대한 하등의 자기 갈등적인 죄의 콤플렉스가 비치지 않는다. 이와 같은 성의식의 체험세계는 우리로 하여금 낱말의 헤겔적인 뜻에서 '불행한 의식(das unglückliche Bewußtsein)'이나 레비나스적인 뜻에서 '별리의 형이상학(la métaphysique de la séparation)'과는 다른 코기토 문화를 영글게 했다.

레비나스에 의하면 고독과 별리는 가장 기본적이고 순수한 인간 조건이다. 모든 믿음, 모든 교육, 모든 철학, 모든 사랑, 모든 평화는 그 고독과 별리가 짓밟히지 않을 때 가능하다. 유대인인 현대 프랑스 철학자 레비나스는 신과 부모도 나에게 있어서 절대적 타인이고 이방인이라고 생각한다. 그래서 신과 타인은 나의 이방인으로서 나의 뜻에 만나지 않는 자유인이다. 그래서 나와 타인 사이에 겪는 '별리의 형이상학'을 모든 윤리의식의 기초로 본다. 왜냐하면 모든 반윤리적 전쟁은 결국 형이상학적인 '별리'를 파괴하려는 '전체성'의 요구에서 온다고 보기 때문이다.

이것도 우리의 '신바람'의 경험적 위치와 다르다. 왜냐하면 신바람은 '노에마'에 철두철미하게 미친 듯 몰입하여 전체적 융해를 바라기 때문이다. "별리는 사유와 내면성의 구성 자체이며, 말하자면 독립 속에 있는 관계의 구성 자체다."[18] 그러므로 레비나스의 철학세계에서 사랑은 이미 실연의 비극을 본질적으로 안고 있고, 실연은 사랑의 실패라기보다 오히려 사랑의 형이상학적 윤리를 깨닫게 한다. 유대인의 의식 속에 철저히 지워지지 않고 남아 있는 '불행한 의식'의 갈등이다. 그래서 그는 윤리적 형이상학과 반윤리적 정치를 대립시킨다. 정치 지향적이 아니다.

---

18) Emmanuel Levinas, *Totalité et infini*, p.77. "La Haye: La séparation est la constitution même de la pensée et de l'intériorité, c'est-à-dire d'une relation dans l'indépendance."

그러나 우리의 고대 사상의 원형에서는 결코 '별리의 사유'를 찾지 못한다. 오히려 정반대로 만남의 공체험적인 위치만 우세하다. 우리의 고대 가사를 보자.「정읍사」,「원왕생가」,「제망매가」 등은 모두 별리의 형이상학을 거부하고 음양이 만나는 조화 속의 행복한 의식을 갈구하고 있다. 고구려 유리왕의 「황조가」는 가장 대표적인 만남의 '감정적 범주'를 꿈꾼다.

꾀꼬리 오락가락
암수가 짝지어 노니는데
이 몸은 홀로 있어
뉘와 함께 돌아가랴.[19)

고려의 「가시리」도 예외는 아니다. 우리에게 별리의 존재론은 너무 잔인하다. 그러므로 야스퍼스가 말한 '사랑하는 싸움(der liebende Kampf)'은 우리의 '감정적 범주'에서는 삶의 피곤이요 괴로움이다. 이루어지고 만나야 할 사랑이 성취되지 못할 때 우리의 정감은 존재가 파열되는 고뇌보다도 한(恨)으로 흐르게 된다. 고뇌는 사랑의 동화 속에 투쟁의 이질(異質)이 있고, 두 존재의 용해 속에 일치되지 않는 자기 독립성이 있음을 알 때 일어난다. 그러나 한의 세계는 이별이 본디 없어야 하는 데서 생기게 된 안타까움의 감상적 느낌이다. 이리하여 단군 신화가 주는 또 하나의 '감정적 범주'는 성(性)의 지대에서 내적인 병리적 갈등의 부재와 만남의 공체험적 밭이 '근원적 믿음'으로 우리에게 갖추어져 있음을 알린다.

마지막으로 단군 신화가 지닌 상징적 의미 연관은 단군이 불사신으로 승화되었다는 점이다. 이것은 단군 신화가 '존재의 물음'을 담는 형이상학적 성격보다 오히려 정치적·현세적 가치에 무게중심을 두고 있다는 최초의 해석과 연결된다. 기자의 동래로 단군은 아사달산에 산신이 되어 숨어서 1908살

---

19)『三國史記』高句麗本紀. "翩翩黃鳥, 雌雄相依, 念我之獨, 誰其與歸."

까지 향수(享壽)하였다는 이야기에서 우리는 신화와 사실(史實)의 갈림길에 서게 된다. 류승국 교수는 은허 갑골문자의 해석에 의하여 단군조선의 역사적 시대를 실증적으로 정하고 있다.[20] 그런데 이 문제는 또한 사학계의 이론과 관계가 있고 해서 여기서 상론할 수가 없다. 단지 우리의 '삶의 세계'에서 주목을 끄는 것은 『삼국유사』와 『제왕운기』의 기록이다.

우선 『삼국유사』의 기록을 보면 다음과 같다. "주 무왕이 왕위에 오른 기묘년에 기자를 조선에 봉하니, 단군은 이에 장당경으로 옮아갔다가 뒤에 돌아와 아사달산에 숨어서 산신이 되었는데 나이가 1908살이었다고 한다."[21] 그리고 이승휴의 『제왕운기』에서는 다음과 같은 기록이 보인다. "단호정 팔을미에 단군은 아사달산에 들어가 신이 되었는데, 나라를 다스리기 1028년간에 환인의 전통에 변화가 없었다. 단군이 물러간 다음 164년 후에 인인이 다시 군신의 관계를 열었다.…아사달산에 들어가서 단군은 신이 되어 죽지 않았다.…이후 164년 동안에 부자지간은 있었으나 군신지간은 없었다."[22]

위의 기록을 종합하여보면, 단군이 아사달산에 들어가 불사신이 되었다든가 향수를 1908살이나 하였다든가, 또는 이후 164년이라는 기간 동안에 부자관계는 존속했지만 군신관계가 없었다는 말들은 모두 외족의 침략에 대한 우리 민족의 강력한 집단적 저항정신을 표명한 것이다. 그러나 저항정신이 결국 단군에 대한 숭배의 염원으로 '불사고야(不死故也)'라든지, '향수 1908세'라는 것으로 언표되었다고 보아야 한다. 그러므로 단군 신화는 이민족의 수탈과 침략을 단호히 거부하는 호국·구국의 '감정적 범주'도 근원적으로 지니고 있는 셈이다.

20) 柳承國, 「韓國儒學思想史序說」, 『東洋哲學論考』(成大大學院).

21) 『三國遺事』卷一. "周虎王卽位己卯, 封箕子於朝鮮, 檀君乃移於藏唐京, 後還隱於阿斯達, 爲山神, 壽一千九百八歲."

22) 李承休, 『帝王韻紀』卷下. "於段虎丁八乙未, 入阿斯達山爲神, 享國一千二十八, 無奈變化傳桓 因. 却後一百六十四, 仁人聊復開君臣.…入阿斯達山爲神, 不死故也. 爾後一百六十四, 雖有父子無君臣."

그러면 그런 범주가 생기는 원동력이 무엇일까? 단군 사상이 지닌 무(巫)적 의식으로서의 '신바람'이 아닐까? 이민족이 우리의 신바람을 키워주고 살려줄 까닭이 없다. 우리의 민중적 신바람이 '홍익인간·재세이화', '이도여치', '광명이세', '구층 금탑', '금척' 등의 보편적 정치 이념으로 잘 길들여졌을 때 동맹, 한가위, 영고, 소도, 팔관회(붉은애의 모임) 등과 같은 공동체적 놀이로 감정의 범주가 모인다. 이래서 놀이의 힘이 중요하다. 놀이는 반드시 그 놀이에 참여하는 공동체에 대하여 규칙과 질서를 요구한다.[23] 규칙이 없는 놀이는 성립이 안 된다. 그런 점에서 고대 사회에서 우리 민족의 놀이를 숭상하지 않고 외부에서 그 놀이를 방해하던 세력은 이교도나 침략자로 간주되었으리라. 그래서 놀이는 이교도와 침략자에 대한 항쟁의 원동력이 아닐 수 없다.

이상과 같이 우리 고대 사상의 으뜸이 되는 저장소로서 단군 신화를 그 상징적 의미 연관에서 성찰하여보았다. 크게 그 의미 연관들을 보면, 거기에는 정치적 위치, 현세적 위치, 영육 일치의 성(性)의식, 호국의 저항 등이 존재한다. 그런데 그런 의미 연관들이 모두 '신바람'의 무적 의식에 의하여 한 실에 꿴 구슬처럼 관통하고 있음을 알 수 있다. 이제 우리는 그런 상징적 의미 연관들을 어떻게 철학적으로 그리고 이성적으로 평가해야 할 것인가를 보아야 한다.

3. 한국 고대 사상의 철학적 비전

3절에서 우리는 1절에서 밝힌 후기 현상학적 방법론과 2절에서 논의된 한국인의 원초적 감정의 범주들을 다시 종합하는 철학적 비전을 생각해보아야 한다. 후기 현상학의 입장에서 볼 때 주어진 한 '경험적 위치'에서 '감정적 범주'를 선결적으로 기술해야 하는 중요성은 다음과 같다.

---

23) Johan Huizinga, *Homo Iudens*(Leyden).

"우리는 매 순간에 있어서 모든 우리의 현실 속에서 우리 자신을 소유하고 있는 것은 아니다"[24]라는 메를로퐁티의 말은 앞에서 우리가 해명한 '환경의 감정적 범주'와 다시 연결된다. 그런 뜻에서 인간은 그가 살고 있는 환경의 분위기, 상황의 위치에 대응되는 감정들보다 다른 감성을 결코 체험할 수 없다는 결론이 나온다. 그래서 "우리가 정당하게 진리라고 부르는 것, 그것을 우리는 우리의 지식에 날짜를 적는 상징적 의미 연관 속에서만 성찰하게 된다."[25] 그러므로 모든 지식은 연대와 지각이라는 원천적 환경의 장에서 분리되어서 추상적으로 논의될 성질이 아니다. 그런데 철학은 지식이다. 그 지식은 지각의 원초적 밭에서 결코 현실적으로 유리된 입장을 도모할 수 없다. 그럼에도 불구하고 철학은 동시에 생각하는 것, 보는 것, 비판하는 것의 코기토다. 따라서 철학의 세계에는 느껴지고 무의식적으로 지각되는 것의 '밭'만 있는 것이 아니라 그것을 보고 생각하고 또 비판하는 방식도 갖는다. 그러나 보고 거리를 취하고 비판하되 그런 현행은 늘 주어진 경험적 위치와의 상대적인 상관 함수관계를 갖는 것은 물론이다. 그러므로 '본다는 생각(la pensée de voir)'으로서의 비전과 보여지는 것의 진리(지각의 진리)는 늘 짝짓게 마련이다.

이 점은 곧 사랑에 대한 철학적 성찰과 비유된다. 사랑은 인식이기 이전에 감정이고 체험이고 지각이다. 그런 감정·체험·지각이 사랑의 마지막 말은 아닌 것이다. 왜냐하면 사랑은 감정일 뿐만 아니라 또한 나의 사유가 사랑의 대상 속에서 찾고 도달시키고자 하는 의도의 비전이기 때문이다. 물론 사랑의 인식이 사랑의 체험을 다 퍼내지 못한다. 그러나 감정이나 체험만으로 사랑의 세계가 다 구성되지 않는다. 그래서 사랑에는 '보는 생각'과 같은 '계획'이 발생한다.

---

24) Merleau-Ponty, *Phénoménologie de la Perception*, pp.435-436. "Nous ne nous possédons pas à chaque moment dans toute notre réalité."

25) Merleau Ponty, *Signes*, p.52. "Ce que nous appelons à bon droit notre vérité, nous ne le contemplons jamais que dans un contexte de symboles qui dantent notre savoir."

우리는 2절에서 한국인의 감정적 범주를 한국 고대 사상의 원형으로서, 또 지금도 우리에게 무의식으로 남아 있는 하부 구조로서 살펴보았다. 이제 우리는 그 하부 구조에 대한 비전, '보는 생각'으로서의 계획(철학적)을 보아야 한다. 그런 비전은 결코 하부 구조와 분리되는 것은 아니로되 그것의 노예도 아니라는 이중성을 염두에 둘 때 가능하다. 그래서 하부 구조에 대한 동의도, 그것에 대한 비판도 동시에 코기토의 지평에서는 가능하다.

우리가 단군 신화를 통해서 한국인의 감정적 범주들을 분석하였는데, 그 것들을 한 번 일목요연하게 정리해볼 필요가 있다.

① 단군 신화에는 원천적으로 '존재의 물음'이 배제되어 있다. 그러므로 그 것은 모든 사고를 무의식적인 차원에서 정치 우선의 경험적 위치 속에 심어 놓고 있다. 그래서 한국 철학사는 한국 정치사와 긴밀한 함수관계를 가지지 않을 수 없다. 그것의 밝은 정치 이념이 홍익인간·재세이화, 광명이세, 이도 여치, 금탑, 금척이요, 그것의 제도가 화백제, 제가평의제, 정사암, 도병마사제, 의정부 등이다. 그러므로 이 땅의 우리는 철학적 진리를 정치 현실과 본디 정 치 이념과의 원근법적 조절 아래서 평가해보아야 한다는 결론을 갖게 된다. 이 땅의 철학은 정치 현실에 초탈한 경우도 갖고 있다. 이를테면, 신라 쇠퇴 기의 불교 철학은 선종과 도참 풍수사상으로 갈라졌다. 그러한 선가(禪家)와 도의가(圖讖家)의 사상도 정치적 상황을 배제하고 상황적 날짜가 없는 앎의 요구라고 보아서는 안 되겠다. 원광·의상·원효의 철학을 신라 정치사의 배경 없이 이해한다는 것은 '삶의 세계'에 뿌리를 박지 않는 철학의 추상적 이해 방 식이다. 한국의 불교가 다른 아시아의 불교보다 그 철학적 표현 방식에 있어 서 훨씬 더 호국적이었다는 사실은 곧 우리의 무의식이 모두 정치적으로 지 각(知覺)한다는 원천적 하부 구조의 반영을 말한다.

더구나 유교철학이 일반적으로 불교철학보다 정치에 더 예민하다. 그 점 에서 한국의 유교철학도 그것이 지닌 상부 구조적 이념을 단군 신화의 상징 이 우리에게 남긴 불변적인 하부 구조의 토양과의 관계 아래서 파악되어야 한다. 퇴계와 율곡의 철학정신의 차이도 정치 현실과의 역학적 관계에서 다루어지지 않으면 안 된다. 김시습의 철학이 서화담처럼 온전한 주기론자(主氣論者)는 아니로되, 그 어느 성리학자보다 기를 강조하고 도가와 불가의 철학을 서슴없이 이용함도 정치적 배경에서 접근되어야 한다. 주자학적인 송시열과 반주자학적인 윤백호(尹白湖)의 이론도 정치역학에서 보아야 하며, 실학사상·동학사상의 철학적 해석도 우리 모두에게 공통적인 정치적 성향의 밭에서 천착될 수밖에 없다. 어느 나라 어느 민족의 철학이 어찌 정치와 관계하지 않으리오마는, 한국의 철학은 훨씬 정치기상도에 예민한 것 같다. 예를 들면 서양 철학에서는 '존재의 물음'이 갖는 형이상학적 변혁이 그 시대의 정치이념과 무관하여 마찰을 일으킨 경우가 많다. 그러나 우리에게는 신라·고려의 불교철학, 조선의 유교철학이 정치적 지각에 의하여 거의 완전히 둘러싸여져왔다는 것이 뚜렷한 사실(史實)로 남아 있다.

② 단군 신화는 지극히 현세 중심적 상징 체계를 갖고 있다. 그래서 현세 중심적인 무의식의 집단적 표상은 초점 일치, 몰내세적인 삶의 스타일을 빚는다. 삶을 지극히 사랑하되 거기에 빠져서 자기의 존재 의미를 상실할 수 있는 여지가 있다. 바로 현실적 복(권력과 돈)을 맹목적으로 추구하는 기복피재(祈福避災)의 인생관이 그것을 웅변으로 입증한다. 그런가 하면 현세적 상징 체계에는 자연과 당위의 화음, 영육의 일체감 등도 나타난다. 경우에 따라서 존재와 소유의 무분별도 보인다. 그런데 이러한 모든 다종의 표상의식을 한 줄로 꿰는 현세성의 원동력이 바로 무적 의식으로서의 '신바람'이다.

이 신바람은 '미치는 의식'과 '푸는 의식'의 집합이다. 한국의 철학사는 바로 민중적 차원에서 무의식으로 꿈틀거리는 '신바람'에 대한 원근법 조절의 콤플렉스 역사라고 보아야 할 것이다. 왜냐하면 이 '신바람'은 철학적 이성의 차원에서 볼 때 긍정적 요소와 함께 부정적 요소도 지니고 있기 때문이다.

그런데 단적으로 원효의 철학은 한국 철학사에서 이 '신바람'에 대한 원근 조절을 가장 잘 수행한 이론이 아닌가 하는 생각이 든다. 원효가 스스로 실천한 무애가무(無碍歌舞)는 '신바람'의 하부 구조적 힘을 수용한 것이다. 그러나 그는 거기에만 그친 것이 아니라 '신바람'의 세계를 초월한 비전을 가졌었다.

그가 「십문화쟁론(十文化爭論)」이나 「열반종요(涅槃宗要)」에서 제창한 이른바 화쟁의 논리는 '신바람'이 낳을 수 있는 극단적, 배척적, 자기 중심적 역기능을 치료하기 위해서가 아닌가? 같은 차원에서 지눌의 반조(返照) 논리도 이해되어야 한다. 선(禪)·교(敎)의 극단적 대립을 근저에서 무화시키는 '정혜쌍수(定慧雙修)'·'돈오점수(頓悟漸修)'의 이론도 모두 '신바람'의 극렬성에 대한 코기토의 이성적 반작용으로 보아야 한다.

퇴계의 철학은 우리의 사고 방향이 극도의 정치성과 현세성을 띠면서 초월의 요구를 상실한 병리 현상에 대한 비전이요 '보는 생각'이다. 그는 '이(理)'의 초월성을 종교화하면서 '이명물이비명어물(理命物而非命於物. 이는 실재의 모든 것을 명령하나 상황의 것들에 의해서 명령받지 않는다)'의 이념을 제창하게 되었다. 그의 철학은 어떤 점에서 우리의 집단적 하부 구조인 현세성의 맹목적 병(돈과 권력의 집착)에 대한 반작용과 비판의 결과다.

③ 단군 신화는 성의식의 차원에서 '부드러움'과 '에로티즘'의 갈등을 모르거나 또는 넘어서 있다. 그리고 헤겔 철학의 서술에서 일관된 비전의 논리로 삼고 있는 '불행한 의식'의 극복사도 없다. 그래서 우리의 하부 구조에는 존재론적 '별리의 형이상학'이 자리 잡지 못한다.

그런데 이런 관점은 한국 철학사에 직접 영향을 주었다기보다 오히려 한국 문학사와 직결된다고 보아야 한다. 우리의 고전 문학에는 존재의 파열에서 오는 불안과 고뇌의 흔적은 거의 없으나 이별에서 오는 한의 자취는 짙다. 한은 본디 그래서는 안 되는 이별 때문에 생기는 감상적 감정의 표현이다. 우리의 노래에서 농도 짙은 감상주의는 그 뿌리가 깊다. 우리의 철학은 그러한 감상주의를 치료하기 위한 '보는 생각'을 가져야 한다. 과거에 그런 생각이 있었는가의 여부를 한국 철학사에서 규명하여야 하겠다. 그러므로 우리의 문학사와 철학사는 같이 연구되어야 한다.

④ 단군 신화는 호국의 의지를 불사신과 같이 우리 속에 새겨놓았다. 이 점은 이 신화가 정치적·현세적 무게중심을 두고 있다는 것과 상통한다. 왜냐하면 정치적·현세적 삶은 그 삶의 터전을 빼앗기고는 성립될 수 없기 때문이다.

이스라엘 민족이 수천 년의 유랑 끝에 자기의 말과 나라를 다시 만들 수 있었던 것은 그들의 의식이 원천적으로 탈현세적·내세적인 데 기인한다고 보아야 한다. 그러나 우리 민족이 그러한 경우를 당하면 또다시 모일 수 있었을까? 그러므로 우리는 결코 우리가 사는 '삶의 터전'을 잃지 말아야 한다는 충동이 생기지 않을 수 없다. 신라의 고승들, 조선의 서산대사나 사명대사 등은 모두 행동적 차원에서 호국의 화신이다. 또 중봉 조헌의 철학은 곧 구국의 행동력과 직결된다. 우리는 서양의 철학자들과는 달리 이 땅의 많은 철학자들이 구국과 호국의 실천적 행동 대열에 참여한 사실을 결코 우연으로 돌릴 수 없다.

II. 원시반본과 해원 사상에 대한 철학적 성찰*
증산사상의 한 연구

1. 증산사상의 철학적 가치: 창조의 원리

증산교가 지닌 사상은 어떤 점에 있어서 한국의 전통적 지성의 주류에서 볼 때 좀 충격적인 데가 있다. 그런데 그 충격은 미래 지향적인 한국 사상의 당위성에서 볼 때 매우 고무적이고 또 소망스러운 것이기도 하다. 그 충격이란 무엇인가? 그것은 증산사상이 한국사에서 그 뿌리가 깊고 오랜 저항의 이념에서 벗어나 새 시대를 여는 창조의 이념에 그 종교 사상적 원리를 두려는 것에 있다. 증산교의 표현에 의하면, 이 원리는 후천세계를 여는 '천지공사(天地公事)'의 개념으로 나타난다. 증산의 종교 사상이 저항의 논리보다 창조의 논리에 더 큰 강조점을 두었다고 하여 상황에 따라 필요한 저항적 지성의 무게를 결코 하찮게 여긴 것은 물론 아니다. 그러나 적어도 한국 사상사의 맥락에서 잉태된 증산교가 저항의 종교에서 창조의 종교로 자리바꿈을 하였다는 것은 한국 정신사에서 정녕 새롭게 기념될 만하다.

증산교의 교단 내부에서도 이 점이 깊이깊이 인식되고 있는 듯하다. 배용덕(裵容德) 씨는 다음과 같이 논술하고 있는데, 그 논술의 초점이 선명하다고 여겨진다.

증산교의 의의는 여러 가지로 가려질 수 있을 것이나 한마디로 말한다

---

*《甑山思想研究》제5집(1979) 게재.

면, 서세(西勢)에 대항하고 부패한 왕조에 대항하던 동학의 저 '대항의 원리'와는 달리 보다 승화된 종교적 차원에서 문제를 제기함으로써 그것이 '민족 창조의 원리'로 귀결되도록 한 데 집약될 수 있다.[1]

우리가 증산교를 저항의 종교가 아니고 창조의 종교로 성찰하려 할 때 생기는 철학적 가치의 의미를 한국 사상사의 맥락에서 성찰할 필요가 있다. 조선 유학의 이데올로기적인 주류는 관료·관학 등을 정신적으로 대변하는 사공파(事公派)에 대한 사림파(士林派)의 저항에 놓여 있었다. 우리는 왜 조선의 정신적 정통성이 저항의 논리에 더 큰 비중을 두게 되었는지에 대한 역사적인 분석은 여기서 유보하기로 하자. 하여튼 사림파의 그런 저항의 이름 아래 전개된 이른바 순수성이 아주 역설적으로 정몽주의 저항성과 만나게 된다. 조선의 건국을 그토록 반대하였던 정몽주가 조선 사림정신의 종장(宗長)으로 평가되었다는 것은 하나의 아이러니가 아닐 수 없다. 사림파의 저항 사상과 반관학(反官學)·반사공(反事公)의식이 철학적으로 의리학으로까지 전개되어 의리학은 사공학·실무학·실학적인 것의 반대편에 서 있어야 하는 것으로 점차 고착화되어갔다. 그리고 조선 후대로 흘러오면 올수록 그런 도식적 형식논리의 발상은 경직화되어갔다. 사실상 조선 후기의 실학사상이 새 기운을 품고 싹텄지만, 그 사상이 조선의 흐름에서 자생적으로 생긴 예의 형식적 도식을 파괴하지 못하였기 때문에 결국 역사를 변혁시킬 만한 큰 열매를 맺지 못하고 시든 느낌을 남겼다.

저항의 순수성이 지닌 조선의 정신적 유산은 한말과 일제 시대를 당하여 거의 본능적으로 정당화된다. 그리하여 지성의 심도는 그 창조 역량에서 신중히 다루어진다기보다 오히려 주어진 현실에 대하여 얼마만큼 저항적이었고 그 저항의 반대급부로 얼마만큼 견디기 어려운 압력과 곤욕을 당해왔느냐에 따라서 일반적으로 평가된다. 그리하여 이 땅의 지성인은 곧 투옥의 체

---

1) 裵容德, 『韓民族과 天地公事』(甑山眞法會發行), p.14.

험을 가진 지사(志士)의 고집과 의지로써 가능된다.

　이와 같은 저항의 사상이 동학을 통하여 한말에 한층 더 복잡하게 나타난다. 동학사상의 주요한 이념은 기성의 양반계층에 대한 상민과 천민의 생활혁명이다. 그렇기 때문에 동학사상은 강력한 저항의 원동력을 짙게 품고 있다. 일제 시대의 항거정신을 활성화하여오는 동안에 결국 이 땅에는 이중적인 저항의 논리가 정형화되어갔다. 예컨대 식민지적인 관 체제에 대하여 '순수'라는 관형사가 반드시 붙게 되는 지성인의 저항과, 다른 한편으로 지배계층에 대한 이른바 광범위하다는 민중계층의 저항이다.

　이런 저항은 우리가 어디로 흘러가고 또 어떤 사회를 적극적으로 창조해야 하는가에 대하여 그 어떤 능동적 대안을 제시하지 못한다. 그래서 그 이중적인 저항을 받는 세력이 사라지고 다른 세력이 중심부에 등장하게 되면, 거기에 대하여 또다시 저항만 해야 하는 것이 바람직한 역사의식이고 사회정의라고 여기는 발상이 끊이지 않고 재생된다.

　물론 한 사회에 반드시 비판정신은 필요하고 또 존재해야 한다. 그러나 경직화되고 화석화된 형식과 도식 아래서 교조화된 비판의식은 그 스스로 새로운 비판을 용납하지 않으려 하는 사고의 체질을 잉태한다. 여기서 저항의 이성은 겉치레뿐이고, 도도히 흐르는 것은 저항의 감상주의다.

　우리는 유치하게 저항은 무의미하고 창조만 유의미하다고 말해서는 안된다. 우리에게 중요한 것은 고대 국가(특히 신라) 시대에 융성하였던 사유의 논리를 재생시켜서 신라 멸망 이래로 점차 그 논리가 쇠미하여지면서 상대적으로 불어난 단가적 사유 발상을 거부하고 초극하는 일이다. 다시 말하자면, 우리에게 값진 것은 비단가적 발상이다. 경우에 따라 저항정신도 좋고 비판정신도 좋고 관료정신도 좋다. 그러나 이것들이 모두 단가적 발상에 담뿍 젖게 될 때 저항세력이든 관료세력이든 민중세력이든 창조성이 결여된 경직성의 노예로 전락한다. 관료적 획일성과 일사불란이 경직적인 것과 마찬가지로 민중적 저항적 각일성(各一性)과 중구난방도 그에 못지않게 경직성의 역설적인 반영이다. 바로 증산사상의 의미는 그런 단가적 발상을 한국 최근세사에서 최초로 거부하고 초극하려고 몸부림쳤다는 사실에 기인한다. 그리고 증산사상이 내건 원시반본의 개념도 한국사의 뿌리를 찾아 한때 빛났던 비단가적 사유 질서를 회복하고 재생하자는 요구와 다름이 없으리라.

그러면 도대체 '단가적'·'비단가적'이라는 개념의 뜻이 무엇인가? 이것에 대한 실질적인 뜻은 뒤에 채워지겠지만, 우선 이것에 대한 형식적 의미부터 음미되어야 하겠다. 지성의 깊이가 얕은 사람일수록 단순 논리에 의하여 결정론에 빠진다. 예를 들면 '아침에 여자를 먼저 보면 재수가 없다'고 생각하여서 그런 생각이 행동의 결정을 바로 잉태시킨다. 그러므로 비지성적인 사람이 어떤 사상(事象. 사실의 현상)을 긍정할 때도 부정할 때도 단순 논리에 의하여 쉽사리 결정적 결론에서 행동으로 치닫는다. 단순 논리가 빚는 행동의 결정에는 전혀 여백이나 초월을 위한 의식이 없다. 그래서 그런 의식세계에 '그러나', '또', '반면에', '뿐만 아니라'와 같은 접속사가 붙는 사고를 거의 기대하지 못한다. 그런 접속사가 등장하지 않는 사고가 일반적으로 단가적 발상법이다. 그리고 그 단가적 발상법이 쉽게 생활 안에 펼쳐질 때 이른바 감상주의가 팽배하게 된다. 슬픔의 감상주의, 분노의 감상주의, 즐거움의 감상주의가 생긴다.

본디 지성의 기조는 그 논리에서 언제나 양가적으로 상반된 두 개 이상의 사상(事象)을 어떻게 동시적으로 파악하는가, 그 사상들을 어떻게 모순 없이 행동과 직결시키는가 하는 점에서 자란다고 하겠다. 그렇기 때문에 건전한 지성일수록 구체적이기를 요구한다. 이때 '구체적'이라는 개념은 반드시 변증법의 뜻에서 따오지 않아도 일면적 관점이 지양될수록 충실해진다. 그래서 모순된 두 개 이상의 사상들이 하나의 질서로 초점화되지 않을 때 지성은 고뇌한다. 고뇌하는 지성은 울분과 짜증을 토해내는 감상주의와 다르다. 요컨대 그 이름을 받을 자격이 있는 지성은 가장 기본적인 사유 형식에서 양가적이다. 이때의 '양가적'이라는 개념은 두 개 이상의 사상을 아무런 내면적 필연성 없이 병립시키는 것을 능사로 여기는 발상이 아님은 말할 나위가 없다.

예컨대 단순한 논리는 두 개 이상의 사상을 언표하는 데 아무런 주저도 없고 또 거기에서 논리적 필연성을 찾으려고 하지도 않는다. 그러므로 지성의 기본적 기조로서의 양가성은 사상의 단순한 병립 현상과는 전혀 다르다. 바로 그런 상반된 양면성 이상의 진단과 그것을 전대미문의 논리로써 인식함과 그 인식을 토대로 행동을 표출함에서 우리가 생각하는 창조의 원리가 움튼다. 그런 뜻에서 우리는 증산교가 단가적인 저항의 종교가 아니고, 그것을 초극한 창조의 종교라고 명명하려는 정당성을 찾는다. 왜?

이 물음에 답변하기 위하여 우리는 증산교 또는 증산사상에서 어떤 점들이 구체적으로 양가성의 논리 아래 펼쳐지고 있는지 검토해보아야 한다.

① 충효사상에 대한 강증산의 견해는 과거의 유학적 이데올로기 아래서 단가적으로 긍정의 한 차원에서만 평가되었던 것과는 다르다. 여기서 우리는 충효사상에 대하여 그것의 이념적 가치를 전개하지는 않겠다. 그러나 구체적으로 역사에 화현(化現)된 충효사상이 단순 논리로 경직화함으로써 많은 부작용을 잉태시켰다는 사실을 결코 간과할 수는 없다. 그렇다고 하여 충효사상이 오늘에 있어서 단순 반작용으로 무의미하다고 결코 배척될 수도 없다. 증산은 충효사상 앞에서 다음과 같이 고민한다.

하루는 어느 지방에서 젊은 부인이 부상(夫喪)을 당한 뒤에 순절하였다 하거늘, 천사(天師) 들으시고 가라사대 악독한 귀신이 무고이 인명을 살해한다 하시고 글을 써서 불사르시니 이러하니라(忠孝烈國之大綱 然國亡於忠 家亡於孝 身亡於烈).[2]

충(忠)·효(孝)·열(烈)이 나라의 큰 강령임에는 틀림없지만, 그것들이 나라와 집안과 드디어 일신을 망치는 정신적 응어리가 될 수 있음을 지적하였다.

② 서양 문화에 대한 강증산의 생각도 개화일방(開花一方)·척사일방(斥邪一方)의 일면을 초월하려 한다. 증산 강일순의 생애가 1871년에서 1909년이니

---

2) 『大巡典經』, 3-140.

향수 만 38세다. 이 시기에 방국(邦國)의 역사는 서양과 준서양 세력과 힘 앞에 나라의 문호를 여느냐 닫느냐 하는 이념적 논쟁이 치열했던 시대였다. 그런데 여기서 우리는 개화파의 이념과 척사파의 이념을 다시 정리하려고 하지 않는다. 단지 강증산은 동학사상과 유학의 주리파처럼 척사나 반서(反西)의 어양(禦洋)으로 기울지 않았고 또 조건반사적으로 개화파의 주기실학사상처럼 그렇게만 생각하지도 않았다. 그래서 그는 어양이나 친양(親洋)의 양자택일 아래에 스스로의 역사관을 굳히려 하지 않았다. 한말에 태어난 그는 서양처럼 실질적 국력을 다지지 않았던 조선에 대한 비판에서 서양적 문명의 유입을 주장하는가 하면 동시에 민족의 자주성에 대한 정신적 명분을 결코 잃지 않았다. 그의 생각을 인용하여보자.

하루는 종도(宗徒)들에게 일러 가라사대 동양이 곧 명부(冥府)라, 사람의 본성이 원래 어두운 곳을 등지고 밝은 곳을 향하나니 이것이 곧 배서향동(背西向東)이다. 만일 서양 사람을 믿는 자는 이롭지 못하리라.[3]

또 가라사대 서교(西敎)는 신명박대(神明薄大)가 심하므로 능히 성공치 못하리라.[4]

이상의 두 인용은 서양적 정신 체계에 우리의 운명을 맡길 수 없다는 점에서 증산이 어양 계열과 정신적 맥락을 같이하고 있다고 보아야 한다. 그런데 동시에 그는 다음과 같은 사실을 말한다.

천사(天師) 매양 뱃소리를 하시거늘 종도들이 그 뜻을 물은대, 조선을 장차 세계 상등국으로 만들려면 서양 신명(神明)을 불러와야 할지라. 이제 배

---

3) 같은 책, 3-98.
4) 같은 책, 3-149.

에 실어오는 화물표를 따라서 넘어오게 됨으로 그러하노라 하시니라.[5]

서양의 과학과 기계문명에 대한 예찬과 그런 것을 개발시키지 못한 조선의 비실질적 문화의식에 대한 신랄한 비판이『대순전경』의 여기저기에서 나타난다. 이런 사실을 감안할 때 강증산은 한말의 소용돌이에서 보수적 질서체계에 대한 저항의식에서 시동된 개화의식이나, 정반대로 외세적 질서 체계에 대한 저항의식에서 빚어진 척사의식과는 다른 정신 질서를 희구했다. 인간이 상황 속의 존재임을 감안할 때 자기 시대 상황의 정신적 요소에서 헤어나기란 여간 힘든 것이 아니다. 그런데 그는 자기 시대의 상황을 스스로 체험하기 위하여 전국을 순회하기도 하였지만, 동시에 초월적 사유의 폭을 개척한 선구자이기도 하다. 그런 차원에서 그는 그 시대의 주류에서 벗어나 놀랄 만큼 자유롭게 동서 문화의 교우를 제창하였다.

옛적에는 동서 교통이 없었으므로 신명도 또한 서로 넘나들지 못하였더니 이제는 기차와 윤선으로 수출입하는 화물의 표호를 따라서 서로 통하여 다니므로 조선 신명을 서양으로 건너보내어 역사(役事)를 시키려 하노니 재주(財主)를 얻어서 길을 터야 할지라.[6]

그러면 이처럼 단가적으로 한 곳에 외곬으로 빠지지 않았던 그를 어떻게 생각해야 할까?

단가적 사유 방법에만 헤매게 되면 자연히 단순 정의를 쉽게 내린다. 정의를 내림은 생각의 전개를 명석하게 하는 데 도움이 되나, 서투른 정의는 오히려 풍요한 정신세계를 가난하게 할 위험을 지니게 된다. 그런 뜻에서 모든 위대한 정신들은 몇 개의 단편적인 각도에서 자기 세계를 정의하려는 일을

---

5) 같은 책, 4-169.
6) 같은 책, 4-3.

매우 경계하였다. 마찬가지로 강증산의 정신세계를 개화라든가 척사라든가 하는 일의적 개념으로 제한시키는 것을 우리는 다음의 인용을 통하여 조심해야겠다.

혹 말하되 증산은 진실로 폭을 잡기가 어렵다 하거늘 천사 들으시고 가라사대 사람이 마땅히 폭 잡기가 어려워야 할지니, 만일 폭을 잡히면 범속에 지나지 못하리라.[7]

③동학에 대한 강증산의 생각도 양가적이다. 그런 점에서 증산사상과 동학사상을 대비하여보면, 분명히 증산사상은 동학 이념을 수용하고 그것의 연장에서 이해되어진다. 그러나 증산의 세계에 동학적인 것만 있는 것이 아니고, 경우에 따라서 동학적인 것을 초월하려는 정신의 요구가 강하게 풍긴다. 그의 말을 직접 인용하여 보자.

우선 동학사상을 넘어서야 되겠다는 그 일면성을 말한 대목이 『대순전경』의 여기저기에 산재해 있다.

스물네 살 되시던 갑오년에 태인 동골 사람 전봉준이 당시의 악정에 분개하여 보국안민의 표호(票號)로 동학 신도들을 모아 고부에서 혁명을 일으키니 온 세상이 들끓는지라, 천사가 그 전도(前途)가 이롭지 못할 줄을 아시고 월흑안비고(月黑雁飛高), 단우야둔도(單于夜遁逃), 욕장경기축(欲將輕騎逐), 대설만궁도(大雪滿弓刀)란 옛 글을 여러 사람에게 외워주사 겨울에 이르러 패멸될 것을 예언하시며 망동치 말라고 효유하시니라.[8]

『대순전경』을 보면, 강증산은 동학혁명이 '보국안민'과 서민 해방의 빛나

7) 같은 책, 6-149.
8) 같은 책, 1-14.

는 이념에서 출발하였지만, 현실적으로 그 두 가지 일이 성공할 수 없다는 진단에서 그 혁명을 방관하거나 또는 그 혁명의 추상적 기치 아래 많은 서민의 인명이 무참히 살해당하는 것에 대하여 구체적으로 반(反)동학의 생각을 나타내기도 한다. 그 한 가지 보기로, 을미년에 동학혁명이 평정되었음을 축하하는 유림들의 시회(詩會)에 증산이 참여하였다는 기록이 있다.[9] 그렇다면 증산이 애오라지 친유학적이냐 하면 그렇지만은 않다. 이 점도 곧 보게 되리라.

증산교도 동학교와 마찬가지로 양반계층에서 탈락된 민중의 삶의 질을 개혁하고 인간화하려는 정신세계를 펼쳐간다. 그래서 다른 면에서 보면, 증산사상은 동학사상의 이념을 연속적으로 승화시킬 것을 주장하고 있다.

　…동학 주(呪)에 시천주조화정(侍天主造化定)이라 하였으니 내 일을 이름이라. 내가 천지를 개벽하고 조화정부(調和政府)를 열어 인간과 하늘의 혼란을 바로잡으려 하여 삼계를 두루 살피다가 너의 동토(東土)에 그쳐 잔피(殘疲)에 빠진 민중을 먼저 건지려 함이니 나를 믿는 자는 무궁한 행복을 얻어 선경(仙境)의 낙을 누리리니 이것이 참 동학이라.[10]

양가성의 입장을 취하는 증산사상은 동학사상에 대해서도 연속성과 불연속성의 두 측면을 동시에 고려하고 있다.

④ 새 시대를 창조적으로 열기 위한 증산사상의 논리적 양가성은 비단 서학과 동학에 대해서만 나타난 것이 아니다. 유·불·선 3도로 표현되는 동양의 전통적인 종교·철학 사상에 대해서도 같은 방식으로 표현된다. 그런 점에서 보면 한국의 최근세인 한말에 나타난 증산교는 전통적인 동양의 정신세계에 대하여 전통을 승계하는 연속성과 그 전통을 혁파하려는 불연속성을 동시적으로 언표한다.

---

9) 같은 책, 1-24.
10) 같은 책, 3-22.

우선 중산은 유·불·선을 창도한 공자와 석가여래와 노자에 대하여 일면에서 과감한 비판을 가한다. 그 비판의 요지는 다음과 같다. 공자는 소정묘(小正卯)를 죽였고 삼대출처(三大出妻)를 하였기에 사람의 한을 샀으므로 새 시대의 성인이 될 수 없다. 그리고 석가여래는 자식들과 부모의 천륜을 끊게 하여 출가를 원하니 불교는 국가와 선영을 깊이 생각하지 않은 까닭으로 역시 다가오는 새 시대의 성인이 될 수 없다. 그리고 노자는 현실세계를 모든 인간이 능동적으로 살아가는 새 시대에 쓸모가 없으니 추방되어야 한다.[11] 이런 까닭으로 강증산은 원시반본과 해원상생의 이념으로 전개되는 천지공사 이후의 새로운 후천세계에서 유·불·선 3교가 중추적 기능을 수행할 수 없다고 주장한다.

그러나 '천지공사' 이후로 전개될 이른바 후천세계의 진리는 마치 요술쟁이가 허공에서 갑자기 꽃을 만들어 보이듯 그런 방식으로 과거의 선천(先天)세계의 전통과 두절되어 나타나지 않음을 중산은 또한 강력히 피력한다. 그는 동양의 전통적 유·불·도 등 고급 사상은 물론 서양의 그리스도교적인 사유 체계도 수용하고 고급 종교와 철학에 의하여 오랜 세월 동안 음지에서 서식한 무교와 동학도 모두 아울러 통일하여 각 사유 체계와 문화 체계의 '진액(津液)'을 모아 흡수하겠다고 말한다. 그 점에서 중산교는 또한 과거 전통의 연속성을 띤다.

또 모든 족속은 각기 색다른 생활경험으로 인하여 유전된 특수한 사상으로 각기 문화를 지어내어 그 마주치는 기회에 이르러서는 마침내 큰 시비가 일어나니 그러므로 각 족속의 모든 문화의 진액을 뽑아 후천문명의 기초를 정할지니라.[12]

---

11) 같은 책, 4-172.

12) 같은 책, 5-8.

이와 같은 내용이 또 달리 나타나지만, 요컨대 강증산의 후천세계에 최수운의 사상, 주해암(朱晦菴)의 철학, 진묵(震默)의 선불교 신앙, 마테오리치의 그리스도교 문화 등이 모두 수렴되어야 함을 겨냥하는 '조화정(造化定)'의 통일 문화상이 두드러진다.

⑤ 이런 강증산의 특이한 비전은 동시대의 대유학자요 항일 지사인 면암 최익현에 대해서도 양가적으로 표현된다. 그리고 최면암에 대한 양가적 진단에서 우리는 강증산의 정신에서 파열하는 고뇌를 읽게 된다. 강증산도 최면암의 의리 철학과 구국자강의 사상을 깊이 이해하고 통감한다. 그런데 그런 대의명분은 그늘에서 여전히 햇빛을 보지 못하고 가난과 질곡에 처한 민중은 비참함을 면치 못한다고 그는 생각한다. 과연 최면암의 애국주의가 실질적으로 그리고 구체적으로 나라의 명맥을 건전하게 할 수 있을까?

···최익현이 충청남도 홍주에서 의병을 일으킴에 마침 날이 가물어서 인심이 소동하여 서로 안도하지 못하고, 의병에 가입하는 자가 날로 더하여 군세가 크게 떨치더니 천사 가뭄을 걱정하사 수일 동안 만경에 머무르시면서 비를 많이 내리시니 인심이 안정되어 각기 농사터로 돌아감으로 의병의 기세가 쇠하여지니라.[13]

의병의 애국주의적 명분과 나라의 구체적인 살림이 다 함께 공존하지 못하는 시대에 태어난 강증산의 정신적 고뇌를 다음의 인용에서 더 절실히 느낄 수 있다.

천사 비를 많이 내리신 뒤에 만경을 떠나 익산 만성리로 가시며 종도들에게 일러 가라사대 이번에 최익현이 동하므로 인하여 천지신명이 크게 동하였나니 이는 그 혈성(血誠)에 감동한 까닭이다. 그러나 그 재질이 대사

---

13) 같은 책, 4-19.

를 감당하지 못할 것이요 한갓 생민(生民)만 사멸에 몰아뜨릴 따름이라 아무리 구호하여도 무익한 일이요 더욱이 이번 한해(旱害)를 물리치지 아니하여 기근이 겸지(兼至)하면 생민을 구활할 방책이 전무하리니 실로 양전(兩全)키 불능한 바라 어찌 한스럽지 아니하리요.14)

이 구절에서 대의에 입각한 애국적 행동과 생민을 구체적으로 구제할 길 사이에 생기는 이율배반에서 오는, 그것을 둘 다 양전시킬 수 없는 상황에서 오는 중산의 창조적 지성의 고뇌가 여실히 나타난다.

⑥이런 중산의 양전 불능의 고백은 사실에 있어서 그가 얼마나 시대의 상황 속에서 추상적 일면이 아니라 구체적인 다면을 창조적으로 통일하여 현실을 질적으로 변형시키려 하였던가를 우리에게 알려준다. 그런 양전 희구의 정신은 애오라지 저항 일변도의 지사적 지성의 전통을 탈피할 때 가능하다. 언제나 저항적 지사의 행동은 선구자적 창조의 길을 터주기보다 오히려 이미 형성된 비리와 비정상에 대하여 '사건이 지난 다음에(après coup)' 발발하는 지각생의 운명에서 벗어나지 못하는 경향을 지닌다.

그런데 중산은 세계사의 보편정신 속에서 한국의 운명이 지각생의 놀이에서 초극하여야 한다는 강한 사명감을 그 누구보다 강하게 가졌던 것 같다. 그는 동시대의 비참과 무력, 그리고 역설적으로 거기서 파생되는 울분과 분노에 잠기기보다 '천지공사'라는 새 개념으로 다가올 새 한국의 창조에 더 큰 관심을 표명하고 그것을 위하여 일생을 바쳤던 것으로 보인다. 그는 저항의 현실적 필요보다 창조의 근원적 요청에 귀 기울였기에 그 시대와 전통이 무의식적으로 요구할 터인 저항의 패턴을 버리고 양전성(兩全性)을 온전히 살리기 위해 모든 창조자가 기본 바탕에서 갖추게 되는 양가성의 인식 방법을 한국 최근세사에서 가장 먼저 제창하였다고 보아야 하리라.

그런 논리적 맥락에서 우리는 중산이 말한 '사지상직야 농지공업야 사지

---

14) 같은 책, 4-20.

상농지 공직업야(士之商職也 農之工業也 士之商農之 工職業也)'[15]라는 대목에 주목해야 한다. 과거의 직업관에 의하면 교양계층으로서의 사대부는 전혀 상업과 무역에 문외한이어야 하고, 또 농업에 종사하는 사람이 기계와 공업에 관심을 가져서도 안 된다. 그래서 직업의 의미가 봉건적 가치 기준에 의하여 서열화된다. 그러나 증산은 새 시대의 직업에 대하여 사대부와 같은 계층의 정신이 상무역에 이어져야 하고 또 농부의 태도는 과학기술의 소양을 가져야만 직업의 의미를 되살릴 수 있다고 보았다. 이것은 분명히 조선 말의 시대를 산 사람으로서는 가장 미래 지향적이요 창조적인 인간의 직업 개념이다. 조선 시대처럼 사대부가 상무역을 도외시하는 풍조는 사회의 공허를 잉태하고, 그와 정반대로 상무역에 종사하는 이가 오늘처럼 사대부의 교양을 버리면 그 사회는 맹목화한다. 어떤 점에 있어서 증산은 사회 풍토의 공허와 맹목을 아울러 초극하려 한 미래적 전망과 균형의 슬기를 가졌던 것이 아닌가 여겨진다.

지금까지 우리는 한국사에서 오랜 세월 동안 체질화되어온 저항정신의 우위를 버리고 창조정신의 중요성을 '원시반본'의 이념적 바탕 위에서 증산이 회복하려 한 내용을 양가성의 형식 아래서 살펴보았다. 그런데 그 양가성이 속담처럼 '누이 좋고 매부 좋고' 하는 따위의 병립성이 아니라면, 증산은 어떤 철학에 의하여 그 양가적 인식세계를 차원 높은 창조적 질서로 수렴하고 통일하려 하였던가? 이 물음에 또다시 우리의 철학적 관심은 집중된다.

증산은 가끔 그의 『대순전경』에서 철학의 정신이 꿰뚫을 수 없는 종교적 신비성을 짙게 내뿜는다. '아무도 알지 못하는' 방식으로 은밀히 '천지공사'를 하여놓았다는 대목 앞에서 철학적 지성은 당황하고 멈출 수밖에 없다. 왜냐하면 그 세계는 철학적 이성의 능력이 침투할 수 없는 증산적 신비의 세계이기 때문이다. 그러므로 증산교도가 아니면 거기에 대하여 더 이상 말할 수 없기에 침묵을 지킬 수밖에 없다.

---

15) 같은 책, 3-134.

그러나 철학적 이성이 중산적 창조의 '이념형'을 이해할 수 없는 것은 아니다. 물론 이때의 '이념형'·'이상형'이라는 낱말은 막스 베버적인 뜻에서 이해되어야 한다. 그런 중산적 창조의 이념형이 곧 '원시반본'과 '해원상생'이리라. 그러므로 중산이 생각한 '원시반본'과 '해원상생'의 개념을 그의 사상에 따라 철학적으로 어떻게 해석해야 할 것인가 하는 문제가 남는다. 우리는 다음 절에서 이 점들에 관한 해답을 시도해보아야 하리라.

끝으로 그는 내용이 빈곤한 역사에서 풍요한 역사로 가는 창조가 하루아침에 이루어질 수 있다고 여기지는 않았다. 종도들이 성급하게 그가 약속한 후천세계 5만 년 지상낙원이 이루어지지 않는다고 불평하고 실의에 빠질 때 그는 '천지도수'가 아직 성숙되지 않았다고 거듭 말한다. 이 개념을 철학의 세계에서 해석함은 상당한 모험이요, 이성의 정당성을 잃을 위험에 빠진다. 이것은 예언의 세계요 종교인의 신비적 직관이다. 그러나 그가 말한 '천지도수'는 시간의 흐름에 있어서 '철'의 개념으로 풀이됨직하다. 자연의 흐름에만 철이 있는 것이 아니고 인생과 역사의 흐름에도 철이 있다. 제철이 아니면 꽃도 피지 않고 열매도 맺지 아니한다. 역사도 성숙하기 위하여 '철'이 와야 하는 것으로 그는 생각한 듯하다. 역사의 제철이 오기 위하여 사람들의 '철'이 나야 한다. '철'이 안 난 민족은 창조력이 넘치는 역사를 만들 수 없다. 어떤 점에서 강중산은 그 당시의 한민족을 아직 '철'부지(不知)라고 여겼고, 그렇기에 '철'이 들기 위하여 공부해야 한다고 여겼는지 모른다. 지금의 우리는 ―민족이라 하든 민중이라 하든―어떤 점에서 중흥의 역사를 창조하기 위하여 철이 들었다고 여길 만한가?

하루는 종도들에게 가라사대 절후문(節侯文)이 좋은 글인 줄을 세상사람이 모르나니라. 시속에 절후를 철이라 하고 어린아이의 무지 몰각한 것을 철부지라 하여, 소년으로 지각을 차린 자에게는 철을 안다고 하고 노인도 몰지각하면 철부지한 아해와 같다 하니라.[16]

2. 증산 철학에 있어서 원시반본

모든 종교 또는 종교적 성향이 짙은 철학 사상에는 원시반본의 개념이 밑바탕에 깔려 있다. 인생과 역사, 그리고 인간의 모든 현상을 근원적인 최초의 상태로 회귀시키려 하는 발상이 '원시반본(原始返本)'이다. 다소간에 개재할 수 있는 뉘앙스의 차이를 논외로 하고 각 종교나 형이상학적 사유의 밑바닥에 아련히 깔려 있는 원시반본의 뜻을 간략히 풀어보기로 하자.

그리스도교에서 모든 인간은 실낙원의 비극을 숙명적으로 갖고 있다. 에덴의 낙원에서 추방되었다는 신화는 본질적으로 인간이 영원한 고향에서 이탈되었음을 뜻한다. 따라서 그리스도교적 인간학에서 바람직한 인간의 미래는 곧 인간의 구원이다. 그 구원은 과거에 상실했던 낙원으로 다시 돌아갈 수 있는 자격을 갖춤에서 성립한다. 그런데 미래에 가야 할 낙원은 과거에 잃어버린 낙원과 똑같은 것은 아니다. 오히려 저 낙원은 이 낙원보다 더 찬란한 곳이다. 그래서 하늘나라의 낙원은 지상의 낙원과 다르게 나타난다. 그런 점에서 논리적으로 볼 때 인간이 미래에 거주해야 할 낙원은 비유적으로 잃어버린 과거로의 재귀와 다르지 않다. 물론 그 재귀는 기계적인 반복과는 다르다. 오히려 그것은 옛 고향보다 더 아름다운 곳으로 돌아감이다. 하여튼 논리적 짜임새에서 보면 그리스도교에서 인간의 미래적인 희망은 잃어버린 과거의 본질을 다시 찾음이다. 일종의 원시반본이라 할 수 있다.

플라톤의 형이상학에서도 그 점은 마찬가지다. 플라톤의 신화에 따르면 인간은 본디 '이데아'의 세계에 거주하다가 현세의 생활로 추방되었다. 그러므로 현세적 삶은 유적(流謫)의 생활과 마찬가지다. 이 유적의 덧없는 생활에서 벗어나기 위하여 인간은 옛날에 살았던 '이데아' 세계로 재귀하는 수밖에 없다. 물론 낱말의 플라톤적인 뜻에서 재귀는 다람쥐 쳇바퀴 돌 듯 기계적인 반복을 말하는 것이 아니고, 전대미문의 찬란한 변형을 안고 그 옛날의 고향

---

16) 같은 책, 3-139.

으로 금의환향하는 것이다. 일종의 원시반본이다.

유학의 세계관에도 원시반본이 있다. 유학의 이상향은 예나 이제나 저 요순 시대의 대동사회다. 그래서 조광조의 유명한 도학적 지치주의도 조선 사회를 요순의 시대로 재현하고자 하는 이상주의와 다르지 않다. 가장 바람직한 미래는 가장 깊고 그윽한 과거와 접목이 된다.

이 모든 점을 고려할 때 원시반본의 개념은 변치 않는 본질로서의 정신의 뿌리로 돌아가서 거듭나야 한다는 정신적 요구와 일치한다. 나무의 줄기와 잎이 건강한가 병들었는가 하는 것의 여부는 그 뿌리의 건강 상태에 좌우된다. 정신세계의 뿌리는 언제나 시간적 차원에서의 과거다. 증산교에서 강조되는 원시반본도 그런 뜻에서 일단 철학적으로 해석되어야 한다. 먼저 강증산이 말한 원시반본의 개념을 인용하여보자.

이 시대는 원시반본하는 시대라 혈통 줄이 바로잡히는 때니 환부역조(換父易祖)하는 자와 환골하는 자는 다 죽으리라.[17]

옛적에 신성(神聖)이 입극(立極)함에 성웅(聖雄)이 겸비하여 정치와 교화를 통제·관장하였으나 중고(中古) 이래로 성(聖)과 웅(雄)이 바탕을 달리하여 정치와 교화가 갈렸으므로 마침내 여러 가지로 분파되어 진법을 보지 못하였으니 이제는 원시반본이 되어 군사위(君師位)가 한 갈래로 되리라.[18]

그리스도교의 원시반본은 에덴 낙원의 변형인 천국이요, 유학의 그것은 요순 사회요, 플라톤의 신화학에서 그것은 '이데아' 세계라면, 과연 증산교에서 원시반본으로서 돌아가야 할 (물론 전대미문의 찬란한 변형을 갖고서) 뿌리가 어딘가?

---

17) 같은 책 6-124.
18) 같은 책, 6-125.

이런 물음에 대한 답변은 동시에 증산사상이 의도하는 창조의 원리(천지 공사의 이념)에 대한 해답이기도 하다. 즉, 그 답변은 증산이 어떻게 세계사 속에서 창조적인 한국 정신의 좌표를 설계하려고 하였던가에 대한 철학적 해답이기도 하다.

낱말의 증산적인 뜻에서 원시반본은 앞의 인용이 뜻하는 바와 같이 한국 전통의 수호와 그것과 연관되는 정교(政敎) 상보(相補)의 정신이다. 정교 상보의 원리는 피상적으로 볼 때 역사의 흐름을 거스르는 것 같다. 왜냐하면 신정 일치 시대의 재현을 꿈꾸기 때문이다. 그러나 문제의 내면을 관조할 때 민주 이념에 역행한다고 간단히 볼 수도 없으리라.

이제 우리의 주제를 좀 더 구체화하기로 하자. 증산교가 원시반본하려는 뿌리가 어딘가?

하루는 종도들에게 일러 가라사대, 세상에 성(姓)으로 풍(風)가가 먼저 났었으나 전하여 오지 못하고 사람의 몸에 들어 다만 체상(體相)의 칭호로만 쓰게 되어 풍신·풍채·풍골 등으로 일컫게 될 뿐이요, 그다음에 강(姜)가가 났었으니 강가가 곧 성(姓)의 원시(原始)라. 그러므로 이제 개벽 시대를 당하여 원시로 반본되는 고로 강가가 일을 맡게 되리라.[19]

이 인용을 일차적인 안목으로 보면, 모든 철학적 지성은 당황하고 침묵을 지킬 수밖에 없다. 그러나 그 글귀를 상징적인 안목에서 보면, 철학적 지성은 증산교가 저 풍류교의 연속임을 해석하게 된다. 다시 말하면 증산사상은 원시반본으로써 한국의 신도 사상인 풍류 화랑정신을 겨냥하고 있음을 알 수 있다. 강증산의 표현처럼 풍류도의 정신은 체계화되지 못하고 단지 풍류·풍채·풍락 등의 단편적 개념으로 남아 있다. 더구나 강증산이 "풍류의 도(증산교)로서 백년의 티끌을 씻는다"[20]라고 한 말은 곧 그의 이념이 저 삼국 시

---

19) 같은 책, 3-47.

대(특히 신라)에 빛났던 화랑 풍류정신을 뿌리로 하여 새 시대를 창조적으로 여는 '천지공사'를 하겠다는 의도와 통함을 알려준다.

그러면 화랑 풍류도의 어떤 정신이 증산사상에 접목되면서 창조정신의 원형적 논리인 양가성의 인식과 원시반본하는 '이상형'·'이념형'을 잉태케 하였는가? 이 물음에 대한 답변은 자연히 고대 화랑 풍류사상의 본질을 탐색케 한다.

풍류도(풍월도)의 본질이 무엇인가? 이것을 이해하기 위한 자료가 그렇게 충분하지 않다. 그래서 모두가 의거하는 최치원의 기록을 다시 또 말하지 않을 수 없다.

나라에 현묘한 도(玄妙之道)가 있으니 풍류라 한다. 그 풍류교를 설치한 연원은 선사(仙史)에 상세히 기록되어 있다. 그 교는 실로 삼교를 포함하고 있는데 모든 생명체와 접촉하여 그들을 생기 나게 변화시킨다(接化群生). 또 집에 들어간즉 어버이에 효도하고 나라에 나아간즉 충성하니 이것은 공자의 가르침이요, 무위에 처하여 일을 함에 행동은 하나 말만 앞세우지 않음에 이것은 노자의 종지요, 모든 악행을 짓지 않고 선행을 봉행하니 이것은 석가여래의 교화다(國有玄妙之道曰風流 說敎之源備詳仙史 實乃包含三敎接化群生 且如入則孝於家出則忠於國 魯司寇之旨也 處無爲之事行不言之敎 周柱史之宗也 諸惡莫作諸善奉行 竺乾太子化也).[21]

위의 기록을 통하여 유·불·도 3교를 풍류도가 수용하였으되, 그 바탕이 되는 것은 '현묘지도(玄妙之道)'·'접화군생(接化群生)'의 8자다. 그런데 여기서 우리는 풍류정신의 본질을 상세히 다루는 의도를 지니지 않기 때문에 풍류정신과 증산정신이 서로 내면적인 연관성을 갖는 대목에만 초점을 맞추어

---

20) 같은 책, 3-47.
21) 『三國史記』 新羅本紀 眞興王條 참조.

보기로 하겠다.

풍류도가 단군 신화의 꽃임을 우리가 알듯이, 화랑도는 또 풍류도의 꽃이다. 물론 고구려에도 조백도라는 것이 있어서 화랑도와 비슷한 기능을 수행하는 듯하나 신라의 경우처럼 활짝 개화하지 못하고 말았다. 백제에 대한 기록의 잔존이 없기에 무엇이라 말할 수 없고, 오직 신라의 경우에만 그 풍류도가 큰 역할을 수행하였다. 풍류도의 꽃인 화랑도를 보자.

화랑도의 교육 방식은 '상마이도의(相磨以道義), 상열이가락(相悅以歌樂), 유오산수무원부지(遊娛山水無遠不至)'라고 기록되어 있다. 요약하면 화랑 교육은 도덕성과 음악성(놀이성)의 묘합에서 비롯되었다고 보여진다. 그렇다면 최치원이 풍류도의 중핵으로 언급한 '현묘지도'와 '접화군생'은 각각 화랑도에서 보듯이 '도덕성'과 '음악성(놀이성)'으로 풀이되어도 좋을 듯하다. 현묘한 도덕성과 접화군생(생기 나게 하는 신바람을 돋우는)하는 음악성의 묘합이 화랑정신의 근간이라면, 그것은 철학적으로 유교 교육의 기본적 결인 예악(禮樂)의 상보성과 만난다. 여기는 예악사상에 관한 철학적 해석을 하는 자리는 아니다. 그러나 이해를 돕는 방향에서 그 기본적 개념만 간결하게 짚고 갈 필요는 있으리라.

'낙자위동 예자위이 동칙상친 이칙상경 낙승칙류 예승칙리 합정식모자 예악지사(樂者爲同 禮者爲異 同則相親 異則相敬 樂勝則流 禮勝則離 合情飾貌者 禮樂之事. 음악은 동질성을 위하고 예의는 차이성을 위함이다. 동질한즉 서로 친밀해지고 다른즉 서로 공경한다. 음악만 승한 경우에 인간관계가 난류하고 예의만 승한 경우에 인간관계에 차별만 생긴다. 그러므로 감정과 외양을 합하는 일이 예악의 일이다).' 이 구절을 참고로 할 때 음악은 인간관계, 인간과 자연 관계의 동화를 위함이고, 도덕은 인간관계, 인간과 자연 관계의 질서와 구별을 짓기 위함이다. 동화는 없고 차이만 강조되면 친밀감이 없어지고 차이는 없고 동화만 강조되면 질서가 파괴된다. 바로 도덕성과 음악성의 조화는 서열과 동화의 묘합을 뜻한다. 추상적 평등도 아니요 추상적 차별도 아닌 점에서 그 묘합은 비동등의 동등의 세계를 겨냥한다고 보아야 하리라.

우리가 생명을 유기체로 보면, 그 유기체를 건강하게 지탱하는 원리는 예의 '비동등의 동등'이다. 폐와 간장과 심장과 신장과 비장은 오장으로서 서로 비동등의 역할을 하나, 동시에 거기에 서로 협화하는 동질성이 평등하게 작용해야 신체가 건강해진다. 일방이 조금이라도 타방을 지배하면 신체의 건강이 파괴된다. 한 시대의 문화원리도 비동등으로 묘합되어야 건강한 정신을 잉태한다.

결국 화랑도가 도덕성(현묘지도)과 음악성(놀이성, 접화군생)의 묘합에서 동화와 차이를 아울러 통일하는 비동등의 동등이라는 정신의 원리를 낳았듯이, 화랑 풍류를 이어 오랜 세월에 쌓인 티끌을 씻어내려 하는 증산도 그런 비동등의 동등을 생각하고 있었던 것으로 보인다.

그것의 가장 좋은 보기가 민중의식과 성웅정신의 묘합이다. 동학사상은 조선에서 경직화되어 내려온 봉건 체제에 대한 정당한 저항에서 그 평가를 받는다. 봉건 질서는 동화와 상친(相親)의 인간관계보다 차이와 상경(相敬)의 정신에 그 기초를 두고 있다. 그런데 그 정신이 굳어지면 동학혁명이 주장하는 바와 같이 양반계층과 비양반계층 사이에 인간적 단절이 생기는 사회적 병을 낳는다. 동학혁명은 그런 병을 혁파하기 위한 민중의식의 봉기다. 동학 정신을 이은 증산정신도 그런 민중의식의 정당한 요구를 더 전개시킨다.

양반을 찾는 것은 그 선령(先靈)의 뼈를 오려내는 것 같아서 망하는 기운에 이르나니 그러므로 양반의 기습(氣習)을 속히 빼고 천인에게 우대해야 속히 좋은 시대가 이르리라.[22]

이 세상에 상등(上等) 사람은 곧 농민이라.[23]

---

22) 『대순전경』, 6-6.
23) 같은 책, 3-130.

이상의 인용에서 우리는 증산교가 제기하는 서민의 인권사상과 그에 따른 민중의식의 신장을 요구하는 태도를 충분히 느낄 수 있다. 더구나 증산은 종도들에게 벼슬만을 탐하는 근성은 죄악이라고까지 말한다.[24] 그리하여 그는 한국사에서 소외되어온 자에게 후천세계에서 큰 축복이 있을 것을 약속한다.[25]

그러나 새 세계(증산교에서는 후천세계라 함)를 창조하는 원리로서의 증산교는 애오라지 민중의 해방, 서민의 인권만을 주장하거나 생각하는 것은 아니다. 봉건적 차이의 철폐를 겨냥하되 증산사상은 인간의 도덕성과 교양성의 높낮이를 말한다. 이 도덕성과 교양성의 높낮이는 봉건 시대처럼 인간관계의 원한을 빚는 계급 제도가 아니라 정신적 가치의 위상을 알려주는 무형의 서열이다. 민중의 해방은 이 무형적 가치의 서열을 망각하고 모두가 천격화(賤格化)된 평준의 무의미성으로 치닫게 될 위험성을 지닌다. 그래서 모두가 천격화된 차원으로 동등해져야 평등의 의미가 되살아나는 것처럼 민중의식만의 일방적 강조는 우리의 판단을 오도시킬 위험성을 지닌다. 이래서 그 탁월한 창조적 양가성에 의하여 증산사상은 다시 성웅 겸비의 정신 질서를 제창한다. 성웅이 겸비한 정신세계는 민중세계에서 자생적으로 움트는 것이 아니고 정신세계의 고양을 위한 오랜 수련의 산물이다. 수련의 개념은 민중의식의 문제가 아니고 가치의식의 문제다.

> 하루는 종도들에게 일러 가라사대 이전에는 판이 좁아서 성(聖)으로만 천하를 다스리기도 하고 웅(雄)으로만 다스리기도 하였으나 이제는 판이 넓어서 성과 웅을 합하여야 하나니라.[26]

마음은 성인의 바탕으로 닦고 일은 영웅의 도략(韜略)을 취하라.[27]

---

24) 같은 책, 3-72.
25) 같은 책, 6-15.
26) 같은 책, 3-117.

이와 같이 성·웅 양전(兩全)의 정신 질서는 인간관계에서 자연히 예(禮)의 정신처럼 서열과 위상을 만들어놓는다. 그런 점에서 동학의 봉건계급 철폐를 다시 주장한 증산이 계급의 존재를 새로이 언급함은 그의 정신에 깊숙이 깃든 창조성의 원리를 분명히 되새겨준다.

후천에는 계급이 많지 아니하나 두 계급이 있으리라. 그러나 식록(食祿)은 고르리니 만일 급이 낮고 먹기까지 고르지 못하면 원통치 아니하랴.[28]

위의 인용에서 언급된 계급은 과거 봉건 질서의 신분적 계급을 정당화하는 것이 결코 아니다. 왜냐하면 강증산도 여러 번 적서반상(嫡庶班常)의 철폐를 주장하고 강조하였기 때문이다.[29] 그런 점에서 새 세계에 등장하는 계급은 신분 질서가 아니고 정신 질서가 그리는 계급으로 보아야 하리라. 증산이 말하는 두 계급이 정확히 무엇인지 알 길은 없다. 그러나 증산의 사상 체계를 통람하면 민중의 계층과 정신적 성웅의 질서로 양분됨직하다. 그러나 신분 차이가 아니기에 증산의 말처럼 거기에 경제적 식록이 불균등해서 '원통(冤痛)'이 생겨서는 안 된다.

하여튼 지금까지 우리는 증산교가 화랑도처럼 양면성의 통일을 큰 창조성의 바탕으로 삼음을 살펴보았다. 그러나 그것만으로는 증산교가 화랑 풍류도를 원시반본의 이상형으로 삼는다는 충분한 설명이 다 이루어진 것은 아니다. 그래서 좀 더 충분한 검토가 있어야 한다.

신라 화랑도의 정신을 규범화한 하나의 설화가 있다. 이것이 곧 『삼국유사』에 실려 있는 저 유명한 '만파식적'의 신화적 설화다. 이 설화는 화랑정신의 이념과 이상을 알리는 '이상형'이자 '이념형'이다. 그 설화의 줄거리는 대략 다음과 같다.

---

27) 같은 책, 6-75.

28) 같은 책, 5-17.

29) 같은 책, 3-5.

신라 32대 신문왕 때의 일이다. 신문왕이 부왕 문무대왕을 기리기 위하여 세운 동해의 감은사로 향하니 이상한 섬 하나가 부류(浮流)하는데 그 섬을 자세히 보니 꼭대기에 대나무가 하나 있었다. 그 대나무는 밤이 되면 하나로 합쳐지고 낮이 되면 둘로 쪼개졌다. 이 대나무는 승하한 문무대왕과 김유신 장군이 신라인의 정신적 규범을 위하여 바치는 선물이다. 신문왕이 괴이하게 여겨 그 대나무의 이상한 조짐을 모르다가 동해용(문무왕의 변신)이 알려주는 말을 듣고 깨닫게 된다. 그 내용인즉 다음과 같다.

비유컨대 한 손으로 치면 소리가 나지 않고 두 손으로 쳐야만 소리가 생긴다. 이 대나무로 물건을 만들어 합친 연후에 소리가 있게 된다. 성왕이 소리로 천하를 다스리면 상서로운 일이 생기리라. 왕이 그 대나무를 취하여 피리를 만들어 부니 천하가 화평해졌다(比如一手拍之無聲 二手拍則有聲 此竹爲物 合之然後有聲 聖王以聲理天下之瑞也 王取此竹 作笛吹之 天下和平).

이 '만파식적'의 고사가 바로 증산사상에서 그토록 귀중하게 여겨진 양가성의 인식과 두 가지 사상(事象)들(또는 그 이상)의 차원 높은 통일의 이념을 상징한다. 사실상 화랑 풍류를 이어서 '백년의 티끌을 쓸어버리겠다'는 증산교의 정신과 철학은 신라 시대 이후로 슬프게 '이수박즉유성(二手拍則有聲. 두 손이 만나야 소리가 남)'의 원리보다 '일수박지무성(一手拍之無聲. 한 손으로 소리가 안 남)'의 세계관으로 기울어진 한국사의 정신 풍토를 혁신하겠다는 이념과 통한다.

언제나 저항에서 한 손을 크게 흔들어보았으나 결과적으로 아름다운 소리가 나지 못하고 기력만 쇠잔되어왔던 것이 한국 정신의 비극적 운명이라면 (물론 세종대왕조의 예외를 인정하고) 증산의 사상은 이 비극적 운명을 원시반본을 통하여 되풀이하지 않겠다는 의도로 보아야 할 것 같다. 저항정신만으로 소리가 나지 않고 나라의 기운만 쇠잔하는 투쟁보다 증산은 분명히 양가성의 인식의 토대 위에서 '만파식적'처럼 창조를 위한 화평한 세계를 그리워하였다.

무신(戊申) 6月에 광찬(光贊)에게 물어 가라사대 네가 평소에 나를 어떠
한 사람으로 불러왔느냐? 대하여 가로대 촌양반(村兩班)이라고 불렀나이다.
또 가라사대 촌양반은 너를 어떻게 불러왔겠느냐? 가로대 고을 아전이라
고 불렀으리다. 또 가라사대 촌양반은 고을 아전에게 아전놈이라고 부르
고, 고을 아전은 촌양반에게 양반놈이라고 불렀나니 이것이 모두 불평(不平)
줄이라. 이제 너와 내가 서로 화해하면 천하가 화평하리라 하시니라.[30]

그러면 옛 화랑도는 어떤 점에서 '이수박즉유성'하여 화평한 창조 세계를
이룩하려고 하였던가? 이 물음에 대한 답변은 화랑도의 연구에서 밝힐 점이
지만, 여기서는 증산사상과의 관계를 생각하여 범위를 축소하겠다.

먼저 화랑도는 문무를 겸비한 가치관을 가졌다. 조선의 문(文) 위주의 문
화가 얼마나 큰 후유증을 낳았으며, 고려 후기의 무(武) 위주의 사회가 얼마
나 참담한 역사의 내용을 만들었는가를 우리는 알고 있다. 화랑도의 정신이
1934년 5월 4일 경주 현곡면 금장리에서 발견된 임신서기석(壬申誓記石)에 자
세히 나온다. 거기에 담긴 내용은 문무를 겸비하기 위한 화랑의 훈련 공부다.
유명한 원광법사의 세속오계나 태종무열왕 때 실제사(實際寺)의 중 도옥(道
玉)이 취도(驟徒)로 개명하면서 전선에서 보여준 살신이보국(殺身以報國) 정신
등은 모두 문·무 쌍전(雙全)의 인간 교육의 발로다.

이와 같은 문·무 쌍전의 교육은 증산에 와서 우리가 이미 음미하였듯이
성·웅 쌍전의 교육으로 이어진다. 가끔 증산의 『대순전경』에서 강태공, 석가
여래, 관우, 마테오리치 등과 같은 인물들이 긍정적으로 평가됨은 곧 오늘날
에 되살려야 할 '성'과 '웅'의 겸전 교육의 정신을 반영한다 하겠다.

또한 옛 화랑들은 도덕성과 음악성의 조화를 실천하였다. 화랑 귀산(貴山)

---

30) 같은 책, 3-50.

과 추항(箒項)의 유언, 충담사의 향가(「찬기파랑가」, 「안민가」), 「모죽지랑가」, 「헌화가」 등을 보면 얼마나 신라 정신이 현묘하고 고귀한 도덕성과 예술성(놀이성)의 화합을 이상으로 생각하였던가를 입증한다. 이 논문은 화랑정신을 분석하는 자리가 아니기에 이 이상의 상술은 피하겠다.[31]

증산도에서도 화랑 풍류도에서와 같이 도덕적 수련성과 아울러 신바람이 이는 놀이를 수반하는 음악성을 함께 겨냥한다. 증산사상에서 예의 도덕적 수련성을 말한 개념들은 '일심(一心)', '자아유지(自我由之)' 등으로 표현되기도 한다.

> 천지종용지사(天地從容之事)도 자아유지(自我由之)하고 천지분란지사(天地紛亂之事)도 자아유지니라.[32]

> 모든 일에 마음을 바로하여 정리(正理)대로 행하여야 큰일을 이루나니.[33]

> 생유어사(生由於死)하고 사유어생(死由於生)하나니 나를 믿는 자는 먼저 일심으로 들어서야 하느니라.[34]

위의 구절에서 증산사상은 마음의 수련이 모든 도덕의 기본이며, 천하의 혼란과 질서도 마음으로 말미암아(自我由之) 비롯함을 설파하고 있다. 그리하여 궁극적으로 생사를 하나로 보는 한 마음(一心)의 기틀을 중시한다. 이처럼 '생유어사'하고 '사유어생'하는 생사일여의 종교적 도덕성이 동시에 미학적으로 숭고미에만 그치는 것이 아니라 민중적 차원에서 신바람이 이는 해학

---

31) 金炯孝, 「韓國人의 原型的 思惟와 그것의 哲學的 解釋」, 『韓國哲學史(上)』(韓國哲學會 編); 『韓國思想散考』(一志社); 『民族中興의 座標』(現代政治研究會) 참조

32) 『大巡典經』, 4-14.

33) 같은 책, 6-87.

34) 같은 책, 6-110.

미로 연결된다. 그래서 그 도덕률이 지나치게 엄숙해서 생동감을 잃지 않고, 동시에 민중적 생동감과 접목되어 정신성과 생동성이 어울린다. 그래서 강증산도 풍악에 대한 깊은 관심과 거기에서 창조적 지혜를 얻었다고 고백한다.

> 정축년(丁丑年)에 농악을 보시고 문득 혜각(慧覺)이 열리셨으므로 장성하신 뒤에도 다른 굿은 구경치 아니하시되 농악은 흔히 구경하시니라.[35]

증산교의 진법회에서도 『한민족과 천지공사』라는 저서에서 탈춤과 같은 굿거리의 중요성을 매우 강조하였다. 이 굿거리는 음악성의 본질인 동화의 철학과 밀접한 관계가 있다.

> 이 굿거리(탈춤)는 민족의 기본적인 리듬이자 민족 생명을 상징적으로 표현하는 고유의 가락으로서 탈춤의 주제는 여기서 나오고 여기서 넘청거리며 여기서 귀결하고 있다. 양반이나 노장은 극의 어느 부분에서는 민중의 비아냥거림을 받고 웃음거리로 취급되며 넘청거림의 대상이 되기도 하지만, 어느 매듭을 짓고 넘어갈 때는 모든 등장인물이 굿거리에 맞추어 얼려서 춤을 춘다. 이 가락과 춤 속에서 그들은 완전한 하나로 동화되고 마는 것이다.[36]

이렇게 볼 때 증산교의 사상에서 모두 한 마음으로 어울려 해학하는 민중적·서민적 즐거움의 생동감과 '자아유지'의 원리에 따라 마음의 드높은 수양과 수련을 결행하여 성·웅의 경지에서 생사일여의 신앙성까지 초월하는 숭고한 도덕률이 함께 조화되는 것을 이상으로서 암시하는 정신체계를 우리가 보게 된다.

---

35) 같은 책, 1-6.
36) 裵容德, 『韓民族과 天地公事』, p.70.

화랑도의 세계에는 현세 긍정주의와 종교적 신앙생활이 묘합하는 중정의 정신 또한 깃들어 있다. 그리하여 화랑의 불교 신앙은 단순히 현세적 삶과 괴리된 내세주의도 아니고, 그렇다고 해서 세속적인 입신주의만을 생각했던 것도 아니다. 그들은 성속일여의 진리 아래 신라 사회를 불국토로, 보살들의 세계로 창조하려는 굳은 신앙심을 가졌다. 그래서 일반적으로 화랑들은 죽어서 미륵불이 되어서 다시금 신라에 화랑으로 태어나는 것을 이상으로 여겼다. 그런 점에서 화랑들은 미륵하생경(彌勒下生經)을 상생경보다 더 사랑하였다.

신라 화랑 죽지랑의 탄생 설화도 미륵신앙과의 깊은 관계를 뜻하고 더구나 『삼국유사』가 전하는 바와 같이 진지왕 때 흥륜사의 중 진자(眞慈)가 미륵불 앞에 나아가 한 소원인 "우리 부처님께서 화랑으로 화신하셔서 이 세상에 늘 나타나시어 제가 늘 부처님을 뵈옵고 곁에서 시중토록 하여주셔요"라는 기원은 바로 화랑정신의 종교적 신앙이 미륵불에 대한 신앙에 접목되어 다시 미래불로서 신라의 현세에 재현함을 바라는 내용과 같다. 그래서 승 진자는 마침내 미호(未尸)라는 미륵불을 만나 왕은 그를 국선(國仙)으로 모셨다는 고사가 있다.

이처럼 화랑도는 이승과 저승을 단절시키지 않고 저승의 순수성이 다시 이승에 재현되어 이승의 생동성과 접합하기를 바란다. 경주 서쪽의 단석산에 화랑들의 수도장으로 보였던 곳이 있는데, 거기에 다음과 같은 글귀가 암벽에 새겨져 있다 한다.

얼굴을 들어 하늘에 맹세한다. 만약 진리의 배를 타고 저승에 오르게 되면 진리가 둘이 아니요 이치가 오직 하나와 같음을 알게 되리라(仰貌誓 若□ 寶舟超登彼岸 法門不二 如理唯一).[37]

---

37) 李箕永, 「新羅佛敎의 哲學的 展開」, 『韓國哲學의 硏究(上)』(韓國哲學會 編), p.185.

이 문구도 정녕 이승과 저승을 둘로 분리하지 않고, 이승은 깨끗하고 순수한 저승에 의해서 정화되고 또 저승은 이승의 생명력과 아름다움에 의하여 활성화되는 것을 견주고 있음을 우리가 깨달을 수 있다. 그러나 어디까지나 강세점이 놓이는 것은 이승이다. 마치 단군 신화에서 환웅이 이승으로 즐거이 내려오는 이치와 같다.

바로 증산사상은 화랑이 미륵불로서 이승에 재현하듯, 증산 스스로가 오늘날 화랑으로 재현한 미륵불임을 강력히 시사한다.

천사께서는 얼굴이 원만하사 금산미륵불과 흡사하시며…38)

내가 금산사로 들어가리니 나를 보고 싶거든 금산사로 오라.39)

하루는 공우(公又)를 다리고 용화동을 지나시며 일러 가라사대 이곳이 용화도량이라. 이 뒤에 이곳에서 사람이 나서거든 부디 정분을 두고 지내라 하시니라.40)

위의 세 인용에서 우리는 증산의 존재가 저 신라인의 미륵신앙의 상징적 재현임을 간파할 수 있다. 특히 신라 화랑 가운데 김유신을 따르는 무리들을 용화향도(龍華香徒)라 불렀다. 더구나 '용화'의 개념이 미륵불과 관계있고 보면 증산이 용화동에 강한 악센트를 두었음은 한갓 우연이 아니다.

이런 사상적 연관성이 결국 어떤 의미를 띠고 나타나는가? 증산사상에서 원시반본하는 중핵은 결국 고대 풍류도에 접목하면서 화랑도와 같은 한국적 '선(仙)'사상의 세계화·보편화에 기인한다. 그러면 이 한국적 '선'사상이 무엇인가? 이 개념은 증산이 의도하는 후천 5만 년, 지상 선계와 관계되기도

---

38) 『大巡典經』, 2-134.
39) 같은 책, 9-11. 금산사는 미륵불을 모시는 사찰임.
40) 같은 책, 3-83.

한다. 증산교에서 말하는 '선천'과 '후천'의 개념을 우리는 제3절에서 보기로 하고 여기서는 생략하기로 하자.

놀랄 만큼 많은 사람들이 한국적 '선'의 개념을 중국의 도가적 신선사상과 혼동한다. 최치원이 풍류사상을 언급하였을 때 그것이 '선사'에 자세히 실려 있고, 또 그것은 뒤에 유·불·선 3교를 수용하였다고 하였다. 그러므로 풍류도가 한국의 '선'사상이라면, 거기에는 유교적, 불교적, 그리고 도교적 요소가 가미되어 있음은 틀림없다. 그런 한국의 '선'이 오직 도교적 신선인 것만은 아니다. 사실(史實)에 의해서 보아도 고구려에 불교가 본격적으로 유입된 것은 27대 영류왕 7년이고 신라에는 34대 효성왕 2년이다. 그 이전에 신라에 이미 화랑 풍류도가 있었고, 또 비공식적으로 도가의 신선사상이 효성왕 이전에 유입되었다 해도 한국의 선이 중국의 선과 같다고 볼 수 없다.

그러면 그 한국의 '선'이 무엇이냐? 단재 신채호는 본격적으로 그 선을 한국의 '선비'정신이라고 단정한다. 실제로 화랑도와 원화도를 연구해도 『삼국사기』와 『삼국유사』에 화랑과 원화를 '선비(士)'라고 쓴 대목이 많다.[41] 그런 점에서 최치원이 언급한 '선사(仙史)'도 '신선(神仙)'의 사서가 아니고 선비의 사서로 봄이 온당하다. 독자들은 아래 각주의 논문을 참고하기 바라고 여기서 상술함은 피하겠다. 중국의 신선과 한국의 선비(仙)가 사상적으로 다른 것을 알리는 가장 큰 핵심이 증산에 의하여 간명히 기록되어 있다.

선천(先天)에는 모사(謀事)는 재인(在人)하고 성사(成事)는 재천하였으나 이제는 모사는 재천하고 성사는 재인이니라.[42]

증산의 이 획기적인 언표는 그가 가끔 긍정적으로 말한 중국 촉나라의 제갈량이 오장원에서 최후를 마치면서 남긴 '모사재인 성사재천(謀事在人 成事在

---

41) 金炯孝, 「韓國의 선비 사상에 관하여」, 『韓國哲學史(上)』 (韓國哲學會 編).

42) 『大巡典經』, 6-106.

天)'의 언표에 비하여 완전히 전도된 형식이다. 제갈량의 사상적 바탕은 유가와 병가와 그리고 특히 그 당시 지식인들 사이에 널리 퍼진 황로학(黃老學)이다. 그러므로 제갈량의 황로학에 깃든 신선 사상은 장량(張良)에서도 이미 나타났지만, 좌우간 그 사상의 줄기는 단군 사상에서 깃든 환웅의 '수의천하 탐구인세(數意天下 貪求人世)', 신라 화랑정신의 용화향도 사상에서 깃든 미륵신앙 등에서 공통적으로 보이는 인간 존중 사상, 인간 중심 사상, 현세 긍정 사상과 그 결에 있어서 다르다. 그런 단군정신·화랑정신이 곧 선비 사상이라면, 우리는 조선의 유교 엘리트만 선비라고 보아서는 안 된다. 삼국 시대의 선비, 고려·발해·조선의 선비가 입고 있는 외형적인 옷은 다를지언정 그 기본적 정신의 하부 구조에는 불변의 것이 있다. 증산은 그런 선비 전통을 받아서 강력한 '인존(人尊) 사상', '인망(人望) 사상'을 세계 속의 새로운 종교로서 펼치려 하였다.

인망(人望)을 얻어야 신망(神望)에 오르느니라.[43]

신보(神報)가 인보(人報)만 같지 못하느니라.[44]

천존(天尊)과 지존(地尊)보다 인존(人尊)이 크니 이제는 인존 시대니라.[45]

선비 사상에 바탕을 둔 증산의 종교 사상을 오귀스트 콩트의 '인류교(la religion de l'humanité)'와 같다고 보아서는 안 된다. 인류교에서는 기존의 모든 종교가 미신으로 배척되나 증산교에서는 기성의 종교들이 결코 배척되지 않고 심지어 무교(shamanism)마저 승격화된다. 둘째로 인류교에서는 인존을 강조하나 천존과 지존을 염두에 두지 않지만 증산교에서는 인존을 중심에 두고

---

43) 같은 책, 6-26.
44) 같은 책, 6-70.
45) 같은 책, 6-119.

천존과 지존을 양 날개들로 본다. "예로부터 상통천문(上通天文)과 하찰지리(下察地理)는 있었으나 중통인의(中通人義)가 없었나니 내가 비로소 인의를 통하였노라"[46]라는 구절이 이를 입증한다.

그러면 이처럼 한국의 선비정신을 원시반본으로 삼으면서 옛날보다 더 힘차게 '인망'·'인보'·'인존'의 사상을 강조한 증산교는 궁극적으로 어떤 철학적 이념을 생각하나? 옛 풍류도는 최치원의 증언같이 유교·불교·도교를 묘합하여 승진하였다. 증산의 말처럼 이제 세계는 옛날에 비하여 훨씬 복잡해졌다. "이제는 판이 넓고 일이 복잡하므로 모든 법을 합하여 쓰지 않고는 능히 혼란을 바로잡지 못하리라."[47] 그리하여 그는 과거의 풍류도보다 더 확장하여 유·불·선의 동양 3교와 서양의 종교를 원융·회통시켜 '각 문화의 진액'을 인존·인망·인보하는 선비도 위에 통일하려 한다. 거기에는 동서양의 정신적 대립도 없고 상호 갈등도 없고 오직 상호 화해만 있다. 낱말의 종교적 의미에서 증산교의 희망은 동서의 구별 없이 '인망'·'인존'·'인보'의 중심에서 결속하는 데 성립한다.

그런데 모든 원시반본의 철학은 과거와 똑같이 되풀이하자는 것이 아니다. 그 철학은 과거의 본질적 뿌리에 재귀하면서 언제나 예전에 맛보지 못하는 신선함을 영글어낸다. 옛것에서 새것이 생기기에 그 옛것은 케케묵은 것이 되지 않고 또 그 새것은 깊이가 없는 순간적 호기심의 대상이 되지도 않는다. 니체가 잘 표현한 '깊고 깊은 영원(tiefe, tiefe Ewigkeit)'은 옛것에서 새것으로, 또 새것에서 옛것으로 나이테처럼 승화·승진되어 돌아가는 우주의 이법을 말함이리라. 증산교는 분명히 풍류도에 재귀한다. 그것이 원시반본이다. 그러나 증산교에는 풍류도가 실행하지 못한 전대미문의 새로움이 있다. 이것이 '해원상생(解冤相生)'의 사상이다.

---

46) 같은 책, 6-76.
47) 같은 책, 5-3.

3. 해원상생의 희망

이 전대미문의 새로운 정신적·종교철학적 승진을 증산은 '후천'세계를 여는 '천지공사'라고 말하였다. 그러면 낱말의 증산적인 뜻에서 '선천(先天)'과 '후천(後天)'의 개념이 무엇인가?

이 개념들은 동양 철학의 전통에서 가끔 쓰이던 것들이다. 가령 화담 철학과 일부(一夫)의 정역(正易)에서 그것들은 중요한 의미를 지닌다. 그러나 증산 사상에서 그것은 엄밀한 철학 개념의 차원을 넘어서 상당히 상징적이고 애매모호하며 그렇기 때문에 정확한 뜻을 파악하기가 그만큼 난해해진다. 어떤 점에서 선천과 후천의 개념은 증산의 세계에서 하나의 창조적 상상력으로 해석되어야 할 것으로 보인다. 왜냐하면 선천과 후천의 실재적 분위기를 설정한다는 것은 무의미하고 유치하기 때문이다. 증산이 의도하는 내용은 '천지공사' 이후와 이전을 구분하여 그 이전 시대를 선천이라 하고 그다음 시대를 후천이라 한다. 그리하여 천지공사 이후 후천 5만 년의 지상천국이 도래한다고 한다. 철학의 관점에서 그런 세계를 믿고 안 믿고 하는 것이 중요한 것이 아니라. 그것이 뜻하는 내용의 가치가 문제다.

그러면 우선 증산교에서 말하는 선천과 후천의 내용이 무엇인가? 말할 나위 없이 그것은 동양 전통 철학에서 논의된 선험세계와 경험세계를 뜻하지는 않는다. 증산사상에서 선천세계는 곧 모든 가치 기준과 생활의 질과 인간관계와 정치역학이 상극과 분열의 전쟁으로 얼룩져서 원한이 가득 찬 세계이고 후천세계는 상생과 조화 통일과 수분(守分)과 해원과 빈부 차별의 철폐와 자유 욕구와 과학이기의 발달과 평화가 조화롭게 꽃피는 세계다.[48] 말하자면 후천세계에서 유토피아가 구현되는 세계다.

그러면 증산사상에서 선천과 후천을 가늠케 한 '천지공사'란 어떤 내용을 담고 있나? 물론 그것은 그리스도교에서 무에서 존재를 가능케 하였던 '천지

---

48) 『大巡典經』, 5-4, 5-8, 5-16, 6-11 등 참조.

창조'의 개념과는 다르다.

> 천사 일러 가라사대 인사는 기회가 있고 천리는 도수가 있나니 도수를 따내는 것이 공사의 규범이라. 이제 그 규범을 버리고 억지로 일을 꾸미면 천하에 재앙을 끼침이요 억조의 생명을 빼앗음이라 차마 할 일이 아니다.[49]

> 개벽이라는 것은 이렇게 쉬운 것이라 천하를 물로 덮어 모든 것을 멸망케 하고 우리만 살았으면 무슨 복이리요 대저 제생의세(濟生醫世)는 성인의 도요, 재민혁세(災民革世)는 웅패의 술(術)이라. 이제 천하가 웅패에게 괴롭힌 지 오랜지라 내가 상생의 도로써 만민을 교화하여 세상을 평안케 하노니 새 세상을 보기가 어려운 것이 아니요 마음을 고치기가 어려운 것이라. 이제부터 마음을 잘 고치라.[50]

위의 두 가지 인용에서 우리는 증산이 말한 천지공사의 개념을 정리해볼 수 있다. 첫째로 천지공사는 말할 나위 없이 사사(私事)가 아니고 공사(公事)이기 때문에 보편성의 필요충분조건이 갖추어져야 한다. 그 세계적 보편성이 구비되기 위하여 기회의 성숙과 역사의 내용이 척도에 알맞아야 한다. 객관적 조건이 성숙되지 않고 주관적 신념만 생각하여 천지공사를 하면, 그것은 결과적으로 천지사사가 되어서 민족 간의 분쟁, 인간관계의 원한, 문명 간의 충돌, 이념 투쟁을 불러일으키어 선천의 현상과 다름이 없다. 둘째로 천지공사는 천지 창조가 아니고 천지개벽이다. 저것과 이것의 다름은 저것이 무로부터 유의 창조인데, 이것은 유 세계, 존재 세계의 질적 변화를 뜻한다. 그러면 어떤 존재적인 질적 변화인가? 후천세계의 존재적인 질은 역사에 있어서 '재민혁세(災民革世)'로 표현되었는데, 후천세계의 존재적 질은 역사적 경험

---

49) 같은 책, 2-42.
50) 같은 책, 2-42.

과는 전혀 차원을 달리하는 '제생의세(濟生醫世)'로 탈바꿈된다. 셋째로 천지공사의 개념은 그 의도하는 목적이 궁극적으로 바깥세상의 개조에 있다기보다 오히려 마음의 개벽에 있다. 그런 점에서 천지공사로 이루어지는 후천 낙원은 이미 왔고 또 아직 오지 않았다고 볼 수 있다.

이런 형식논리상의 모순된 언표는 무엇을 뜻하는가? 그리스도교에서 천국은 가까이 있고 또 지극히 멀다고 동시적으로 말한다. 천국은 예수 그리스도의 복음을 통하여 인간의 마음 안에 오게 되었고 또한 그 천국은 역사의 도수가 아직 끝나지 않았기에 지극히 먼 곳에 있다. 증산교의 경우에도 후천공사로 말미암은 후천 낙원이 이미 가까이 왔고 또 아직도 요원하다. 왜냐하면 증산이 스스로 한 천지공사는 현재성이요 또 다른 한편으로 제자가 "천하는 어느 때에 정하려 하시나이까"고 물으니 "가라사대 이제 천하를 도모하려 떠나려 하니 일을 다 본 뒤에 돌아오리라"고 대답하였다.[51] 여기서 일종의 재림사상이 나온다. 그러면 천지공사가 착수되었기에 현재로서 생각되어지는 후천세계와 아직도 일을 끝내지 않았기에 오지 않는 후천세계의 미래 사이에 논리적으로 생기는 모순을 어떻게 생각해야 하나?

이 물음에 대하여 인간의 마음을 별들의 세계에서 다시 개벽시키려는 창조적 상상력에 의해서 대답해야 하리라. 증산은 프랑스의 콩트가 그렸던 것처럼 인간의 상반(相剋)된 관심이 충돌함으로써 빚어지는 온갖 소외와 불평과 원혼과 더러운 때를 초월하여 인간의 손이 닿을 수 없는 성숙(星宿)의 세계, 별들의 세계에서 인간의 마음을 깨끗이 씻는 창조적 상상력에 의한 유토피아 의식을 생각하였다.

이제 모든 역신을 만물 가운데 시비가 없는 성숙(星宿)으로 부쳐 보내리라. 하늘도 명천(明天)과 노천(老天)의 시비가 있고 땅도 후척(厚瘠)의 시비가 있고 날도 수한(水旱)의 시비가 있고 때도 한서(寒暑)의 시비가 있으되 오직

---

51) 같은 책, 9-12.

성숙은 시비가 없느니라.52)

이처럼 증산은 후천세계의 창조를 위하여 마음의 상상력이 그려져야 할 세계를 '별(성숙)'들의 세계라고 상징적으로 생각하였다. 왜냐하면 오직 그 세계에는 생각의 상극에서 오는 시비가 없는 영원한 순수의 터전으로 나타나기 때문이다. 그래서 이 상극이 없는 '성숙'의 세계가 바로 해원상생의 희망으로 그려진다. 이미 그가 말했듯이, 거기에는 선천의 모든 사람이 역사에서 저주하고 미워하는 역신들마저 해원시켜주는 곳으로 상상된다.

그러면 별들의 세계로 비상하는 이 상상력이 왜 철학적으로 중요한가? 물론 증산이 말한 성숙은 곧 철학적으로 '유토피아'다. 여기서 우리는 프랑스의 현대 철학자인 폴 리쾨르의 도움이 필요하다.

상상력은 짓밟혔거나 무의식적인 단순한 삶의 욕구가 던지는 것으로 환원될 수 없는 형이상학적 기능을 갖는다. 상상력은 인간이 할 수 있는 것에 대한 개척과 예견의 기능을 갖는다. 상상력은 탁월한 뜻에서 인간적 가능성의 제도와 헌법이다. 인간은 가능한 것의 상상력 안에서 자기 자신의 실존의 예언을 결행한다.…신화적 시적 기능으로서의 상상력은 우리의 세계관의 결정적 변화를 명령하는 깊이 있는 노동의 터전이다. 모든 현실적 변화는 먼저 지도적인 상상의 수준에서 이루어지는 혁명이다. 인간은 자신의 상상력을 변화시킴으로써만 그의 실존을 바꾼다(Or l'imagination a une fonction métaphysique qu'on ne saurait réduire à une simple projection des désirs vitaux inconscients et refoulés; l'imagination a une fonction de prospection, d'exploration à l'égard des possibles de l'homme. Elle est par excellence l'institution et la constitution du possible humain. C'est dans l'imagination de ses pollbles que l'homme exerce la prophétie de sa propre existence.… l'imagination

---

52) 같은 책, 5-5.

en tant que fonction mythopoétique est aussi le siège d'un travail en profondeur qui commande les changements décisifs de nos visions du monde; toute concersion réelle est d'abord une révolution au niveau de nos images directrices; en changeant son imagination, l'homme change son existence).[53]

이와 같이 상상력의 의미가 철학에서 중요할진대, 증산의 창조적 상상력은 바로 그의 표현대로 선천 시대의 모든 문명처럼, 모든 이념처럼 '재민혁세'가 아니라 '제생의세'하기 위한 신화적 시적 기능을 갖는다. 인간의 마음에 깃든 자기 자신의 상상력을 변화시키지 않고 존재하는 세상을 바꾸려 하는 것은 모든 탓을 바깥으로만 돌리려 하는 처사다. 인간 마음의 상상력이 먼저 변화하지 않고서는 바깥세상이 근본적으로 바뀌지 않는다. 그래서 인간의 바람직한 혁명을 위해서 마음의 혁명이 선행되어야 한다.

증산의 눈으로 볼 때 선천 시대의 모든 혁명은 전부 어느 점에서 하나의 스캔들로 보인다. 왜냐하면 그 혁명은 전부 상극과 투쟁, 그리고 거기서 오는 원통을 필연적으로 잉태하였기 때문이다. 그러나 그 '스캔들'이 후천 시대의 '천지공사'와 별도로 관계없는 것은 아니다. 왜냐하면 그 '스캔들' 속에 이미 대속(代贖)과 화평과 해원의 상상력이 꽃피었기 때문이다.

그러면 낱말의 후천 시대를 개벽하는 천지공사의 가장 주된 노동이 무엇인가? 여기에 증산사상의 주춧돌이 놓여 있다. 이 사상에 의하면 그것은 해원상생의 희망이라고 한다. 그런 점에서 우리는 증산세계에서 독특하게 강조되는 해원의 기초 개념부터 파악하기로 하자. 『대순전경』에 나타난 해원의 설명 내용을 간추려 정리하여보기로 하자.

첫째로 해원은 억울함을 풀려는 해한(解恨)의 개념과 통한다.[54] 이 한의 개념은 한국의 샤머니즘과 직결되는 독특한 뜻으로 이승의 삶이 착한 마음이었

---

53) P. Ricoeur, *Histoire et vérité*(Paris: Seuil), p.130.

54) 『大巡典經』, 3-24.

음에도 불구하고 복을 누리지 못했을 때 이승과 저승에 한을 품은 영혼이 생긴다고 토속 무속은 말한다. 그리고 둘째로 해원(解冤)은 해원(解怨, 伳)의 개념을 담고 있다. 한이 착한 마음씨와는 관계없이 그에 상응하는 복이 따라오지 않을 때 생기는 수동적인 의미를 지닌다면, 원(怨, 伳)은 오히려 적극적으로 인생을 살려는 의지가 타인의 의지와 마찰을 빚을 때, 그 타인의 의지에 의해 나의 의지가 꺾이게 될 때 생긴다.[55]

셋째로 증산적인 해원의 개념은 특히 인류사의 결에서 부당하게 취급되어 많은 정(情)과 원(怨)을 안고 이승과 저승에서 사는 여성들의 해정(解情)과 해원(解怨)을 겨냥한다.[56] 이것이 일종의 여성 해방이다. 신라 시대에는 원화도(源花徒)도 있었고 세 여왕도 존재했고 또 향가 등을 보아도 그다음의 역사에서처럼 여성들이 그렇게 부당한 취급을 받은 것으로 보이지 않는다. 오히려 여성사의 입장에서 보면 신라 이후 이 나라가 줄곧 타락의 길을 밟아온 것으로 보인다. 증산의 여성 해방 사상은 매우 과감한 표현으로 나타난다.

넷째로 해원의 개념은 오랜 봉건제 신분 사회에서 필연적으로 빚어진 반상(班常)의 구별과 직업의 귀천을 혁파하는 정신으로 나타난다. 그리고 아울러 적서(嫡庶)의 차별 폐지도 말할 나위 없다.[57] 다섯째로 해원의 개념은 단순한 인간관계의 비리를 제거하는 문제뿐만 아니라 국가 간, 민족 간의 비리를 청소하는 반제국주의·반식민주의·반지배주의로 나타난다. 이런 뜻은 증산이 나라 간의 호원(呼冤)이 없기를 바라는 대목에 역력히 표현된다.[58]

또 다른 한편으로 해원 사상은 종교적 신비성을 띠면서 인류 역사에 큰 기여를 한 사람들의 공로와 공적에 대하여 그 응분의 대우를 기리는 신보(神報)의 문제에까지 나아간다. 이때 신보의 개념은 전혀 그리스도교적인 뜻에서 해석되어서는 안 되고 오히려 선영에 제사지내는 그런 발상으로 훌륭한 선

---

55) 같은 책, 3-53.

56) 같은 책, 3-61, 3-120.

57) 같은 책, 3-106.

58) 같은 책, 3-119.

대에 대한 '계지술사(繼志述事)'의 뜻으로 봐야 한다.[59]

마지막으로 해원의 개념은 인간관계에서 모든 성적 억압으로부터 인간을 해방시키는 과업과 통한다.[60] 증산은 과거의 유교적 형식주의에 얽매어 수절을 너무 강요하여 젊은 과부가 정당히 재혼하고 젊은 홀아비가 다시 배필을 구하고 늙은 홀아비와 과부가 각각 짝을 구하는 것에 대하여 부정적이었던 것을 풀어야 한다고 주장한다.

이 주장은 현대 철학적인 개념에서 보면 분명히 에로스의 해방이다. 그러나 이것이 성의 문란을 결코 정당화하는 것이 아님은 물론이다. 증산은 불륜한 성의 문란이 얼마나 엄청난 죄를 짓는 것인가를 『대순전경』에서 말하였다. 이 점을 더 말함은 유치하다. 요컨대 에로스의 해방이라는 개념은 현대 윤리학의 차원에서도 매우 중요하다. 과거에 동서양을 막론하고 시기와 정도의 차이는 있을지언정 모든 종교가 성의 억압에서 윤리와 도덕의 터전을 세우려 하였다. 그래서 니체 같은 철학자가 그런 도덕을 핏기 없는 인간의 자기 합리화라고 공격하면서 생명력이 없는 도덕보다 삶의 의지가 충일한 세계를 더 예찬하기도 하였다. 억압의 보상으로 주어지는 도덕은 재미가 없어진다. 성의 정당한 해방과 도덕의 조화는 도덕적 생활이 재미있는 생동감으로 활성화하고 또 성에 바탕한 생활과 놀이가 윤리적으로 전락하는 것을 막기 위함이다. 마르쿠제의 철학에 따라 말한다면, 일하는 노동과 거기에 끼인 도덕률과 재미있고 생기 나는 놀이를 이율배반적으로 생각하지 말자는 것이다. 노동을 에로스의 억압으로 보는 곳에서 노동은 늘 소외의 온상이 된다.

그런 점에서 증산사상은 에로스적 놀이와 도덕적 에토스가 상보한 좋은 시가인 「헌화가」의 정신과 닮았다고 보아도 좋으리라. 노인의 존재는 예나 이제나 주어진 집단 사회에 있어서 에토스, 즉 도덕과 규범과 기강의 상징이다. 그래서 장로의 개념이 동서에 다 같이 생겼다. 그런데 그런 노인이 신라

---

59) 같은 책, 3-173.
60) 같은 책, 4-40.

사회에서 가장 아름다운 부인이요 미녀였던 수로부인에게 꽃을 꺾어 바친
다. 가파른 절벽 위에 핀 철쭉꽃이 아름다워 꺾어주기를 청하는 미녀의 소청
에 겪게 될 위험 때문에 젊은이들은 모두 피한다. 이때 그녀의 곁을 우연히
지나던 한 촌로가 다음과 같이 노래를 지으면서 미녀의 소원을 들어준다.

> 짙붉은 바윗 가에 잡은 암소 놓게 하시고
> 나를 아니 부끄러워하시면 꽃을 꺾어 받자오리다.　　　　　(李載浩 역)

이 노인과 미녀의 만남에서 우리는 경직화되지 않은 노인상과 음탕하지
않은 미녀상을 동시에 본다. 증산적 의미에서 성의 해방이라는 개념도 저 「헌
화가」의 정신에 따라 해석되어야 하리라.

지금까지 우리는 증산사상에 있어서 해원의 개념을 성찰하여보았다. 그러
면 그런 종교적인 해원의 객관적 지향은 무엇일까? 모든 참 종교가 다 그러
하듯 증산교의 객관적 지향성도 평화와 사랑의 세계를 창조함에 있다. 그리
고 동시에 경제적인 빈곤의 추방도 그 객관적인 지향성 속에 담겨 있다.

> 다른 사람이 만일 나를 치면 그의 손을 만져 위로할지니라.[61]

> 너희들은 항상 평화를 주장하라. 너희들끼리 서로 싸우면 밖에서는 난
> 리가 일어나리라.[62]

이 인용들에서 우리는 사랑과 평화의 종교로서 증산교의 정신을 엿볼 수
있다. 그런데 증산교에서는 특이하게 '척' 짓기를 삼갈 것을 요구한다는 점에
서 우리의 관심을 불러일으킨다. 이 '척'이라는 개념은 한국어의 어법에서만

---

61) 같은 책 6-47.
62) 같은 책, 6-102.

고유한 것으로 생각되는데, 예컨대 '잘난 척', '못난 척', '아는 척', '모르는 척', '겸손한 척' 등과 같은 표현에 쓰인다.

> 남에게 원억(冤抑)을 짓지 말라. 척이 되어 갚느니라. 또 남을 미워하지 말라. 그의 신명이 먼저 알고 척이 되어 갚느니라.[63]

이 '척'의 개념은 능동적이든 소극적이든 남과의 관계에서 어떤 심리적 자기 주장의 허위의식과 통한다. 가령 '왼뺨을 때리거든 오른뺨을 내밀라'는 것은 무폭력의 절대 겸손을 본디 뜻하리라. 그런데 실제로 어떤 이가 타인에게 어떤 까닭에서든지 한 뺨을 맞았을 때 다른 뺨을 내민다면 그 행위는 오히려 은연중에 자기 분노와 원한을 겸손한 척하면서 도발하는 그런 심리로서 해석될 경우가 생긴다. 그런 심리 이해가 가능하다면 어떤 겸손과 참음은 다른 한편으로 자기 억지 주장과 원한의식을 감추고 있다는 니체와 셀러의 말을 이해할 수 있다. 그런 뜻에서 증산의 '척' 배척 정신은 사랑의 이름 아래 음성적으로 도입될 수 있는 인간관계의 원한을 씻어내려는 심리적 의술과 통한다.

그리고 증산사상이 경제적 풍요를 주요한 객관적 지향성으로 여긴 점도 주목을 끈다.

> 무물(無物)이면 불성(不成)이니 마음을 알아두려면 돈을 불러보아야 하느니라.[64]

이 점에서 증산은 경제적 각도에서 해원을 중요시하게 여겼던 것 같다. 가난한 데서 오는 뼈저린 한이 이 민족의 오랜 '원통(冤痛)'이었다. 오늘날 '새마

---

63) 같은 책, 6-38, 6-39, 6-41.
64) 같은 책, 6-154.

을운동'의 기본적 집단 심성이 가난의 원통에서 해방되려는 욕구로 이해되어야 한다면, 경제적·물질적 한과 원도 풀어야 한다는 당위성이 증산교에서 요구됨은 인망주의·인보주의·인존주의·인본주의의 철학이 귀결하는 당연한 논리다. '무물이면 불성'이라는 명제는 언뜻 보면『중용』의 '불성(不誠)이면 무물(無物)'이라는 명제를 연상한다. 그런데 '성(成)'과 '성(誠)'의 차이가 있고 물질과 경제에 대한 비중이 앞 명제 쪽에 더 많이 놓여 있다. '산금증식(産金增殖)'의 도래를 예견함[65]도 마찬가지로 단군 풍류도에서 꾸밈없이 도출된 인망주의·인보주의의 세 관계에 매우 가깝다. 한국의 '새마을운동'이 앞으로 더 크게 그리고 더 착실하게 성공하여 세계사에 논의될 가치를 확연히 갖게 된다면, 한국인의 집단 심성에 숨어 있던 인망주의·인보주의·인존주의의 전통에 그 힘을 입었다고 보아야 하리라.

지금까지 우리는 해원의 증산적 개념과 그 개념이 객관적으로 겨냥하는 지향성을 살펴보았다. 이제 우리는 끝으로 그런 해원상생의 희망이 구현되기 위하여 실천하는 자의 주관적 의향을 검토하여보기로 하자. 그러기 위해서는 증산교의 종주인 증산 자신의 인격 심성부터 살펴보아야 한다. 증산의 인격 심성에 대한 기본적 요점이『대순전경』에 간략히 요약되어 나온다.

어려서부터 호생(好生)의 덕이 많으사 나무 심으시기를 즐기시며 자라나는 초목을 꺾지 아니하시고 미세한 곤충이라도 해하지 아니하시며 혹 위기에 빠진 생물을 보시면 힘써 구하시니라.[66]

너희들은 손에 살릴 '생(生)' 자를 쥐고 다니니.…[67]

위의 인용에서 내용상 집약되는 것은 그의 심리적 심성이 '생' 자라는 개념

---

65) 같은 책, 3-189.

66) 같은 책, 6-47.

67) 같은 책, 6-30, 6-44, 6-45.

에 직결된다는 점이다. 아픔을 분석하는 병리학이 그대로 생명을 살리는 생리학과 직결되지만, 그렇다고 똑같다고 볼 수는 없다. 오랜 한국 사상사의 전통에서 아픔을 고발하고 분석한 저항의 병리학은 줄기차게 이어져 내려왔지만, 어떤 점에서 그 아픔을 치유하여 모두를 살리는 창조의 생리학이 빈곤하였다고 여겨진다. 증산의 일생은 바로 이 '생' 자의 글자에 포함된 뜻의 창조적 확대에 비쳐진 것으로 생각할 때 그의 생리학적 철학은 우리에게 더없이 귀중하다.

또 그것이 사실이든 사실이 아니든 간에 증산이 짧은 생애에서 많은 병자와 환자들을 치유하였다는 기록은 상징적으로 볼 때 많은 의미를 지니고 있다. 그것은 증산 스스로가 말한 '제생의민'의 생리학적 의학과 통한다. 그의 생리학적 의학은 그의 표현을 빌리면 모두가 "죄를 멀리하고 순결한 마음으로 천지공정(天地公庭)에 참여하기"[68]를 바라는 정치학과 다른 것이 아니다. 실제로 증산이 환자들의 병을 고쳤든 아니든 그것이 철학적으로 큰 의미를 지니는 것은 아니다. 그러나 상징적 의미에서 '의(醫)' 자는 한자의 어원에서도 '의(毉)' 자와 동등하다. 즉, 무속의 샤먼과 같다.

여기서 우리는 또다시 증산교가 저 풍류 화랑도의 정신과 접목하는 원시반본을 본다. 풍류도의 '접화군생'이라는 명제도 사실에 있어서 모든 생명체에게 예의 '생' 자를 불어넣어주는 율동과 다르지 않다. 더구나 이능화의 「조선무속고」를 참고하여 소개하지 않더라도 화랑도의 밑바탕에 토속적 무격(巫覡)의 흐름이 깃들어 있다. 이 사실에 대한 고증은 피하기로 하겠다. 하여튼 풍류인 화랑은 고대 사회에 있어서 무격의 역할을 하였다.

증산이 천지공사를 행하면서 무속에서 재현하는 전통적 소지(燒紙)를 재생하는 것도 화랑 풍류의 샤먼적 전통을 재생한다는 모티브와 다를 수 없다. 화랑 풍류정신의 은폐와 함께 고대의 무격사상은 이성적인 문화세계로 승화되고 승진될 기회가 박탈되고 캄캄한 무의식의 지하실에 감추어지면서 민족의

---

68) 같은 책, 2-5.

집단의식의 가장 깊숙한 곳에 은밀히 흘러내려왔다. 오늘날 증산사상에서, 그리고 증산 스스로가 그런 '의즉의(醫卽醫)'의 개념을 재생하는 모티브는 오랜 세월 동안 지하실에 은폐된 무속의 힘을 다시금 이성화하고 승진시켜 한국을 세계 문화의 중심국으로 창조하려는 비전에서 해석되어야 하리라. 다시 말하면 증산교의 이상은 평화적으로 우리나라가 인류 문화의 승진 가운데 하나의 자랑스러운 창조의 진원지가 되기를 바라는 희망과 같다. 문화 주변국의 운명이란 언제나 아류의 굴레를 벗어날 길이 없다. 거기서 벗어나는 길은 우리의 전통 속에 축적된 자생적 힘을 보편적인 언어와 사유 형식으로 승화시키는 데서 가능하다. 물론 그 자생적 힘을 맹목적으로만 치켜 올리는 것은 창조도 문화도 아니다. 그러므로 늘 창조는 온고지신처럼 전통의 승계와 동시에 비판적 수정에서 이루어진다. 우리는 이 논문을 통하여 증산사상에서 무엇을 승계하고 무엇을 비판적으로 수정하려고 하는가를 보았다.

옛적에는 판이 적고 일이 간단하여 한 가지만 따로 쓸지라도 능히 난국을 바로잡을 수 있었거니와 이제는 판이 넓고 일이 복잡하므로 모든 법을 합하여 쓰지 않고는 능히 혼란을 바로잡지 못하리라.[69]

또 모든 족속들은 각기 색다른 생활경험으로 인하여 유전된 특수한 사상으로 각기 문화를 지어내어 그 마주치는 기회에 이르러서는 마침내 큰 시비를 이루나니 그러므로 각 족속의 모든 문화의 진액을 뽑아 모아 후천 문명의 기초를 정할지니라.[70]

위의 인용에서 우리는 증산사상이 과거의 풍류도가 유·불·선 3교를 흡수하여 통일을 성취했던 것보다 더 확대하여 세계의 모든 특수한 생활경험에

---

69) 같은 책, 5-3.
70) 같은 책, 5-8.

서 생기는 다양성으로부터 하나의 원본적 상생 문화의 진액(津液)을 창조하겠다는 구원한 비전을 읽는다.

우리는 그 원본적 상생 문화가 어떠한 내용과 형식으로 나타날지 아직도 잘 알지 못한다. 이 점에서 증산교와 그 사상은 아직도 미완성의 교향곡이다. 그럼에도 불구하고 그 원본적 상생 문화를 상상하는 정신은 철학적으로 더 없이 값지다. 왜냐하면 실로 현실적 세계를 더욱 풍요롭게 변화시켜온 것이 바로 인간의 창조적 상상력임을 우리는 알기 때문이다. 우리는 증산의 원본적 상생 문화가 신라 시대에 대우주의 진리를 불교적 언어로 설파한 의상의 '일중일체 다중일 일즉일체 다즉일(하나 가운데 모든 것, 여럿 가운데 하나요, 하나는 모든 것, 여럿이 곧 하나다)'이라는 철학적 이념과 그 사유 논리의 결에 있어서 다르리라고 생각하지 아니한다. 다만 늘 각 시대에는 그 시대에 따르는 온고이지신이 있음을 거기에 덧붙여 생각하기만 하면 되리라.

III. 화담 서경덕의 자연철학에 대하여*

1. '머무름'의 자연철학

　인간이 이 세상을 살아감에 있어서 '철학이 무슨 쓸모가 있는가'라는 질문
은 비단 비철학인의 마음에서만 우러나는 것은 아니다. 철학을 공부하는 사
람에게도 가끔 그와 같은 질문들이 문득 그 출처를 모르고 불어오는 바람처
럼 제기된다. 그러나 그런 간헐적인 자기 회의에도 불구하고 늘 철학은 있어
왔고 또 있게 되리라. 한 송이 들꽃이 왜 피는지 그 까닭을 캐묻기 전에 이미
꽃은 철이 되면 어김없이 핀다. 사람이 있는 곳에 제철 따라 어김없이 철학의
꽃이 핀다. 그 꽃을 알기 위해 그것이 어떻게 일생을 지내는가를 알아보는 것
보다 더 자연스러운 일이 없다.

　화담(花潭) 서경덕(徐敬德), 그는 조선 성종 20년(1489)에 태어나 명종 원년(1546)
에 별세했다. 그는 이 세상에서 무수히 피고 진 철학의 꽃들 가운데 존재했고
또 그 꽃과 비슷한 것들이 앞으로도 또 나타날 수 있다. 화담 철학의 꽃을 어
떻게 인식하고 평가해야 할까? 먼저 그의 일생을 스스로 표현한 시에서 이 점
을 간결하게 압축하자.

　　독서하던 때에는 경륜에 뜻하였는데, 만년에는 오히려 안씨(顏氏)의 가난
　　을 감미롭게 맛보도다. 부귀는 다투는 이가 많아 손대기 어렵고, 자연에는
　　금하는 이가 없으니 몸을 편안히 거주케 할 수 있도다. 산에서 나물 캐고

---

* 《韓國學報》 제15집(1978년 겨울호) 게재.

물에서 고기 낚으니 굶주린 배를 채울 수 있고, 달을 노래하고 바람을 읊으니 만족히 신기(神氣)를 화창하게 할 수 있네. 배움이 의심나지 않음에 이르고 앎이 활달해지니, 헛되이 백년 인생 지음을 면하리(讀書堂日志經綸 晚歲還甘顏氏貧 富貴有爭難下手 林泉無禁可安身 採山釣水堪充腹 詠月吟風足暢神 學到不疑知快活 面敎虛作百年人).[1]

지금부터 우리가 연구하고자 하는 화담 서경덕의 철학은 그의 「술회(述懷)」라는 시가 간결 압축하여 품고 있는 숨은 사상을 펼치는 것과 다르지 않다. 「술회」 시가 암시하듯 그는 자연의 임천(林泉)을 어떤 경우에도 떠나본 적이 없었던 사람이다. 다만 몸만 거기에 머물고 마음은 인간 공부에 전념하던 조선의 대부분의 성리학적 인간 철학자들과는 달리 그는 자연 속에 머물며 '머무름(止)'의 사상과 논리를 폈던 한국 철학사에서 드문 자연철학자다.

현대 서양에서 엄격하고 철두철미한 과학적 논리주의의 중심인물인 라이헨바흐가 말한 바와 같이 "형이상학은 과학이 심어놓은 풍부한 옥토 뒤에서 마침내 시들어버리는 강의 메마른 지류에 불과하다"는 생각을 견지한다면, 화담의 자연철학은 다시금 제철을 만나 거듭날 수가 없다. 그러나 프랑스의 현대 철학자인 테야르 드 샤르댕이 만약 화담을 알았더라면 이 프랑스인은 분명히 한국의 서경덕을 크게 평가했으리라.

그 자체에 의하여 규범적인 내용을 갖는 실재에 관하여 의미 있고 정합적인 체계를 줄 수 있는 과학은 그럼에도 불구하고 우리로 하여금 세계의 참 모습을 이해시키는 데 무력하다.…오늘날에 요구되는 세계관은 과학적인 현상학과 형이상학자의 우주론의 두 가지 관점을 하나의 정합적인 통일로 접목시켜야 하는 종합이다(La science capable de donner, par elle-même, un tableau cohérent et significatif de la réalité ayant des implications normatives,

---

1) 『李朝初葉名賢集選: 花潭先生文集』, 「述懷」 (成均館大學校 大東文化研究院 刊), p.190.

est cependant incompétente pour nous faire comprendre la vraie nature du monde; ⋯ Une vision du monde devient aujourd'hui synthèse de deux points de vue différents, la phénoménologie scientifique et la cosmologie du métaphysicien qu'il faut souder en une unité cohérente).[2]

화담 철학에는 동양적 사유에 바탕을 둔 자연과학적 논문들이 남아 있다. 「온천변(溫泉辨)」, 「성음해(聲音解)」, 「황극경세수해(皇極經世數解)」, 「육십사괘방원지도해(六十四卦方圓之圖解)」, 「괘변해(卦變解)」 등이다. 이 논문들이 서양적 사유 논리와 다른 것이라 하여 가볍게 흘려보내서는 안 되리라. 독일의 하이젠베르크나 프랑스의 메를로퐁티도 언어의 체계가 다르면 다른 과학이 나올 수 있음을 강조하였다. 필자는 아직 동양의 역수학(易數學)에 어둡고 수학의 기본적 지식마저 갖추지 못하여 상기의 논문에 대해서는 거의 침묵을 지킬 수밖에 없다. 이 문제에 관해서는 그 방면에 정통한 학자가 연구하여주기를 바란다. 다만 여기서는 필자의 제한된 능력 때문에 화담의 우주론과 자연철학만이 연구의 대상이 된다.

정치 문제가 사람들의 가장 뜨거운 관심거리가 되고 문학이 무슨 혁명의 슬로건을 내걸 듯 사실주의라는 이름 아래 술렁거리고 있을 때 인간은 자연을 잊는다. 그래서 자연은 멀리 사라진다. 이런 시대에 화담의 자연철학은 우리에게 많은 것을 말해준다. 자연은 손에 잡히는 모든 경제적 물건보다 더 근원적이다. 자연은 과학기술의 결과보다 더 본원적이다. 그리고 자연의 세계는 인간에 의하여 나타나는 모든 물건보다 더 구체적이다. 왜냐하면 인간에 의하여 나타나는 모든 과학적·경제적·정치적 것들은 늘 자연 안에서, 자연에서 출발하여 태어났고 솟아나고 배열되기 때문이다.

화담은 그런 자연을 영원히 거주해야 할 고향인 것처럼 여겼고, 또 스스로를 자연의 한 모습으로 파악하였다. 다만 인간이 자연을 세밀하게 관찰하여

---

2) Pierre Teilhard de Chardin, L'*Humanisme de la science*(Spes, 1960), p.189.

그 이법을 인식하는 대상화된 자연관을 그는 그의 철학적 성찰의 뿌리에 두지 않았다. 그래서 그에게 '머무름(止)'의 사상이 그토록 값지게 나타난다. '머무름'의 개념은 쉼이요, 휴식이요, 고요함이요, 마음이 편안하게 사는 것이다.

> 무릇 우주에 있는 만물과 만사는 각각 그 머무름이 있지 않음이 없다. 하늘은 위에 머물고 있음을 내가 알고, 땅은 아래에 머물고 있음을 내가 안다. 산이 우뚝 솟아 있고 냇물이 흐름도, 새와 짐승이 날고 기는 것도 각각 그 머무는 데가 있어 그 존재함을 문란시키지 않음을 내가 안다. 우리 사람들이 하물며 그 머무름이 없을 수 없으니 머무름은 다만 일시적인 현상만은 아니다. 각각 제자리에 머물 줄 알아야 한다(夫天下之萬物庶事 莫不各有其止 天吾知其止於上 地吾知其止於下 山川之流峙鳥獸之飛伏 吾知其各一其止而不亂其在 吾人尤不能無其止而止且非一端 當知各於其所而止之).[3]

'머무름'의 철학적 개념, 이것은 화담이 자연에서 터득한 기본적인 인생인 듯하다. 그에게 있어서 자연은 투쟁의 교실도 아니요, 풍요와 궁핍이 모순적으로 존재하는 그래서 자연에서 그 어떤 것도 자기와의 대립 없이 나타날 수 없는 그런 싸움의 무대가 아니다. 화담의 자연관이 헤라클레이토스적이 아니라고 해서 파르메니데스적인 뜻에서 모든 운동과 변화를 배제한 부동의 존재도 아니다. 그에게 있어서 '머무름'과 '휴식'과 '쉼'은 서양 고대의 자연 사상에서 돋보이는 '부지(不知)의 제거'로서의 일시적인 평화도 아니요, 덧없는 변화를 초월한 초자연적인 개념도 아니다.

어쩌면 화담학(花潭學)의 본원은, 모든 것이 어지럽고 혼돈스럽고 인간의 사회생활이 서로 희소한 가치의 쟁탈로 말미암아 폭력으로 이끌려 들어가려 할 때 진실로 고요히 평화스럽게 머물고 쉬는 삶의 태도가 얼마나 자연스러운 것인가를 밝히려는 정신의 생리학과 통하는 듯하다. 그가 평생 한결같이

---

3) 『李朝初葉名賢集選: 花潭先生文集』, 「送沈敎授序」, p.214.

추구하여 마지않았던 것도 이 '머무름'의 지혜를 터득하기 위해서다. 그래서 "군자가 배움을 귀하게 여김은 머무름을 알기 위해서다(君子之所貴乎學 以其可以知止也)"[4]라고 그는 말하였다.

적어도 이 '머무름'의 철학으로 볼 때, 그 철학을 터득한 이는 성스러운 이고, 부산하게 하루 종일 남과 싸우듯이 생활하여 어디든지 호기심에서 안 가본 데가 없지만 실제로 어디에도 뿌리박고 내면적 성찰을 하여보지 않거나 또는 게을러서 자기 인생마저 가꾸지 못하는 이는 미치광이다.

저 광인은 생각이 망측하여 물(物)과 경쟁함으로 부산하게 시끄럽고, 오직 성인(聖人)만은 생각을 잘 하여 하늘과 더불어 덕이 이루어진다. 성인과 광인의 한계는 (생각의) 태만과 공경일 뿐이다(彼狂罔念蠢與物競 惟聖克念德與天 倂聖狂之分一蹶怠敬).[5]

그리하여 '머무름'을 자연성의 가장 자연스러움으로 본 그는 그것이 또한 인간성의 가장 바른 윤리정신과 상통한다고 생각하기도 하였다. 성인과 광인의 차이는 항구적인 '머무름'의 정신적 수련에 달려 있다.

그러면 화담 철학에 있어서 도대체 '머무름'의 개념을 어떻게 이론화해야 할까? 우리는 적어도 '머무름'의 개념에서 세 가지의 철학성을 이끌어낼 수 있으리라.

① '머무름'·'쉼'은 모든 우주적 존재 질서의 기본적 바탕이다. 그래서 인간 존재의 사회적 질서도 이 자연적 존재의 '머무름'과 '쉼'의 성실한 표현에 지나지 않는다. 이런 사상을 서경덕은 다음과 같이 표현한다.

아버지와 자식이 은혜에 머무름과 같고, 임금과 신하가 정의에 머무름

---

4) 같은 책, 「送沈敎授序」, p.215.
5) 같은 책, 「朴頤正字詞」, p.214.

과 같은데, 이 모든 것은 성리(性理)가 곧 물리(物理)인 것과 같다. 음식·의복의 일용과 보고 듣고 말하고 행동함을 베푸는 일에 이르러서도 어찌 머무름의 터전이 없겠는가? 이로써 미루어 움직이는 것은 고요함으로 나아가고 수고로운 것은 편안한 데로 다다르고 뜨거운 것을 잡은즉 서늘한 데로 나아가고 피곤이 겹치면 잠을 청하게 된다. 무릇 움직이고 수고로운 것은 고요하고 편안한 데서 머물지 않을 수 없고 뜨겁고 피곤한 것은 서늘하고 잠자는 데 머물지 않을 수 없다. 이 모든 것은 지혜를 기다리지 않고서도 그 머무는 바를 안다(如父子之止於恩 君臣之止於義 皆所性而物之則也. 至於飮食衣服之用 視聽言動之施 豈止之無其所也 推以往之動者之投靜 勞者之抵逸 執熱則就凉 乘因則打睡夫動勞之不得不止於靜逸 熱困之不得不止於凉與睡 是則不待智者而後知所止也).6)

이 구절을 생각해보면, 대자연의 종국적인 이법은 소요나 갈등 또는 불화가 아니고 '머무름'이 베푸는 인정이요 질서다. 모든 운동도 이 '머무름'의 기초 위에서만 자연스러운 것이 되지, 이것을 도외시할 때 운동과 행동은 반자연적인 것이 되어서 화담이 말한 '물(物)과 시끄럽게 경쟁하는' 광인의 작태가 빚어진다. 이런 머무름의 자연스러운 근거로서 사람은 운동과 행동에서 피로하면 고요와 휴식을 찾고 뜨거운 열기도 얼마 가지 않아서 저절로 식어간다. 여기에 인위적인 흔적은 아무 데도 없다. 마르크스와 그를 직접·간접으로 추종하는 아류들은 소외의 극복이 오직 인위적 혁명에 달렸다고 자신 있게 외친다. 그러나 사람의 손이 가는 곳에 소외가 발생하지 아니하는 것이 어디 있는가? 그래서 자연에 따른 '머무름'의 철학을 인간이 배우는 것에 인류의 성리가 있다고 화담은 말한다. 인류성의 근거는 자연성에서 파생한다.

② '머무름'·'쉼'의 사상은 성숙한 정신에 나타나는 지혜다. 화담은 소강절(邵康節)의 철학 시를 인용하고 공자의 만년 술회를 꿰뚫어본다. 소강절이 무엇이라 이야기하였는가? "책을 읽지 않은 지 12년이나 되었다." 독서하는 일

---

6) 같은 책, 「送沈敎授序」, pp.214-215.

을 그치고 마음의 쉼과 머무름이 12년이라는 뜻이다. 그런데 소강절이 아무 일도 안 했다면 권태의 심리에 곯아빠졌단 말인가? 아마도 사르트르의 철학에 따르면 그는 그렇게 되었어야 하리라. 그러나 소강절 그는 다음과 같이 말한다. "한가하면서도 맑지 않으면 이것이 첫 번째의 미혹이요, 늙어서 쉬지 않으면 이것이 두 번째의 미혹이다." 맑디맑게 쉬고 머무는 지혜가 서경덕에 의하면 공자에게 나타난다. 공자는 늙어서 꿈에 존경하던 주공(周公)을 꿈꾸지 않는다고 말하였다. 화담에 의하면 이것은 주공을 만나지 못하여 슬퍼할 일이 아니고 오히려 공자의 '머무름'이 이루어진 것이다.

봄에 핀 사과나무 꽃이 늦가을이 되면 불그스름한 열매를 맺는다. 사과가 완전히 성숙하게 익었다. 열매의 존재가 익음으로써 자기의 존재론적 완성을 사과는 다 표시한 셈이다. 그러나 다행인지 불행인지 인간의 죽음은 그런 완성과는 거리가 멀다. 왜냐하면 인간에게 있어서의 죽음은 과일이 다 익은 상태의 완성과는 그 형태가 다르기 때문이다. 인간은 죽음을 기계의 작동을 그치게 하기 위하여 전기 스위치를 빼는 것과 같이 보지 않기에 쉼과 머무름의 개념을 결코 전기 스위치를 빼는 행위와 같다고 보아서는 안 된다. 쉰다는 것, 머문다는 것은 할 일이 끝나서 동작이 마비된 것이 아니고, 오히려 그것은 새로운 정신적 풍요를 현시한다. 왜냐하면 머무름은 영원한 투쟁에서 잠깐 생긴 일시적 불화의 제거가 아니기 때문이다.

③화담이 말한 '머무름'의 철학은 대자연 속에 거주하며 공경하는 마음을 지니면서 이법을 관조하는 인생의 태도와 관계된다. 그의 생각을 들어보자.

공경하는 마음을 지니고 이법을 관조함이 그 방법이다. 공경이라는 것은 주일무적(主一無適)을 일컬음이다. 그래서 한 물(物)에 접하는 바에 머물고, 하나의 일에 응하면 응하는 바에 머문다. 그래서 그 사이에 다른 것이 끼지 못하게 한다. 마음이 능히 하나에 미치게 되면 일도 지나가고 물도 가고 보면 문득 마음이 한 곳에 수렴되어 담연(湛然)하게 되어 마땅히 맑은 거울이 비어 있는 것같이 되리라(持敬觀理其方也. 敬者主一無適之謂也. 接一物則

止於所接 應一事則止於所應 無間以他也 則心能一及 事過物去 而便收斂湛然 當如明鑑之空也).[7]

여기서 주요한 것은 '머무름'의 철학이 '지경관리(持敬觀理)', '주일무적(主一無適)', '심지수렴담연(心之收斂湛然)' 등과 같은 개념과 상응한다는 이론이다. 그리고 사실상 이 개념들은 모두 철학적인 동가성(同價性)을 지니고 있다.

도대체 '주일무적'의 개념이 어떤 철학성을 지니는가? 문자 그대로 번역하면, 그것은 하나로 마음을 모으고 다른 데로 흩뜨려놓지 않음과 같다. 그런 마음의 결을 유가에서는 '경(敬)'이라 부른다. 하이데거의 개념을 잠시 빌리는 것이 '머무름'이 잉태하는 주일관적과 지경관리를 선명하게 이해하는 데 도움이 된다. 하이데거에 의하면, 현대 사회에 사는 사람은 자기도 모르는 사이에 '잡담', '호기심', '모호성'의 세계에 도취되어 스스로 삶의 품의를 전락시킨다. 잡담은 세상 사람들이 물거품처럼 토해내는 뿌리 없는 말들과 인기에 따라 이랬다저랬다 하는 말의 흐름을 뜻한다. 세론(世論)이라는 것도 이 잡담과 그렇게 먼 거리에 있다고 보이지 않는다. 세상 사람들은 어떤 일에 관하여 사람들이 무엇이라고 말하는가에 더 큰 신경을 소모한다. 이래서 떠도는 잡담은 자기 자신과 타인의 세계에 대한 깊은 이해를 마비시킨다. 뚜렷한 정체를 알 수 없는 빈껍데기 말들이 모래바람처럼 우리의 시계를 흐려놓는다. 거기에다 사람들은 언제나 자기들의 호기심을 만족케 하여주는 새로움을 찾아 여기저기 방황한다. 새로움을 이해하기 위해서 찾는 것이 아니고 기분을 풀기 위하여 찾는다. 그런 호기심은 자기 분산, 공연한 불안정과 동요를 유발한다. 호기심은 자기 존재가 머물러야 할 터전과 거기에 깊이 박아야 할 뿌리를 생각하지 않는다. 결국 호기심은 자기 망각과 자기 상실로 이끈다. 세론의 인기투표와 잡담과 호기심에 자기를 분산시키는 마음은 많은 것을 아는 것 같이 보인다. 왜냐하면 그런 마음은 모든 것에 대하여 다 말하기 때문이다.

---

7) 같은 책, p.215.

그러나 하나하나 차분히 따지고 들면 그는 진실로 아는 것이 거의 없다. 다만 모호하게 그럴싸하게 겉치레만 알 뿐이다.

화담이 말하는 '머무름'의 철학은 결국 잡담의 홍수와 호기심에 의한 찰나적인 소동과 어디에도 근거하지 못한 모호한 앎에서 벗어나 일물일사에도 성실하고 공경한 마음으로 접하고 응하려 하는 주일무적의 자기 수련이다.

지금까지 우리는 화담에 있어서 '머무름'의 사상이 어떤 철학적 뜻을 갖고 있는가 함을 살펴보았다. 말할 나위 없이 그의 '머무름'의 사상은 자연성과 맞닿는, 틀리지도 보이지도 않는 태허(太虛)의 원리와 통한다. 이 화담적인 태허는 인간 사회에서 부산하게 움직이는 것만 존재한다고 여기는 사유의 습관에 젖은 사람들에게는 분명히 무(無)와 같다. 그러나 태허는 무는 아니다. 그것은 지극히 허하나 그렇지만 한없는 충만의 실을 담고 있다. 이 태허의 철학성을 뒤에 다시 보겠지만, '머무름'의 자연철학이 곧 허즉실(虛卽實)·실즉허(實卽虛)인 태허의 다른 표현이라 할 때 화담이 남긴 철학 시 「무현금명(無絃琴銘. 줄 없는 거문고)」는 홀연히 짙은 예술성을 지니고 우리에게 다가온다.

거문고에 줄이 없으니 체를 보존하고 용을 버렸네. 진실로 용을 버린 것이 아니라 고요함이 움직임을 포함했도다. 소리로써 듣는 것은 소리 없이 듣는 것보다 못하고, 유형에서 음악하는 것은 무형에서 음악하는 것보다 못하도다. 무형에서 음악을 해야 드디어 그 알맞음(徽)을 얻고, 소리 없는 데서 들어야 그 오묘함(妙)을 얻는다. 밖에서는 유에서 얻고 안에서는 무에서 만나도다. 그 가운데서 생각건대 정취를 얻을 것이거늘 어찌 줄 위의 공부에서만 사실을 볼 것인가(琴而無絃 存體去用 非誠去用 靜其含動 聽之聲上 不若聽之於無聲 樂之形上 不若樂之無形 樂之於無形 乃得其徽 聽之於無聲 乃得其妙 外得於有 內會於無 顧得趣乎其中 奚有事於絃上工夫).[8]

---

8) 같은 책, 「無絃琴銘」, p.216.

이 「무현금명」에서 이런 표현이 용납된다면, 화담의 세계에서 '머무름'의 예술철학, '태허'의 예술성은 저 영국의 존 키츠의 시 세계에서 나타나는 「그리스의 항아리에 바치는 노래(Ode on Grecian Urn)」를 연상시킨다.

그대 아직도 침범되지 않은 고요의 새색시, 그대는 침묵과 느린 시간의 아이를 기르는구나. 그대는 우리의 시가보다 더 감미롭게 꽃의 이야기를 표현할 수 있는 숲의 이야기꾼이로다.……
들리는 멜로디도 달콤하지만, 안 들리는 멜로디는 더욱 달콤해. 그래서 그대 부드러운 피리여 연주를 하라. 감각적 귀에서가 아니고, 좀 더 사랑받도록 아무 소리도 없는 정신의 노래에 피리를 불렴.

> Thou still unravished bride of quietness,
>
> Thou folster child of silence and slow time,
>
> Sylvan historian, who canst thus express
>
> A flowery tale more sweetly than our rhyme:
>
> ……
>
> Heard melodies are sweet, but those unheard
>
> Are sweeter; therefore, ye soft pipes, play on;
>
> Not to the sensual ears, but, more endered,
>
> Pipe to the spirit dities of no tone:[9]

화담의 '머무름'과 '쉼'의 철학은 그 어떤 표현보다 더 오묘하게 '꽃의 이야기'를 하여주는 '들리지 않는 멜로디'다. 그래서 그도 '현률 밖의 궁상에서 우주의 음악을 깨달음(絃律外宮商 吾得其天樂之)'[10]을 고백하고 있다.
이제 우리는 그가 깨달았던 우주의 무형무성(無形無聲)한 음악의 오묘함에

---

9) John Keats, "Ode on a Grecian Urn," *The Norton Anthology*.
10) 『李朝初葉名賢集選: 花潭先生文集』, 「無絃琴銘二」.

로 접근해야 하리라.

2. '물(物)' 사상에 대한 해석

대자연의 세계에는 많은 것들이 있다. 거기에는 사람들도, 나무들도, 짐승과 새들도, 그리고 산과 흐르는 물도 있다. 단적으로 화담은 자연의 세계를 '물(物)'의 세계라고 불렀다. 동양 철학, 아니 특히 화담 철학에서 '물' 개념이 과연 무엇일까? 이 개념을 선명하게 밝힌다는 것은 참으로 어려운 작업이다. 그러나 이 개념에 대한 이해가 없이는 화담 철학을 논함이 또한 한사(閑事)가 되리라.

아리스토텔레스의 자연철학의 이론에서 보면, 자연(physis)은 세 가지의 복합적인 뜻을 동시에 함유하고 있다. ① 자연은 실체 또는 본질(ousia)의 개념과 같은 것으로서, 스스로 누가 시키지도 않았는데 운동의 원리를 갖고 있는 존재가 곧 자연이다. ② 첫 번째 뜻에서 파생되어 나오는 개념으로서, 자연은 태어나고 사라지고 하는 변화를 거듭하는 물질의 뜻을 지닌다. ③ 자연은 스스로 어떤 원리를 함유하고 있는데, 그런 원리를 논리적 차원에서 보면 자연은 질료(matter)와 형상(form)의 두 개념이 통일되어서 나타난다. 이 질료와 형상은 자연을 논리적으로 설명하는 불가분리적인 두 원리로서, 아리스토텔레스에 있어서 결코 추상적으로 따로 떼어놓을 수 없다. 그에 의하면 질료는 운동의 원리를 스스로 갖는 모든 자연적 존재의 기저로서 생각됨직한 가장 직접적인 물질성이고, 형상은 자연적 운동의 원리를 스스로 갖는 자연 존재의 유형성이다. 예컨대 감나무와 밤나무라는 자연 존재를 설명함에 있어서 감나무와 밤나무의 유형을 다르게 하는 것은 그 나무들이 스스로 갖고 있는 형상이고, 또 그 형상은 그 나무들의 특질성의 기저요 바탕이 되는 질료로서 분리되는 것도 아니다.

그런데 이렇게 자연을 세 가지 관점에서 설명하는 아리스토텔레스는 그의 자연관을 목적론으로 유도하여간다. 이 목적론적 자연관은 플라톤에게도 나타나지만 아직도 시(詩)적인 차원을 넘지 못한다. 그러나 아리스토텔레스는 논리의 바탕에서 목적론적 자연관을 편다. 자연의 모든 운동은 하나의 목적을 향하여 움직인다. 물론 자연 가운데 우연은 있지만 그 우연은 목적의 길에서 빗나간 방계적 현상일 뿐이다.

목적론적 자연관을 생각하게 한 근거는 자연이 질서의 세계이고 일정한 규칙에 의하여 스스로의 완성을 향하여 자동적인 운동을 추진하는 세계라고 하는 개념에서 성립한다. 자연의 질서는 다양성 가운데서 하나의 깊은 통일을 갖고 있는데 그 통일이 곧 자연 이해의 합리성과 합목적성을 준다고 아리스토텔레스는 생각한다. 밤나무 씨앗은 커서 밤이 열기 원하고 사과나무 씨앗은 자기 운동의 완성으로서 사과 열매를 맺는다. 이와 같이 변치 않는 항구적인 규칙성에서 자기 존재의 완성을 겨냥하는 자연의 합목적성을 아리스토텔레스는 본다. 그러므로 그에게 있어서 자연의 합목적성은 자연적인 모든 존재의 보존과 증가, 그리고 완성의 개념과 통한다. 자연의 목적성은 전체적인 자연의 질서를 말하는데, 그러한 전체로서의 자연이 부분적인 자연 현상에 대하여 우위를 지닐 때만 자연의 목적성이 유지된다.

이런 아리스토텔레스적인 목적론적 자연관이 설명 과정의 차이는 있더라도 칸트와 헤겔의 자연철학에서 되살아난다. 칸트에 의하면 자연을 오성의 수준에서 보면 그것은 다양한 물리학적 규칙들의 합계에 불과하다. 그러나 자연이 단순한 오성적 특수 규칙들의 합계 이상의 뜻을 갖는다고 알려주는 것이 칸트적인 이성이다. 즉, 오성에 의하여 구성된 특수한 물리학적 법칙들을 넘어서 하나의 원본적인 통일의 요구가 자연을 반성하는 이성에서 잉태된다고 칸트는 생각한다. 즉, 자연을 선천적으로 하나의 최고 원리에 통합시킴으로써 후천적으로 모든 자연과학적인 법칙의 출현 근거를 제공해주는 전체성의 초월적 이념을 칸트는 자연의 목적성이라 불렀다. 헤겔의 자연철학은 칸트의 그것보다 더 신학적인 뉘앙스를 갖는다. 왜냐하면 그에 있어서 자연의 목적성은 절대자의 삶과 다른 것이 아닌 절대정신의 법칙이 자연의 수준에서 나타난 것 이외의 다른 것이 아니기 때문이다. 요컨대 아리스토텔레스 이래로 자연의 목적 개념이 서양철학에서 점차로 신학적 성격을 짙게 띠고 나타난다.

그런데 신학적 성격의 도입은 자연히 자연을 신의 창조에 근거한 목적론으로 기울게 한다. 그러나 신학적인 창조적 목적론을 괄호 안에 넣어 유보시키더라도 서양 철학사에서 자연을 '능산적 자연(natura naturans)'과 '소산적 자연(natura naturata)'으로 구분하여 설명하는 것에 우리는 주목할 필요가 있다. 즉, 자연을 그 전체성에서 파악할 때 자연은 '능산적 자연'이 되고, 물리학의 대상으로서 자연을 말할 때 자연은 '소산적 자연'이 된다. '능산적 자연'으로서의 자연은 자연적·물리적 현상들의 출현을 통일장과 같은 터전에서 생기시키는 운동이며 또 그 현상들은 자기의 장 속으로 흡수시키는 운동이기도 하다. 그래서 현상적인 모든 사물 안에 이미 그 사물을 통일장으로 모으는 운동이 깃들어 있다. 그러기에 각각의 특수한 사물은 생겼다가 사라지는 통과에 지나지 않지만, 모든 사물은 자연의 근원적인 통일장에서 출발하여 나타났다가 또다시 거기로 돌아간다. 스피노자가 말한 '능산적 자연'과 '소산적 자연'의 개념에서 볼 때 모든 사물(소산적 자연)은 전체(능산적 자연)에서 생성되며 그 전체 속에 다시금 모여진다. 그러나 그 전체성은 물리적 대상으로서의 사물들의 합계도 아니며, 그것들의 체계도 아니다. 그 전체는 초월적인 통일성 자체다. 요컨대 아리스토텔레스에서 헤겔에 이르는 목적론적 자연관과 스피노자의 '능산'과 '소산'의 목적관을 아울러 표현하면, 자연은 통일된 세계(unified world)고 동시에 통일하는 세계(unifying world)다.

이런 자연관과 화담의 자연관을 어떻게 대비할 수 있을까? 화담 서경덕의 철학에 있어서 '물' 개념은 곧 자연의 개념과 같다. 그러면 화담은 자연으로서의 물을 어떻게 해석하고 있는가?

① 그는 물(자연)을 영원회귀의 본질을 지니고 있는 것으로 본다. 이 물의 영원회귀는 결국 자연의 불멸성과 통한다.

물(物)이 있어 오고 또 와도 다 오지 않으니 오기를 겨우 다한 곳에 또 따라오는도다. 오고 와도 본디 스스로 옴에 처음이 없으니 그대에게 묻노라. 처음에 어디에서 오게 되었는고? 물이 있어 돌아가고 또 돌아가도 다 돌아가지 않으니 돌아가기를 겨우 다한 곳에도 일찍이 돌아간 것 아니로다. 돌아가고 돌아가도 돌아가는 마침이 없으니 그대에게 묻노라. 어디를 따라 돌아가게 되는고(有物來來 不盡來 來纔進處又從來 來來本自來無始 爲問君初何所來. 有物歸歸 不盡歸 歸纔盡處未曾歸, 歸歸到底歸無了 爲問君從何所歸).[11]

물은 어디에서부터 오고 어디로 가는고, 음양의 합산하는 이기(理機)가 오묘하구나. 유무를 깨닫고 나니 구름이 생겼다 사라졌다 하고, 소식을 알고 보니 달이 찼다 이지러졌다 함을 알겠도다(物自何來亦何去 陰陽合散理機玄 有無悟了雲生滅 消息看來月望弦).[12]

「유물음(有物吟)」과 「만인(挽人)」의 단편에서 서경덕은 우주의 자연성은 물 즉자연의 영원한 운동이 거듭되는 불멸하는 영원회귀성과 다름이 아님을 밝히고 있다. 그래서 '물'의 세계는 곧 '복(復)'의 세계와 다르지 않다. 이 '복'의 개념은 단순한 동일성의 기계적 반복이라는 차원에서 해석되기보다는 오히려 자연성이나 물성의 근원적인 진리로 삼라만상이 다시 돌아가는 개념으로 풀이되어야 한다. 그런 점에서 화담이 읊은 「유물음」과 「만인」의 시구는 「동지음(冬至吟)」의 시와 철학적으로 벗한다.

샘물 맛은 우물 가운데서 오히려 담백하고 나무뿌리는 흙 밑에서 오히려 배태되네. 사람이 복(復)할 수 있음을 알면 도(진리)가 그렇게 먼 것이 아니며…천도가 언제나 유유히 흐르고 바뀌니 이 몸이 늙어가고 고운 얼

---

11) 같은 책, 「有物吟」, p.190.

12) 같은 책, 「挽人」, p.196.

굴이 햇수와 함께 시들어감을 알리고 귀밑털은 날로 다시 새롭구나. 복례하기는 석 달이 어렵고…(泉味井中猶淡泊 木根土底始胚胎 人能知復道非遠世…天道恒流易悠悠 老此身韻顔年共謝衰 鬢日復新 復禮難三月…).[13]

특수한 물의 현상(물리적·물질적 차원)에서 볼 때 물질은 사라지고 죽기 때문에 물에 대한 비관주의가 가능할 수 있다. 그러나 물(자연)의 능산성이라는 통일적 전체성에서 보면 모든 물적 존재는 대우주의 불멸하는 영원으로 다시 복귀한다. 그러므로 거기에 어떤 불안, 공포, 비관주의가 존재할 수 없다. 어떤 점에서 자연 속에 '머무름'의 정신이 터득될 때 자연의 물에 따르는 낙관주의가 가능하다.

화담에 있어서 '물'의 개념은 단순한 물질이 아니다. 그의 「유물음」은 유물주의를 노래하기 위하여 지어진 것은 아니다. 간혹 이 땅의 철학계에서 화담의 철학을 유물론적으로 해석하려는 경향을 은근히 나타내는 이들이 있지만, 화담 철학은 결코 유물론으로 온전히 환원되지 않는다. 물론 화담 철학에서 '물'이 물질적 개념으로 이해되어야 할 차원이 있다. 그러나 화담의 '기' 개념에 '선천기(先天氣)'와 '후천기(後天氣)'의 개념이 논리적으로 구분되듯이, 그의 '물' 사상에도 '능산적 자연'과 '소산적 자연'의 논리적 구분이 있음을 우리가 망각해서는 안 된다.

영원회귀하는 물의 운동 속에 능산적 물의 개념은 화담이 비유한 대로 모든 물이 그 근원이 되는 샘물에 복귀해야 그 맛에서 담백해지고, 수많은 나무들도 결국 흙이라는 근원에 돌아가야 씨앗을 배태하는 원천적 통일성과 같다. 이 능산적 물의 개념이 또한 태허의 형이상학으로 연결된다. 능산적 물의 전체적·근원적 통일에 바탕을 두어서 소산적인 각도에서 인물·사물·물질이 끊임없이 나타났다가 사라진다. 화담 철학에서 소산적인 차원에서의 물은 곧 물질만을 뜻하지는 않는다. 거기에 사람을 뜻하는 인물도 사물에 못지

---

13) 같은 책, 「冬至吟」, p.189.

않게 포함된다. 인물도 물질적 사물만큼 능산적 물의 연원성에서 흘러나오고 또 거기로 돌아간다. 다만 인물과 사물의 차이는, 인물은 천지의 정기를 온전히 받은 물이어서 인의지심(仁義之心)이 본질적으로 존재하고 사물은 그렇게 인의지심을 온전히 누리지 못함에 성립한다.[14]

인물을 포함한 소산적 물의 본래적 법도는 능산적 물의 통일성으로 돌아가는 것이기 때문에 인간이 물성, 즉 자연성에 거슬림이 없이 순사(順事)하여 복귀함이 우주 질서에 화합하는 셈이 된다. 그런 사상이 우주론에서 인생론으로 탈바꿈할 때 장횡거(張橫渠)가 『서명(西銘)』에서 읊조린 "살아서는 자연의 순리에 복종하였고 죽어서는 편히 쉰다(存吾順事, 沒吾寧也)"는 철학이 우리의 가슴에 말을 건넨다. 그러기에 "살았을 때 얻은 것이 없거늘 죽었을 때도 잃을 바가 없다(生無所得則死無所喪)"는 횡거 사상이 어찌 화담 사상과 멀다고 하겠는가?

② 화담의 '물' 철학은 자연성 그 자체에서 이해되어야 하지 결코 서양 철학에서 언급된 목적론과 거기에 버금가는 신학적 창조론에서 이해되어서는 안 된다. 우리가 화담의 '물' 철학에서 스피노자적인 능산성과 소산성을 적용하여 해석함이 옳다고 하여도, 그러나 아리스토텔레스 이래로 줄곧 신학적 목적론의 경향으로 흐르는 창조 이론을 '물'의 철학에 도입해서는 안 된다. 비록 '선천기(先天氣)'[15]에 해당하는 화담의 능산적 물이 인물과 사물의 영원한 고향이요 터전이라 할지라도, 그러나 거기에 실체적인 신의 절대성을 인정할 필요는 없다. 소산적 물이 능산적 물에서 나오고 거기로 돌아가지만, 어디까지나 그 운동은 목적의 초월적 왕국 개념을 배제한 자연성의 자기 운동일 뿐이다. 횡거 장재(張載)의 표현처럼 "이것을 따라서 출입하는 것은 다 어쩔 수 없이 그러한 것(循是出入 是皆不得己而然也)"이다. 물은 자연의 필연성이다. 그러면 그 자연의 필연성은 인간의 자유성과 대립되고 심지어 모순되는 것인가? 사물 존재와 인간 의식세계를 원수처럼 갈라놓는 사르트르의 철학

---

14) 같은 책, 「朴頤正字詞」 참조.
15) 이 개념은 뒤에서 다시 분석할 것임.

에 심취한 이들은 자연의 필연성에 순응함이 인간의 참 자유임을 결코 깨닫지 못하리라. 이미 본 바와 같이, 화담적 물의 근원성은 형이상적인 자연의 통일성이요 전체성이다. 화담의 말을 들어보자.

> 왼쪽이나 오른쪽이나 다 근원을 만나 취하도다. 근원이 되는 곳에 문득 미묘함을 알겠노라. 백 가지 생각이 마침내 일치하고, 각각의 다른 길도 마침내 한 곳으로 돌아간다(左右取逢原 原處便知希 百慮終一致 殊途竟同歸).[16]

삼라만상의 각양각색의 인물과 사물도 그 자연성에서 나와 마침내 거기로 돌아가거늘 이 운동을 떠나서 따로 인간의 자유가 존재하는 것이 아니다. 그래서 화담은 물의 자연스러운 필연성에 순응함이 곧 인간의 자유로움을 알리기 위하여 소강절의 철학을 이어받아 '이물관물(以物觀物. 물로써 물을 봄)' 이론을 제창한다. 소강절은 그의 「관물외편(觀物外編)」과 『황극경세서(皇極經世書)』의 「관물편」에서 다음과 같이 말한다.[17]

> 물로써 물을 봄이 성(性)이고 나로써 물을 봄이 정(情)이다. 성은 공명하고 정은 편암(偏暗)하다(以物觀物性也 以我觀物情也 性公而明情偏而暗).

> 이미 물로써 물을 봄에 있어서 또 어찌 그 사이에 내가 있겠는가? 이 원리는 내가 곧 남이고 남이 곧 나이고 또 나와 남이 다 물임을 알려준다(旣以物觀物 又安有我于其間哉 是知我亦人也 人亦我也 我與人皆物也).

이미 앞 절에서 본 '머무름'의 철학과 '물'의 철학은 마침내 '이물관물'의 인식론과 그 바탕에서 통한다. 흔히 생각하듯이, '이아관물'은 주관론·관념론이

---

16) 같은 책, 「天機」, p.189.
17) 이하의 원문은 李東俊 교수의 학위논문인 「16세기 韓國性理學派의 歷史認識에 관한 研究」, p.22에서 재인용한 것임.

고 '이물관물'은 객관론·실재론이라고 가볍게 처리되어서는 안 된다. 왜냐하면 '이물관물'의 방법에는 주객의 대립을 넘어선 자연성을 자연성 그 자체에서 인식하려는 우주적 화해(和諧) 사상이 자리 잡고 있기 때문이다. 그 사상 안에서 필연성과 자유성이 대립될 수가 없다.

화담이 그의 철학 시「무제(無題)」에서 "나를 잊고 물을 물로써 보는 경지에 이르니 마음이 곳에 따라 절로 맑고 따뜻하구나(忘吾能物物 靈臺隨處自淸溫)"라고 읊은 자유자재의 심경은 곧 그의 철학 시「영태(詠苔. 이끼를 노래함)」에서도 나타난다.

바윗돌에 음기가 배었으니 천 년 이끼색이 푸르네. 자가(自家. 나)와 마찬가지인 줄 알겠으니 생의가 구속이 없네(崖广陰滲漉 千年苔色綠 自家知一般 生意無拘束).[18]

이「영태」에서 우리의 철학자는 가장 자연스러운 생의(生意)가 곧 가장 구속이 없는 자유스러움으로 보았다. 이 모든 '물'의 자연스러움은 이미 언급되었듯이 창조주의 힘으로 이루어진 것이 아니라 '그렇지 않을 수 없어서 그렇게 된 것(不得已而然)'이다. 물의 세계는 이래서 '부득이이이연'이다. 이 점을 서경덕은 다음과 같이 지적하였다.

일월이 서로 왕래하고 풍우는 번갈아 어둠과 밝음을 바꾼다. 강(剛)과 유(柔)가 서로 잔잔함과 끓음을 바꾸며 유기(遊氣)가 분분하여 안개를 부른다. 만물이 각기 흐르는 모양을 하여 흩어져서 우주에 가득하다. 화초는 스스로 푸르고 붉으며 모우(毛羽)는 스스로 족히 난다(日月互往來 風雨交陰暉 剛柔蔚相盪 遊氣吹紛霏 品物各流形 散布잉盈範圍 花紛卉自淸紫 毛羽自足飛).[19]

---

18) 『李朝初葉名賢集選: 花潭先生文集』,「詠苔」, p.191.

19) 같은 책,「天機」, p.189.

③화담의 '물' 개념은 '물' 간의 상호 의존성을 지니고 있다. 이 물의 상호 의존성은 앞에서 논술된 물의 능산성과 소산성의 상호 의존성을 내포한다.

바람이 분 다음에 달빛이 찬란하고 비가 온 다음에 풀이 꽃답다. 하나가 둘을 승하였음을 알게 되니 물물이 서로 의지한다(風除月揚明 雨後草芳菲 看來一乘兩 物物賴相依).[20]

이토록 화담의 물 개념은 한때 서양 철학이 아껴온 실체의 개념도 아니요, 그렇다고 우유(偶有)의 개념과도 다르다. 물은 소산적 자연세계에서 서로 의존하고 있는 그물의 코와 같은 것이기에 하나가 파괴되면 다른 것도 함께 그 질서를 잃고 만다. 사물의 질서가 비자연스러우면 인물의 세계도 몰자연화하게 되고 또 인물성의 전락은 반드시 사물성의 오염을 가져온다. 소산적 자연세계에서 사물성과 사물성, 인물성과 인물성, 사물성과 인물성만 그러한 상호 의존의 운동 관계를 갖는 것이 아니다. 소산적 물과 능산적 물도 상호 의존성을 누린다.

화담이 철학 시 「만인」에서 "만물이 모두 일기의 가운데 떠 있다가 잠겼다가 하면서 붙어 있는 것 같다(萬物皆如寄浮沈一氣中)"라고 말한 것은 만물로서의 자연의 소산성이 일기로서의 자연의 능산성에 접목되어 있음을 밝힌 것이다. 그런 상호 의존성을 화담은 『중용』의 구절을 인용하면서 '비(費)'와 '은(隱)'의 관계와 같다고 하였다.

비(費) 위에 미(微) 있음을 누가 알겠는가? 볼 때 보아도 볼 수가 없고 찾을 곳에 찾아도 오히려 찾을 수 없네. 만약 능히 사물을 미루어본다면, 현상(端倪)이 오묘한 근원(㣔)에 의존하고 있음을 보리라(誰知費上微 看時看不得 覓處覓還非 若能抽事物 端倪見依㣔).[21]

---

20) 같은 책, 「天機」, p.189.

『중용』에 나오는 "군자의 진리는 비하되 은하다(君子之道 費而隱)"에서 '비(費)'의 개념은 현상적인 쓰임(用)의 광대함을 뜻하고, '은(隱)'의 개념은 신비스럽고 오묘한 형이상적 의미의 그윽한 깊이를 뜻한다. 그런 점에서 화담이 위의 인용에서 '미(微)'라고 쓴 개념은 『중용』에서 나오는 '은(隱)'의 개념과 다르지 않다. 화담이 말했듯이 사람마다 누구든지 다 상용하는 것이 물이어서 '목마르면 마시고, 추우면 옷을 입는 것'은 곧 물의 '비(費)'를 뜻한다. 이 물의 '비'가 소산적 자연이라면 '물'의 '은' 또는 '미'는 능산적 자연이다. 요컨대 일상적인 물(사물과 인물)을 떠나서 우주의 형이상적 물의 이치를 구함은 공허한 짓이고, 또 은미한 물을 터득함이 없이 일용적인 물에만 전념하는 것도 맹목적인 생활에 닿게 된다. 후자의 태도에만 빠질 때 물질주의와 물신 사상이 움트고, 반대로 전자의 태도만을 고수하면 거기에 필연적으로 비현실적인 관념론이 우러나와 생활인의 중화(中和)를 잃고 만다.

3. 유기론(唯氣論)의 철학적 의미

앞 절들에서 우리는 화담 서경덕의 철학 연구에서 별로 주목되지 않았던 문제들을 다루었다. 유기론(唯氣論)의 화담 철학은 많이 소개되고 풀이되었기 때문에 별로 새로울 것이 없으리라. 그러나 기 철학을 이해함에 있어서 앞에서 주로 해명된 '머무름' 사상과 '물'의 철학을 연결지어 생각함이 훨씬 바람직스럽다.

물 사상이 암시하듯 대자연은 물로써 가득 차 있다. 그런데 이 물이 능산적이거나 소산적이거나를 막론하고, 그것은 무의미하거나 죽은 것으로 나타나지 않는다. 소산적 자연세계에는 물의 죽음이 물론 있다. 인물이 죽고 사물이 죽는다. 한 개의 나뭇잎은 봄에 돋아나서 겨울이 되면 떨어져 죽는다. 낙

---

21) 같은 책, 「天機」, p.189.

엽이다. 그러나 그 낙엽은 죽었으되 또 완전히 없어지는 것은 아니다. 그것은 다음에 다른 물이 생기도록 거름이 되거나 흙 밑으로 은미(隱微)하게 스며든다. 이래서 물의 세계에서 무의미하고 적막한 죽음은 없다. '물'의 세계는 어떤 경우에도 '무(無)'와 '공(空)'을 알지 못한다. 그래서 능산적 자연관에서 보면 영원히 사라지는 허무는 아무 데도 없다.

바로 화담 철학에서 '기(氣)' 개념은 영원히 존재하는 '물'의 힘을 뜻한다고 보여진다. 그러기에 화담적인 '물'이 물질만이 결코 아니듯이, 그의 기 개념은 간단히 물질적 차원으로만 축소·왜곡되어서도 안 된다. '기'는 '물'의 존재론적 힘인 것으로 보인다. 물에 능산적 물과 소산적 물이 있듯이, 거기에 대응하여 기에도 '선천 기'와 '후천 기'가 존재하게 된다. 그러면 기가 물의 존재론적 힘이라고 하는 우리의 주장을 어디에 근거시킬 것인가?

> 묻노라 부채를 휘두른즉 바람이 생기니 바람은 어디로부터 오는가? 만약에 부채에서 나온다고 말할 것 같으면, 부채 안에 일찍이 어찌 바람이 있었던가? 만약에 부채에서 나오지 않는다고 말한다면, 마침내 바람이 어디에서 나오는가? 부채에서 나온다고 말해도 그 말이 옳을 수 없고, 부채에서 나오지 않는다고 하여도 또한 그 말이 옳을 수가 없다. 만약에 허공에서 나온다고 말하면 도리어 그것은 부채와는 떠나게 되고, 또 허공이 어찌 스스로 바람을 낼 수 있겠는가? 나의 어리석은 생각으로는 이와 같이 말할 필요가 없다고 여겨진다. 부채는 능히 바람을 진동시키는 까닭이요, 부채가 능히 바람을 내는 것은 아니다. 바람이 쉴 때 태허가 고요하고 냉랭하여서 아지랑이나 티끌의 일으킴을 보지 못한다. 그러나 부채가 바야흐로 바람을 휘두르자마자 곧 바람을 일으키는 것이 기(氣)다. 기가 양간(兩間)에 가득 참은 마치 물이 계곡에 가득 차 빈틈이 없음과 같다. 바람이 고요하고 담연한 때에는 다만 그 모이고 흩어지는 모습을 보지 못할 뿐이다. 기가 어찌 일찍이 떠나서 공(空)이 될 수 있겠는가? 노자가 이른바 허하여도 다함(屈)이 없고 움직이면 더욱 나온다고 한 것은 나의 생각과 같다(問

扇揮則風生 風從何出 若道出於扇 扇裏何嘗有風在 若道不出於扇 畢竟風從何出 謂出於扇
旣道不得 謂不出於扇 且道不得 若道出於虛 却離那扇 且處安得 自生風 愚以爲不消如此
說 扇所以能鼓風而非扇能生風也 當風息太虛靜冷冷地 不見野馬與塵埃之起 然扇纔揮風
便鼓風者氣也 氣之撲塞兩間 如水彌漫谿谷 無有工闕 到那風靜澹然之頃 特未見其聚散之
形爾 氣何嘗離空得 老子所謂 虛而不屈動而愈出者 此也).22)

이 구절에서 우리가 유추할 수 있는 것은 '기'가 '공'이 아니기에, 또 물을
떠나서 성립할 수 없기에 기는 노자의 명제처럼 '허하여도 다함이 없고 움직
이면 더욱더 나오는' 힘과 같다. 즉, '허이불굴(虛而不屈) 동이유출(動而愈出)'하
는 힘이기에 기를 결코 물질적인 힘으로만 축소·환원시켜서는 안 된다. 그런
점에서 기는 물의 존재론적 힘인 것 같다. 기는 형이상의 세계와 형이하의 세
계를 아울러 관통한다. 그래서 우리의 자연철학자는 형이상적 기를 '선천 기',
형이하적 기를 '후천 기'라고 구분하였다. 이 '선천 기'를 해석하면 자연히
'후천 기'의 개념도 밝혀진다.

① 화담은 선천적인 기, 형이상적인 기, 능산적 자연의 기를 '태허'라고 불
렀다. 마치 이 태허는 '머무름'의 진리처럼 우주적인 모든 존재의 율동과 질서
의 바탕이다. 그리고 그것은 또한 소산적 물의 모임과 흩어짐을 궁극적으로
하나의 능동적 통일의 장으로 끌어들이는 본원적 제향(帝鄕)이기도 하다. 그
런데 그 태허는 감각적 물질을 넘어선 자연의 근원성이기 때문에 스스로 영
원한 자연성의 본향이 되지 않으면 안 된다. 이 점을 화담은 다음과 같이 표
현하였다.

태허는 담연(湛然)하여 선천적이라고 부른다. 그 크기는 더 이상의 바깥
이 없고, 그것보다 더 앞서는 시작이 없고, 그 온 데를 고구(考究)할 수가 없
다. 담연·허정(虛靜)한 것은 기의 원형이다. 그 이상의 바깥이 없는 먼 곳까

---

22) 같은 책, 「謝金相國惠扇」 二首, p.188.

지 가득 찬 것이 핍색하고 충실하여 빈 곳이 없기에 한 티끌이라도 용납할 틈이 없다. 그러나 그것을 당기면 허하고 붙잡으면 무다. 그러나 도리어 실하니 무라고 말할 수 없다(太虛湛然 號之曰先天 其大無外 其先無始 其來不可究 其湛然靜虛 其之原也 彌漫無外之遠 逼塞充實 無有空闕 無一毫之可容間也 然挹之則虛 執之則無 然而却實 不得謂之無也).23)

태허, 즉 우주의 알파요 오메가인 기의 원본은 영원히 회귀하는 대우주의 자연적 질서와 운동의 중심점이기에 그것은 공간적인 무한과 시간적인 무한의 두 축을 기반으로 하여 소산적 물과 후천적 기의 다양성을 잉태한다. 그러나 그 다양성의 잉태도 결국 태허의 원일성(元一性) 속으로 다시 모은다. 그런 태허의 원일성·통일성은 모든 다양성을 확산하고 또 수렴하는 우주의 궁극적인 존재론적 힘이지만, 그러나 그 힘은 소박한 물건처럼 잡거나 버리거나 할 수 있는 범주에 속하지 않는다. 잡음과 버림의 범주는 소유의 차원에 속한다. 그러나 태허, 즉 원기는 결코 '이아관물(以我觀物. 나로써 물을 봄)'의 감정적 수준에서 이해되지는 않는다.

선천기로서 태허를 인간이 잡거나 또는 버릴 수 없는 것이 아니라면 그것을 인간이 마중하거나 거부할 수 있는 것인가? 즉, 태허는 마중과 거부의 범주에 속하는가? 화담의 '격물치지(格物致知)'의 인식이 그런 성질로 기울어지는가?

여기서 화담 서경덕의 철학이 조선의 일반적인 성리학과 달리하는 고유한 사유의 길을 닦게 된다. 엄밀한 뜻에서 화담 철학은 성리학의 줄기에 등록될 수 없는 것이 아닌가? 왜냐하면 일반 성리학의 이론에 의하면 태극즉리(太極即理)의 근원성에서 출발하여 그 태극이 인간에 내재함에서 인극(人極)이라고 불린다. 그래서 이 인극으로서의 이를 기의 도움을 받든 안 받든 간에 꽃피게 함이 성리학적 인간학의 기본 이념이다. 그래서 그 인극의 이를 마중하거나

23) 같은 책, 「原理氣」, p.203.

거부하거나에 따라 '격물치지'·'거경궁리(居敬窮理)'의 진리가 '열렸다 닫혔다' 한다. 그러므로 일반 성리학의 세계에서 태극을 마중하는 마음, 태극을 거부하는 마음이라는 용어를 우리는 쓸 수 있다. 그러나 화담 철학의 태허에는 '마중한다' 또는 '거부한다'는 개념을 적용시키기 힘들다. 그 까닭이 어디에 있을까?

아마도 그것의 원인은 화담 철학이 인간을 '인성'의 중심 개념에서 접근하는 것이 아니라 인간을 '인물'의 중심 개념에서 출발하여 자연성의 필연적 흐름에 용해시키려 하기 때문이리라. 인간을 '인물'로 보기에 물질을 '사물'로 보는 물 철학과 사이좋게 짝짓게 된다. 이미 인용된 화담의 철학 시 「영태」에 나오는 '자가지일반(自家知一般. 내가 사물 일반과 같음을 안다)'의 명제가 여기보다 더 적합한 데가 없으리라. 물론 화담의 정신세계에서 인의의 인륜적 개념이 등장하지 않는 것은 아니다. 그러나 그 인의의 개념도 성리학에서처럼 격물치지의 중심 개념으로 심화되기는커녕 오히려 그 인의를 물 철학에 잠기게 한다. 왜냐하면 '물'과 경쟁하려는 어리석은 '광인'을 화담은 인의의 정도(正道)를 모르는 사람으로 규정하기 때문이다.[24]

그러므로 화담의 인간학은 자연학의 이면이다. 그러기에 우주적 필연성의 불변하는 결에 순응함이 '이물관물'의 인식론이요, '인물'로서의 인간에게 새겨진 '성(誠)'이다. 화담의 '성' 개념은 스스로 이루어지는 자연스러움을 본받는 『중용』의 '성자성(誠自成. 誠은 스스로 이루어진다)'의 우주론적인 자연의 결에 스스로 참여함에 성립한다. 그래서 화담 철학에서 '택선이고집(擇善而固執. 선을 선택하여 견고히 붙드는 것)'하는 '성지(誠之. 인간이 성실하려고 노력함)'의 교육학이 크게 문제시되지 않는 듯하다. 화담 철학의 빛과 그림자가 여기에 있는 것 같다.

② '선천 기'인 태허가 무형무취하기에 사람들은 불가적 '공' 개념이나 도가적 '무' 개념으로 여길까 두려워 화담은 태허는 정허(靜虛)하지만 결코 '공과

---

24) 같은 책, 「朴頤正字詞」 참조

'허'의 개념으로 풀이되어서는 안 된다고 강조하였다. '무'와 '공'의 세계에서는 만물을 존재케 하는 힘이 나오지 않는다. 빛은 눈에 보이지 않는다. 그러나 그것은 모든 소산적 자연을 보이게 하는 가시성의 근원적 조건이다. 그러기에 그것은 '무'와 '공'이 아니요 '실(實)'의 근원적 조건이다. 비유적인 표현에서 태허즉선천기(太虛卽先天氣)는 이처럼 빛과 같이 이해되어도 좋으리라.

그러면 이런 힘을 지닌 태허는 인격적인 신과 같은 창조주의 존재를 그 밑바탕에 깔고 있는가? 이 물음에 대한 부정적인 답변은 이미 앞 절에서도 주어졌다. 여기서는 분명한 화담의 생각을 옮겨보기로 하자.

그 담연(湛然)한 본질을 말하여 일기(一氣)라 하였고 그 담연한 둘레를 태일(太一)이라 하였다. 주염계(周濂溪)는 여기서 어쩔 수 없이 다만 무극이면서 태극이라고 말하였을 뿐이다. 이것이 선천이니 기이하지 않는가? 기이하고 기이하다. 그것이 오묘하지 않는가? 오묘하고 오묘하다. 문득 약동하고 문득 닫히니 누가 그것을 시키는가? 제 스스로 그러한 것일 뿐이다. 또한 제 스스로 그렇지 않을 수 없으니 이를 일컬어 이지시(理之時)라고 한다(其湛然之體曰一氣 語其湛然之周曰太一 濂溪於此 不奈何 只消下語曰無極而太極 是則先天不其奇乎 奇乎奇 不其妙乎 妙乎妙 倏爾躍忽爾闔 孰使之乎 自能爾也 亦自不得不爾 是謂理之時也).[25]

요컨대 정허한 태극(태일)은 스스로 자기의 운동을 갖는다. 담연하고 고요한 태허는 자기 원인으로서 운동을 취산(聚散)시킨다. 이런 현상을 화담은 '자능이(自能爾)'·'기자이(機自爾)'라는 개념으로 표시한다. 이것은 마치 '머무름'과 '쉼'이 모든 운동의 기본적 조건이요, 보이지 않는 것이 보이는 것의 가능 근거가 되는 이치와 다른 것이 아니리라. 그래서 화담적 우주관은 고요함과 움직임, 보이는 것과 보이지 않는 것이 모두 기라는 돌쩌귀에 의하여 닫히고

---

25) 같은 책, 「原理氣」, p.203.

열리는, 모여지고 흩어지는 하나의 문과 같다. 그래서 그런 돌쩌귀에 의하여 기의 문이 열릴 때 '태일', '태허', 그리고 '일기'와 같은 선천 기에서 무수히 많은 후천기가 자연세계에 펼쳐진다. 그 후천 기들은 음양으로 나누어지는 가없는 '인물'들과 헤아릴 길이 없는 '사물들'로 분류된다.

여기에서 우리는 화담 철학에서 이기(理氣)의 관계를 해석해보아야 한다. 화담은 태허즉기(太虛卽氣)가 고요하면서도 움직이는 것의 원리를 일컬어 '이지시(理之時)'라고 말하였다. 이 개념만으로는 모호하다.

> 기 밖에 이가 있는 것이 아니다. 이라는 것은 기의 주재(主宰)다. 이른바 주재는 스스로 기의 바깥에 와서 기를 주재하는 것이 아니다. 이는 기의 작용이 그런 까닭의 바름을 잃을 수 없는 것을 가리키며, 또 그런 일을 주재라 한다. 이는 기에 앞서는 것이 아니기에, 기가 그 이상의 시작이 없기에 이도 또한 진실로 그러하다(氣外無理 理者氣之宰也 所謂宰非自外來而宰之 指其氣之用事 能不失所以然之正者而謂之宰 理不先於氣 氣無始理固無始).[26]

이 구절에서 이와 기의 관계는, 첫째 논리적으로 이가 기를 앞지르는 것이 아니고 기가 있는 곳에 이가 함께 있다는 것으로 나타난다. 둘째로 이는 기에 대하여 외재적·기초적 이법이 아니고 기의 작용(用事)에 의하여 모이고 흩어지며 열리고 닫히는 모든 음양지물이 질서와 항구적 제일성(齊一性)과 규칙성을 본질적으로 지니고 있음에 내재하는 합리성을 뜻한다. 이처럼 기의 용사(後天氣)에 내재하는 물의 합리성을 화담은 정제성(整齊性)이라 불렀다.

> 360일의 움직임과 24기(氣)의 나누어짐은 동지의 유행이 아님이 아니다. 그런 유행을 일컬어 시중(時中)이라 한다. 그러나 동지에 이르지 아니하면 천지가 다시 시작하고 음양이 서로 관계하며 동정(動靜)이 교차하고 별이

---

26) 같은 책, 「理氣説」, p.204.

서로 끌어당기고 육야(陸野)가 나뉘는데, 이 모든 것은 그 물들이 그 본립을 회복하는 것이기에 십분 정제(整齊)하는 것이다(三百六旬之運 二十四氣之分 無非至日之流行者 所謂時中也 然不比至日則天地毀始 陰陽之際 動靜之交 辰宿之躔 陸野之分 皆得復其本位 十分整齊者也).[27]

지금까지 열거된 화담 철학에서 이와 기의 관계를 요약하면 다음과 같다.
① 이는 기의 용사(用事)가 그토록 법칙적으로 어김없이 바르게 이루어짐을 뜻한다. 그러므로 이는 후천기 안에 내재하는 취산 작용의 법칙성을 뜻한다.
② 이는 선천적인 태허가 스스로 문득 열리고 닫히며 모이고 흩어지게 하는 기의 '기자이(機自爾. 機가 스스로 그러한 것)'하는 속성을 뜻한다. 그래서 이는 태허즉기(太虛卽氣)의 오묘함(妙)이 변화(현상화)하는 것의 '시중(時中)'이다. 서경덕은 '시중'의 개념을 자연 질서의 운행이 그 '본디 자리(本位)'를 이탈하지 않는 것으로 보았다. 이래서 그는 '이지시(理之時)'라는 개념을 말하였다. 그런 점에서 이는 또한 후천기의 자연이 자기의 시간적 운행(聚散)의 본위를 벗어나지 않은 정제성과 다른 것이 아니다.

이와 같은 것을 감안하면, 화담의 '이' 개념은 작용하는 후천기의 세계 안에 존재하는 오성적 법칙과 규칙이라고 보여진다. 오성적이라 하여 칸트 철학에서처럼 현상계에 인간의 의식이 법칙을 부여하는 힘을 말하는 것이 아니다. 오성적인 규칙으로서의 '이'는 물 안에 스스로 갖고 있다. 기의 속성으로서의 '이'다. 화담의 이 개념은 소산적 물이 스스로 지니는 후천적 기의 속성으로서 오성에 해당하는 규칙성·정합성이라면, 이성에 해당하는 의미를 '이'가 전혀 갖고 있지 않은가?

기의 담연하고 무형한 묘를 일컬어 신(神)이라 한다. 이미 기라고 말했으니 곧 발자취를 남김이 있다. 그런데 신은 형체 있는 혼적에 구애받지 않

27) 같은 책, 「復其見天地之心說」, p.206.

으니 과연 신은 어느 곳에 있고 어떻게 잴 수 있는가? 그런 까닭을 일컬어 '이'라 하고 그 까닭의 묘를 말하여 '신'이라 하고, 그 자연스럽고 진실한 것을 말하여 '성(誠)'이라 하고, 그것이 움직여서 유행하는 것을 말하여 '도'라고 한다(氣之湛然無形之妙 曰神 既曰氣 便有粗涉於迹 神不囿於粗迹 果何所方哉何所測哉 語其所以曰理 語其所以妙曰神 語其自然眞實者曰誠 語其能躍以流行曰道).[28]

기는 선천과 후천으로 구분되어 '후천 기'는 흔적과 형상이 있다. 그런데 그 '후천 기'의 원본적 터전으로서의 '선천 기'는 문자 그대로 담연하고 무형하여 묘하다. 이 묘한 기를 화담은 기지묘(氣之妙)의 '까닭(所以然)'에서 '이(理)'라는 개념을 쓰고 기지묘 자체에 대하여 '신(神)'이라는 말을 쓰고, 기지묘가 가장 자연스럽고 진실한 점에서 우주론적 '성(誠)'을 나타낸다고 생각하였고 또 그 기지묘가 '후천 기'로 취산하는 근원이기에 '도(道)'라는 개념을 용납한다. 그렇다면 '이'·'신'·'성'·'도'라는 개념이 태허즉기의 속성이란 뜻인가, 아니면 기와 이가 같다는 뜻인가?

화담 철학도 율곡 철학처럼 '이기불상리(理氣不相離. 이기가 서로 떨어질 수 없음)'를 주장하기에 이와 기가 한 근본임은 자명하다. 그러나 율곡 철학에서는 동시에 '이기불상잡(理氣不相雜. 이기가 서로 섞여질 수 없음)'이 엄연히 존재한다. 그러나 화담에게는 '이기불상잡'의 논리가 없다. 그래서 결국 이기는 그에게서 하나다. 그러나 그 '하나'의 개념은 화담이 즐겨 쓰는 '태일'과 같은 절대적 '하나'이기에 원효의 불교 철학에서 나오는 '융이이불일(融二而不一. 둘을 융합하되 하나로 획일하지 아니함)'의 논리에서 해석될 수는 없으리라. 그렇지 않으면 절대적 '하나'로서의 '태일'은 기즉리(氣則理)·이즉기(理則氣)로 풀이될 수 있으리라. 그런데 '태일'은 그렇지 않다. 그래서 그 태허즉태일(太虛卽太一)은 절대적 기여야 한다. 그래서 유기론이다. 그 절대적 기에 이는 논리적으로 종속될 수밖에 없다.

---

28) 같은 책, 「原理氣」, p.204.

그러면 이 이를 어떻게 보아야 할까? 기지용사(氣之用事)에 내재하는 이가 합리성과 정제성을 띤 오성적 이라면, '신'·'묘'·'도' 등으로 표현되는 태허의 이는 이성적으로 이로 보아야 할까? 본디 서양 철학에서 이성은 오성적인 각각의 다양한 규칙들을 궁극적이고 전체적인 하나의 통일성으로 모으는 원리와 같다. 이런 추리가 용납된다면, 이성으로서의 '이'와 오성으로서의 '이'가 어떤 관계를 짓게 되는가? 이 관계에 대한 답변은 능산적 물과 소산적 물, 선천 기와 후천 기에 대한 관계의 실마리를 푸는 것과 마침내 같으리라.

이(二)이므로 변화하고 일(一)이므로 묘하다. 변화의 바깥에 별도 묘가 있지 않다. 이기(二氣)가 생성하고 또 생성하면 변화하고 또 불변하여 마지 않는 까닭이 곧 태극지묘다. 만약에 변화의 밖에서 묘를 말한다면 결국 역(易)을 알지 못하는 일이다(二(陰陽)故化 一故妙 非化之外 別有所謂妙者 二氣之所以能生生 化化而不已者 卽其太極之妙 若外化而語妙 非知易者也).[29]

이 구절로 미루어보면, 태허(태일, 태극)의 세계인 선천기, 능산적 물의 묘와 그 기의 이성은 후천기, 소산적 물의 변화와 그 기의 오성과 '이이일(二而一)'·'일이이(一而二)'의 관계를 짓는 것이 된다. 왜냐하면 화담은 「귀신사생론(鬼神死生論)」에서 죽음과 삶도 하나면서 둘이요, 사람과 귀신도 하나면서 둘이라고 하였다.[30] '하나'의 개념은 선천 기(율곡의 개념에서는 元氣)의 입장에서 보면 죽음과 삶, 사람과 귀신이 모두 영원불멸하는 기의 본향에 속하기 때문이고 한결같이 존재하는 기이기 때문에 가능하다. '둘'이라는 개념은 삶과 사람은 기의 작용이 후천적으로 모이는(聚) 현상이고, 죽음과 귀신은 기의 작용이 후천적으로 흩어지는(散) 현상이기에 생긴다.

이제 우리는 화담의 자연철학에 관한 어떤 철학적 결론을 내려야 할 것 같

---

29) 같은 책, 「理氣說」, p.204.
30) 같은 책, 「鬼神死生論」, p.205.

다. 결국 화담의 자연철학은 능산적 물과 소산적 물, 태허지기(太虛之氣)와 용사지기(用事之氣), 이성과 오성, 형이상과 형이하, 삶과 죽음의 '일이이(一而二)'· '이이일(二而一)'의 논리로 수렴된다. 이 논리를 결국 어떤 방향으로 심화시켜 가야 할까?

① 화담의 자연철학은 '머무름'의 지혜에서 유기(唯氣) 철학의 논리에 이르기까지 스피노자의 안심입명(安心立命)의 현자 정신과 장자의 '제물론(齊物論)'의 사상과 관계됨직하다. 스피노자의『논리학』에서 다음의 구절을 보자.

마음이 모든 사물을 필연적인 것으로 인식하고 있는 한에서, 그 마음은 자기와 정감 위에 더 큰 힘을 갖게 되거나 또는 그 마음은 정감으로 덜 괴로워하게 된다(Dans la mesure oú l'Ame connaît toutes les choses comme nécessaires, elle a sur les affections une puissance plus grande, c'est-à-dire qu'elle en pâtit moins).[31]

이 구절에서 스피노자는 '마음의 평정'이 자연의 필연성에 대한 인식의 차원과 같이한다고 본다. 우주의 필연성에 의한 인식이 주는 '마음의 평정'이라는 스피노자적인 철학은 서경덕이 '이물관물'로써 '물'과 덧없이 씨름하거나 경쟁하지 않고 삶의 기쁨과 죽음의 괴로움을 아울러 넘어서는 경지와 통한다. 그 점에서 화담의 자연철학은 종극적으로 장자가 「제물론」에서 밝힌 바 있는 '조지어천(照之於天. 자연의 섭리에 비추어 보는 것)'의 정신과 직결된다. 모든 물(인물과 사물)을 유한을 초월한 자연성의 관점에서 볼 때 '이것'과 '저것', '삶'과 '죽음' 등은 서로 상대되는 것이기에 끝없이 돌고 도는 원과 같은 것이 아닌가?

② 일이이(一而二)·이이일(二而一)적인 화담의 자연철학을 현자의 정신에서 보지 않고 엄밀한 지식론에서 볼 때 중요한 문제의 여운을 남긴다. 왜냐하면

---

31) B. Spinoza, *Ethique*(traduction par Ch. Appuhn) 5 partie prop. VI. Garnier Flammarion.

형이상적 지식과 형이하적 지식이 상호 배척하지 않기 때문이다. 현대에 있어서 좀 고전적인 과학철학자가 된 라이헨바흐의 말을 우리가 서두에서 인용하였다. '형이상학은 과학이 심어놓은 옥토 뒤에서 메말라버린 강의 지류'와 같은 운명에 놓여 있다고 이 과학철학자는 차갑게 말하였다. 비록 그가 그 방면에서 좀 고전적이긴 해도 오늘날 과학적 지식이 형이상학을 무의미한 것으로 거부하는 데서 자기의 권위를 여전히 누린다. 오늘날 서양의 자연과학적 지식은 이 점에서 거의 마찬가지다. 또 사실상 칸트도 오성적 차원에서만 지식을 인정하였지 오성을 넘는 이성을 지식론과 직접 관계가 없는 이념론에 재빨리 귀속시켰다. 그래서 오늘날 서양의 과학적 지식은 형이상의 세계를 배척하고 거기에서 해방된 대가와 같다.

그러면 동양에는 과학이 없었는가? 서양에서와 같은 그런 과학은 없었다. 그러나 서양적인 과학만이 과학의 전부일까? 화담의 '일이이'·'이이일' 논리로는 그런 과학이 성립 불가능한가? 반드시 과학은 형이상을 배척해야 가능한가? 그것을 배척하지 않는 과학을 우리는 또 찾을 필요가 없겠는가? 이미 언급되었듯이 화담은 여러 편의 과학 논문을 남겼다. 그 방면에 정통한 이가 거기에서 무엇을 뽑아낼 수 있을까? 그런데 엄연히 동양 의학도 과학이다. 이 과학은 형이상을 배격하지 않는 과학의 한 본보기가 아닌가? 이래서 화담의 자연철학은 완결되지 않고 큰 여백을 남겨놓고 있다.

Ⅳ. 정암 사상의 철학적 연구*

1. 도학사상의 철학적 의미

정치에 깊숙이 관여하여 정치적 삶의 정열과 역사의 흐름과 그 운명을 같이하는 철학이 있는가 하면, 반드시 현실 정치에의 관여 대신에 관찰을, 정치적 삶에 대한 정열 대신에 논리의 빈틈없는 체계를 중시하는 철학이 생기기도 한다. 그래서 앞의 것을 참여의 철학이라 부른다면, 뒤의 것을 비참여의 철학이라 부를 수 있으리라.

정암(靜庵) 조광조(趙光祖), 그는 한국 철학사에서 도학사상의 이론가로 그리고 지치주의(至治主義)의 행동인으로 등록된다. 진리를 위한 정치, 진리가 스스로 집을 짓고 사는 이상사회의 구현을 도모하다가 38세의 나이로 기묘사화(己卯士禍)의 제물이 된 그는 절명하면서 다음과 같은 시를 남겼다.

임금 사랑하기를 아버지 사랑하듯 하였고,	愛君如愛父
나라 걱정하기를 집 걱정하듯 하였도다.	憂國若憂家
한낮에 지하에 임하여도,	白日臨下土
밝고 밝은 나의 단충(丹衷)이 빛나리라.	昭昭照丹衷

마지막으로 그가 남긴 이 시를 보더라도 그가 얼마나 진리를 위한 정치, 이상주의적 사회 건설에 온몸으로 살아왔던가를 단적으로 알 수 있다. 여기

* 《韓國學報》 제10집(1978년 봄호) 게재.

서 우리는 그가 남긴 치적을 사실(史實)에 따라 거론할 생각을 하지 않기로 하자. 이를테면 미신의 배격, 문구지책(文具之策)으로 사장적(詞章的)인 문예로만 흐른 과거제도를 개혁하여 현량과(賢良科)를 실시한 일, 우리나라의 역사에서 최초로 향약을 실시하여 유가적 공동체의 실현을 겨냥한 점, 정몽주·김굉필·정여창 등 선유를 포창한 점, 중종반정 때 위훈자(僞勳者) 76인을 삭제한 점 등을 자세히 알리기 위하여 이 논문을 쓰는 것이 아니다.

오늘의 우리나라는 이미 유교국이 아니다. 또 우리는 유교사상을 맹목적으로 수용하지도 않는다. 유교주의적 세계관만으로 우리의 시대가 환하게 정돈될 수 있다고 믿는 것은 아니다. 그런데 여기서 정암의 철학 사상을 논함은 단순히 유교사상의 교조적 부활을 꾀하려 함이 아니라 우리의 선인이 지녔던 유교적 사상 가치를 어떻게 미래 지향적 정신의 에너지로 삼을 수 있을까 함을 의도한다. 그래서 온고지신의 이념에 의하여 우리의 정신사를 지탱하여온 힘을 다시금 현실과 미래에 재조명하려는 것이다.

그러면 우리가 재조명해야 할 정암 사상의 철학적 무게중심은 무엇일까? 그것을 우리는 도학사상에 있어서 근본주의(radicalism)의 신앙이라 한다. 이 근본주의를 '래디컬리즘'이라 부를 때 우리는 그 개념을 흔히 급진주의라 여긴다. 그래서 두계(斗溪) 이병도(李丙燾) 박사처럼 정암의 도학정신의 신앙을 급진주의라 명칭함은 그의 정신을 보는 초점을 흐려놓는 결과를 빚게 되지 않을는지?

지금부터 정암의 도학사상의 근본주의적 신앙을 분석하여보기로 하자.

하늘과 사람은 그 근본에 있어서 하나다. 그리고 하늘은 그 이법을 사람에게 부여하였다. 임금과 국민도 그 근본에 있어서 하나다. 그래서 임금은 그 도(진리)를 국민에게 실행하지 않을 수 없다. 그러므로 옛 성인은 우주의 위대함과 억조창생의 민중을 하나로 여겼던 것이다(天與人本乎一, 而天未嘗無其理於人, 君與民本乎一, 而君未嘗無其道於民, 故古之聖人以天地之大, 兆民之衆 爲一己而).[1]

우주의 위대한 이법으로서의 '천지지대(天地之大)'와 무릇 모든 인간의 실존으로서의 '조민지중(兆民之衆)'을 하나로 귀일시킨 정암의 사상은 그가 가끔 인용하는『중용』의 정신을 이은 것이기도 하려니와, 또 먼 훗날 닥쳐올 동학사상의 '인내천' 이념을 선구적으로 알린다. 유가적인 뜻에서 '하늘'의 개념은 자연성의 개념과 통한다. 그 자연성이 인간의 심성과 상호 대응된다고 보기에 성리학은 자연학이고 동시에 심학이다.

그런데 그러한 자연지도(自然之道)가 태곳적부터 스스로 존재하여왔지만 그것은 인간의 출현과 더불어 의미화된다. 그러므로 인간이 없는 자연지도·천도(天道)는 유가에서 무의미하다. 그래서 모든 자연지도가 '내 마음에서 벗어나는 바가 없다.' 마찬가지로 진리를 위한 정치는 자연지도에의 순응이고, 그런 순응이 곧 자유의 참 뜻이다. 가장 자연스러운 것은 가장 자연스러운 것과 맞먹는다. 그와 같은 자연지도·자유지도는 마음을 벗어나서 실재적으로 존재하지 않는다. 이 점을 정암은 다음과 같이 밝히고 있다.

그러나 비록 도(진리)가 마음이 아니면 의지하여 설 바가 없고, 마음이 성실하지 않으면 또한 믿어서 행할 바가 없다. 임금이 진실로 천리를 이해함으로써 그 천리의 진리에 살고, 성실에 의하여 나라를 위하여 그 일을 행동하면 어찌 어려움이 있겠는가(雖然道非心 無所依而立 心非誠 亦無所賴而行 人主者苟以觀天理而處其道由其誠而行其事於爲國乎何難).[2]

정암 사상에 있어서 철학적 바탕은 도(道)인데, 우주의 근본으로서의 '도'는 초월적인 '천(天)'과 상부하지만, 동시에 내재적인 '심(心)'과 상응하며 또 실천적 행동의 바탕인 '성(誠)'과도 일치한다. 이래서 그는 자연지도와 인간의 마음과 성실의 관계를 근본적인 '하나'의 개념으로 통합하였다.

---

1)『李朝初葉名賢集選: 靜庵先生文集』,「謁聖試策」, p.14. (成均館大學校 大東文化研究院).
2) 같은 책,「謁聖試策」, p.14.

이른바 마음과 도는 그 관계에 있어서 '하나'가 아닐 수 없다. 그래서 천만지사가 비록 다르다 할지라도 도와 마음의 소이는 '하나'가 됨이니 천하에는 오직 한 가지 이치뿐이다(所謂心所謂道者 未嘗不一於其間而千萬人事之雖殊而其道心之所以爲一者天本一理而己).[3]

이리하여 우리의 이 근본주의 철학자는 맹자가 말한 '과화존신(過化存神)'의 정신을 본받아 도심(道心)에 의하여 모든 민중을 진리의 세계로 귀일시키려고 하였다. 모든 사람을 공통으로 가르치는 하나의 진리로써 나와 '하나'인 사람을 진리로 인도하자는 그의 도학은 모든 사람의 마음과 내 마음이 하나로 느껴져 '일지심감(一之心感. 한 마음으로 느낌)'의 세계를 이룩하자는 것을 겨냥한다. 이와 같은 그의 사상을 도근본주의 또는 도귀일철학(道歸一哲學)이라고 한다.

이른바 근본은 도가 마침내 정치를 내고, 마음으로 말미암아 도가 정치의 근본이 되고, 성(誠)이 또한 진리를 실천하는 요체가 어찌 되지 않겠는가(所謂本者 豈非道乃出治之由 心爲出治之本 而誠亦行道之要也).[4]

이래서 그는 도(진리)에 입각한 근본에서 정치를 하지 않고, 한갓 지엽 말단적인 설왕설래로 가볍게 입을 놀리고, 경솔하게 종이 위에 모든 현실을 수월하게 정리하는 '문구지말(文具之末)'을 한없이 경계하였다. '문구지말'만을 중구난방으로 떠드는 사람들은 근본에서 현실을 보려고 하지 않고 오직 단편적인 현상들의 끝만을 보고 왈가왈부한다.

이와 같은 도심일체(道心一體)·군민일체(君民一體)의 도귀일사상은 퇴계의 철학에 등장하는 물아일체의 개념과 다르지 않다. 그런데 이처럼 '하나', 궁극

---

3) 같은 책, 「謁聖試策」, p.14.
4) 같은 책, 「謁聖試策」, p.15.

적인 '하나'에 대한 철학적 믿음은 정녕 한국 철학사에 있어서 뿌리가 깊다.

이 '하나'의 원리를 크게 부각시킨 이가 의상(義湘)이다. 의상의 「화엄일승
법계도(華嚴一乘法界圖)」에서 매우 사랑을 받는 개념이 곧 '하나'를 뜻하는 '일
(一)'이다. "일중일체다중일, 일즉일체다즉일, 일미진중함십만, 일체진중역여
시, 무량원각즉일념, 일념즉시무량각(一中一切多中一, 一卽一切多卽一, 日微塵中含
十萬, 一切塵中亦如是, 無量遠劫卽一念, 一念卽是無量劫. 하나 가운데 모든 것, 여럿 가
운데 하나고, 하나는 모든 것이요, 여럿이 하나로다. 하나의 티끌이 모든 우주를 다
머금고 있고, 모든 티끌이 또 이와 같도다. 무량한 먼 시간이 곧 하나의 생각이고,
하나의 생각이 곧 무량한 시간이로다)." 이것은 의상의 「화엄일승법계도」에 나
오는 구절의 일부분이다. 여기에서 그 높은 스님이 얼마나 '하나'의 불교 철
학에 심취하였는가를 우리는 역력히 알 수 있다. 원효의 화쟁 논리도 어떤 점
에 있어서 의상이 갈파한 '큰 하나', '대승적 귀일'을 뜻하기도 한다. 그뿐이랴?
지눌과 의천의 불교 철학도 원초적으로 모든 갈등과 분열, 그리고 대립을 초
월하는 정신세계·진리세계를 본다. 그런데 이 '대승적 귀일'의 철학적 개념
뒤에는 반드시 '묘'의 의미가 깃들어 있다. 의상의 「화엄일승법계도」에 '진성
심극미묘(眞性深極微妙. 진성은 깊고 깊어 지극히 미묘한 것)'의 묘 사상이 나온다.

어디 불교 철학에서 묘 사상이 출현하지 않는 곳이 어디냐고 반문하면 우
리는 쉽게 답변하지 못한다. 그러나 류승국(柳承國) 교수가 갈파하였듯이, 특
히 한국 철학사에서 '묘'의 개념은 두드러진다. 최고운(崔孤雲)의 「난랑비서(鸞
郎碑序)」에서도 우리의 고유한 고신도적(古神道的) 사상인 풍류도를 기술하면
서 '현묘지도(玄妙之道)'라 하였다. 원효의 사상도 '묘'의 종합력을 활성화하려
는 뜻과 다르지 않다. 그 이외에 묘의 전통이 고구려·신라·고려의 불교 철학
전통 속에 연면히 이어진다.

그런 묘의 철학이 유가철학에서도 나타난다. 이를테면 퇴계는 「답이공호
문목(答李公浩問目)」에서 "본연지체 능발능생지묘지용(本然之體 能發能生至妙之用)"
이라 하여 이(理) 개념의 활성적 묘용(妙用)의 측면을 강조하였다. '이지묘(理之
妙)'의 사유는 중국 송대 성리학에서 찾아보기 어려운 퇴계의 발상이다. 그리

고 율곡의 유명한 '이기지묘(理氣之妙)' 사상은 앞선 '이지묘용(理之妙用)'과는 다른 차원에서 독창적이다. 이 묘의 철학이 '큰 하나'를 직관하는 원리와 함께 동전의 양면을 구성하고 있음에 주목할 필요가 있다.

정암의 도학사상에서도 묘의 철학이 도귀일의 개념과 상응하고 있다.

> 기가 크고 넓어서 포용하지 않는 바가 없고, 마음의 영묘함은 통하지 않는 바가 없다.…그러나 사람의 마음은 욕심이 있어 마음의 영묘한 것이 잠기게 되고 사사로운 감정에 사로잡혀 유통할 수 없게 되며, 천리가 어두워지고 기도 또한 막히어서 이륜(彝倫)이 폐하여지고 천지만물이 생기를 잃게 된다(氣之大 浩然 無所不包 心之靈妙 然無所不通…然人心有欲 所謂靈妙者沉焉, 梏於情私不能流通 天理晦冥 氣亦否屯 彝倫斁而萬物不遂).[5]

한국 철학사에서 짙게 등장하는 묘의 철학이 정암에 와서 영묘(靈妙)의 개념으로 나타난다. 물론 '심지영묘(心之靈妙)'란 그에 의하면 사심이 없이 자연지도 또는 천도와 내 마음이 상호 교응하는 귀일 현상을 뜻한다.

퇴계의 이지묘, 율곡의 이기지묘, 정암의 영묘 같은 개념의 질서는 서양 철학사의 이원론에서 강렬히 나타나는 양자택일(either ~ or ~)의 논리나 양자 병립(both ~ and ~)의 윤리와는 그 번지수가 다르다. 유교 논리에서 천지(자연)의 오행 질서가 인륜의 오상 질서로 이어지는 도심일체는 가장 자연스러움을 가장 윤리적인 것으로 여기는 철학이다. 인륜성을 자연성으로부터의 해방과 같은 것으로 여기는 서양 철학의 어떤 학파와도 묘의 사상을 공통분모로 가질 수 없는 듯하다. 양자택일의 논리와 양자병립의 입장은 '묘'와 다른 지대에 속하는 '법'의 질서다. 그 점에서 한국 철학사의 사상적 주류는 그 객관적인 '법'에 있는 것이 아니라 신비적인 '묘'에서 나타나는 것 같다.

이 묘의 철학이 강력한 귀일적 세계관을 정립시키고 있음을 우리는 앞에

---

5) 같은 책, 「戒心箴」, p.22.

서 보았다. 이 귀일적 세계관이 신라 정신에서 풍요한 정신적 창조를 이룩하였다는 흔적을 우리는 찾아볼 수 있다. 그 보기를 들면, 원효의 사상에서 경험적인 시각(始覺)과 선험적인 본각(本覺)의 '원융이이불일'적 관계, 신라인들의 인생관에 미만되었던 이세(理世)와 내세의 조화, 화랑도에서 정신적 성실과 신체미의 귀일, 「헌화가」에 등장하는 권위 및 윤리의 상징인 노인과 아름다움의 상징인 수로부인의 자연스러운 접목 등은 모두 풍요한 정신적 창조를 담은 귀일적 묘의 표현들이다. 더구나 『삼국유사』에 등장하는 '만파식적'의 고사나 '노힐부득(努肹夫得)과 달달박박(怛怛朴朴)'의 고사는 모두 신라 정신에 있어서 화평과 회통의 이상을 얼마나 존중하였는가를 입증한다. '두 손이 만나야 소리가 난다'는 만파식적의 원리와 상황적인 융통성을 중시한 노힐부득의 원융성과 불변의 원칙을 중시한 달달박박의 방정성(方正性)이 회통한 정신은 대승적 귀일의 묘를 농도 짙게 반영한다.

그런데 그러한 귀일적 묘의 신비성이 경직된 획일로 굳어질 때 오는 정신적 창조성의 빈곤을 우리는 생각하지 않을 수 없다. 묘의 신비성이 주관적 광신으로 변하면서 회통은 유일적 불통으로, 귀일은 변법에 의한 적중을 모르는 고집스러운 흑백적 사고를 순수성으로 착각하게 될 위험을 짙게 지니게 된다. 한국 사상사에서 우리는 그와 같은 문화적 경직성이 낳는 빈곤을 여러 번 체험하였다. 그러므로 고구려의 승랑(僧朗)에서부터 체계화된 한국적 묘의 귀일성이 비록 이론적으로는 그 자체로 고도의 세련된 정신적 가치를 내포하고 있다손 치더라도 실제로 종합적 문화의식에서 평가할 때는 그렇게 간단하지만은 않은 것 같다. 이 점을 우리는 정암의 사상을 평가할 때 다시 보기로 하자.

하여튼 정암이 말한 '심지영묘'는 『중용』에서 강조된 '신독(愼獨)'의 정신과 벗한다.

그런데 스스로 신명을 엄숙하게 하고 함양하여 지키고, 그렇게 하기를 바꾸지 말고 끊임없이 진실로 차곡차곡 마음을 수양하면 마음이 맑아지고 넓어지며, 그 흐름이 발휘하여 온갖 변화가 탁연히 명석하여진다. 그래서 의(義)는 일에서 구체화되고 인(仁)은 물(物)에서 넓어진다. 그래서 화하고 융통성 있고 평화스럽고 순수한 것이 성하게 된다(然自守神明 肅肅涵濡 勿替 循循允修 涓涓其澄 浩浩其流 發揮萬變 卓然曒日 義形於事仁溥於物 冲融和粹盎然).6)

그런 점에서 정암의 심지영묘는 천도를 마음에 간직하여 빛내서 드디어 사물에서 인의를 발양하는 도학사상의 근본을 말한다. 이런 도학적 영묘의 귀일이 사물의 개념에 있어서도 뚜렷이 표현된다. 이미 앞에서 인용된 '의형 어사(義形於事) 인단어물(仁溥於物)'에서도 암시된 바이지만, 유학 사상에서 발 양된 정암의 사물 개념을 좀 논구할 필요가 있다. 그런 필요는 정암적인 도 학정신의 근본적 귀일이 무엇인가를 더욱 잘 해명하는 길이기도 하다.

도(진리) 밖에 물(物)이 없고, 마음 밖에 사(事)가 없다. 그래서 그 마음을 보존하여 그 도를 나오게 하면 인(仁)이 되어서 그 인은 천지춘(天之春)에 이 르고 만물을 화육케 하며 또 의가 되어서 천지추(天之秋)에 이르러 만민을 정의롭게 한다. 또한 예(禮)와 지(智)도 천도에 미치지 않음이 없어서 인의 예지의 진리가 세상에 서면 나라를 위하는 규모와 시설이 이에 덧붙일 것 이 있겠는가(道外無物心外無事 存其心 出其道 則爲仁 而至於天之春 而仁育萬物 爲義 而至於天之秋 而義正萬民 禮智亦莫不極乎天 而仁義禮智之道立乎天下 則爲國之規模設 施 何有加於此耶).7)

우리가 서양 철학적인 '법'의 논리에서 보면 사실(fact)과 사물(thing)의 개 념은 우리의 주관적인 심리에 대하여 분명히 객관적인 물리에 속한다. 물론 서양 현대 철학의 후기 현상학의 관점에서 보면 사물과 사물에 대한 전통적

---

6) 같은 책, 「戒心箴」, p.22.
7) 같은 책, 「謁聖試策」, p.15.

객관화의 고착 개념이 크게 수정을 받는다. 그러나 여기서 우리는 이 논문을 더 번거롭게 하지 않기 위하여 후기 현상학의 이론을 도입하여 부연하지 않겠다. 좌우간 정암은 유교 철학의 전통을 받아서 분명히 '도외무물(道外無物) 심외무사(心外無事)'라는 명제를 내세운다. 이 명제의 의미는『중용』에 나오는 '불성무물(不誠無物. 誠이 아니면 物도 없다)' 사상을 새롭게 탈바꿈시킨 것이다.『중용』의 이론을 보자.

성(誠)은 물(物)의 끝이요 처음이다. 성이 아니면 물이 없다. 이런 까닭으로 군자는 성을 귀하게 여긴다. 성은 자기를 완성시킬 뿐만 아니라 물을 완성시킨다. 자기의 완성은 인(仁)이요, 물의 완성은 지(知)다. 성(性)의 덕은 내외의 진리를 합한다. 그러므로 때때로 그것을 씀이 마땅하다(誠者物之終始 不誠無物 是故君子誠之爲貴 誠者非自成己而己也 所謂成物也 成己仁也 成物知也 性之德也 合內外之道 故是措之宜也).[8]

정암의 도학적 사물 개념은『중용』에서 자사가 말한 성(誠)의 사물 개념과 이어진다. 춘추의 천도나 자연지도는 인의로 인륜화한다. 그래서 유교에서의 춘추정신은 인의정신으로 풀이된다. 그런 점에서 인의의 선험적 성(誠)에 바탕을 두지 않는 모든 경험적 사실과 사물은 그 의미를 잃게 된다.

하나의 보기를 들어보자. 한 그루의 희귀하고 아름다운 꽃나무가 있다고 가정하여보자. 시력에 비정상적인 이상이 없는 모든 이는 그 꽃나무를 다 본다. 그런데 서양적 사상의 파장을 세차게 받아온 우리는 거의 자동적으로 그 꽃나무가 객관적으로 거기에 있다는 것을 하나의 사실로 단정하고 그 꽃나무를 단순한 사물로 평가한다. 그러나 그런 사실 개념과 사물 개념을 유교적·도학적 차원에서 검토하면, 그런 태도는 사실과 사물에 대한 경험을 너무 객관적인 손님으로만 취급하는 것이다. 그 손님이라는 개념도 정확히 어울리

8)『中庸』25章.

는 것은 아니다. 왜냐하면 손님의 존재는 주인의 심적 태도와 떼어놓을 수 없기 때문이다. 하여튼 정암에 있어서 사실과 사물의 개념은 그 사실과 사물을 경험하는 심적 의식의 선험적 태도와 불가분의 관계를 갖는다. 이를테면 돈이라면 지옥도 마다않는 사람은 그 희귀하고 아름다운 꽃나무를 보고 단번에 돈과 직결되는 경험적 사실을 지을 것이고, 또 돈과 교환되는 사물로 볼터이다. 또 화가는 그 꽃나무에서 미적 사실과 미적 사물의 전형을 발견할수도 있다. 그러므로 유교적 철학 체계에서 이해되는 정암의 도학적 사물 개념은 인의의 선험적 성리(性理)가 경험화되는 현상으로 풀이된다.

사실상 한 개의 TV를 볼 때 모든 사람에게 그 TV는 과학과 기술문명의 이기로 여겨진다. 당연하다. 칸트적인 이론 이성에서 볼 때 오성의 선험적 법칙이 TV라는 경험적 소여를 논리적으로 구성한다. 그런데 비록 그 TV가 그렇다손 치더라도 거기에 모든 넋을 빼앗기는 사람과 그렇지 않은 사람 사이에는 TV라는 사실과 사물의 개념이 달라진다. 어떤 한 물건의 노예가 된 사람과 그렇지 않은 사람이 물건에 대하여 생각하는 사실이 다르다. 어떤 점에서 물건의 노예가 된 의식에서는 물건은 물건으로서 존재하지 않고 물신으로 둔갑한다.

그래서 정암은 인의지도와 인의지심으로 사실과 사물을 경험하지 않을 때 그 사실과 사물은 자연의 실리에서 벗어난다고 본다. 그의 도근본사상은 철학적으로 도귀일의 이론을 내포하고 있고, 또 그런 도귀일은 심지영묘와 접목한다.

2. 종고지도(從古之道)와 유토피아 의식

현대 프랑스의 해석학자요 현상학자인 폴 리쾨르는 역사 창조에 있어서 상상력의 중요성을 그 누구보다도 강조하였다.

상상력은 무의식적이고 짓밟힌 삶의 욕망의 단순한 투사로 환원될 수 없는 형이상학적 기능을 갖는다. 상상력은 인간의 가능성에 대한 탐험이요 발굴의 기능을 갖는다. 상상력은 탁월한 점에서 인간의 가능성의 구성이며 제도다. 그 가능성의 상상 속에서 인간은 자기 존재의 예언을 결행한다.…상상력은 신화적·시적 기능인 한에서 우리의 세계관의 결정적 변화를 가져오는 깊이 있는 노동의 보금자리다. 모든 현실적 전향은 먼저 제도적인 영상의 수준에 속하는 혁명이다. 인간은 자신의 상상력을 바꿈으로써 자기의 존재를 변화시킨다(Or l'imagination a une fonction métaphysique qu'on ne saurait réduire à une simple projection des désirs vitaux inconscients et refoulés; l'imagination a une fonction de prospection, d'exploration à l'égard des possibles de l'homme. Elle est par excellence l'institution et la constitution du possible humain. C'est dans l'imagination de ses possibles que l'homme exerce la prophétie de sa propre existence ⋯ l'imagination en tant que fonction mythopoétique, est aussi le siège d'un travail en profondeur qui commande les changements décisifs de nos visions du monde; toute conversion *réelle* est d'abord une révolution au niveau de nos images directrices; en changeant son imagination, l'homme change son existence).[9]

영국의 시인 윌리엄 브레이크도 시적 상상력을 시적 예언력이라 하였다. 요컨대 인간은 자신의 가능한 것에 대한 상상력 속에서 오직 자신의 실존적 예언을 결행한다. 왜냐하면 모든 상상력은 결국 인간의 미래적 '가능성에 대한 탐험이요 발굴'이기 때문이다. 그런데 일반적으로 사람들은 상상력이 학문의 세계, 현실의 세계에서 별로 중요한 의미가 없는 것으로 가볍게 여긴다.

인간의 미래적 가능성에 대한 모든 행동과 전망과 개혁의 원동력은 모두 상상력의 소산이다. 그래서 그런 상상력은 유토피아 의식과 직결된다. 상상

---

9) P. Ricoeur, *Histoire et Vérité*, Seuil, p.130.

력이 구성되고 제도화된 것이 미래적 가능성에 대한 유토피아 의식이다. "이성적으로 현재의 자기 실존과 사회를 변혁시키려고 하는 것은 분명히 꿈틀거리는 형상이다. 우리말에 꿈틀거린다는 낱말은 꿈이 행동으로 발아한다는 것을 의미한다. 상상력의 철학은 꿈의 철학이다. 그러나 그런 꿈은 우리의 세계관을 변화케 하는 노동의 원동력이기에 꿈이 틀게 되어서 꿈틀거린다. 꿈틀거림은 『주역』에서 진괘(震卦)요 진동(震動)이요 임산(臨産)의 신호다. 우리는 꿈이 없이 행동할 수 있다. 그러나 그런 행동은 모두 맹목적이다."[10] 단적으로 유토피아 의식은 이 '꿈틀거림'의 발원이다.

정암이 생각한 유토피아 의식은 유교 사상의 발상과 같이 고대 요순 사회의 재현을 겨냥한다.

주상 전하는 건건곤순(乾健坤順)의 덕으로써 부지런히 쉬지 않으시고 성인의 치적을 알아내는 마음이 정성스럽고 또한 나라 다스리는 길이 이미 섰지만, 오히려 무릇 기강이 아직 선 바가 없고 법도가 아직 정해진 바가 없음을 근심하옵니다. 그래서 선성(先聖)을 존례하고 신 등에게 진책케 하시어 먼저 선성의 일로써 하시고 그다음에 융고지치(隆古之治)를 부활시키시기를…(主上殿下以乾坤順之德 孜孜不息 出治之心旣誠治 爲之道己立 猶慮夫紀綱有所未立法度有所未定 其於尊禮先聖之餘 進策臣等于泮宮 先之以先聖之事 邃及欲復隆古之治…).[11]

그래서 정암의 유토피아적인 상상력은 요순적인 '종고지도(從古之道)' 또는 '융고지치(隆古之治)'를 뜻한다. 따라서 '종고지도'나 '융고지치'는 한갓 복고적·퇴영적인 치세 철학이 아니라 모든 미래적 가능성과 변화의 기례(基體)로서 불변의 유토피아를 꿈꾸는 상상력과 꿈틀거림의 사상이다. 그런 점에서

---

10) 金炯孝, 『現實에의 哲學的 接近』(大邦出版社), p.291.
11) 『李朝初葉名賢集選: 靜庵先生文集』, 「謁聖試策」, p.14.

정암에 의하면 옛것을 따르거나(從古) 옛것을 올리는(隆古) 이념은 도학적 근본주의 철학의 정치화와 같다.

그러면 왜 그의 근본주의적인 유토피아적 상상력이 미래의 개혁을 의도하면서도 가장 오랜 요순적 과거를 조명할까? 근본은 본질이고 본질은 시제상 과거의 뜻을 지닌다. 독일어에서 본질(Wesen)이 '있음'의 과거분사(Gesesen)에서 파생되어 나온 것도 그런 까닭이다. 어린 시절은 어쨌든 모든 인간에게 향수를 불러일으킨다. 왜냐하면 어린 시절은 어른이 져야 하는 의무와 책임, 거기서 오는 심리적 갈등에서 벗어난 자유의 세계이기 때문이다. 정신분석학에서 본질이 뿌리박고 있는 과거 시제는 고향의 영상을 대변한다. 어른생활의 실패와 좌절에서 오는 심리는 자연발생적으로 잠자리와 죽음을 연상한다. 어머니의 자궁에 대한 향수와 심리적 움직임이 상호 연관된다고 한다. 자궁의 세계는 모든 고통을 초월한 곳의 영상을 그려준다.

인생의 먼 항로에서 돌아온 사람에게 자기가 살았던 옛집이 하나의 낙원으로 느껴지듯이, 그리스도교에서 에덴 낙원은 그리스도인의 고향이요 요순 사회는 유교인의 고향이다. 고향은 늘 지나간 과거의 영상을 동반한다. 그래서 고향은 근본이다. 고향은 현실 생활의 근본이다. 플라톤의 철학에 깊이 깔려 있는 이데아의 세계도 철학자가 돌아가야 할 고향이요 우리 모두의 과거인 셈이다. 그런데 그 과거적인 고향으로서의 이데아가 가장 창조적인 미래관을 심어준다고 플라톤은 말한다. 그런 점에서 플라톤의 철학은 정신적 금의환향을 지시한다고 보아도 괜찮으리라.

정신의 고향이 없거나 그런 고향을 가지지 않은 개인과 민족은 근본적 항구성이 없는 일시적 유랑인의 근성을 지닌다. 그런 근성은 정신적 뿌리가 없는 것으로 살게 된다. 그래서 창조적 미래는 애오라지 단순한 호기심만을 만족시키는 덧없는 모험주의가 아니라 개인의 고향, 민족의 고향, 인류의 고향으로 재귀하는 운동이다. 그래서 고향 회복은 동시에 미래 지향적인 깊이를 간직하게 된다.

고향 회복이라 하여서 단순히 다람쥐 쳇바퀴 돌듯 기계적인 동일성의 반복이라고 여겨서는 안 된다. 가장 간단한 보기로서, 성자는 거의 모든 어른이 상실한 어린이다움의 회복이다. 성자가 어린이다움을 회복하였다고 하여서 어린이의 연장인 것만은 아니다. 성자는 어린이의 회복이로되, 그는 어린이가 일찍이 알지 못한 전대미문의 승진이기도 하다. 그리고 뿌리가 없는, 과거의 근본을 망각한 모든 미래주의는 결국 과거가 없는 어린이가 막연한 몽상을 하듯이 의미의 두께가 빈곤하다.

정암에 있어서 종고지도·융고지치는 의미의 두께가 두터운 개혁지치와 상응한다.

조종의 옛 헌장을 졸속으로 고칠 수는 없지만 만약 지금에 합당하지 않으면 변화하여 통하게 할 수 있다(祖宗舊章雖不可猝改 若有不合於今者 則亦可變而通之).[12]

천하의 일이 진보하지 않으면 반드시 퇴보하는 것이니, 크게 급하면 마땅히 디디게 행하여서는 안 된다(天下之事不進必退 大急則不可當以舒緩行之).[13]

유행하는 풍속을 하루아침에 졸변시키는 것을 불가하지만 그러나 유유히 범범히 해서 점변(漸變)만을 기다림으로써 습속이 오래 굳은살로 향하여 복고지도를 회복할 수 없게 된다.…어찌 구습에 집착하여 마침내 개혁을 안 할 리가 어디 있는가(流俗固不可一朝而猝變也 但悠悠泛泛以俟其漸變 則習俗趨向安於接因舊 不能復古矣…安有習於舊習 終不改革之理乎).[14]

민생의 의식이 이미 두텁고 모든 일이 제대로 된 다음에 고례(古禮)를 행하려 한다면 그것은 너무 늦다. 일반적으로 힘써 고도(古道)를 행하고 보

---

12) 같은 책, 「檢討官時啓四」, p.25.

13) 같은 책, 「檢討官時啓五」, p.25.

14) 같은 책, 「侍讀官時啓十二」, p.28.

민으로써 근본을 삼는다면 타당하다(民生衣食旣厚 凡事畢擧而後 欲行古禮則緩

矣 大抵力行古道而以保民爲根本則可矣).[15]

이와 같은 인용을 참작하여 보면 정암의 도학사상에 있어서 근본적 '개혁
지리(改革之理)'의 미래 지향적인 이념은 가장 오래된 옛 고향인 요순 사회를
본받는 '융고지치'·'종고지도'와 용수철 모양으로 연결됨을 우리는 볼 수 있
다. 그런데 주목할 점은 종고지도·융고지치에 근본적으로 바탕을 둔 그의 개
혁지리가 '테크노크라시(technocracy)'적인 발상과는 거리가 멀다는 사실이다.
그런 태도는 바로 위의 인용문에 잘 나타나 있다.

민생의 의식주 문제를 먼저 실용적으로 해결하고 그다음에 남는 여력으로
정신혁명을 일으켜서 복고지도(復古之道, 堯舜之道)를 결행하는 것을 그는 반
대하고 있다. 오히려 근본적으로 융고지치·종고지도 같은 유토피아 의식에
바탕을 두어서 그런 정신혁명의 기반 위에서 실용적이고 실사적인 민생 문
제를 해결해야 한다고 그의 도학정치·지치주의는 강조한다. 그래서 경세치
용보다 도리흥융(道理興隆)을 우위에 두는 그의 정치 이념과 혁명 사상은 이기
(理氣) 문제에서도 자연히 기(氣)에 대한 이(理) 우위의 이론을 펴게 된다.

안회는 이미 사심을 제거하였기에 이가 기의 움직이는 바가 되지 않았
다. 그래서 노여움을 옮기지 않았고 과오를 두 번 범하지 않았다. 인하여
이기의 나누어짐을 논하여 말하기를 이가 주인이 되고 기는 이의 부리는
바가 됨이 옳다(顔子克去己私 理不爲氣所動 故 能不遷怒 不貳過 因論理氣之分 曰 理
爲主而氣爲理之所使 則可矣).[16]

이와 같은 이존기천(理尊氣賤)의 태도는 정암으로 하여금 학문이 현실에 대

---

15) 같은 책, 「侍讀官時啓十一」, p.28.

16) 같은 책, 「筵中記事二」, p.48.

하여 무슨 역할을 해야 하는가를 연역케 하였다.

　　학문은 마땅히 시대에 미쳐 힘쓸 것이지만, 진실로 지기(志氣)가 쇠미하
여짐에 이르면 무익하다(學問當及時 勉勵 苟至於志氣衰暮 則無益也).17)

　　정암은 이존 사상과 도학정신에서 시대 현실의 뜻을 부활하여 현실을 종
고지도에 의하여 개혁하기 위하여 유신혁명을 제창한다. 그런데 정암의 유
신 사상은 후생치용과 실사구시적인 것을 먼저 겨냥하기보다 오히려 정신
적 혁명을 우위에 둔다. 왜냐하면 정암의 생각에 의하면 경세적인 것을 도학
적인 것보다 먼저 서열에 올리는 경우에 나라의 인심이 모두 이원(利源)과 이
윤의 병에 깊숙이 들 것이라고 우려하였기 때문이다. 그는 「옥중공사(獄中供
辭)」에서 "나라의 병이 지금 상하를 가리지 않고 이욕에 깊이 빠진 데서 생겼
다"고 상소하고 있고, 유신은 바로 이 이욕의 병을 바로 고치는 데 있다고 보
았다.

　　만약 소성(小成)에 안심하고 구차하게 굳어진 인습만 쫓는다면 제왕의
치적을 어떻게 이룰 수 있겠는가? 사습(使習)과 민풍을 순정하게 돌려서
복고지치를 일으키려고 원한다면 반드시 분발함이 있어 다 같이 더불어
유신한 다음에 고무 진작하여 환하게 빛날 수 있으리라(若安於小成 苟且因循
則 帝王之治 何可致也 如欲使習民風歸於淳正而復古之治 則 必奮發有爲咸與維新然後
鼓舞振作而熙熙皞皞矣).18)

　　'함여유신(咸與維新)'의 사상은 말할 나위 없이 융고적인 유토피아 의식에
모두 감응하여 이루어져야 한다고 하는 정암의 생각이다. 그래서 그는 '영묘'

---

17) 같은 책, 「侍讀官時啓二」, p.30.
18) 같은 책, 「參贊官時啓五」, p.33.

한 도귀일적 '함여유신'을 수행하기 위하여 다음의 몇 가지 방편을 정책으로 제시하였다. 즉, ① 이욕(利慾)의 폐단 근절, ② 언로의 개통, ③ 사기(士氣)의 배양, ④ 정치력의 분여(分與) 등이다.

우선 이욕의 폐단과 그것의 근절에 대한 그의 생각을 살펴보기로 하자.

만약에 이욕의 근원을 통절히 막지 아니하면, 이욕은 사람이 쉽게 빠지는 바라 반드시 차마 말 못할 일이 있게 되리라(若不通塞利源 則利欲人所易陷 必有不可忍說之事矣).[19]

이익이 있는 것을 알되 인의가 있는 것을 알지 못하니, 이런 태도를 습속화하면 장차 어느 지경에 이를지 모르겠다. 염려가 여기에 이르니 어찌 생각을 일으키지 않으랴(知有利而不知有仁義 以此成俗 將無所不至 慮至於此 豈不 動念乎).[20]

우리의 도학자 정암이 이토록 이욕의 폐단을 근심한 것은 맹목적 이욕 추구의 습속으로 인해 사람들이 마침내 행복의 개념을 안락의 개념으로 대체할 것을 크게 염려한 때문이다. 이욕 추구는 잔인한 이익의 법칙을 고개 들게 한다. 그래서 목적을 잃은 이익의 법칙은 결국 인간으로 하여금 이익의 노예, 이욕의 노예로 만든다. 그런 이욕의 노예가 될 때 사람들은 경제적 재화인 물건의 사슬에 얽매이고 만다. 그렇게 되면 정암이 경계한 물신(物神)이 우리의 마음을 지배하게 된다. 아침부터 저녁까지 사람들은 열심히 뛴다. 오직 재화로서의 물건을 획득하기 위해서다. 그런 획득은 결국 인생을 오직 수월하게 살고 안락하게 사는 것만을 겨냥한다. 그런 '수월하게 살자'주의가 팽배해질 때 인간은 영묘한 도심(道心)을 잃게 되고 착한 마음이 사라지게 된다. 이 점

---

19) 같은 책, 「兩司請改正靖國功臣啓一」, p.20.
20) 같은 책, 「不從改正功臣事辭職啓二」, p.21.

을 정암은 다음과 같이 밝혔다.

　　송나라의 인종이 노고를 체험하려고 언제나 궁중에서 걷기를 열심히
하였다. 옛사람이 이르기를 연회 좌석의 편안함은 짐독(鴆毒)과 같다고 하
였다. 만약 안일에 물들어서 습속화되면 착한 마음이 생기지 않는다(宋之
仁宗欲知勞苦 常於宮中學步以試之 古人云宴安乃鴆毒 若安逸則善心不生矣).21)

다음으로 정암은 '함여유신'의 방편으로서 언로의 개통을 강조하였다.

　　말길이 열리고 닫힘은 국가에서 가장 긴요하다. 그것이 열리면 나라가
치안하고 그것이 막히면 나라가 어지럽고 망하게 된다. 그러므로 인군은
말길을 넓히는 데 힘써서 위로 공경백집사로부터 아래로 여염과 시정의
백성에 이르기까지 모두 말할 수 있게 해야 한다(言路之通塞 最關於國家 通則治
安 塞則亂亡 故人君務廣言路 上自公卿百執事 下至閭港市井之民皆得言).22)

　　다시 말하면, 언로가 좁고 막히면 나라를 위하는 정론이 시들고 나라를 난
망케 하는 곡론(曲論)이 활개를 친다는 말이다. 정론이 공론화되지 못할 때 다
같이 모두 옳다고 느껴서 이루어지는 함여유신이 발흥될 수 없으리라.
　　그러면 무엇이 정론이고 무엇이 곡론인가? 곡론이란 도학정신, 도귀일사
상, 심지영묘에 바탕을 두지 않고 중구난방 각형각색으로 사심에 의하여 말
을 무책임하게 펼치는 상태다. 그러므로 정론은 도심에 바탕하여 말에 책임
을 지는 것과 통한다. 나랏일에 책임을 지지 않고 경솔하게 말길만 여는 것도
말길을 폐색하고 불통케 하는 것만큼 위험하다. 이래서 정암은 '언책(言責)'
도 '언로 개통'만큼 중요하게 보았다.

---

21) 같은 책, 「侍讀官時啓七」, p.28.
22) 같은 책, 「司諫院請罷兩司啓一」, p.19.

그러나 말에 책임이 없으면 말이 스스로 제 일을 다 할 수가 없기에 간관 제도를 설치하여 그 언책을 담당케 해야 한다(然無言責則不得自盡 故乃設諫官以主之).[23]

그러므로 정암이 주장하는 '언로 개통'은 융고지치라는 유토피아 의식으로 구심화하기 위한 '언책'과 동시에 이해되어야 한다. 말길을 열어야 하고, 그 말에 책임을 져야 한다는 논리는 결국 근본적으로 사회 정위(定位)에 대한 동의된 철학을 바탕으로 이해되어질 수 있으리라.

또한 조광조는 사기(士氣)의 배양을 강조하였다. 사기의 배양은 정치를 함에 있어서 먼저 괴로우나 즐거우나 나라 사랑하는 마음을 가진 선비들 가운데서 능력 있는 사람을 등용하는 현량(賢良)·인재의 개발을 목적으로 한다. 아무리 제도가 훌륭하고 임금이 성실해도 현량·인재의 도움을 받지 못하면 그 일은 좋은 결과를 가져오지 못한다. 그래서 조광조는 세종조의 정치 풍토를 자주 임금에게 말하였다. 정암의 「참찬관시계이(參贊官時啓二)」를 보면, 세종과 지식인들 사이의 고사가 나온다. 세종 때 대신과 집현전 유사가 서로 책난(責難)하더니 내불당(內佛堂) 사건 때문에 유사가 간하여도 듣지 않으므로 집현전 학사들이 물러가게 되었다. 이에 세종은 눈물을 흘리며 황희 정승에게 "집현전의 인재들이 나를 버리고 떠나니 장차 이 일을 어찌하면 좋은가" 하고 물었다. 이에 황희는 스스로 집현전의 현량들 집을 방문하여 다시 집현전에 들게 하였다. 이 고사는 사기 배양의 좋은 예를 말한 것이다.

한 나라에서 언책 있는 정론을 펴서 보다 나은 사회, 진리가 스스로 깃드는 사회를 만들어나갈 책임이 있는 지식인의 사기의 중요성에 대하여 그는 다음과 같이 말하였다.

지식인의 습속이 바르지 못하면 사람들은 다 이윤을 좇고 손해를 피하

---

23) 같은 책, 「司諫院請罷兩司啓一」, p.19.

려 한다. 대저 천하의 큼으로써도 한 마음으로 나라를 위하는 이를 쉽게 얻지 못하거늘 하물며 한 나라에 있어서랴! 오직 먼저 지식인의 습속을 바르게 하면 얻을 것이다(士習不正則人皆趨利而避害 夫以天下之大而一心 隨國者未易多得 況一國乎惟先正士習則得矣).[24]

조정암은 정치권력의 분여를 중요시하였다. 그런 권력의 분여는 다 같이 유신하자는 '함여유신'의 이념과 통한다.

임금은 홀로 다스리지를 못하고 반드시 대신에게 임무를 떠맡긴 다음에 치도가 선다. 임금은 하늘과 같고 신하는 사시(四時)와 같다. 하늘은 스스로 움직이지만 사시의 운행이 없으면 만물이 이루어지지 못하고, 임금이 혼자 모든 임무를 다 맡고 대신의 보필이 없으면 만사가 일어나지 못한다(君未嘗獨治而必任大臣而後 治道立焉 君者如天臣者四時也 天而自行而無四時之運 則萬物不遂 君而自任而無大臣之輔 則萬化不興焉).[25]

3. 융평과 형평의 개념, 그리고 정암 철학의 반성

현대 사회철학의 각도에서 볼 때 조정암의 사회철학의 중요한 개념 가운데 오늘의 우리에게 가장 무겁고 중요한 뜻을 알려주는 것은 융평(隆平)과 형평(衡平)의 개념일 것이다. 평등의 가치를 고양시킨 역사는 1879년 프랑스 대혁명 때부터라고 이해하여두자. 이 혁명의 결과로 자랑스러운 「인간과 시민의 권리 선언(Déclaration des droits de du citoyen)」이 채택되었다. 전문 17조로 된 이 선언문 가운데 가장 의미 있는 것은 제1조다. "사람은 출생과 더불어

---

24) 같은 책, 「參贊官時啓十四」, p.34.
25) 같은 책, 「謁聖試策」, p.16.

생존함에 있어서 자유이며 평등한 권리를 갖는다. 사회적 차별은 공공복리를 위해서만 이루어질 수 있다."

이와 같은 권리 헌장이 세계화됨으로써 모든 나라는 자유와 평등을 가장 고귀한 사회적 가치로 수용하게 되었다. 그런데 그런 헌장이 역사적 동기와 단절되어 추상화함에 따라서 내용상의 공허를 점차 증대시키게 되었다. 평등 개념이 문화 일반에서 추상화됨으로써 그 고귀한 이념이 한없이 통속화되는 결과를 빚게 되었다.

평등 개념의 공허한 통속화가 무엇인가? 인간이 불평등해서는 안 된다는 것이 프랑스 헌장의 빛나는 유산이다. 그러나 이 명제가 모든 인간이 추상적으로 똑같다는 평등의식을 정당화하지는 않는다. 왜냐하면 인간이 불평등해서는 안 된다는 명제는 인간의 인도주의적 요구와 대응되나 인간이 평등하다는 적극 개념을 추상적으로 남발하면 그것은 인도주의적 요구와도, 인간 현실의 실재와도 잘 맞지 않는 관념의 추상성에 현혹될 수 있기 때문이다. 여기서 언급된 추상성은 프랑스의 현대 철학자 가브리엘 마르셀이 크게 염려한 '추상의 정신(l'esprit d'abstraction)'과 같은 뜻이다. '추상의 정신'은 모든 실재에 대한 특수하고 구체적인 정당한 동기들을 사상(捨象)하여 오직 어느 곳에도 구체적으로 존재할 수 없고 단지 관념의 진공 속에서만 존재할 수 있는 것을 일반화하는 태도를 말한다.

평등 개념이 한 사회에서 순수 추상의 신기루가 되어 이른바 마르셀이 경고한 '추상의 정신'이 되면 그 사회의 인간관계는 동감 현상보다 대등의식으로 기운다. 인간관계의 팽팽한 대등의식은 자연히 비교의 개념을 도입한다. 비교의 발상법이 한 사회에 짙어지면 그 사회는 그만큼『논어』에서 말한 '이인(里仁. 어진 마을)'의 사회, 정암이 사랑한 '향약'의 사회에서 멀어진다. 비교는 한 사회의 구성원들에게 추상적으로 공연히 으스대는 자기 주장과 질투 감정이 낳는 원한의식을 부채질한다.

현대 사회철학의 한 사조는 인간이 불평등해서는 안 됨을 강력히 시사한다. 그러나 그 사조는 추상화된 인간관계의 평등 개념을 적극 주장하기보다 오히려 인간관계에서 형제애를 세우려 한다. 형제애의 이념은 모든 인간이 한 형제들로서 각각의 형제들이 자기에게 결핍된 고귀한 질적 요소를 다른 형제들에게서 발견하게 될 때 기뻐하는 그런 정신이다. 물론 현대 사회철학에서 불평등 부정의 이념과 형제애의 이념을 조화시키려 할 때 그것은 옛날의 봉건체제적인 스타일을 복원하자는 의도와는 전혀 다르다. 민주 시대의 그늘인 추상화된 평등 개념의 부작용을 씻기 위한 보다 나은 정신적 요구를 그 사조가 담고 있다. 그 사조는 매우 혁신적이어서 얄팍한 민주주의의 딜레탕티즘(dilettantism)적 태도에 어떤 저항감을 불러일으킬 수 있으리라. 그러나 바람직한 역사의 창조는 '딜레탕트'적 수준에서 결코 이루어지지 않는다.

예컨대 평등 개념이 '딜레탕티즘'으로 통속화할 때 '나는 너와 똑같다'는 명제로 나타난다. 그 명제에는 모두 진리가 스스로 깃드는 인간관계를 창조하겠다는 고상한 인간관계가 있기는커녕 질투와 복수심, 그리고 저질의 으스대는 자기 주장이 합리의 탈을 쓰고 있을 뿐이다. 그와 반대로 '나는 너의 형제다'라는 명제에는 배척보다는 동화, 비교보다는 협동, 질투보다는 상호 이해의 정신적 결이 우세하다. 그렇다고 그 형제애가 봉건 시대처럼 상하의 계층적 질서를 경직화시켜서는 안 된다.

이런 모든 사회철학적인 문제들을 감안할 때 16세기의 도학자 정암 조광조가 밝힌 '형평'과 '융평'의 사회철학적 개념은 탁월한 점에서 높이 평가되어야 한다. 먼저 정암적인 뜻에서 그 개념들을 성찰하여보기로 하자.

> 임금의 덕은 마음을 경(敬)에 두는 것보다 더 큰 것이 없다. 그래서 경의 실천이 있은 다음에야 아랫사람이 그것을 보아 더불어 느끼고 모두가 경의 인간관계를 유지한다. 사실을 짓고 사물에 교응함에는 깨끗한 거울처럼 하고 또 저울처럼 균평해야 옳다(君之德莫大於敬內, 有實踐而後 下人觀感 而興起焉 制事應物 鑑空 衡平可也).26)

---

26) 같은 책, 「侍讀官時啓十六」, p.29.

이 인용에서 우리는 정암 철학의 균평(均平)·평등사상을 알리는 '형평' 개념이 어떤 내용을 담고 있는가를 깨달을 수 있다. 봉건 제도 속에 살았던 그였기에 임금과 신하의 관계가 나온다. 그러나 그런 관계를 오늘의 시대에 사상(捨象)하고 생각해보면, 그의 사상은 무거운 철학적 뜻을 품고 있다. 현실의 인간관계에서 '제사응물(制事應物)'하기 위하여 저울처럼 균평한 형평 이념을 그는 요구한다. 그러나 그 형평 이념은 통속화된 현대 문화의 추상적 평등 개념으로서의 '나는 너와 똑같다'는 공연한 주장과 다르다. 불평등 부정의 원리를 안고 있는 형평이 타락하지 않기 위하여 조광조는 '경이직내(敬以直內)'의 정신을 먼저 제창한다. 각자의 마음에 '경'으로써 스스로를 곧게 교육함을 전제하지 않는 모든 평등관계는 막스 셸러가 경고한 '잘난 척하기(ostentatious pretension)'로 전락한다. 그래서 먼저 '경이도내(敬以道內)'가 없는 평등의 요구는 자연히 밖으로도 '의이외방(義以外方)'을 구현할 수가 없다. 단적으로 조광조의 '형평' 이념을 현대 사회철학으로 옮기면 '불평등 부정'의 이념으로 탈바꿈되리라.

그런데 정암은 또 멋지게 불평등 부정의 원리에다가 더 적극적으로 형제애의 이념을 활성화하기 위하여 '융평'의 정신을 잊지 않고 말하였다.

> 나라의 법제가 비록 경솔하게 개혁될 수 없을지라도, 학문이 고명하고 사리를 통찰할 수 있으면 대신들과 동심협력하여 가히 뺄 것은 빼고 더할 것은 더하여 융평에 도달하여 조종의 이루어놓은 법을 준수함이 옳다(國之法制雖不可輕改 然學問高明洞察事理 則與大臣同心協力 可損者損之可益子益之 基致隆平而遵守祖宗之成憲可也).[27]

'융평'의 개념을 글자 그대로 옮기면 '균형함을 위로 들어 올린다'는 뜻이다. 그러나 그 개념이 포괄하는 철학적인 의미가 무엇일까?

---

27) 같은 책, 「參贊官時啓五」, p.33.

요순의 대동사회는 상향적인 가치 이념이 없는 대등 사회는 아니다. 드높고 지고한 이념의 이상이 경도(經度)를 유지하지 않으면, 그 사회는 저질의 자기 주장들 때문에 가치의 구심화를 잃고 전락한다. 사람이든 사회든 옆으로의 균형관계를 위도(緯度)적으로 설정하기 전에 먼저 '아래'와 '위'의 체험적 가치 공간을 인식해야 한다. 균등한 관계에서 살고 있다 하여도 우리의 체험적 생활공간에서 '위'로 상승하고 승진하는 경험과 '아래'로 하강하는 경험을 갖는다. 그러므로 형평에 의한 평등적 균등을 유지하되 그 형평은 상승하고 승진하는 경험적 가치를 마땅히 저변에 함의하고 있어야 한다. 그런 요구가 '융평'을 잉태시킨다. 그런 점에서 요순의 대동사회는 '상하'의 경험적 가치 질서를 무시한 몰가치적 대등 사회가 아니다.

정암의 형평과 융평은 균등한 인간관계를 '위'로 승진시키자는 이성의 요구다. 모두가 다 같이 느끼며(感. 여기서 '感' 자는 成+心임을 생각하기 바람) 참여하는 드높은 가치의 존재가 없이는 충의 철학도 형제애의 결합도 잉태되지 않는다. 너와 내가 한 형제'라는 의식의 출현이 혈연적 계보를 벗어나려면, 너와 나 우리 모두가 섬기는 드높은 가치의 존재를 수용할 때 가능하리라.

정암은 그런 가치의 존재를 '도'에 두었고 그 도가 나타나는 '심지영묘'를 강조하였고, 또 도행을 뒷받침하는 '성(誠)'을 사랑하였다. 그래서 도 근본의 철학이 완성된다. 정암의 형평과 융평의 초점 일치의 조명은 저 신라의 원효가 『금강삼매경론』에서 갈파한 탁월한 관점에 맥락이 통한다.

모두가 평등해서 일미인 까닭으로 성인과 범인이 다를 수가 없다. 그런데 성인과 속인이 통하는 바가 있고 별(別)하는 바가 있어 성인과 범인이 같을 수 없다. 같을 수 없다는 것은 같으면서도 다르다는 것이요, 다를 수 없다고 함은 다르기도 하고 같다는 것이다. 같은 것은 다른 것에서 같은 것을 변론함이요, 다른 것은 같은 것에서 다른 것을 밝힘이다. 다른 것을 같은 것에서 밝힘은 같은 것을 나누어서 다른 것이 됨이 아니고, 다른 것에서 같은 것을 변론함은 다른 것을 녹여서 같은 것이 됨이 아니다(平等一味故

聖人所不能異也 有通有別故 聖人所不能同也 不能同者卽洞而異也 不能異者卽異而同也

同者辨同於異 異者明異於同 明異於同資 非分同而異也 辨同於異者 非銷異爲同也).[28]

이와 같은 원효의 논리는 유통유별(有通有別)의 인간관계를 어떻게 형평과
융평의 철학적 개념과 연결지어야 할 것인가를 깊이 반성케 한다. 정암이 16
세기에 제창한 형평과 융평의 개념은 후기자본주의를 맞이한 오늘의 세계에
서 사회철학적으로 지성인에 의하여 깊이 존중되어야 할 사상적 모판이다.

이제 우리는 결론적으로 정암 철학에 대한 어떤 반성을 결행할 필요가 있
다. 지금까지 우리는 정암의 철학적 원리를 해석하고 분석하면서 그의 사상
이 지닌 값어치가 무엇인가를 성찰하는 데만 집중하였다. 그러나 어떤 위대
한 철학자도 그 시대의 문화적 운명을 벗어날 길이 없다고 하면, 정암 사상의
철학적 한계는 어떻게 다루어야 할까? 그리고 한국 철학사와의 관계에서 그
의 위치를 어떻게 놓아야 할까?

우리는 정암이 제창한 도귀일사상의 근본주의적 철학 개념이 무엇인가를
보았다. 또 그런 귀일사상이 한국 철학사에 큰 흐름으로 내려온 '하나'의 포
괄적 원리와 접목되고 있으며 또 묘의 신비적 심학과 그물코처럼 연결되어
있음도 알고 있다. 그리고 우리는 조광조의 근본적 도귀일, '순정일(純正一)' 사
상이 그 자체로 얼마나 높은 정신적 가치를 함유하고 있는가 함을 인식한다.

그런데 우리가 앞에서 언급하였듯이, 철학 이론상의 높은 정신적 가치가
그 시대의 일반적 문화의식에 그대로 반영되지는 않는다. 바로 이 점에서 정
암 철학의 어떤 한계가 보이는 것 같다. 그런 한계는 퇴계와 두계 이병도 박사
가 말한 급진주의적 이념의 탓은 결코 아닌 것 같다.

정암 철학의 어떤 한계는 그의 철두철미한 반유희정신과 상황정신의 결
핍에 있는 것이 아닌가 여겨진다. 반유희정신은 어떤 뜻에서 조선 유학이 안
고 있는 공통의 특징일 것 같다. 그리고 상황윤리의 부족은 조선 유학사의

---

28) 『元曉大師全集』, 「金剛三昧經論」(東國大學校影印本), p.95.

한 계보에서 지나치리만큼 뚜렷하다.

정암이 제창한 반유희정신의 동기는 그가 경계한 '완물상지(玩物喪志. 아름다움을 감상하여 그 마음의 뜻을 잃음)'다. 그가 이 '완물상지'의 태도를 배격한 저변에는 지배층의 사치와 방종과 안일에 대한 경계가 있다. 그의 그런 배격 정신에서 우리는 강력한 도학적 윤리의식을 읽을 수 있다.

외간에서 말을 사랑하는 자, 꽃을 사랑하는 자, 오리와 거위를 사랑하는 자들이 있다. 만약에 마음이 외물에 빠지면 반드시 진수렁에서 허우적거리는 일이 생겨 마침내 진리에 들어갈 수 없으리라. 이를 일컬어 완물상지라 한다(外間有愛馬者 有愛花草者 有愛養鵝鴨者 若馳心於外物 則必至着泥 而終無以入道 是所謂玩物喪志也).[29]

이미 앞에서 관견하였듯이, 그의 '완물상지'의 정신은 생활의 검소 절약과 윤리적 근엄성에 기인한다. 단적으로 '완물상지'의 명제는 윤리적으로 타당하다. 그러나 이 명제가 반드시 철학적으로 참은 아니다. 왜냐하면 윤리적 선의지와 미학적 유희의 요구가 일치하는 문화의 장르를 생각할 수 있기 때문이다. 마르쿠제가 그의 저서 『에로스와 문명』에서 강조한 바이지만 '에로스(eros)'와 일함을 동일시하는 새 문명의 창조를 긴급동의로서 우리가 받아들여야 한다. 그런 점에서 바람직한 윤리성은 에로스의 억압이 아닌 승화에 의한 인간성 해방으로 평가되어야 하리라. 그래서 일하는 노동이 놀이와 상응하는 '하나'의 문화의식을 개발해야 한다.

유희 문화를 배척하는 도학정신이 그 자체가 고결하다 하여도, 그 도귀일의 이념이 문화의식으로 넓혀질 때 경직화된 획일을 조성할 위험성을 다분히 안게 되리라. 정암의 '도 하나'의 통일성이 신라 정신의 '일중일체다중일(一中一切多中一)'보다 문화 철학적으로 빈곤한 까닭이 여기에 있다. 신라의 문

---

29) 『李朝初葉名賢集選: 靜庵先生文集』, 「侍讀官時啓九」, p.28.

화성에서는 놀이 문화와 노동 문화의 갈등, 미의식과 선의지의 격리가 조선
만큼 그렇게 벌어진 것이 아닌 것 같다. 단적으로 신라 문화의 정수인 화랑
도를 보면 '유오산수 무원부지(遊娛山水 無遠不至)'하는 놀이 문화와 '충효를 강
령으로 삼는' 윤리정신이 화지묘(和之妙)를 이루고 있다. 조선 사회에서 화랑
도가 지봉(芝峯)의 증언처럼 전락된 까닭도 놀이 문화의 승진이 빛나지 못하
였기 때문이리라.

다음으로 우리는 정암의 철학에서 상황과 행권(行權)에 대한 인식이 결여
되어 있음을 본다. 물론 이것은 조선 유학의 모든 흐름을 대변하는 것은 아닐
지라도 모든 의리학파의 전통에서 그런 궁핍을 찾아볼 수 있다. 정암의 「연
중기사사(筵中記事四)」에는 다음과 같은 기록이 담겨 있다.

회령 근처에 사는 야인 속고내(速古乃)가 우리의 북쪽 변경을 자주 노략질
하였다. 그래서 조정에서는 기계(奇計)를 써서 속고내 무리를 체포할 것을 결
의하였다. 이 소식을 들은 조정암은 입궐하여 다음과 같이 항의하였다. "이
일은 속이는 것이요, 부정한 것은 특히 왕자(王者)가 군사를 거느리는 도가
아니요, 곧 도적이 담 구멍을 뚫는 꾀와 같으니 당당한 성조(聖朝)로서 한 요
망한 오랑캐를 위하여 도적의 꾀를 행하여도 나라에 욕됨을 알지 못하니, 신
이 매우 부끄러워하는 바입니다." 이와 같은 정암의 항변을 들은 병조판서
유담년(柳聃年)이 다음과 같이 대꾸하였다. "병가에는 기법과 정법이 있고, 또
원칙만을 보는 경(經)이 있고 상황을 따라 하는 권(權)이 있습니다. 기회에 임
하여 변화를 짓는 데 한 가지만 외곬으로 고집함은 옳지 않습니다."[30]

물론 중종은 정암의 말을 듣고 행권파의 전략을 듣지 않아서 군사전문가
들이 불만을 갖게 되었음은 기록이 전하는 바이다.

국가지사에서 중조를 말하여 성(誠)으로써 많이 하지 않고 권변(權變)으
로 적의(適宜)케 한다는 말이 있습니다. 만약에 성으로써 나랏일을 도모한

---

30) 같은 책, 「筵中記事四」, pp.49-50.

다면 어찌 권변이란 말이 있겠습니까(國家之事中朝多不以誠 未免權宜之辭 若能

以誠護國則何必有權辭乎).[31]

이와 같은 정암의 강상파적 의리정신은 그 자체로 더 없이 '타당하다' 손
치더라도 구체적 상황에 따라서 적중하고 시중하는 정신의 원융성을 결여하
게 된다. 그런 점에서 일반적으로 강상파의 절개·의리정신이 그 윤리성에 있
어서 방정함의 지극지처에 도달하였다 하여도 가변적 상황에서 최적의 논리
를 찾는 원융함이 부족하다. 이미 앞에서 신라 정신의 '하나'를 말할 때 달달
박박의 방정성과 노힐부득의 원융성이 화지묘하는 경이로움을 보았다. 그러
나 우리는 정암이 포은(圃隱)·야은(冶隱)·강호(江湖) 등으로 이어지는 강상절개
파의 방정성을 현양하였지, 삼봉(三峯)·학역재(學易齋)·양촌(陽村) 등과 같은 상
황실무파에 대하여 어떤 적극적 배려를 하였는지 의심한다.

우리는 정암의 도심지령묘(道心之靈妙)의 형이상학과 도귀일적인 통일성의
이념을 오늘날에 있어서도 깊이 존중하지 않을 수 없다. 그런 '하나'를 직관
하는 철학은 이 땅의 문화적 위대성이기도 하고 또한 경직성의 원인일 수도
있다. 정암 철학의 불변하는 금강석은 그의 도심일체(道心一體) 사상에 있다.
그의 사상의 금강석은 다음과 같이 빛난다.

모든 일이 마음에서부터 나오기에 반드시 마음의 진실함이 있어야 그
행하는 바의 정치가 부실함이 없고 기강이 서게 된다. 그리고 구차함이 없
이 법도가 정해져서 한갓 지엽말단적인 문구지말이 생기지 않는다(凡事之
出於心者 必有是心之實 而所行之政 無有不實而紀綱有所立 而不爲苟且 法度有所定 而
不爲文具矣).[32]

---

31) 같은 책, 「三副提學時啓一」, p.39.
32) 같은 책, 「謁聖試策」, p.16.

정암 철학을 반성함에서 놀이 문화의 의미와 상황성의 행권적 변법의 부재를 논의함은 오늘에 사는 우리의 정신적 자세를 반성함과 같다. 우리는 고대 사회에서 동맹, 소도. 한가위, 무천, 영고, 팔관회 등이 지닌 의미를 현대 문화의식에서 되새겨야 한다. 그리고 조선의 문화가 남긴 방정성을 잇되 흐려져가는 원융성도 되살려야 한다. '하나'를 드높이는 문화 전통의 빛과 그 그늘을 슬기롭게 읽어야 한다.

V. 조정암의 도학사상과 현대 사회
오늘날에 있어서 정암 철학의 유산

1. 함축성과 농본 철학의 테제

정암 조광조의 「춘부(春賦)」라는 시는 인간이 자연을 본받아 자연의 이법대로 살면 그것이 곧 인생의 구극적 의미 자체임을 우리에게 알려주고 있다. 이와 같은 정신을 '천인(天人) 합일'의 사상이라고 한다. 그리하여 조광조는 이 '천인 합일'의 구극성을 현실 정치세계에 구현하려고 온몸으로 일을 하다가 간 한국 철학사의 지치주의의 화신이다.

대우주·대자연의 무욕한 평상심인 질서에서 인생의 평상심과 인륜의 질서를 보려는 그의 세계관은 사실상 동양적 사유세계에 뿌리 깊이 내려온 전통이다. 이 점에서 유가와 도가는 원칙적 세계관에서 큰 차이가 없다. 그런데 도가는 자연세계 속으로 인간을 용해시키는 데 비하여 유가는 서양 철학에서처럼 자연의 인간 중심적 의인화도 아니고 노장 철학에서처럼 인간의 자연 중심적 용해화도 아니다. 유가는 자연의 자연성을 인간의 인성 속에서 의미화·자각화시켜나가려고 한다. 인간이 없다면 자연의 진리가 잠자고 있어 인간이 그것을 일깨워준다는 뜻을 내포하고 있다. 그래서 자연의 이법과 진리가 인간 속에 가장 완성된 의식의 자각을 이룰 때 유가는 그런 현상을 일컬어 '성인(聖人)'이라 부른다. '성인'은 대우주의 의미를 의식세계에서 완전하게 집약시킨 사람일 뿐만 아니라 인간 사회의 영원한 지표가 되는 북극성이다. 이처럼 우주(자연)의 성원이면서도 동시에 사회의 성원이 되는 '성인'을 맹자는 '천민(天民)'이라고 불렀다.

‘천민’이든 ‘성인’이든 이 개념은 유가적 세계에서 진리 자체다. 이와 같은 진리는 서양 철학에서처럼 ‘명증성(evidence)’의 기준으로 해석되어서는 안 된다. 명증성은 분명히 증명되는 속성을 갖는다. 그러나 유교 철학에서 진리 자체 또는 진리의 정신이라고 불릴 수 있는 성인은 이러한 명증성에서 특징화되지 않는다. 성인의 진리는 오히려 함축성의 본질을 지닌다. 함축성이란 사회적 진리와 우주적 진리의 함축, 자연의 태극과 인간의 인극(人極)의 함축을 뜻한다. 그래서 정암도 인간이 생명세계인 ‘자연지생생(自然之生生)’을 본받아 인극의 의미를 깨우치게 되면 ‘우주(天)에서 봄(春)이 되는 것이나 인(仁)에서 사람이 되는 것이나 동일한 뜻’이라고 해석하였다(「春賦」 참조). 우주의 이법과 사람의 이법이 서로 함축되어 있다.

　그런 진리의 함축성에 전제를 두고 볼 때 조광조의 지치주의 유학은 농본적 인생관, 농본적 문화관을 현실 사회에 반영하는 것을 이상으로 삼지 않을 수 없다. 왜냐하면 농업은 상업이나 공업에 비교할 수 없으리만큼 자연과 인간의 합일, 인간의 노력과 노동의 이법과 자연의 이법의 짙고 깊은 함축성을 내포하고 있기 때문이다.

　정암의 실천 유학에 앞서 이미 유교사상 자체가 농업정신을 가장 귀중하게 여겨온 전통을 지녔고 그 점에서 『여씨춘추(呂氏春秋)』의 「상농(上農)」편은 그런 유교적 농업 철학을 웅변으로 대변하고 있다고 보아야 한다. 만물이 새롭게 생명력을 얻는 봄에 인(仁)의 철학적 바탕을 두고 또 생명의 자기 증여인 가을에 의(義)의 철학적 기준을 새기는 유교의 생명철학은 곧 농업정신, 농사의 이법을 정도(政道)로 여기는 생활철학이기도 하다. 그래서 정암의 의리철학은 정치 현실과 사회생활에서 농업정신을 다시 되살리려는 근본(農本)주의 정신과 다른 것이 아닌 성 싶다.

　농사짓는 마음은 거짓과 사기가 용납되지 않는다. 콩 심은 데 콩 나고 팥 심은 데 팥 난다. 땀 흘리고 정성을 기울인 만큼 가을에 결과가 올바르게(義) 나타난다. 거기에는 에누리도 없고 공짜도 없다. 농본정신을 망각한 정치는 이욕(利欲)에 쉽게 빠지고 교언영색의 무대가 된다.

정암이 문구적(文具的)이고 사장적(詞章的)인 문예로만 흐른 유학을 배격하고 최초로 향약을 실시하여 농본적 공동체를 겨냥하고 정몽주·김굉필·정여창 등 선유(先儒)를 표창하고 중종반정 때의 위훈자 76인을 삭제한 정책 등은 모두 농본적 가치관의 확립을 현실에 부흥하고자 한 동기였다고 보여진다.

하늘과 사람은 그 근본에 있어서 하나다. 그리고 그 이법을 사람에게 부여하였고 임금과 민(民)도 그 근본에 있어서 하나다. 그래서 임금은 그 도리를 민에게 실행하지 않을 수 없다. 그래서 옛 성인은 우주의 위대함과 억조창생의 사람들을 하나로 여겼던 것이다(天與人本乎一, 而天未嘗無其理於人, 君與民本乎一, 而君未嘗無其道於民, 故古之聖人 以天地之大, 兆民之衆, 爲一而已. 「謁聖試策」 참조).

이 구절보다 더 농본적 정치관, 농업적 세계관을 단적으로 나타내는 사상이 있겠는가?

서양의 고대 그리스는 농업국가가 아니었다. 상공업과 무역업으로 나라의 힘을 지탱시킬 수밖에 없는 문화였다. 상업과 무역은 이해관계에 민감해야 하고 그것이 이루어지기 위하여 분석과 분절이 분명하고 명증해야 한다. 그리고 같은 상품을 반복해서 판다는 것은 상업과 무역의 파탄을 초래한다. 끝없이 새로운 상품을 개발해야 하고 그렇기 때문에 발전과 변화에 민감할 수밖에 없다. 더 많이 팔기 위하여 제품의 신기성(新奇性)이 요청된다. 이 점은 그리스의 도시국가 문화가 유교적 농업 문화와 다른 전제에서 사유될 수밖에 없었음을 뜻한다.

우리는 함축성과 농본적 테제를 구현하려고 한 정암 철학의 기저를 생각하면서 상공 문화와 어떤 문화철학적 사유의 차이를 잉태하였는지 살펴보아야 한다.

다음의 도표가 암시하듯이 정암 조광조가 생각한 자연철학의 배경에 깃든 함축성과 농본성이 어떤 문화철학적 특성을 갖고 있는가를 살펴보았다. 그

농본 문화의 사유 체계	상업 문화의 사 유체계
최적(optimum)의 사유 체계	최고(maximum)의 사유 체계
① 생생지리(生生之理) 석과불식(碩果不食) 항룡유회(亢龍有悔) 잠룡물용(潛龍勿用)	① 적자생존지리(適者生存之理) 투쟁과 갈등(우열의 구별) 최고와 최하 발전의 개념 도출
② 길과 흉의 인생관 optimum과 pessimum optimum=굴신(屈伸)의 생리학	② 강과 약의 인생관 니체: 초인(超人)의 철학 헤겔: 지배의 철학 마르크스: 주인과 노예의 변증법
③ 춘추사관(春秋史觀: 생명사관, 농업사관) 농업과 자연 생명의 순환 과유불급과 물망물조장(勿忘勿助長)	③ 도보사관(道步史觀: 발전사관) 추상적 낙관주의 구체적 비관주의

와 같은 문화철학의 배경 없이 유학을 이해하고 정암 철학을 논의함은 자칫 철학과 사상이 지닌 생명의 나무를 뿌리에서 이해하지 못하는 현상과 같은 것이 아닌가 여겨진다.

2. 인류주의적 정치철학의 테제

앞 절에서는 정암 철학의 기저에 깔린 함축성의 진리관과 농본적 진리관을 보았고, 그것이 상업 문화의 철학과 어떤 차이를 지니고 있는가를 간략히 살펴보았다. 우리가 흔히 유학사에 말하는 정암의 지치주의와 의리학도 그런 문화철학적 배경에다 정암 시대의 역사적 성격과의 관계 속에서 조명되고 해석되어야 하리라. 자연학과 정치학과 인류학을 상호 회통시키는 정암 유학의 함축성이나 자연의 무위적인 '성(誠)'과 인간의 유위적 '성지(誠之)'를 농사에서 접목시키는 정암 유학의 농본성은 다음의 구절에서도 암암리에 묵시적으로 전제되어 있다.

도 밖에 물(物)이 없고, 마음 밖에 사(事)가 없다. 그래서 그 마음을 보존하며 그 도를 나오게 하면 인(仁)이 되어서 그 인은 천지춘(天之春)에 이르러 만물을 그 인으로 키우게 하고 또 의(義)가 되어서 천지추(天之秋)에 이르러 그 의로 만민을 바르게 한다. 또한 예(禮)와 지(智)도 천도(天道)에 미치지 않음이 없어서 인의예지의 도가 세상에 서면 나라를 위하는 규모와 시설이 이에 덧붙일 것이 있겠는가(道外無物, 心外無事, 存其心出其道 則爲仁而至於天之春 而仁育萬物, 爲義而至於天之秋, 而義政萬民, 禮智亦莫不極乎天, 而仁義禮智之道立乎天下, 則爲國之規模設施, 何有加於此邪.「謁聖試策」 참조).

이 구절을 실마리로 하여 우리는 다시금 정암의 정치철학을 음미해보기로 하자. 정암이 살았던 중세나 서양의 중세나 다 같이 정교일치의 공통점을 지니고 있다. 그러나 형식적으로는 같지만 가까이서 살펴보면 어떤 본질적 차이가 있음을 알 수 있다.

서양 중세의 그리스도교에서 말하는 정교일치의 신정(神政)사상에는 교황이라는 '신의 대행자'가 있다. 그 교황 한 사람을 빼놓고서 각 나라의 왕은 단지 세속적 권리의 최고통치자였다. 각국의 왕이 신법의 대행자는 아니었다. 그 왕의 권위가 교황의 인준에서 온다손 치더라고 각 왕은 단지 법률이 정하는 최고주권자 이외에는 다른 것이 아니었기에 언제나 '내성외왕(內聖外王)'의 철리(哲理)를 반드시 간직할 필요는 없었다. 그러나 동양의 유교적 정교일치는 중국의 천자만이 '천(天)'의 대행자가 아니고 각국의 왕도 언제나 '내성외왕'의 소천자임을 규정해왔다. 이 점이 아주 본질적으로 다르다. 그래서 서양의 'King', 'Roi'는 동양의 왕과 같은 의미의 뉘앙스에 등록되지 않는다. 그러므로 서양의 현군은 좋은 정치의 지도자이면 충분하지 꼭 도덕 지도자나 교육 지도자일 필요는 없다. 그는 신법이든 자연법이든 실증법이든 객관적 규범과 약속만 법률적으로 잘 지키면 된다. 꼭 외왕이 내성일 필요는 없다. 그러나 동양의 임금은 반드시 외왕즉내성이 되어야 한다.

서양 정치사는 그들이 말하는 보편적 신법이나 자연법이나 실증법의 계약

준수냐 아니냐 하는 것이 정치의 정통성과 정당성을 가늠하는 척도였음을 알린다. 이 점은 서양의 근대화 과정에서 그 계약을 성실히 이행하지 않는 왕은 빨리 축출되고 공화정이 등장하게 되었음을 간접적으로 알린다. 공화정이 들어서도 그 기본은 마찬가지다. 민주 정치 이론의 효시라고 하는 루소의 '일반의지'와 '사회계약'도 마찬가지다. '일반의지'는 왕 대신에 등장한 초월적인 익명의 존재이고, '사회계약'은 국민의 법적 약속의 정신이며 그 정신에 의하여 '일반의지'가 탄생되었다.

그러나 유교적 정치철학에는 계약 개념이 희박하다. 유가의 정치철학은 인륜주의지 계약주의가 아니다. 국가는 인륜과 가정의 사회화 요구의 연장이지 사회의 도구도 아니고 또 국민 위에 군림하는 절대적 실체도 아니다. 계약주의는 개인과 개인의 자유롭고 평등한 관계에서 이해관계를 조정하는 것을 생명으로 삼아야 하기에 개인들이 동등한 거리에서 상호 인식에 의한 상호 존중을 인위적으로 처분해야 하는 정치를 귀하게 여기지 않을 수 없다. 그래서 '체크 앤드 밸런스(check and balance)'가 모든 민주 제도의 핵심이 된다. 그러나 인륜주의는 자연의 생명 이치를 정치의 '생생지리'로 삼기 때문에 정치는 자유와 평등에 입각한 '체크 앤드 밸런스'적 중용보다 오히려 식물의 '생장수장(生長收藏)'을 그 모델로 삼는다. 그래서 땅에 박힌 안 보이는 뿌리는 민심즉천심이고 싹이 터서 잎이 피고 열매가 맺을 때까지 '물망물조장(勿忘勿助長)'적 중용을 귀하게 여긴다.

정암이 「알성시책(謁聖試策)」에서 '치국의 소이는 도(道)'이고 '도는 마음이 아니면 의지해서 설 수 없고' '마음은 성(誠)하지 않으면 믿고 행할 수가 없다'고 말한 사상도 정치가 곧 자연의 도리요 이 도리는 인간의 심리와 다른 것이 아니고 또 심리가 윤리와 맞지 않고서 그 '정명(正名)'이 될 수 없음을 말한다. 이런 사상도 결국 유교가 지닌 함축성의 진리를 말한다.

3. 순일(純一)의 정신문화적 가치

세계사의 운명에 의해서 근대화는 피할 길이 없다. 그리하여 근대화가 빨리 성취되면 될수록 좋은 것으로 보인다. 그 근대화의 추세에 휘말려 우리나라는 매우 빨리 회전하고 그래서 뜨거운 열을 뿜고 있다. 농업에서 상공업 중심으로 모든 것이 회전되고, 유기적 함축성이 담긴 지혜보다 명증한 지식을 찾고, 내성즉외왕적인 민본사상은 봉건적 잔재로 천대받고, 계약과 '체크 앤드 밸런스'만을 유일한 정치 가치로 여기는 민주 시대가 유행한다. 인간은 점점 자연을 물건의 원료로만 생각한다.

근대화를 하지 않으면 현실 세상에서 살기 어려우니 근대화는 주어진 운명이다. 그 운명을 우리 것으로 채용하는 순간 운명은 이미 우리의 자유로 탈바꿈한다. 그러나 중대한 물음이 있다. 무엇 때문에 근대화를 하고 무엇 때문에 정치를 하나?

맹자는 '천작(天爵)'과 '인작(人爵)'을 구별하며, 전자는 영원한 자연이 주는 가치이고 후자는 사회적 상황이 가변적인 필요의 용례라고 은유적으로 말하였다. '천작'은 부분적으로 명백히 증명되는 명증성은 없지만, 그러나 그것은 모든 생명을 다 이롭게 해주는 유기적 함축성의 진리를 품고 있다. 부분적으로 명백한 영양식품이 생명에서 유기적으로 다 좋은 건강식은 못 된다. 상공 문화가 농업 문화보다 더 많은 부와 힘을 가져다줄지라도 상공 문화 그 자체는 인간 욕망의 무한한 증대와 팽창을 늘 부채질한다. 비록 법과 사회규범에 의하여 무한대의 욕망 증대를 체크하여 균형을 이루려고 하지만, 이른바 합법적인 욕망 증대를 그것이 길들이는 것은 아니다.

이 우주는 인간만의 세계가 아니고 생명의 세계다. 모든 생명은 무한한 욕망 증대의 극대화를 추구하지 않고 최적의 소비로 그 길(道)을 간다. 농업 정신, 농본 문화의 정신을 배제한 상공 문화와 상업정신의 위험성은 생명의 영원한 이법을 망각하는 데 있다. 맹자적 용어도 천작을 잃고 인작만을 생각하는 데 근대·현대의 상공 문화가 바탕한 철학의 과오가 있는 듯하다.

유학이 생각해왔고 또 정암 조광조가 그 유학의 이상을 정치에 구현하고 자 한 내성외왕적·자연신비적·농본민본적 정치 체제를 오늘의 우리가 귀중 한 예지의 유산, 고귀한 정신의 유업으로 수용한다면, 그것은 정치가 인간의 무분별한 욕망에 희생되어서 민주주의가 단지 인간 욕망의 영합이라는 차 원으로 전락할 위기를 맞고 있는 현대 산업 사회에서 '정즉정(政卽正)'과 같은 정치의 순연성을 되살리는 예지의 샘이 되리라.

정암이 정치에서 순일(純一)의 개념을 크게 강조하면서 '자연의 도가 본디 순일하다(天地之道 亦本호純一)'고 천명한 철학 명제의 뜻을 결코 가볍게 흘려 보내서는 안 되리라. 정치가 잡다하여 기교로만 흐르고 상공업이 자연을 잡 다한 물품의 원료 공급처로만 여기는 문화에 너무 젖게 되면 인간과 그 사회 도 잡다한 쓰레기 하치장으로 전락하게 되리라. 조광조가 남긴 '순일'의 정 신문화는 잡다한 것의 덧없음을 깨달을 이에게 거듭 살아남으리라.

VI. 회재 이언적의 형이상학*
그의 '잠(箴)'과 '서(書)'를 중심으로

1. 수련의 정신과 정신주의 철학

흔히 통용되는 유학사에 따른다면, 회재(晦齋) 이언적(李彦迪)은 한훤당(寒暄堂) 김굉필(金宏弼), 일두(一蠹) 정여창(鄭汝昌), 퇴계(退溪) 이황(李滉)과 더불어 조선의 오현(五賢)으로 평가된다. 김굉필, 정여창, 조광조 등은 모두 무오·을묘의 사회에 희생되어 일찍 생애를 마쳤지만, 회재 이언적은 을사사화 당시에 박해를 받아 귀양살이를 하기는 하였으나 명종 8년(1553) 63세로『중용구경연의(中庸九經衍義)』를 완성하지 못하고 병환으로 서거하였다는 점에서 현실적으로 어두운 난류의 시대에 자중자애한 인물로 평가됨직하다. 그러나 여기서 우리는 어두운 현실 시대를 살면서 철학적 이론의 구축에 큰 빛을 남기 그를 조선의 정신적 요철관계에서 성찰하지는 않겠다.

어쨌든 퇴계 이황이 쓴 「행장(行狀)」에 지적되어 있듯이 그는 유학의 학문적·도덕적 기본을 이룩하여 놓은 큰 논리적 이론가였음에 틀림없다.

우리 동국은 고래로 인현의 덕화(德化)는 입었지만 도학은 전해오지 않았다. 고려의 말기에서 국조(國朝)에 이르기까지 호걸의 인사가 없지는 않았지만, 그 당시에도 명성(明誠)의 실공(實功)을 다하지는 못하였고 후세에도 연원의 고징(考徵)이 없었으므로 후세의 학자들에게 아무런 찾을 곳이

* 1979, 가을, 「한국학보」, 제16집 게재.

없어 금일까지 민민(泯泯)한 상태였다. 우리 선생(晦齋)은 전수한 곳이 없는 데도 스스로 도학에 분발하여 암연(闇然)히 저술이 나와서 의론(議論)이 후세에 전하니 우리 동방에서 선생에게 필적할 사람이 드물 것이다.[1]

분명히 회재의 유학은 퇴계의 존리사상을 여는 논리적 선구자로 인정되어야 하리라. 더구나 퇴계학의 정신이 지행합일에 있었던 만큼 회재학도 존양성찰(存養省察)을 통한 정신과 이론의 합일에서 꽃핀다. 우리는 퇴계학의 여명을 회재학에서 이미 본다.

회재의 가장 중요한 철학론인 「답망기당(答忘機堂)」 4편이 그의 나이 27세 때 쓰여지기 시작한 것이다. 지금의 철학도 그러하지만, 더구나 유학에서 유학자의 서 있는 정신의 위상을 이해하지 않고 철학 논리만을 따짐은 추상적인 문자만 분석하는 폐단에 빠진다. 그런 점에서 그가 「서망재망기당무극태극설후(書忘齋忘機堂無極太極說後)」와 「답망기당」 4편을 쓰기 직전에 남긴 '원조(元朝) 오잠(五箴)'을 통하여 그의 정신적 위상과 품위를 성찰함은 그의 철학논리의 중심적 생명을 직관하는 데 더 없이 귀중한 자료가 된다.

회재 이언적은 퇴계처럼 '하늘(天)'을 다만 논리적 궁극성으로서 정립하는 데 그치지 않고 지극한 신앙의 '님'으로 모신다. 그러므로 퇴계 철학에서와 같이 회재 철학에서도 '하늘'은 모든 영혼을 다 바쳐 경배해야 하는 종교적 진리로 부각된다. 그래서 은대의 원시 유학에서 종교적 신앙의 대상이던 '상제(上帝)' 개념이 그의 정신세계에 짙게 등장한다. 하느님으로서의 '상제'를 모시고 거기에 순종하는 그의 정신주의는 분명히 철학적으로 존리적이고 유리적(唯理的)이다. 그러나 그 '이(理)'는 결코 단순한 논리적 합리성이 아니라 '상제'가 순수한 일리(一理)로서 '위육극공(位育極功)'[2]하는 중화(中和)의 이법이다. 인위적인 개념의 논리 구성으로서 천지만물을 재는 것을 뜻하는 합

---

1) 「解題」, 『國譯 晦齋全集』(默民回甲記念事業會刊), p.11.

2) 『中庸』에 나오는 "致中和 天地位焉, 萬物育焉"을 연상할 것.

리성이 아니라 우주 속에 흐르고 존재하는 중화의 이법을 직관함에서 오는 겸허한 동의가 거기에 서려 있다. 그래서 그는 다음과 같이 말한다.

하나하나의 동정(動靜)을 상제의 법칙에 순응하여 그 말씀을 영원히 간직하고 그 명령을 짝한다면, 하늘을 우러러보고 세상을 굽어보아도 부끄러움이 없으리라(一動一靜 順帝之則 永言配命 俯仰無作).[3]

『논어』에 일컫되 "하늘에 죄를 지으면 기도할 곳도 없다(獲罪於天 無所禱)"라고 갈파한 공자의 사상을 여기서 다시 본다.

잠간이라도 하늘과 나 사이에 간격이 있으면 곧 이것은 스스로 죽음을 자초하는 짓이요, 속여서 요행히 그 죽음을 면한다 하여도 그 삶은 참으로 수치스러운 것이다. 티끌만큼 하늘과 나 사이에 틈이 생겨도 이것은 하늘에 죄를 짓는 일이니 기도할 곳도 이미 없다. 어찌 자기 자신에게 돌이켜보지 않을쏜가. 극기복례함은 실추함이 없음이요, 존심하고 양성함을 사리에 순응함이니, 하늘은 눈에 나타나지 않아도 여기에 현존하니 어찌 감히 속일 수 있으랴! 조석으로 경계하고 조심하여 조금도 게을리 하지 않으면 이에 보전하게 되리라(斯須有間 便是自絕 罔而幸免 生也可愧 毫釐有差 便是獲罪 禱旣無所 盍反諸己克己復禮 是曰無墜 存心養性 所以順事 不順亦臨 其敢惑欺 日乾夕惕 于時保之).[4]

키르케고르가 실존사상의 세계로 침잠하면서 헤겔의 지식 체계를 비판할 때 그는 현대인이 너무나 많은 것을 알면서 자기 자신을 상실하였다고 비통한 슬픔을 가누지 못하였다. 오늘의 세계에서 동양 철학이 지닌 큰 정신적 무

---

3) 『國譯 晦齋全集』, 「畏天箴」(李載浩 번역을 참조하였지만 거기에 의존하지 않았음).
4) 같은 책, 「畏天箴」.

게는 전자회로망처럼 복잡다단하게 얽힌 지식 체계의 미로에서 넋을 잃고 자기를 성찰해볼 여유를 갖지 못하는 정신 질서에 단순한, 너무도 단순해서 사람들이 가볍게 흘려보내기 쉬운 원초적 지혜를 회복시키는 데 있다. 물론 서양 철학의 세계에서도 그런 원초적 단순성의 지혜를 밝히지 않는 것은 아니다. 그러나 서양에서 지혜는 그 대부분의 경우에 쓰디쓴 약을 마셔서 비로소 건강이 회복되듯 그러한 자기 역설의 모순에서 잉태된다. 그런데 동양적 지혜의 결은 인간의 화학적 탈바꿈과 변신—토마스 만의『선택된 인간』과 카프카의『변신』을 생각하면 좋다—에서 나타나기보다 오히려 자연의 자연스러운 물리에 순응하는 데서 뚜렷해진다.

베르그송이 잘 지적하였듯이, 무릇 모든 단순성에는 추상적 단순성과 구체적 단순성이 있다. 이 프랑스의 직관주의 철학자는 앞의 것을 '원리'에, 뒤의 것을 '씨앗'에 비유하기도 하였다. 추상적 단순성이란 곧 논리적 단순성과 같은 것으로 모든 수학적 세계의 원리에 해당된다. 그래서 어떤 원리가 단순하면 할수록 거기에는 논리적 오류가 도입될 여지가 적어진다. 그런가 하면 논리적 단순성이란 때때로 두뇌가 우둔하여 치밀하고 복잡한 지성의 세계를 이해할 수 없는 경우에도 해당된다.

그러나 구체적 단순성은 그 뜻에서 전혀 다르다. 그것은 정신의 직관에 단번에 주어지며 체험의 질서에서 가장 풍요하면서도 동시에 너무 쉬워서 설명하기가 어렵다. 시간적으로 보면 그 단순성은 생명의 자발적인 자연스러움을 그렇게 이해하는 첫 출발에 주어진다. 그래서 그런 단순성은 따지기 좋아하는 학자에게는 멀고 순진한 성자에게는 지극히 가깝다.

모든 성자가 지성적·논리적으로 단순한 것이 아니라 삶을 사는 방식과 생명의 표현 방식에서 더없이 단순하다. 그러나 그 단순한 방식에서 그 어떤 유식한 지식인이 상상할 수 없는 풍요한 정신세계가 전개된다. 꼭 히포크라테스의 구절을 인용하지 않더라도 황혼기에 접어든 모든 사람은 한결같이 인생이 길었다고 말하지는 않는다. 인생은 짧다. 그래서 삶의 지혜는 자질구레한 것에 낭비되는 시간을 원치 않는다. 예로부터 성자들은 수다스러운 인간들이 아니었다. 장켈레비치가 베르그송을 연구하면서 멋지게 기록한 것처럼 '헛소리를 하는 정신에 대하여 성자들은 아름다운 메마름을 표상한다.' 너무도 간단하고 쉬운 삶의 지혜를 산문으로 기술하는 것보다 운문으로 담아야 한다. 그런 점에서 옛 동양의 선사들이 예외 없이 선시(禪詩)를 즐겨 읊조린 듯하다. 중국의 무문화상(無門和尙)이 남천(南泉)의 말인 '평상심이 곧 진리다(平常心是道)'라는 것에 이어서 다음과 같은 시를 남겼다.

봄에는 수만 가지 꽃이 피고 가을에는 밝은 달이 뜬다.　　春有百花秋有月
여름에는 시원한 바람 불고 겨울에는 눈이 내린다.　　夏有涼風冬有雪
한가한 때 마음을 썩지 않으면　　若無閒事挂心頭
인생 모두가 오래도록 즐거운 계절인 것을.　　便是人間好時節[5]

회재 이언적의 철학을 풀이함에서 그의 철학 이론에서 벗어난 듯한 내용을 다룸은 무슨 까닭인가? 이 물음에서 우리는 또다시 하나의 새로운 물음을 덧붙이고 싶다. 과연 철학이란 무엇인가?

이 물음은 언제나 완결된 해답이 없는 영원한 미완성의 본질을 이미 스스로 안고 있지만, 동양 철학의 씨앗인 지혜의 생활화라는 입장에서 볼 때 먼저 철학은 '참 사람(眞人)'이 되는 길이다. 이 점에서 유·불·도의 구별이 있지 않다. 그래서 장자는 "대저 참 사람이 된 다음에 참다운 앎이 있다(夫有眞人 而後有眞知)"[6]라고 말하였다. '참 사람'이 되는 길은 복잡한 지식 체계와 다양한 사회생활에서 필연적으로 잃게 마련인 구체적 단순성의 회복이다.

회재 이언적의 철학이 지니는 존리사상은 그것이 비록 유가적 성격을 진하게 노정한다 하여도 저 장주(莊周)가 말한 '부유진인이후유진지'의 정신에서 먼저 해명되어야 하겠다. 현대 철학의 대부분이 사회정의를 말하되 그것

---

5) 吳經熊 著, 徐燉珏·李楠永 共譯, 『禪學의 黃金時代』, p.222(그러나 여기서의 번역은 이들 역자의 것을 옮긴 것이 아님).
6) 『莊子』, 「大宗師」.

을 말하는 사람의 정신적 자질을 고려하지 않고, 문명 비판을 즐겨 하되 사람 됨의 길을 말하지 않고, 진지(眞知)를 따지려 하되 진인(眞人)의 개념을 잊어 버린 듯이 보이는 정신적 풍토에서 이언적이 남긴 「외천잠(畏天箴)」, 「양심잠(養心箴)」, 「경신잠(敬身箴)」, 「개과잠(改過箴)」, 「독지잠(篤志箴)」으로 구분되는 '원조 오잠'은 매우 큰 철학적인 무게를 가진다고 아니할 수 없다.

회재 철학에서 논리적으로 '태극'·'주리(主理)'로 표현되는 것이 종교적으로는 '하늘(天)'에 대한 지극하고 지순한 '님'으로 그려진다. 그런 점에서 그의 주리철학은 퇴계학에서와 같이 단순히 논리성의 원리로 보아서는 안 되고 생명성의 씨앗에서 직관적으로 먼저 접근되어야 한다. 회재의 「답망기당서」가 그의 주리철학의 논리적·학자적 측면을 알린다면, '원조 오잠'과 기타 「입잠(立箴)」, 「자신잠(自新箴)」 등은 그의 '참 사람'이 되기 위한 종교적 수련의 측면으로 보여진다. 이리하여 그는 먼저 '진지(眞知)'를 얻기 전에 '진인'이 되기 위하여 '천제(天帝)'로 대변된 '하느님'에 대한 외경의 마음을 가득히 담는다.

하늘이 우리 인간을 낳으심에 부여한 것이 크도다. 밝은 명(命)이 빛나서 안팎의 구별이 없도다. 그것을 그을리면 흉하고 그것을 닦으면 길하나니 감히 경외치 않을 수 있으리오. 말하지 않는 가운데 믿으며 움직이지 않는 가운데 경외하나니 미세한 것도 살피지 않음이 없고 숨은 것도 성찰하지 않음이 없다(天生我人 付昇者大 明命赫然 罔有內外 悖凶修吉 敢不祗畏 不言而信 不動而敬 無微不察 無隱不省).[7]

이미 언급되었듯이 회재학은 낱말의 장자적 표현에서 '진인'이 되기 위한 공부에서 시작된다. '참 사람'이 되는 데 도움이 안 되는 것은 '참 지식(眞知)'이 아니다. 회재학의 본질은 그가 27세에 술회한 엄격하고 엄숙한 수련의 정신에서 먼저 파악되어야 한다.

---

7) 『國譯 晦齋全書』, 「畏天箴」.

사람이 그 본성을 갖춘 것은 천리에 근본하여서다. 사람이 처음부터 착하지 아니함이 없는데 누가 어리석고 누가 지혜로운가. 이에 성현도 나와 한 가지인 줄 알겠으니 성현을 구하면 얻게 되고 구하지 않으면 잃게 된다. 그 기틀은 나에게 있으니 감히 스스로 힘쓰지 않으리오(人有厥性 本乎天理 初無不善 孰愚孰智 乃知聖賢 與我同類 求之則得 不求則失 其機在我 敢不自勖).[8]

그러므로 수련의 정신은 성현의 학문을 요구한다. 성현지학을 매체로 하여 회재가 그리는 님이 있다. 그 님은 곧 그에게 있어서 초월자로서의 하느님이다.

천도는 돌고 돌아 먼 변방에도 봄은 찾아왔구나. 한밤중에 분발하여 나도 그 덕을 새롭게 하고자 생각한다. 환하게 나에게 오시나니 마음을 깊숙이 잠기게 하여 초월자를 대한다(天道循環 絶徼回春 中宵發憤 思新厥德 有赫其臨 潛心對越).[9]

드높은 님으로서의 초월자를 마중하기 위하여 회재의 정신은 '밖으로' 나가는 것이 아니라 오히려 안으로 깊숙이 잠긴다. 이른바 '잠심대월(潛心對越)'이다. 이 표현은 그의 「외천잠」에도 나온다. 이것이 내용상 엄밀한 뜻에서 서양 형이상학에서 말하는 초월자를 분명히 지적하는 것은 아니지만, 그러나 은유적으로 그런 뜻을 품고 있다고 하겠다. 그래서 회재의 형이상학은 종교적 믿음의 정신에서 발단된다.

'잠심대월'의 뜻을 현대 철학의 입장에서 중요시할 필요가 있다. 그래야만 회재의 수련정신이 철학적으로 해석된다. '참 사람'이 되기 위하여 수련하는 정신은 자기 인생을 구경하는 태도에서 움트지 못한다. 수련하는 정신은 명

---

8) 같은 책, 「篤志箴」.

9) 같은 책, 「自新箴」.

상하는 정신과 표리관계에 있다.

　명상한다는 것은 ~의 현존에서 스스로를 모으는 것이다. 즉, 그런 자기
모음은 사람들이 어떤 실재의 현존에서 스스로 자신을 모으게 되는 그런
실재가 그 모음 자체 속에 어떤 점에서 들어오게 되는 방식으로 가능하다
(Contempler, c'est se recueillir en présence de — et cela de telle façon que la réalité
en présence de laquelle on se recueille entre de quelque façon dans le recueille-
ment lui-même).[10]

　이 마르셀의 구절은 매우 함축적이다. 왜냐하면 명상 속에서 모여진 어떤
실재는 불가분리적으로 능동적으로 모으는 자아와 일체감을 형성할 때만 정
신적 모음(recueilliment)이 가능하기 때문이다. 그런 뜻에서 회재가 말한 '잠심
대월'은 마르셀이 뜻하는 '정신적 모음'과 다르지 않다. 그러므로 '잠심대월'
을 우리는 다음과 같이 해석해도 좋으리라.
　① 잠심대월은 신앙적 회심의 행위와 같다. 우리의 마음을 안으로 모음은
참다운 자아에서의 회심을 뜻한다.
　② 참다운 자아로 돌아옴은 곧 나에게 다가오는 초월자로서의 님의 현존
을 마중함과 같은 행위다. 참다운 자아로 재귀하는 정신만이 나에게 비추어
지는 정신적 님과 사귈 수 있음을 모든 성자는 한결같이 증언하고 있다.
　그러므로 현대 철학의 개념으로 '잠심대월'의 정신적 위상을 말한다면, 그
것은 자기 소외를 극복한 '자기 집에 있음(l'être-chez-soi, das Bei-sichsein)'의 존
재 양식에 비유된다. 그 점을 고려한다면, 회재의 철학은 퇴계와 더불어 탁월
한 정신주의로 부각된다. 그의 정신주의가 인간으로 하여금 '자기 집에 있음'
의 존재 양식을 되찾도록 함을 목표로 삼는다면, 그 사상은 자기 집을 떠나
덧없이 방황하는 고향 상실에서 인간을 재귀시키는 부름으로 보아야 하리라.

---

10) G. Marcel, *Le Mystère de l'être* I, p.142.

인간에게 '자기 집에 있음'의 존재 양식을 초대하는 근거를 회재는 '택심지지(宅心之地)'라고 하였다. 즉, 마음의 터전을 집으로 삼는다는 뜻이다.

오직 마음의 덕은 지극히 허령하다. 본디 그 본체는 광대하고 고명하여 안으로 모든 이치를 갖추고 밖으로는 많은 변화에 대응한다. 마음을 풀면 우주에 가득 차고 그것을 수렴하면 한 마디(마음)에 담겨지게 되니, 그 마음을 잘 수양하고 해치지 않으면 천지와 더불어 닮아진다. 어떻게 그것을 기를 것인가? 오직 경(공경, 외경)뿐이다. 그것을 어떻게 경할 것인가? 오직 마음을 하나로 모을 뿐이다. 마음이 부동(不動)함을 당하면 마음은 태극과 혼연일체가 되니 경으로써 하나로 모아야만 마음의 본체가 안에서 정직하게 된다. 치우치지도 않고 기울어지지 않으며 둘로 갈라지지도 않고 방실하지도 않으며 잊지도 말고 억지로 조장하지도 않고 고요히 자득해야만 확연히 공정하여 솔개가 날고 물고기가 뛰는 것처럼 마음은 자연스럽게 부영(浮榮)한다. 중문(重門)을 활짝 열어놓으면 마음은 사곡(邪曲)함을 보지 않는다. 천리가 온전하므로 인욕이 발아하지 못하고 대본(大本)이 세워지고 보편적 진리가 이에 행하여진다. 오직 경의 묘리는 마음의 터전을 집으로 삼는다. 이런 일이 오래 계속되면 마음은 성실하여져서 일리(一理)에 순수하여지고 천지를 평화스럽게 하고(位) 모든 생명을 발양하게 하는(育) 지극한 공적이 이 일리에 근본하게 된다(惟心之德 至虛至靈 原本其體 廣大高明 內具衆理 外應萬變 放之六合 斂之方寸 善養無害 與天地似 養之伊何 曰敬而已 敬之伊何 惟主乎一 當其不動 渾然太極 敬以一之 其體內直 不偏不倚 無貳無適 勿忘勿助 從容自得 廓然大公 鳶飛魚躍 洞開重門 不見邪曲 天理以全 人欲不萌 大本其立 達道乃行 惟敬之妙 宅心之地 久而旣誠 純乎一理 位育極功 實本於此).[11]

회재의 정신주의 철학이 수련의 터전을 마음에 삼고 있음을 위의 「양심잠」

11) 『國譯 晦齋全書』, 「養心箴」.

구절을 통하여 알 수 있다. 그가 말했듯이 마음의 본바탕은 허령(虛靈)한데, 이 것은 주자학 이론을 그대로 계승한 것이다. 마음의 허령함은 퇴계의 생각으 로 바꾸면 그것이 '지허하고 동시에 지실하다(至虛而至實)'는 뜻으로 풀이된다.

그러면 마음의 허령이란 무엇일까? 맹자가 "마음을 보존하고 본성을 양 육함은 하늘을 섬기는 소이다(存其心養其性 所以事天)"라고 한 것에서 문제의 실마리를 뽑아야 하리라. 이러한 맹자의 말에 대하여 회암(晦庵) 주희(朱熹)의 주석과 정이천(程伊川)의 것을 각각 살펴보기로 하자.

> 존(存)은 붙잡고 놓지 아니함이고 양(養)은 순응하여 해치지 아니함이고 사(事)는 이어 받들어 어기지 아니함이다. 심성은 모두 하늘이 나와 더불어 존재하는 소이기에 심성을 존양하지 않고 억압하면 이것은 하늘을 섬기 는 까닭이 아니다(存謂操而不舍 養謂順而不害 事則奉承而不違也 心性皆天之所以與 我者 不能存養而梏亡之 則非所以事天也).[12]

> 사람은 단지 하나의 천리만을 갖는데, 그것을 존득할 수 없으면 다시 어찌 사람답게 되리오(人只有一箇天理 却不能存得 更做甚人也).[13]

이렇듯 낱말의 맹자적 뜻에서 존양의 길은 마음의 허령함에 먼저 바탕을 두어야 한다. '마음의 허령(心之虛靈)'은 사실의 측면에서 보면 퇴계의 주장처 럼 '심지지허이지실(心之至虛而至實)'로서 하나의 마음이다. 그러나 논리적으 로 설명하면 허(虛)와 영(靈)을 마음의 두 가지 기능으로 분리시키지 않을 수 없다.

허한 마음은 막혀 있는(塞) 마음과 다르다. 허한 마음은 받아들이는 마음이 다. 칸트에 영향을 받은 서양 철학의 일각에서는 받아들이는 것을 너무 피동

---

12) 曺龍承 묶음, 『綜合儒敎哲學』, p.120.
13) 같은 책, p.120.

적으로 생각하여 마치 그것이 당하는 것과 같은 것으로 보았다. 받아들임의 참 뜻은 언제나 받아들이는 이의 주체가 어떤 생기 있는 질을 함양하고 있을 때 가능하다. 오뉴월의 엿가락처럼 축 늘어졌거나 멍청한 이는 아무것도 받아들이지 못한다. 그런 점에서 수용성은 정신적 바탕에 있어서 싱싱하게 후대하는 마음과 통한다. 받아들임은 자기와 다른 것, 이방인을 마중하고 거기에 참여하려는 의식의 율동을 이미 잉태하고 있다. 그래서 받아들일 줄 아는 영혼은 자기와 다른 것에 자기를 줄 수 있는 가능성을 지닌다. 그런데 자기 둘레에 장막을 친 닫힌 마음은 그런 가능성을 거의 갖고 있지 않다. 허한 마음은 곧 열린 마음이다.

허한 마음, 열린 마음만이 자기 주위에 대하여 섬세한 주의를 집중시킨다. 왜냐하면 주의를 보내는 마음의 현상은 정신적인 자아로의 재귀를 가능케 하는 자기 개방이기 때문이다. 허한(열린) 마음이 보내는 주의에는 실재와 자기 자신 사이에 오고 가는 상호성이 있다. 그래서 실재가 자아에 현현하고, 그에 상관하여 자아가 현실로 향하여 스스로를 연다.

회재적 개념에서 허한 마음은 마르셀적 개념의 창조를 위하여 '일하는 의식(la conscience oeuvrante)'에도 맞닿게 된다. 창조를 위하여 '일하는 의식'은 주자나 회재가 말한 '마음의 신령스러운 힘(心之靈)'과 그 뜻에서 회통된다. 진실로 '일하는 의식'이 이루어지는 곳에서 '마음의 받아들임(心之虛)'과 '마음의 줌(心之靈)' 사이에 하나의 일치가 이루어진다. 이 정신의 지대를 선명히 깨닫기 위하여 마르셀의 생각보다 더 큰 도움을 주는 것은 없다.

주는 것만큼의 비율로 사람이 받아들인다고 말함은 충분치 않다. 진실은 훨씬 역설적이고 미묘하다. 사람은 줌으로써 받아들인다. 좀 더 잘 말하자면, 주는 것은 이미 받아들임의 한 방식이다(Il ne suffit pas à dire qu'on reçoit à proportion de ce qu'on donne; la vérité est bien plus paradoxale et plus subtile; on reçoit en donnant; mieux; donner c'est déjà une façon de recevoir).[14]

이미 언급되었듯이 '심지허(心之虛)'라는 것이 공허하거나 무기력한 마음이 아니고 어떤 생기 있는 자질을 갖춘 '열린 마음'이라면, 그 '심지허'는 '심지령(心之靈)'과 같은 마음의 신비한 힘과 직관적으로 이어진다. 그런 힘을 성리학에서 '능각자(能覺者)'라 하는 것으로, 그 힘은 진지(眞知)를 그 이법에서 터득할 수 있는 능력이다. 여기서 성리학이 말하는 '격물치지' 이론이 나온다. 그러나 여기서는 그 이론을 생략하고 회재의 정신주의가 뜻하는 수련의 철학으로 우리의 생각을 좁혀보기로 하자.

단적으로 회재의 「양심잠」은 수련의 정신이 곧 '참 사람이 된 다음에 참 지식이 존재한다'는 장자적 표현으로 모여진다. 왜냐하면 그에게 수련의 정신은 경(敬) 공부와 같기 때문이다. 본디 '경' 공부는 이동준(李東俊) 박사가 잘 밝혔듯이 "대상적인 지식이 아니요, 자기의 성장과 관계되고 자기의 성장과 더불어 알려지는 것"[15]이기에 사람됨과 지식의 위상은 일종의 넓은 뜻에서 함수관계를 맺는 것이 성립한다.

이리하여 회재는 수련의 정신적 핵인 '경' 공부의 과정을 「양심잠」에서 다음과 같이 밝히고 있다.

① 유주호일(惟主乎一), 당기부동(當其不動), 혼연태극(渾然太極)

② 경이일지(敬以一之), 기체내직(其體乃直)

③ 불편불의(不偏不倚), 무이무적(無貳無適), 물망물조(勿忘勿助), 종용자득(從容自得), 곽연대공(廓然大公)

①에서는 경 공부가 우주의 태극지리와 한 몸이 됨을 뜻하고, ②에서는 마음의 줄기가 내면세계에서 이직(易直)해야 함을 뜻하고, ③에서는 마음세계와 우주에서 언제나 중용의 진리를 간직해야 함을 뜻한다.

회재의 태극사상은 뒤에서 해석되겠기에 여기서 언급치 않는다. 경 공부의 종국적인 높이는 퇴계가 잘 해석하였듯이 "마음과 사물의 구별을 진실로

---

14) G. Marcel, *Homo Viator*, p.193.
15) 李東俊, 「16세기의 韓國性理學派의 歷史認識에 관한 硏究」, p.140.

없애고 마음과 사물이 한 뿌리로 귀일하는(是爲一本固無在心在物之分)"16) 데 성립한다. 그런 경의 정신이 가능하기 위하여 '본디 그 바탕이 광대 고명한' 마음을 허령한 터전(宅心之地)으로 형성해야 한다. 회재적 표현인 '택심지지'가 허령해야만 마음의 신비한 직관력(心之靈)은 자연이 스스로 준 '온갖 이치를 갖추게 될 것(內具衆理)'이고, 허한 마음(心之虛)은 '우주의 변화에 이치 따라 대응(外應萬變)'하게 되리라. 즉, '택심지지'가 허령해야만 곧 마음의 이치가 우주의 이치와 종국적으로 한 몸임을 깨닫게 된다.

회재의 정신주의가 풍기는 수련의 철학을 너무 이론적으로만 탐구함은 현학(衒學)의 폐단을 가져온다. 우리는 회재가 남긴 '잠(箴)'으로 그의 생활 신앙을 그 측면에서 해명함이 더 타당하리라 여긴다.

잠(箴)으로써 스스로 규율화한다. 뜻에 표지하고 마음에 맹세하여 한평생 섬기려 한다. 하느님(상제)께서 현실적으로 현존해 계시니 내 마음을 감히 두 곳에 두리오(箴以自規 標志誓心 爲終身事 上帝實臨 我心敢貳).17)

회재는 수신의 정신적 좌표를 경(敬)에 두었는데, 그 경의 이론적 구극처는 내 마음의 허령한 이치인 '재심지리(在心之理)'로서의 인극(人極)과 대자연을 관통하는 궁극적인 씨앗인 '재물지리(在物之理)'로서의 태극이 혼연일체가 되는 데 있다. 그러나 그것은 어디까지나 이론 철학의 성격으로 탐구될 일이요, 구체적인 수련의 관점에서 보면 아직도 추상적인 논리성을 띤다. 단적으로 회재의 정신주의가 조선 유학사에서 그 누구보다 종교적 신앙심을 짙게 지녔던 그 정신에 비례하여 그의 이론 철학의 존리사상이 바로 '상제'에 대한 경(敬)으로 부각된다. 그래서 그는 '택심지지'를 허령하게 하며 초월자인 상제가 내 마음 안에 거주하는 데 욕됨이 없도록 함을 가장 중요시하였다. 이 점

---

16) 『退溪全書: 自省錄』, 「答鄭子中」.
17) 『國譯 晦齋全書』, 「立箴」.

을 그는 「지치명(知恥銘)」에서 술회한다.

　군자의 도는 수치를 아는 데서 소중하다. 내면적으로 성찰하여 마음의 병이 없으면 뜻에서도 악함이 없다. 방 안에서부터 시작하여 대우주에 그 도가 사무친다. 홀로 있어도 삼가고 하느님을 두려워하면 하늘을 우러러 보고 땅을 굽어보아도 수치스런 마음을 갖지 않으리라(君子之道 貴乎知恥 內省不疚 無惡於志 始自屋漏 達于天地 戒懼謹獨 俯仰無愧).[18]

　「경신잠」과 「입잠」에서도 회재가 '잠심대월'하면서 '택심지지'에 현존하는 '상제(하느님)'에 대하여 어떤 인생을 건지하려고 하였는가를 볼 수 있다.

　입(立)이란 어떤 것인가? 마음은 안정되고, 진리는 깨쳐졌고, 마음에는 충실하고, 밖으로는 이직하고 방정하고 의젓하여 편협하게 기울어지지 않고, 인에 거주하고, 의를 행하며, 부귀에 빠짐이 없고, 빈천하다고 마음을 바꾸지 않으니 천하 만물이 나를 휘어 꺾지 못한다. 이것을 일컬어 '입'이라 한다(曰立伊何 心定道得 充實於內 直方於外 卓然不倚 居廣行大 富貴不淫 貧賤不易 天下萬物 莫我撓屈 是謂能立).[19]

　공자가 30살에 '입(立)'하였다는 뜻에서 '입' 철학은 사생관, 자연관, 역사관 등을 확립하였다는 뜻이다. 수련의 정신은 '심지허령', '경', '입', '상제' 등의 정신적 실재와 불가분의 관계를 맺고 있다. 그러면 유가적 세계관에서 회재 이언적은 '상제(하느님)'를 마중하는 데 허물과 욕됨이 없기 위하여 구체적으로 어떤 인물의 인생관을 본받아 '입'하려고 하였던가? 물론 「입잠」에서 그는 공자의 사상을 첫머리에 올려놓는다. 그러나 그가 남긴 '잠'들을 음미해보

---

18) 같은 책, 「知恥銘」.
19) 같은 책, 「立箴」.

면 그는 유가적 인물 가운데서 백이의 스타일을 가장 가까운 수련의 이상적 존재로 여겼던 것으로 보인다. 물론 그는 백이를 그렇게 생각하였다는 점을 구체적으로 언급하지는 않았다. 다음 구절을 보자.

경 공부를 어떻게 할 것인가? 바르게 몸가짐을 지탱하고 용모는 반드시 장엄하게 하고, 의관은 꼭 단정히 하며, 보고 듣는 것에 규율이 있고, 말과 행동에도 법도가 있게 해야 한다. 음탕한 음악과 간사한 예의는 마음에 접근해서는 안 되며 간교한 소리와 어지러운 색깔도 귀와 눈에 닿지 않도록 해야 한다. 예의에 어긋난 장소와 바르지 않은 곳을 발이 밟아서도 안 되고 몸이 거처해서도 안 된다. 진퇴와 주선(周旋)을 반드시 도리에 합하게 해야 하고 출처와 행장(行藏)을 한결같이 정의로써 결정해야 하고, 부귀에도 마음이 움직이지 않고 빈천에도 뜻을 바꾸지 않으며 의젓이 중용의 자리에 서서 오로지 진리에만 의존해야 능히 경이라 할 수 있다. 욕되지 않고 이지러지지 않으며 삶을 더럽히지 않고 모두 온전해서 삶을 마치는 것이다(敬之伊何 持之以正 容貌必莊 衣冠必整 視聽有則 言動有法 淫樂慝禮 不接心術 姦聲亂色 不留耳目 非禮之地 非正之所 足不敢履 身不敢處 進退周旋 必於理合 出處行藏 一以義決 富貴不動 貧賤不移 卓然中立 惟道是依 是曰能敬 不辱不虧 無恭所生 庶全而歸).[20]

위의 구절이 풍기는 정신적 결은 맹자가 백이의 사람됨을 묘사한 대목을 크게 암시한다고 여겨진다.

백이는 눈으로 나쁜 색을 보지 않고, 귀로 나쁜 소리를 듣지 않으며, 자기 임금이 아니면 섬기지 않고, 자기 백성이 아니면 부리질 않고, 다스려지면 현실에 참여하고 어지러우면 물러선다. 악정이 나오고 나쁜 사람들이 머무는 곳에는 차마 살지 않는다. 교양이 없는 자와 함께 있는 것은 정

---

20) 같은 책, 「敬身箴」.

복을 입고 도탄(塗炭)에 앉은 것같이 생각한다. 주(紂)의 때를 당하여 북해 변에 살면서 천하가 깨끗해지기를 기다렸다. 그래서 백이의 인격을 듣는 이는 완부(頑夫)라도 염치를 알게 되고 나부(懦夫)라도 뜻을 세우게 된다(伯夷目不視惡色 耳不聽惡聲 非其君不事 非其民不使 治則進 亂則退 橫政之所出 橫民之所止 不忍居也 思與鄕人處 如以朝衣朝冠坐於塗炭也 當紂之時 居北海之濱以待天下之淸也 故聞伯夷之風春 頑夫廉 懦夫有立志).[21]

공자도 백이와 숙제의 인격을 가리켜서 『논어』에서 "그 뜻을 굽히지 않고 그 몸을 욕되게 하지 아니하는 인물(不降其旨 不辱其身)"이라고 지적하였다. 맹자는 또 「만장하(萬章下)」에서 백이와 대조되는 인물들로서 유하혜(柳下惠), 이윤(伊尹), 그리고 공자를 그들의 인간됨의 특성에서 고찰하고 있다. 맹자의 해석을 여기서 간략히 풀이해보자.

유하혜(柳下惠)는 더러운 임금도 부끄러워하지 않고 작은 관직도 사양치 않으며 현실에 참여하여서는 반드시 진리를 행하되 현실에서 버림을 받아도 원망하지 않으며, 어려움에 부딪쳐도 고민하지 않고, 교양이 없는 인간들과 같이 있어도 유유히 함께 살며, 그들이 추태를 부려도 전혀 개의치 아니한다. 그래서 유하혜의 인격을 들으면 쩨쩨한 사람도 너그러워지고 경박한 사람도 후덕해진다.

그런가 하면 이윤(伊尹)은 현실에 대하여 왕성한 책임감이 투철하여 엘리트의식이 매우 강했다. 그러므로 많은 사람들이 요순의 복택을 입지 못한 것으로 판단되면 그 원인이 자기에게 있는 것처럼 여겨 스스로 막중한 소임을 다하려고 하였다.

이리하여 맹자는 백이·유하혜·이윤에 대하여 각각 인물평을 하는데, 먼저

---

21) 『孟子』, 「萬章下」.

긍정적인 측면에서 보면 백이는 정화수처럼 깨끗한 인격의 소유자이기에 맹자는 그 점을 '성지청(聖之淸. 성스러운 청결)'이라고 하였다. 그리고 이윤은 현실 정치에 대하여 모든 시비의 책임을 맡으려 하기에 그를 맹자는 '성지임(聖之任. 성스러운 책임감)'이라 하였고, 유하혜의 융통성 있는 유연성을 일컬어 '성지화(聖之和. 성스러운 인화력)'라고 하였다. 그리고 이 세 사람에 다 '성' 자가 접두어로 붙는 이유는 그들이 공통적으로 자신의 사리사욕을 위한 티끌만큼의 불의도 행하지 않는다는 점에 있다고 맹자는 해석하였다. 그러면 맹자의 눈에 비친 공자는 어떤 인품의 소유자였던가?

> 공자가 제나라를 떠날 때 밥을 지으려고 하다가 그냥 홀연히 떠났는데, 노나라를 떠날 때에는 천천히 나는 간다고 말하였다. 조국을 떠나는 도리가 그런 것이다. 그래서 공자는 급할 때는 급히 하고 오래오래 궁리할 때는 그렇게 하고 재야에 있고 싶으면 그렇게 하고 벼슬을 할 만하면 또 그렇게 한다(孔子之去齊 接淅而行 去魯曰 遲遲吾行也 去父母國之道 可以速則速 可以久則久 可以處則處 可以仕則仕 孔子也).[22]

위의 구절은 매우 종합적이고 상징적으로 해석되어야 마땅하리라. 맹자는 공자의 그런 정신을 '대성(大成)'이라 하면서 '성지시(聖之時. 성스러운 시중)'라고 표현하였다. '성지시'란 백이의 '성지청', 이윤의 '성지임', 유하혜의 '성지화'를 다 포괄하여 어느 한 곳에 치우침이 없이 현실의 역사에서 동적인 중용을 유지한다는 뜻이다. 그래서 그런 공자의 대성적 차원에서 보면, 백이는 비록 곧은 절개와 맑은 청렴을 갖고 있지만 정신적 위상이 편협한 쪽으로 치우치고, 유하혜는 융통성과 너그러움을 가졌으나 경우에 따라 무관심의 불공(不恭)과 오만을 그렇지 않은 듯하면서 슬쩍 풍기고, 이윤은 정치가적인 책임의식이 철저하지만 형편으로 방자한 데가 없지 아니하다. 그와 반면에 공자

---

22) 같은 책, 「萬章下」.

는 미리 정해놓은 것이 아니라 주어진 상황에 따라 그 방법을 다양하게 구사한다. 그러면서도 거기에는 일관된 적중의 진리가 깊숙이 잠겨 있다. 그러므로 그는 애오라지 외곬을 수련의 정신이라고 여기지 않는다. 그래서 공자는 『논어』에서 이들의 수련정신과 스스로의 차이점을 이야기하면서 '무가무불가(無可無不可. 可도 없고 不可도 없다)'23)고 술회하였다. 즉, 응고되고 경직된 원리도 없으며, 그렇다고 절도도 없고 무원칙도 없다는 뜻이다. 공자의 이런 '무형지리(無形之理)'는 바로 원효가 '무연지대연, 무리지지리(無然之大然, 無理之至理. 그렇지 않은 가운데 크게 그러함이 있고 원리가 없어 보이는 가운데 지극한 원리가 있다)'라는 정신의 맥과 상통한다.

이런 정신의 지평에서 본다면, 회재 이언적의 수련의 정신철학이 백이의 '성지청'을 본받으려 하는 데서 조선 유학사에서 그를 의리학파로 부르게 되는 까닭을 우리가 알 수 있다. 아마도 조선 철학에서 도학파 또는 의리학파는 거의 백이의 '성지청'을 대종으로 삼았다고 해도 좋으리라. 그러나 그 '성지청'의 정신적 후유증은 맹자가 지적했듯이, 정신적 편협성과 준애성(峻隘性)이다. 어떤 점에 있어서 조선의 사림은 이 편협과 준애의 경직된 원칙에서 큰 병을 앓았다고 볼 수 없겠는가? 누구나 다 공자처럼 '대성(大聖 또는 大成)'이 되는 것은 아니다. 그러나 한 사회에서 정신적 수련의 좌표를 그 '대성(大成)'의 스케일에 놓는 것이 벅차다면, 이이는 백이의 '성지청', 저이는 유하혜의 '성지화', 그이는 이윤의 '성지임'이 되는 정신의 풍토가 훨씬 바람직스럽다. 회재 이언적의 정신주의의 빛과 그림자를 거기서 찾아야 하리라.

2. 태극의 형이상학

지금부터 우리는 회재 철학의 이론적 측면을 검토하기로 한다. 그의 이론

---

23) 『論語』, 「微子」.

과 논리적 명석성은 「서망재망기당무극태극설후(書忘齋忘機堂無極太極說後. 망재와 망기당의 무극태극설 뒤에 쓴 편지)」와 「답망기당」의 4서에서 뚜렷이 나타난다. 이론 전개 과정과 논박의 논리성에서 그는 탁월한 지성의 소유자였던 것으로 보인다. 왜냐하면 그의 이론의 짜임새가 논리의 틀에 있어서 아주 치밀하게 구성되어 있기 때문이다.

이제 그의 존리의 철학 이론을 구체적으로 살펴보기로 하자. 그런데 이언적과 편지를 통하여 학문적 견해 차이를 노정하였던 망기당(忘機堂) 조한보(曺漢輔)와 망재(忘齋) 손숙돈(孫叔暾)의 편지들이 지금 남아 있지 않으니 이언적의 답변과 이론을 입체적으로 연구하는 데 결정적 타격이다. 그러나 회재의 '서' 내용으로 보아 망재와 망기당은 노장학과 불교(선학)에 심취하여 유교의 형이상학의 본질을 선불교의 각도에서 많이 해석하려고 하였던 것으로 보인다. 그러므로 '서'로 통한 이언적의 이론은 자연 망재와 망기당의 도가적·선가적 사상 경향을 주자학의 입장에서 논박하는 일에 집중된다. 우선 간략히 회재의 철학적 '서'들이 담고 있는 내용을 정리하기로 하자.

① 「서망재망기당무극태극설후」: '무극이태극(無極而太極)' 이론은 주염계에서 발단되었다. 태극의 이치가 무형하고 일정한 곳으로 정의되지 않는다는 점에서 무극이라는 뜻이다. 그러므로 태극의 철학은 무형하고 무방소(無方所)하다는 뜻에서 신비스러운 무극이기에 그것은 한없이 '지고지묘(至高至妙)'하고 동시에 태극은 모든 존재의 씨앗이요 뿌리인 점에서 '지실(之實)'하며 또 태극의 진리가 우리의 일상생활의 도리에 맞닿기에 '지근(至近)'하다. 그런데 불교는 궁극적 진리가 '지근지실'하다는 것을 무시하고 오직 '지고지묘'한 측면만 보려고 하기에 결국 적멸주의(寂滅主義)에 빠진다.

인간과 자연을 일관하는 궁극적 진리인 '태극지리'는 현실화로 구체화될 때늘 '정(精)/조(粗)', '본(本)/말(末)', '주(主)/빈(賓)', '내/외', '정(靜)/동(動)', '체/용' 등과 같은 대대법(待對法)으로 나타난다. 대대법은 대립되는 한 쌍이 전혀 구별되는 것도 아니요 그렇다고 전적으로 일치되는 것도 아닌 '비일이비이(非一而非二)'의 관계를 말한다. 유학은 그런 쌍들의 대대법에 의하여 '합/리', '실/허'

를 동시적으로 보려고 하는데, 도교와 선학은 오직 두루뭉술하게 혼연일체의 측면만 보려고 한다. 그래서 구체성이 없다. 또 유학의 진리관은 '적(寂. 고요함)'과 '감(感. 느낌)'을 동시에 살피나 불교는 '감'을 완전히 배제한 적멸만을 주장함에서 결국 생기 있는 나무가 아니고 고목만 보려고 하는 폐단이 있다.

②「답망기당」 제1서: 태극은 도의 본체요 모든 변화의 근본인데 곧 '천명(天命)의 성(性)'이기도 하다. 그 천명은 자연계와 인류계에 보편적으로 적용된다. 그런 태극의 진리는 무극이기도 한데, 이 무극의 무는 노장학의 '무'나 불교의 '공'과 다르다. 태극은 '지무이지유(至無而至有)'하다. 이 태극즉리(太極卽理)는 음양의 기와 '불일이불이'의 관계를 대대법적으로 맺고 있다. 그런 태극지리는 불멸하다. 존리의 정신이 여기에 있다. 태극지리가 우주에 성실하게 영구히 표현되거늘 어찌 노장과 불교의 세계관에서처럼 적멸을 말할쏜가? 유가의 도는 '하학이상달(下學而上達)'이기에 일상생활의 이치를 떠나서 공허한 형이상학을 구하지 아니한다. 주희의 『근사록(近思錄)』의 책 이름처럼 유학은 가까운 인사의 일에서 천리까지 사다리처럼 확실히 올라간다.

③「답망기당」 제2서: 진리에 이르는 길은 오직 유학밖에 없다. 노자와 불교의 사상은 이단이다. 유학에서 '허령(虛靈)', '무극지진(無極之眞)' 같은 개념은 결코 '적멸지도'의 불가적 뜻과 다르다. 선가는 '돈오'만을 강조하여 공소(空疎)한 형이상의 세계에 빠지나, 유가는 인사의 형이하와 천리의 형이상을 결코 다 무시하지 않는다. 그래서 유학은 실시학(實是學)이다.

④「답망기당」 제3서: 유학은 '정중동' '동중정'의 학문임에 반하여 불교(禪學)는 동(動)보다 정(靜)을 위주로 한다. 그래서 유학은 '정'의 '경(敬)'으로서 마음을 바로잡고 동시에 '동'의 '의(義)'로서 행동을 방정하게 한다. 그러나 선의 세계는 오로지 내성하는 경에만 치우친다. 유학은 결코 '형기(刑器)'를 무시하지 않기에 진리가 구체적 형기를 떠나서는 존재하지 않는다고 본다. 그러나 불교는 형체의 세계를 덧없는 것으로만 생각한다. 그래서 공맹의 학문은 돈오의 교리가 아니고 비근한 일상의 경험에서 '배우고 익혀가는' '학습'의 정신이다.

⑤ 「답망기당」 제4서: 유가의 '경' 사상은 진리를 확립하는 근본학이며, 이치를 궁리하는 지식학이고 동시에 실천학이다. 그래서 경의쌍수(敬義雙修)의 경향을 늘 가진다. 그리고 '하나의 진리(一理)'를 인식한다고 하여서 결코 개체의 정도에 따르는 다양성을 무시하지는 않는다. 왜냐하면 진리의 인식주체는 인간인데, 구체적으로 인간에게는 언제나 '친/소'·'원/근'·'시/비'·'호/오'의 대대법 아래서 선택을 해야 하는 인간 조건이 필연적으로 따르기 마련이기 때문이다. 이런 다양한 인간 조건을 무시하고 모두가 '하나의 진리'만을 강조함은 모든 물체가 밤에 검게 보인다고 실제로 모두가 한결같이 검다고 보는 발상과 같다.

지금부터 회재의 이론 철학을 해석하여보기로 하자. 위에 적힌 다섯 개의 '서'들에서 우리는 엄밀한 뜻에서 회재 자신의 독창적인 이론을 거의 발견하지 못한다. 그의 '서'들에서 인용되고 있듯이 그의 생각들은 회암 주희와 상산(象山) 육구연(陸九淵) 사이에 염계(濂溪) 주돈이(周敦頤)의 『태극도설(太極圖說)』의 '무극이태극'이라는 명제를 두고 오고간 논변에 대하여 주자학적 입장에 서서 먼저 육상산의 이론을 부정하고, 그리고 망재 신숙돈과 망기당 조한보가 그 '무극이태극' 이론을 전통적인 주자학의 입장에서 보지 않고 회재가 이단이라 보던 노장학과 불교학의 위치에서 해석하려고 논박한 것에 지나지 않는다. 그러므로 그의 철학 이론은 주자학의 정통성을 벗어난 것이 아니고, 그의 정신은 이른바 노불지학(老佛之學)이라는 이단을 배척하면서 주자학의 이론적 정당성을 공고하려는 의도 이외에 다른 것은 아니다.

그렇다고 하여 그의 철학적 '서'들이 남긴 철학사의 업적이 과소평가되어서는 안 된다. 왜냐하면 이미 퇴계가 잘 암시하였듯이 그는 조선 유학사에서 성리학의 사상을 논리화시키게 된 발단과 계기를 마련하였기 때문이다. 그런 점에서 한국 성리학사에서 그의 이론 철학적인 비중은 높이 평가되어야 마땅하리라.

지금부터 우리는 주자학에 축을 박고 있는 그의 성리학 이론과 노불사상에 대한 철학정신을 성찰하여보기로 하자. 편의상 먼저 그의 성리학 이론을 검토한다. 그러기 위해서는 자연히 주자학의 이론 체계로 되돌아가지 않을 수 없다.

이미 앞에서 그의 「서망재망기당무극태극설후」를 내용적으로 요약하였다. 이 편지에서 그는 주자학이 상산학(象山學)보다 '무극이태극'설에서 옳다는 입장을 갖고 출발한다. 이 설에 대한 주자학과 상산학의 비교는 이상은(李相殷) 박사가 그의 「회재선생의 철학사상」[24]이라는 논문에서 자세히 해명하였기에 군더더기를 더 붙이지 않겠다. 다만 이 논문의 전개를 위하여 무극태극에 관한 주희·육구연의 이론적 차이점을 간략히 알린다.

본디 주희와 육구연의 논쟁은 육상산의 형인 사산(梭山) 육구소(陸九韶)가 주돈이의 『태극도설』 첫머리에 나오는 '무극이태극(無極而太極)'이라는 명제에 대하여 '무극'이라는 개념이 태극에 덧붙인 것을 비판한 데서 발단한다. 이에 대하여 주희는 주돈이의 그 명제에 대하여 다음과 같이 주석을 달았다.

하늘의 하는 일이 소리도 냄새도 없으나 실로 조화의 돌쩌귀요 만물의 뿌리다. 그러므로 무극이태극은 태극 밖에 따로 무극이 있는 것이 아니라는 뜻이다(上天之載 無聲無臭 而實造化之樞紐 品彙之根柢也 故曰 無極而太極 非太極 之外復有無極也).[25]

이 구절은 무극이라고 말하지 않으면 태극을 실체화할 우려성이 있기에, 태극이 실재하면서도 실체가 아님을 뜻하기 위하여 주염계가 무극의 개념을 덧붙였다는 뜻으로 발전한다. 그러므로 '무극이태극'의 염계적 명제는 '무형이유리(無形而有理)'라는 회암적 명제로 풀이된다.

이에 상산은 형 사산을 대신하여 무극이라는 두 글자는 본디 정해져 있는 만화(萬化)의 근본인 태극에 불필요하게 첨가된 것이라고 주장한다. 육상산

---

24) 李相殷, 「晦齋先生의 哲學史上: 無極太極辯의 소개와 분석」, 『國譯 晦齋全書』, pp.883-890 참조.

25) 『性理大典』卷一, 太極圖.

은 태극의 무성무취(無聲無臭)한 묘리를 무극이라 한다면『주역』「계사(繫辭)」의 '신무방(神無方)'이라는 개념을 '무신(無神)'이라 할 수 있고 '역무체(易無體)'를 '무역(無易)'이라 해도 좋은가라고 반박한다. 그래서 육상산은 태극의 개념을『중용』의 '중화(中和)' 개념과 다르지 않다고 주희를 논박한다. 이에 주희는 노자의 유·무 개념과 자신의 유·무 개념이 다름을 말하면서 '중화'는 희로애락의 미발에서 성리가 온전히 보존된 상태를 말함이지 우주의 궁극적 원리와 씨앗으로서 태극을 뜻하지 않는다고 말한다.

하여튼 회재는 그의 아호가 이미 풍기듯 회암의 무극태극사상에서 출발하기에 더 이상 육상산의 이론을 언급하지 않기로 하겠다.

주희의 태극 이론은 두 가지의 측면을 담고 있는데, 그 하나는 우주의 궁극적 씨앗으로서의 '지극지리(至極之理)'요, 다른 하나는 모든 인륜성의 근간이 되는 '표준지의(標準之義)'다. 이 점을 고려하면서 회재의 주자학적 태극지리 이론을 분석하여보기로 하자.

> 이 (태극의) 이치가 비록 지고하고 지묘할지라도 그 참 모습의 거주하는 바를 찾으면 그 이치는 지근하고 지실하다.…이 태극의 이치가 고금을 통하고 상하에 이르러 혼연한 일치를 이룩하고 있지만, 그러나 그 세련됨과 서투름, 근본과 지엽, 안팎과 주객의 구분은 그 이치 가운데 환하게 있어서 티끌만큼의 틀림도 있을 수가 없다(此理雖若至高至妙 而求其實體之所以寓 則又至近而至實…此極之理 雖曰貫古今今徹上下 而渾然爲一致 然其精粗本末 內外賓主之分 粲然於其中 有不可以毫髮差者).[26]

여기서 회재가 태극을 '지고지묘'하면서 동시에 '지근지실'하다고 본 이론은 퇴계 철학에서 펼쳐질 태극의 철학을 예고하고 있다고 하겠다. 왜냐하면 퇴계는 태극을 '지허이지실(至虛而至實)'이라는 명제로 해석하면서 다음과 같

---

26)『國譯 晦齋全書』「書忘齋忘機堂無極太極說後」.

이 말하였기 때문이다.

> 그 진실무망한 것으로 말하면 천하에 이(理)보다 더 실한 것이 없고, 그 무성무취한 것으로 말하면 천하에 이보다 더 허한 것이 없다. 다만 무극이 태극은 한 뜻으로 가히 볼 수 있다(自其眞實無妄而言 則天下莫實於理 自其無聲無臭而言 則天下莫虛於理 只無極而太極一句可見).[27]

회재의 주자학적 태극관은 단적으로 지극히 높고 신비스러우면서도 동시에 지극히 실사적이고 또 지극히 일상적임을 뜻한다.

이런 태극관을 구체적으로 어떻게 해석해야 할까? 이런 물음에 대한 철학적 답변이 가능하기 위하여 우리의 사유는 서양 철학이 두텁게 형성한 논리의 장벽을 뛰어넘을 필요가 있다. 태극은 우주의 유일한 원리이면서 동시에 모든 개체에 각각 존재하는 다양한 원리이고, 지고한 형이상적 신비이면서 동시에 형이하적인 현상에까지 연결되어 있고, 초월적이면서 인간의 마음 속에 내재하는 인극(人極)이기도 하고, 자연 존재의 궁극적 원본이면서 인륜 존재의 표준이 되는 당위성이며, 불멸하는 존재이면서 동시에 모든 변화의 돌쩌귀가 되고, 객관적으로 존재하면서도 동시에 주관적으로도 존재하며, 모든 것을 다 포괄하면서도 동시에 한없는 분석에서도 그냥 나타난다.

그러므로 태극을 현대 철학의 어느 한 가지 개념으로 정의하기 어렵다. 아마도 가장 가까운 개념으로, 태극은 '구체적인 전체성(totalité concrète)'이라고 말할 수 있을는지? 왜냐하면 그것은 추상적 원리가 아니고, 원리성을 잃지 않으면서 다양한 현상의 변화가 언제나 나타나며, 정태적이고 동시에 동태적 변역성을 품고 있기 때문이다. 이런 '태극지리'를 어떻게 철학적으로 해석해야 하는가?

태극은 이 우주의 보편적이며 포괄적인 유일한 원리요 씨앗이면서 동시에

---

27) 『退溪全集』上, 「答鄭子中書」, p.889.

개별적인 모든 특수성에 분여된 원리요 씨앗이다. 이 점을 성리학의 철학 체계에서 보면 보편적이고 유일한 태극지리는 본연지성으로서 '순수한 이(純理)'에 해당하고 개별적이고 특수한 개물(個物)의 태극은 기질지성으로서 이미 구체화된 음양(氣)의 변화 속에 깃들어 있다. 그래서 '순리'로서의 하나의 태극과 그것을 다양하게 분화시키는 음양의 변역은 서양의 형식논리에서 나타나는 동일률과 비동일률(모순율)의 법칙으로 해석되지 않는다. 왜냐하면 순리로서의 태극과 그것을 다양하게 분화시키는 기로서의 음양은 '불일이불이(不一而不二)'·'불리이불리(不離而不離)'의 관계를 지니고 있기 때문이다.

이런 관계는 일원론이나 다원론의 양자택일적 개념으로 설명되지 않는다. 하나의 아름다운 다성음악을 교향곡으로 연주하는 교향악단은 하나인가 여럿인가? 그리고 그 교향악단에 속하는 다양한 음색의 악기들은 플라톤의 후기 논리에 등장하는 '같은 것'과 '다른 것'이 병립된 그런 성질의 것이 아니다. '일즉다'·'다즉일'로 표현되는 태극지리는 우주적 화음, 우주적 조화를 알려주는 정신 이외의 다른 것이 아니다.

그러면 태극지리는 무엇의 화음인가? 『주역』 「계사」에 나오는 것처럼, 태극적 진리는 이 우주가 '생생지리'의 균형을 이상으로 여기고 있음을 알린다. "천하는 같이 돌아가나 그 길은 각각 다르며, 천하가 일치하나 많은 다른 생각이 있다(天下同歸而殊塗, 一致而百慮)"[28]라는 구절도 이 우주가 균형 있는 '생생지리'의 '대동'적 공동체와 같은 것임을 알린다. 그러면 대동의 공동체란 어떤 것을 지니는가? 단적으로 그것은 비동등(非同等)이다. 비동등의 결이 있기에 조화가 움튼다. 공자가 『논어』에서 '화이부동(和而不同. 조화로우나 결코 같지 아니함)'을 강조한 정신도 그렇게 이해되어야 한다. 이미 동서양의 지혜들은 같기만을 주장하는 공동체가 불협화음, 원한, 질투, 복수, 전쟁 등을 필연적으로 유발한다는 것을 거듭 밝혔다. 서로 비동등하기에, 다르기에 공경하는 마음이 근원적으로 생긴다는 점을 '이즉상경(異則相敬)'이라고 『예기(禮記)』

---

28) 『周易』, 「繫辭傳」.

「악기(樂記)」편은 말한다. 그러나 '생생지리'는 균형이다. 비동등만을 오로지 강조하면 공동체 속에 상호 괴리와 어지러움(亂)이 따른다. 그래서 동등을 강조해야 '생생지리'가 유지된다. 동등은 서로의 친밀성을 잉태한다. 그래서『예기』「악기」에서도 '동즉상친(同則相親)'이라 하였다. 이런 정신을 인간 사회에 적용하면, '비동등의 동등'은『중용』에서 언명된 '친친(親親)'과 '존현(尊賢)'의 정신이 넓은 뜻에서 함께 빛나는 그런 사회정신과 통하리라.[29] '친친'은 친밀감이 서린 동등의 인간관계요, '존현'은 가치의 서열을 구분하는 인간관계다. 물론 여기서 '친친'과 '존현'의 개념은 매우 일반적인 뜻에서 해석되어야지 엄밀한 의미에서 보면 무리가 있다.

하여튼 태극의 형이상학이 본연지성과 기질지성으로 해석됨에서 우리는 '일즉다'·'다즉일'의 조화적 우주관을 보게 된다. 회재는 태극지리 속에서 '본/말', '체/용', '선/후', '친/소', '정(精)/조(粗)' 등의 대대적 관계를 결코 놓쳐서는 안 된다고 강조한 것도 '동귀(同歸. 혼연 일치)'와 '수도(殊塗. 기질성의 차이)'를 동시에 파악할 것을 망재와 망기당에게 알려준 것이다. '수도'의 면을 도외시하면 그것은 밤에 보이는 모든 것이 다 검기 때문에 우주의 일체가 다 검다고 여기는 사고의 공소성(空疎性)과 같다고 회재는 지적하리라.

이제 다만 혼연이라는 것이 크다는 것을 알고 지극하게 말하고 무릇 찬연한 것이 서로 분리되지 아니한 바를 알지 못하는 까닭으로 그런 학설은 합만을 좋아하고 이를 싫어하고 실은 버리고 허에 들어간다. 그래서 마침내 기준이 없는 저울과 마디가 없는 자가 되고 말았으니 어찌 현실과 동떨어져서 그치지 못하는 것이 아니냐(今徒知所謂渾然者之爲大 而極言之 而不知夫粲然者之未始相離也 是謂其說喜合惡離 去實入虛 卒爲無星之稱 無寸之尺而後已 豈非窮高極遠而無所止者歟).[30]

---

29)『中庸』. "仁者人也, 親親爲大, 義者宜也, 尊賢爲大, 親親之殺, 尊賢之等, 禮所生也."
30)『國譯 晦齋全書』「書忘齋忘機堂無極太極說後」.

그러므로 회재에 의하면 불교·도가에서 말하는 '혼연위일치(渾然爲一致)'의 추상적 동일성, 모든 것이 검다는 식의 '동귀'보다 '수도'에 의한 다양한 특이성을 동시에 감안하는 형이상학이 훨씬 우주의 '생생지리'한 조화를 더 잘 밝혀준다. 그런 점에서 장재가 「서명」에서 밝힌 "그러므로 우주의 넓이가 내 몸이요 우주의 스승이 내 성이니 사람들과 나는 한 동포요, 물과 내가 더불어 존재한다(故天地之塞 吾其體, 天地之師吾其性 民吾同胞 物吾與也)"라는 사상에 대하여 주자가 주해를 달면서 '민오동포 물오여(民吾同胞 物吾與)'의 개념에도 '친·소'와 '정·조'의 분별이 있어 더욱 비동등의 동등에 의한 조화가 현실적으로 가능하다고 하였다.

회재가 말한 태극지리가 '지고지묘'하면서도 동시에 '지실지근'하다는 명제와 초월적이면서 동시에 내재적인 것의 뜻은 성리학의 형이상학론을 검토할 때 아울러 고찰하기로 하겠다. 여기서는 태극이 자연 존재의 원본성이면서 동시에 인륜성의 당위성을 뜻하는 대목을 간략히 성찰하자.

유가에서 태극이 '지극지리'이면서 동시에 '표준지의'라고 해석되는 까닭도 여기에 있지만, 동서 철학사를 통하여 유교 철학만큼 탁월하게 윤리적 당위성의 근거를 자연의 자연스러움에 멋지게 대응시킨 사상은 없다. 유가에서 천도를 '자연지도'로 생각하고 이 도의 본질을 '진실무망(眞實無妄)'하다고 여긴다. 즉, 자연이 진실무망하다는 뜻이다. 이 개념은 '불면이중(不勉而中. 억지로 힘쓰지 않아도 중용함)'과 '불사이득(不思而得. 생각하지 않아도 얻음)'의 뜻으로 풀이된다. 즉, 자연지도는 각각 '안행(安行)'과 '생지(生知)'의 덕을 선천적으로 갖추고 있다는 뜻이리라. '안행'과 '생지'의 덕을 합쳐서 '종용중도(從容中道)'라고 일컫는다. 자연스럽게 중용의 길을 이룩한다는 뜻이다. 그래서 『역경』에서 그런 자연지도와 인륜지도를 다음 도표와 같이 대응시키고 있다. 유가적 의미에서 윤리는 당위성의 입장에서 '유위이연자(有爲而然者)'이기도 하지만, 그러나 인륜성의 보다 높은 극치는 천도가 뜻하는 '자연이연자(自然而然者)'이다. 그래야만 태극적 진리가 안고 있는 조화와 중용의 자연스러운 화신으로 인간이 아름답게 꽃필 수 있기 때문이다.

춘(春)	하(夏)	추(秋)	동(冬)
원(元)	형(亨)	이(利)	정(貞)
만물지시(萬物之始)	만물지수(萬物之遂)	만물지수(萬物之遂)	만물지성(萬物之成)
선지장(善之長)	가지회(嘉之會)	의지화(義之和)	사지간(事之幹)
중선지수(衆善之首)	가지회(嘉之會)	화합지의(和合之義)	간사지용(幹事之用)
체인족이장인 (體仁足以長人)	가회족이합례 (嘉會足以合禮)	이물족이화의 (利物足以和義)	정고족이간사 (貞固足以幹事)
인(仁)	예(禮)	의(義)	지(智)

다음으로 회재의 태극적 형이상학은 불멸성과 변역성을 동시적으로 겨냥한다. 회재의 철학이 그런 것이라기보다 성리학이 본디 그런 것이다.

솔개가 날고 물고기가 뛰는 자연 현상이 상하에 분명함은 예나 이제나 우주에 가득 차서 조그만 빈터도 공허한 촌음도 없거늘 어찌 다만 모든 변화의 소멸된 것만을 볼 수 있는가? 태극지리는 우주보다 먼저 세워져서 그 시작을 알지 못하고 우주보다 뒤에 남으니 그 마침을 보지 못한다. 이 이치는 실연에서 결코 공허하지 않다(鳶飛魚躍 昭著上下 亙古亙今 充塞宇宙 無一毫之空闕 無一息之間斷 豈可但見萬化之漸盡 先天地而立 而不見其始 後天地而存 而不見其終 其此理之實然 而非虛空也).[31]

이 구절에서 회재가 변화지도(變化之道)보다 불멸지도(不滅之道)로서의 태극을 강조한 점을 볼 수 있다. 본디 태극이 음양의 변역하는 '생생지리' 속에서 구체적으로 드러나는 것이기는 하지만, 회재가 '솔개가 날고 물고기가 뛰는' 변화를 말함에도 불구하고 그의 존리적 형이상학이 태극지리의 불멸하는 영원성을 강조하였다는 것은 앞의 '잠'에서도 우리가 성찰한 그의 종교성과 정신성을 짙게 암시한다고 보여진다.

이제 그의 태극 신앙에 바탕을 둔 형이상학론을 이론적으로 음미하여보기

---

31) 같은 책, 「答忘機堂」第一書.

로 하자. 그는 그의 '답망기당서' 4편에서 노장·불교의 형이상학과의 차이점을 대비하면서 유가 철학의 우수성을 크게 말한다.

일반적으로 태극의 체는 비록 극히 미묘하더라도 그 용의 넓이는 없는 데가 없다. 그래서 그것이 사람에 깃들면 일용지간에 행하여지니 지근하고 지실하다 하겠다(蓋太極之體 雖極微妙 而其用之廣 亦無不在 然其寓於人 而行於 日用者 則又至近而至實).[32]

무릇 도는 인사의 이치인데 인사를 떠나서 도를 구함은 공허의 경지에 빠지지 아니함이 없는 일이다.『시경』에 하늘이 뭇사람들을 낳게 하심에 물이 있고 법칙이 있다고 하였다. 물이란 인사이고 법칙이란 천리다. 사람이 천지 사이에 있음에 인사를 어기고 독립할 수 없을진대 어찌 하학의 실무에 먼저 공부하지 않고 공허한 곳에 정신을 쏟음으로써 천리에 상달할수 있겠는가(夫道只人事之理耳 離人事而求道 未有不蹈於空虛之境 詩曰 天生烝民有物有則 物者人事也 則者天理也 人在天地之間 不能違物而獨立 安得不先於下學之實務而馳神空蕩之地 可以爲上達乎天理).[33]

이런 사상은 제2·3·4서에도 나타난다.

대저 인사(人事)는 형이하이지만, 그 인사의 이치는 천지의 이치이기에 형이상이다. 이 인사를 배워서 그 천리에 통하는 것은 형이하자에 즉해서 형이상자를 얻는 것인데 이것이 위로 도달하는 경계이니(蓋人事 形而下者也 其事之理 則天地之理也 形而上者也 學是事而通其理 卽夫形而下者 而得夫形而上資 便是上達境界).[34]

---

32) 같은 책,「答忘機堂」第一書.

33) 같은 책,「答忘機堂」第一書.

34) 같은 책,「答忘機堂」第二書.

이 도(道)는 형기(刑器)에 이탈되는 것이 아니기에 사람의 형체가 있으면 곧 사람됨의 이치가 있고 물의 형체가 있으면 물됨의 이치가 있으니…만약 그 형체가 있는데 그 도를 다하지 못하면 이것은 공연히 그 형체만 갖추었을 뿐이지 그 형체의 이치를 얻게 된 까닭을 상실한 것이다(是道不離於形器 有人之形則有所以爲人之理 有物之形則有所以爲物之理…若有其形 而不能盡具道 是 空具是形 而失夫所以得其形誌理也).[35]

회재가 말한 이상의 형이상학 이론은 공자 이래로 유가 사상의 전통을 그대로 반영한 것이다. 『논어』 「선진」에 공자가 '불천적불입어실(不踐迹不入於室. 발자국을 밟지 않고 방안에 들어가지 아니한다)'는 것도 눈에 보이는 일상생활의 경험적 세계를 떠나서 진리의 방에 들어갈 수 없음을 뜻한다. 그래서 이런 정신을 일컬어 '하학이상달(下學而上達)'이라 한다. 이 정신에 의하여 태극의 형이상학이 초월적이며 동시에 일상적이고, 신비적이며 동시에 실사적인 양가의 요인을 다 지니고 있음을 보게 된다.

일상생활의 일용성을 떠나서 형이상의 세계를 구함은 공허하다든 이 이론을 어떻게 보아야 하나? 서양 철학 전통의 주류에서 보면 아리스토텔레스 이래로 형이상(metaphysical)의 세계와 형이하의 자연(physical)세계가 엄밀히 구분되어 두 세계의 질서가 달라진다. 그래서 형이상은 경험을 벗어난 세계이고 자연의 형이하는 경험적인 세계라고 여긴다. 이런 발상에 충격을 주는 것이 유가의 철학이다.

그런데 이미 회재가 그의 '서'를 통하여 유학의 철학이 도가나 불가에 비하여 현대적 의미에서 구체철학임을 강조하고 있다는 점을 살펴보았다. 그렇다고 우리가 여기서 도가·불가의 철학이 비구체적이라는 회재의 주장에 결코 동의하는 것은 아니다. 이 점을 마지막으로 보겠다. 그러나 어쨌든 '구체철학'의 관점에서 현대의 형이상학 이론은 결코 생활의 일용적 경험에서 초

---

35) 같은 책, 「答忘機堂」 第三書.

탈하는 것을 형이상이라 여기지 않는다. 생활에서 사유로 상승하고 다시 그 생활을 밝히기 위하여 사유에서 생활로 하강하는 정신은 확실히 일찍 유가에서 강조되어온 공부 방식이다.

'하학이상달'하는 유가식 공부 방식은 일상생활(부부관계, 부자관계, 형제관계, 정치적 인간관계, 경제관계, 친교관계 등)의 경험 속에 형이상학의 질이 함유되어 있음을 뜻한다. 그 방식은 일상성 속에 깃든 형이상의 의미를 나타낸다. 그래서 어떤 경우에도 그런 생활의 관계를 초탈하거나 이탈함이 형이상이 아니다. 형이상이라 함은 초경험적(métaempirique)인 것의 자랑스러운 대명사가 결코 아니다. 유가에서 오묘한 태극지리라 하여 그것을 초경험적이라고 생각해서는 안 된다. 그렇지 않으면, 태극을 불가지와 같다고 오해할 우려가 있을 것이다. 우리는 일상생활의 음양관계를 통하여 태극적 체험을 할 수 있다. 예를 들면 그 체험의 가장 원초적인 한 양식이 곧 형이상하의 세계를 관통하고 있는 균형과 조화다.

그렇다고 해서 유가에서 모든 일상적 체험을 모두 형이상학적이라고 우기는 것은 결코 아니다. 이 점을 회재는 다음과 같이 생각한다.

> 내서(來書)에 먼저 그 주체를 세운 연후에 인사를 하학한다고 하였는데 이 말씀도 또한 타당치 못한 것 같습니다. 인사를 하학할 때 굳세게 마땅히 항상 주경존심해야 할 일이지 어찌 인사를 젖혀 놓고 홀로 그 마음을 지키고 반드시 그 주체를 세운 다음에 비로소 하학에 종사할 수 있겠습니까(來教又曰 先立其體然下學人事 此語亦似未當 下學人事時 固當常常主敬存心 安有斷制人事 獨守其心 必立其體然後始可事於下學乎).36)

이 구절은 조한보의 관념론적 색체가 짙은 생각에 대하여 마음의 주체와 실재의 사실이 개별적으로 분리되어서는 안 되고 실재에 임할 때 주경존심

---

36) 같은 책, 「答忘機堂」第四書.

해야 동시적으로 하학이 의미 있게 이루어진다는 이언적을 생각을 드러내고 있다. 즉, 먼저 마음이고 그다음에 인사의 사실이 있다는 것이 아니고 마음의 태도와 사실의 공부가 상관적임을 뜻한다.

회재의 이론은 현대적 각도에서 '인사(人事. 사람의 사실)'를 이해하는 데 철학적으로 큰 뜻을 지닌다. 여기서 그 '인사'의 뜻을 현대 철학의 개념으로 해석할 여유가 없지만, 요컨대 인간에 관계되는 사실로서의 '인사'는 객관적으로 하나의 실체처럼 덩어리로서 거기에 존재하는 것이 아니고 언제나 경험하는 주체의 정신적 태도에 상응하는 '만남'이다. 그러므로 모든 일상의 경험이 다 형이상학적이라는 명제는 좀 세련되지 않았다. 오히려 그 경험이 그것을 체험하는 주체에 의하여 마르셀적 표현에서 '축성되고(consacré) 재생될(régénéré)' 때 일상적 사실은 형이상학적 이치를 빛처럼 방사한다고 보아야 하리라. 그래서 모든 일용지간(日用之間)의 '인사'와 그것의 경험은 개인적인 체험에 따라 내재하는 가변적 방사의 힘을 갖게 된다고 보아야 하리라. 그 점에서 회재가 '하학인사시 고당상상주경존심(下學人事時 固當常常主敬存心)'이라고 한 것도 결국 '인사'와 만날 때 동시에 마음에서 주경존심되어야만 그 '인사'의 체험적 공부가 태극의 형이상학적 정신세계로 이어진다는 것을 뜻하는 것이리라.

회재의 '서' 4편을 통하여 그가 생각한 주자학의 태극적 형이상학은 '구체철학'이요 추상적인 원리의 학이 아님을 이론화하는 것으로 여겨진다. 그래서 태극을 추상화된 원리라기보다 '무형지리'이기도 하되 모든 '생생지리'의 씨앗으로 봄이 더 구체적이리라. 서양 철학에서 신적 체험과 경험을 이야기하듯이 우리는 태극적 체험과 경험을 일상의 음양관계에서 더 심화시켜나가는 철학을 연구해야 한다. 태극은 하나의 추상적 가상이거나 추론상의 원리가 아니고 인간을 포함한 자연, 사회 그리고 역사에서 음양의 교호 작용으로 생생하게 경험적으로 나타나는 '씨앗'이기에 그것의 의미를 오늘에 다시 성찰함은 죽은 것을 생각하는 사유가 아니다. 그 점에서 회재의 태극적 형이상학은 생기 있고 살아 있는 것에서 출발하는 낱말의 블롱델(M. Blondel)적인 뜻에서 '사유하는 사유(la pensée pensante)'이리라. 왜냐하면 태극적 형이상학은 일상 경험의 승진이지 결코 위축이 아니기 때문이다.

　이제 마지막으로 유가 철학만을 현대적인 점에서 구체철학이라 여기고 도가와 불가를 미구체적이라고 논박하는 회재의 정신을 비판적으로 보자. 회재가 불교를 공격하는 대목들은 다양하지만, 그 내용은 오직 불가가 하학의 일상적이고 생활적인 관계의 학습을 버리고 바로 단도직입적으로 '돈오(頓悟)'의 세계, 상달의 세계에 몰두한다는 것이다. 그래서 불교는 구체적 실사성이 없는 공적(空寂)에 빠지고 적멸지도(寂滅之道)에서 인간의 모든 정당한 감정의 표현을 덧없는 것으로 돌린다는 것이다. 그리고 노장사상은 '허'의 개념을 무와 같은 것으로 동일시한다고 회재는 비판한다.

　이런 비판 자체는 회재가 불교와 도교의 진수에 도달하지 못했기 때문에 나온 것이라고 짐작되고 또 유교를 유일한 정통 사상 또는 참 종교로서 숭상하던 조선적인 중세 사회의 숙명적 부산물이라고 여겨지기도 한다. 동서양을 막론하고 중세 사회란 사상의 교조화 시대다. 좌우간 이런 점을 감안하더라도 오늘의 철학적 사유는 중세적 교조성을 답습할 수 없기 때문에 유교에 교조화되지 아니한 정신에서 보면 노장과 불교에 대한 회재의 비판은 사상적으로 거의 무의미하다. 여기서 우리는 불교의 '공적'이 공허의 빈곤을 뜻하지도 않고 노장의 '허(虛)·무(無)'가 이른바 '니힐(nihil)'의 뜻이 아님을 자세히 설명할 지면이 없다. 다음의 선시를 보자.

모든 법은 원래부터　　　　　　　諸法從本來
다 고요하고 빈 것이로다.　　　　皆自寂滅相
봄이 오고 백화가 활짝 피면　　　春至存花開
꾀꼬리가 버들가지 위에서 지저귄다.　黃鶯啼柳上[37]

이 시에서 우리는 모든 편견의 프리즘과 난시를 일으키는 바깥 먼지의 움

---

37) 吳經熊 著, 徐燉珏·李楠永 譯, 『禪學의 黃金時代』, p.419.

직임과 신경을 자극하는 소음과 마음의 요동에서 완전히 해방된 태허의 고요함에서 문득 다시 축성되어 나타나는 꽃의 율동과 새의 울음소리에서 진정 가득 차고 충만한 공적의 싱싱한 진리가 무엇임을 느낀다. 꽃이 피고 눈이 내리고 사람들이 대화한다고 꼭 지실한 것만은 아니다. 오직 정신의 성숙한 조건에서만 '지실이지묘(至實而至妙)'한 진리를 터득할 수 있으리라. 6세기 중국의 선사 승조(僧肇)가 읊었다는 이 시는 유가적인가, 도가적인가, 아니면 불가적인가?

> 천지와 나는 같은 뿌리이고　　　　天地與我同根
> 만물과 내가 한 몸이로다.　　　　萬物旅我一體[38]

이것이 불가의 승조 것이 아니라면 우리는 그 시가 유가의 한 군자가 말한 것인지 도가의 은자가 지은 것인지 정녕 모를 일이다.

인간은 고요한 밤의 휴식이 그리울 때 『도덕경』을 보고 싶고, 동 트는 새벽에 일어나 닥쳐올 한낮의 일을 생각할 때 『논어』를 가슴에 품는다. 그런가 하면 삶이 숙명적으로 안고 있는 비극적 체험에서 『반야심경』 속에 잠기고 싶어 한다. 그렇다고 유·불·도 삼교의 정신세계에 차이점이 없다는 것은 결코 아니다. 그 차이는 진리의 다름에서 오는 것이라기보다 오히려 진리를 터득한 계기와 동기의 차이에서 오는 것이리라.

끝으로 회재는 '무극이태극'론을 말하면서 언제나 태극의 형이상학적 진리는 '지허이지실(至虛而至實)'하고 '지근이지고(至近而至高)'하다는 양가적 가치 개념을 즐겨 사용하였다. 이 양가적 가치 개념의 경험을 우리가 어떻게 표현할까? 여기서 우리는 『주역』「계사」의 한 구절을 인용한다.

> 해가 가면 달이 오고 달이 가면 해가 온다. 해와 달이 서로 추진하여 밝

---

38) 같은 책, p.420.

은 빛이 생긴다. 추위가 가면 더위가 오고 더위가 가면 추위가 온다. 추위와 더위가 서로 추진하며 해가 이루어진다. 가는 것은 굽히는 것이요, 오는 것은 펴는 것이다. 굽히고 펴는 것이 서로 느끼어 이로움이 생긴다. 자벌레가 굽히는 것은 펴는 것을 구하기 위함이요, 용과 뱀이 엎디어 있는 것은 몸을 보존하려 함이다. 뜻을 정련하여 신비스러움에 들어감은 쓰려 하기 위함이요, 쓰는 것을 이롭게 하여 몸을 편안하게 함은 덕을 높이려 하기 위함이다(日往則月來 月往則日來 日月相推而明生焉 寒往則暑來 暑往則寒來 寒暑相推而歲成焉 往者屈也 來者信也 屈信相感而利生焉 尺蠖之屈 以求信也 龍蛇之蟄 以存身也 精義入神 以致用也 利用安身 以崇德也).

VII. 도학자로서의 율곡과 철학자로서의 율곡*
「답성호원(答成浩原)」을 분석하면서

1. '심사(心事)가 상위(相違)하는' 정신적 갈등

고상한 품격을 지닌 식물일수록 주변 환경의 영향에 민감하고 또 동시에 주위에 대하여 좋은 영향을 미치는 것 같다. 같은 이치로 예리하고 천재적인 사상가나 철학자일수록 그는 자기 시대의 정신적 분위기에 복합적인 영향을 알든 모르든 받게 되고 또한 그 시대의 눈을 앞지르게 되는 것 같다. 여기서 필자가 '알든 모르든'이라고 말한 표현은 그냥 단순한 수식어가 아니고 율곡(栗谷) 이이(李珥)와 같은 천재적인 철학자의 사상을 분석함에 있어 대단히 중요한 역설적 해석상의 표현으로 사용한 것이다.

왜 그럴까? 「답성호원(答成浩原)」이라는 서간집에 보이는 율곡 사상의 역설은 우선 그가 생존해 있던 시대 분위기의 민감한 반응인 것으로 보이고, 그 반응은 율곡이 반드시 의식해서 나타낸 것이 아니고 오히려 율곡이 자신도 모르게 무의식적으로 표출한 것으로 보인다. 그런 철학 이전적 분위기가 그의 철학 논리세계에 연장되어 나타난다. 물론 그런 생각의 흐름과 색조가 반드시 율곡에 의해서 전적으로 투명하게 의식되었다는 것은 인간 사유의 본질상 불가능하다.

성혼(成渾. 호 牛溪, 자 浩原)과 율곡 사이에 오고간 편지는 갑인년부터 시작한다. 갑인년의 편지는 전혀 철학적 논술의 내용이 담겨져 있지 않지만 거기

---

*『제3회 국제학술회의논문집』(한국정신문화연구원, 1984).

에 철학 이전적 율곡의 막연한 느낌이 그 시대의 지적 분위기를 알려준다. 그 편지를 분석하면 아래와 같다.

① 벼슬하는 것은 선비(지성인)의 정도(正道)가 아니다.

② 그래서 초야에 파묻혀 공부하는 것이 좋다.

③ 만약 현실 정치에 참여하려면 도를 실행할 자신이 있을 때 하라.

④ 그러나 부모의 요청과 현실의 경제난 때문에 할 수도 있다.[1]

이와 같은 내용이 나타나게 된 직접적 동기는 우계가 율곡이 과거 시험을 준비하는 것을 못마땅하게 여기는 것에 대한 율곡 자신의 심경을 밝히는 데서 비롯하고 있다. 그러면서 그는 "무릇 도는 현실에서 멀리 떨어진 고속(高速)하고 행하기 어려운 일이 아니다"라고 주장하면서 "어려운 처지를 당하면 환난 중에서 행동하고, 과거에서는 과거 시험에 맞게 행동하는 것"이 옳다는 논지를 편다. 『중용』에 나오는 생각의 반복이다.

이상의 내용에서 우리는 쉽게 율곡의 속생각에서 하나의 두드러진 역설적 표현을 만나게 된다. 그 역설은 지성인(선비)이 벼슬하는 것은 정도가 아니지만, 행도(行道)의 이상 실현에 자신이 있다든지 또는 현실 생활의 여건 때문에 할 수 있다는 것도 크게 틀린 뜻은 아니라는 것이다. 그 역리의 생각 가운데 이상주의의 강한 명분과 현실주의의 수줍은 요청이 동시에 깃들어 있음을 우리가 간과해서는 안 된다. 그리고 「답성호원」[2]에 가끔 그 당시 지식인 주변에서 율곡의 현실 참여와 벼슬 구함(祿仕)에 대하여 비방하고 욕하는 자가 많았음을 보게 된다. 이에 대하여 율곡은 벼슬길을 내놓아도 돌아갈 곳이 없는 현실 생활의 어려운 처지를 말하고 있다. 그리고 다음과 같이 자기 생각의 정당성을 하소연하기도 한다.

반드시 적당하게 선처하는 도리를 저울질할 수 있을 터인데, 나를 대하

---

1) 『栗谷全書』上卷, 書一, pp.183-186.
2) 같은 책, pp.191-192.

는 자는 다 상규만 고집하고 상호 질책을 하니 결점이 많이 보이는 것은 당연하다.[3]

또한 율곡은 자기가 과거에 응시하여 구관녹사(求官祿仕)하고 있기에 세상 사람들이 평하듯이 청반(淸班)에 끼게 된 것은 허명이라고 술회하고 자못 '심사가 상위(相違)'함을 토로하기도 하였다. 그러면서도 그는 '일의 마땅함을 저울질하는(以權事物之宜)' 권도(權道)의 중요성을 일깨워주기도 한다. 그가 상황에 따라 가장 적중하는 정신인 권도의 중요성을 강조한다면 상황성을 중시하기보다 불변의 원칙을 강조하는 강상(綱常)의식은 어떻게 되는가? 그는 조광조의 도학사상을 한없이 숭상하였고 의리학 계통을 칭송하여 마지않았다. 주로 강상의리(綱常義理)정신을 따지는 사람들이 율곡의 현실적 생활태도와 과거를 통한 참여를 비판했던 것으로 보인다. 거기에 대한 답변은 권도(상황에 따라 적중함을 저울질하는 도리)다.

그런데 이 강상의리의 순수성과 권도 실리의 현실성 사이에서 율곡 철학은 역설적인 줄타기 곡예를 하고 있는 것으로 보인다. 그 줄타기 곡예가 때로는 이상주의자와 현실주의자로서의 율곡을 각각 달리 보이게 하는 요인이 된다. 그 시대의 지성적 분위기에서 공식적으로 율곡은 이상주의적 순수성의 계보에 가까이 접근하는 인상을 주기도 하지만, 그러나 비공식적인 다른 생각에서 그는 현실주의적인 공리성을 은밀히 추구하려고 애썼던 것으로 여겨지기도 한다.

문제를 좀 더 구체적으로 인식하기 위하여 율곡이 적량공(狄梁公)에 대하여 내린 역사적 평가를 한 번 생각해보기로 하자. 중국 당의 무후(武后)가 중종을 폐위하자 적량공은 거기에 일단 협조했다가 뒤에 동지들과 다시 모의해서 반정을 시도해서 성공한 인물이다. 이른바 당 시대 중종반정의 경우를 두고 나온 고사에 적량공(狄仁傑)이 관계된다. 이런 적량공의 행위에 대하여 율

---

3) 같은 책, p.191.

곡은 실절(失節)은 아니지만 그래도 굴신(屈身)이라고 비평하고 있다. 즉, 적량공의 충성은 옳지만 그래도 일단 불의의 세력에 굴신하였기 때문에 신하의 정도는 수행하지 못했다는 것이다. 그래서 율곡은 결론을 내리기를 "대저 의는 충을 다할 수 있지만 충은 반드시 의를 다하는 것이 아니다"라고 하였다. 적량공에 대한 율곡의 논평은 권도의 상황 논리보다 상도의 원칙론에 충실한 것으로 보인다. 구체적인 역사 상황에서 의인과 충인이 반드시 일치하는 것은 아니라는 생각이다. 그러면서 그는 적공이 충성의 화신임을 인정한다.

여기서 성리학의 진리론과 행동론을 생각해보지 않을 수 없다. 도대체 구체적 현실 생활에서 무엇이 중용의 도리일까? 이 점에 관해서 율곡도 주변의 뭇 비난 속에서 심각한 고민을 했던 것으로 보인다.

지금부터 철학 이전적 분위기에서 율곡 철학의 이론세계로 다가가 보자. 율곡이 몸담았던 성리학은 태극의 진리론을 궁극적으로 주장하고 있다. 그래서 그는 "지선(至善)은 태극의 이명(異名)이고 명덕(明德)의 본체"[4]라는 명제를 도출한다. 지선으로서의 태극을 말할 때 이 지선의 개념은 반드시 도덕적 선을 가리킨 것만은 아니다. 오히려 태극적 지선은, 즉 명덕의 본체는 우주적 선을 지시한다고 봐야 한다. 우주 또는 자연은 그 본질에 있어서 좋은 것이라는 사상에서 성리학이 출발하고 있다.

율곡을 통하여 지선의 개념을 우주적 선, 자연적 '좋음'으로 보는 까닭은 그가 지선적 태극이『역경』에서 말하는 원리적 태극과 같다고 말하면서, 그 원리적 태극이 현상화하면서(見於日用之間) '내 마음의 한 태극(吾心之一太極)'이 되기도 하고 '사물의 태극(事物之太極)'이 되기도 한다고 논급하였기 때문이다. 그리고 그는 자연적 '좋음', 우주적 선을 뜻하는 지선적 태극이 지선의 '체(體)'라고 한다면 상기 두 개의 태극은 지선의 '용(用)'이라고 지적하였다. 그런데 사물과 달라 인간은 저 지선의 본체를 인식할 수 있고 본받을 수 있기에 역으로 다시 '지선에 머물음(止於至善)'을 할 수 있다. 그래서『대학』의 지선 개념과『중

---

4) 같은 책, p.187.

용』의 사상을 연결시키면서 율곡은 자신의 본체는『중용』이 말하는 '천명지
성(天命之性)'과 같고 지선의 활용은『중용』이 말한 '솔성지도(率性之道)'가 되고,
『대학』이 말한 '지어지선(止於至善)'의 개념은『중용』에서의 '수도지교(修道之
教)'의 개념과 상통한다고 보았다. 그래서 다음과 같은 도식이 가능해진다.

이처럼 위의 도표에서 화살표가 내려오는 방향은 자연의 화육 질서를 상
징하고 반대로 그것이 올라가는 방향은 인간의 교육 질서를 말하는 셈이 된
다. 그런데 중(中)의 개념은 우계 성혼의 생각처럼 고정된 실체나 어떤 일정
한 정체가 있는 것이 아니고, 중은 본체와 활용의 면을 다 겸비한 개념이기에
우주의 본성과 내 마음의 심정과 사사물물에 대하여 중이 역동적으로 존재
한다. 즉, 중은 성(性), 정(情), 덕행의 세 방면에 다 관통하고 있다. 그래서 중의
성이 활용 면에서 현상화할 때 그것은 화(和)의 가치로 표현된다. 그런데 성의
미발상태에서는 자연성과 인성의 미분화인데 인간의 정과 덕행의 활용적 차
원에 이르러 인간과 자연이 갈라지게 된다. 왜냐하면 자연세계에서는 감정과
덕행의 표출이 불가능하기 때문이다. 이런 관점에서 보면 성리학은 인간과
자연의 근원을 동일한 우주적 선에 뿌리를 두고 있다고 전제한다.

그런데 본디 자연과 인간이 동일한 천성(우주적 선)에 뿌리를 두고 있지만,
대부분의 인간은 감정과 덕행의 활용 차원이 미진하여 우주적 선의 완성을 성
취하지 못한다. 유가에 의하면 오직 성인만이 그 완전한 일치를 구가한다. 성
인은『중용』이 갈파한 바와 같이 "생각을 하지 않아도 앎을 얻게 되고, 힘쓰
지 않아도 행동이 적중하게 된다(不思而得, 不勉而中)." '불사이득(不思而得)'은 지
식의 극치요, '불면이중(不勉而中)'은 행동의 극치다. 이 경지는 인간의 모든 인

위적 노력이 배제된 그대로의 자유스러움이 곧 자연의 필연스러움과 저절로 합일하는 세계다. 그런데 성리학에서 '태극지리'를 '소이연지리(所以然之理)' 또는 '소당연지리(所當然之理)'라고 하고 또 다른 한편으로 성인을 그런 태극적 진리의 준칙으로 여기고 있다. 그렇기 때문에 유교는 단순한 철학적 사유체계나 세계관이 아니고 동시에 인륜적 종교성을 지니게 된다.

그런데 '소이연(소당연)지리'는 우주적 이법의 필연성을 뜻하고 성인은 동시에 인간적 자유의 정상을 뜻한다. 필연성과 자유는 통상 상호 어긋나는 개념이다. 그러나 유교적 세계관에서 이론적 필연성은 인간적 성인과 만난다. 필연성은 정신 위에 작용하고 있는 관념의 외적 행위라고 한다면 자유는 정신 안에 작용하고 있는 자기 자신(정신 자신)의 내적 행위라고 보아야 한다. 진리를 밖에서 관찰할 때 필연적 관념이 되고 진리를 정신의 안에서 내적으로 체험하면 자유 자체가 된다. 태극의 진리, 지선의 진리를 외적 관찰로 보면 필연의 이법이 되지만, 그 필연의 이법은 정신의 내적 체험으로서 볼 때 순수 자유 자체의 이면에 지나지 않는다. 그래서 성리학의 인식 이론은 '소이연(소당연)지리'의 '치지(致知)'에 있지만 성리학의 윤리학은 성인의 자유 자체에 '거경(居敬)'하는 것을 이상으로 삼는다. 이와 같은 거경 면에서 볼 때 필연과 자유의 완전한 일치의 경지에 있는 사람이 완전한 성인(孔子)이고, 거기에 조금 미진한 사람이 현인이고, 공부해서 노력하는 사람이 군자이고, 그다음에 중인(衆人)과 하우(下愚)가 있다. 이런 계열에서 보면 유학은 성인이 되기 위한 공부인 셈이 된다.

그러나 과연 현실적으로 그런 성인이 될 수 있는가? 공자 이래로 그런 성인이 또 있는가? 여기서 우리는 공자가 유교적 이상형의 대명사임을 안다. 그러나 현실적으로 인간이 성인의 완전한 성취를 이룩함은 적어도 거의 불가능함을 고백하지 않을 수 없다. 그런데 구체적으로 성인의 경지에 이른 자만이 완전한 뜻에서 중용과 시중의 도리를 행하는 이라고 할 수 있다. 그런 점에서 중용의 이치를 온전히 실행하는 일도 성인되기만큼 힘들고, 또 현실적으로 거의 불가능하다고 보아야 한다.

좌우간 성리학 체계에서 태극과 지선의 진리는 이론적으로 '소이연지리'이고 도덕적으로는 '성인'이다. 이와 같은 두 가지 진리 기준이 율곡의 경우에 어떤 철학적 사상으로 이론화되었을까? 그는 「답성호원」에서 도덕적 진리로서 성인의 준칙을 생각하면서 인심도심설(人心道心說)을 생각하게 되었고 이론적 진리로서 사단칠정설(四端七情說)과 이기론(理氣論)을 전개하게 된 것으로 보인다.

그런데 태극과 지선의 본체로서의 '소이연지리'가 어떻게 감정(情)과 덕행에도 현상화되는가 함을 다루는 율곡의 입장과 또 어떻게 사람이 수도지교와 수양으로서 '지어지선'에 도달하는 성인이 되는가 하는 도덕적 요청의 길이 율곡 철학에서 각각 미묘한 뉘앙스의 차이를 정시하고 있다. 다시 말하면 '격물치지(格物致知)'의 차원을 다루는 이론적 측면과 '거경궁리(居敬窮理)'에 초점을 모으는 도덕적 차원이 율곡의 철학 사상에서 반드시 동전의 앞뒷면처럼 합일하지는 않는다. 이와 같은 어긋남은 율곡 사상의 철학적 특징에만 그치는 것이 아니고 현실주의적 권도와 이상주의적 상도 사이의 갈등 경험, 또한 균형을 모색하려 한 정신사의 의미와도 깊은 관계가 있었던 것으로 보인다.

2. 힘을 탄 바람의 길

임신년의 「답성호원」은 율곡의 인심도심설과 사칠설, 그리고 이기론을 이해하는 데 대단히 중요한 편지다. 여기서 그는 '한 인간의 마음(心一也)'에 인심과 도심의 구별이 있다고 전제한다. 도심은 완전한 도덕적 선의 세계고, 인심은 선악이 구체적으로 교차하는 세계다. 그런데 한 마음(一心)에서 출발하지만 사단과 칠정은 서로 상관관계를 갖는데 인심과 도심은 전혀 그 오는 바의 성격이 다르다고 말한다. "도(道)라고 하는 것과 인(人)이라고 하는 것은 성명(性命)과 형기(刑氣)의 구별이다."[5] 이어서 그는 "도심은 그 출발이 정리(正理)에서 바로 시작되고 기의 작용을 받지 아니한 것이고, 인심은 출발할 때 기의 작용을 이미 받은 것이다"6)라고 언표하였다. 이것을 도표화하면 다음과 같다.

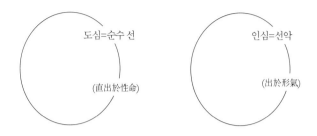

도심=순수 선

(直出於性命)

인심=선악

(出於形氣)

좌우간 도심과 인심은 같은 마음에서 출발하지만 본질적 성격상 이원적 의미를 갖지 않을 수 없다.

그런데 사단과 칠정의 경우는 조금 다르다. 율곡은 "사단(仁義禮智의 현상)은 칠정(喜怒哀樂愛惡欲)을 겸하지 못하지만, 칠정은 사단을 겸한다" 또한 "사단은 칠정의 순수요 칠정은 사단의 전체"7)라고 언급하였다. 이와 같은 율곡의 사칠론은 옆의 그림과 같이 표현된다.

칠정

사단

그런데 율곡은 이기 개념을 말하면서 "발하는 것은 기고, 발하는 소이는 이(發者氣, 所以發者理)"라고 규정하였다. 기는 능동적이고 이는 수동적인 의미를 지닌다. 아무튼 위의 설명에서 율곡이 의도하는 생각의 대본은 이해 가능하지만 그 사유의 정밀성에서 몇 가지 이해하기 어려운 애매한 점이 있다. 그런 점을 몇 개로 분류하여 생각해보자.

① 도심도 순수한 선이고 사단도 칠정 가운데 순수한 선만 지칭하는 것인데, 그렇다면 인심과 구별되는 도심의 순선(純善)과 칠정과 구분될 수 없는 사단의 순선은 어떤 관계인가? 또 율곡은 본연지성은 순선이라고 했는데 도심

---

5) 같은 책, p.192. "謂之道, 謂之人, 性命形氣之別也."
6) 같은 책, p.193. "其發直出於正理而氣不用事則 道心也 七情之善一邊也, 發之之際, 氣已用事則人心也, 七情之合善惡也."
7) 같은 책, pp.192-193. "四端不能兼七情, 而七情則兼四端, 四端七情之粹, 七情四端之全."

의 경우와 사단의 경우에 각각 해당하는 본연지성은 어떤 관계인가? 도심의 선과 사단의 선은 앞서 논급된 것처럼 '역유태극지태극(易有太極之太極)'과 '오심지태극(吾心之太極)'의 차이와 같아서 체와 용의 관계와 같은 것인가?

② 율곡은 도심이 성명(性命)에서 바로 나오고 기의 작용이 없이 이루어진다고 했는데, 어떻게 기의 작용이 없이 도심이 바로 성명에서 직출할 수 있는가? 그런데 또 '서이(書二)'의 「답성호원」에서는 '서일'의 경우와 좀 다르게 "인간의 본성이 선한 것은 이 때문이요 기가 아니면 이는 인심과 도심을 발하지 못한다"[8]고 말하였다. 이 점을 보면 도심이 기의 작용을 거치지 않고 성명에서 직출한다는 생각이 수정되었다고 보여지나, 인심과 도심이 한 마음의 두 흐름인 것은 부인되지 않는다.

③ 지선의 체와 용을 설명하는 가운데서 『대학』의 '지선지체'는 『중용』의 '천명지성'에, 그리고 『대학』의 '지선지용'은 '솔성지도'에 대응된다고 하였다. 그런데 율곡은 자사의 『중용』 속에 담긴 생각에 따라 '천명지성'은 '미발지성(未發之性)'이라고 규정하였다. '미발지성'은 유교적 세계관의 전제인 우주적 선의 원칙에 따라 순선(純善)할 수밖에 없다. 그런데 율곡에 의하면 사단은 이미 기의 작용을 받은 현상화한 '이발지성(已發之性)'으로서의 선(善)이다. 그것은 늘 인간의 구체적 선이다.

그런데 과연 인간의 마음에는 미발상태가 있는가? 만약에 이상학(理象學)의 이론에 따라 인간의 마음을 해석하면 인간은 죽을 때까지 관심과 지향성의 중단 없는 연속이다. 이 점에서 보면 인간의 마음에는 미발상태가 없고 이발상태밖에 없다. 그렇지 않으면 마음의 미발상태는 선가에서 말하는 '무심지심(無心之心)'이나 '무려지려(無慮之慮)'의 경지인가? 아직도 필자는 선(禪)의 세계를 철학적으로 이해하지 못하기에 선(禪)이 미발상태인지 이발상태인지 정확히 모른다. 그런데 스즈키(鈴木大拙)의 『선불교(禪佛敎)』에서 그는 "선(禪)은 생각하는 것이 아니고 있는 그대로를 바라보는 것"이라고 정의했을 때,

---

8) 『栗谷全書』 上卷, 書二, p.202. "人性之本善者理也, 而非氣則理不發人心道心."

선을 오로지 '미발지성'의 세계라고 간주하기도 어려운 것으로 보인다. 왜냐하면 생각함에 필수적으로 따르는 주객 대립의 이원성을 넘어 망아적 직관을 선이라 해도 직관은 역시 의식(心)의 행위임에 틀림없기 때문이다. 그 경우 선이 곧 심의 미발상태라는 등식은 성립되지 않는다. 이렇게 볼 때 지선의 체와 같은 '미발지성'은 결코 구체적 인간의 경험적 심성이 아니고 추상적 심성에 지나지 않는다. 율곡이 '미발지성'을 그렇게 해석한 것은 아니지만 좌우간 '미발지성'은 구체적 심성의 선을 이상화한 우주론적 본체의 순선과 같은 대전제에 불과할 뿐이다. 즉, 우리가 경험적으로 선악을 구분할 수 있는 근거로서의 선의 이데아(idea) 또는 선의 이상형(ideal type)에 그칠 뿐이다.

이상과 같은 세 가지 관점을 다시 생각해보면, 율곡은 도심을 인간의 구체적 마음속에 인심과는 별개로 독립하고 있다고 보고 그것이 '미발지성'의 상태로 또 존재한다고 보았기 때문에 이러한 이론상의 애매성이 생긴 것이 아닐까? 이상적 이데아나 또는 이상형은 그것이 이상으로서 존재할 뿐이지 현실적으로 존재하지는 않는다. 그것은 단지 현실적 가치 판단의 영원한 길잡이일 뿐이지 그 길잡이가 구체적 현실에 존재한다는 것은 아니다. 자유와 필연의 완전한 일치, 심법과 이법의 합일, 인성과 자연성의 조화로서의 성인도 그 점에서 결코 구체적 현실의 인간일 수는 없다. 그 점에서 공자가 성인이냐 아니냐 하는 논의는 철학적으로 잘못 정립된 논제라고 여겨진다. 공자는 유교적 세계관 속에서 구원한 성인의 이상형으로서, 또 논리적인 이데아가 아니라 살아 있는 이데아의 화신으로 여겨져야 하리라.

도학파가 언제나 그 정신에서 인심보다 도심을 가까이 하려고 생각하고 이론적이고 논리적인 '격물치지'에 의한 진리의 성격 규정보다 오히려 '거경궁리'에 의한 도심의 구체화나 성인이 되기 위한 공부에 열중하게 될 때 도학정신은 인간의 마음에 한 점의 티끌도 있어서는 안 되는 지순 자체를 그리워하게 되고 인간 행동에 있어서 조그만 앙금도 끼지 않은 성인의 덕행을 본받으려 하는 이상주의에 기울어지게 되는 것은 당연하다. 그래서 그 도학정신이 역사 현실의 사건에 대해서 타협과 양보 없는 준열한 심판으로 경도되는 것은 지극히 자연스러운 결론이 아닐 수 없다.

　이렇게 볼 때 율곡이 적량공의 행적에 대해서 의인은 되지 못하지만 충인의 수준에 머물고 있다고 평가한 일은 저 도학의리학파의 정신을 이었기 때문에 그렇다고 보여진다. 왜냐하면 그는 자신의 옳은 뜻을 도모하기 위해서지만 결과적으로 굴신을 했기 때문이다. 그러나 유학의 주요 경전인『역경』에는 "자벌레가 몸을 굽히는(屈) 것은 다시 펴기(伸) 위해서고, 용이나 뱀이 겨울잠을 자는 것은 존재하기 위함"이라는 구절이 있다. 모든 유학 사상이 다 이상주의적인 도학정신에만 경도되어 있는 것이 아니고 현실주의적 경향을 지니고 있기도 하다. 또 사실상『논어』를 봐도 공자가 관중을 평할 때 이상적 측면과 현실적 측면에서 다 고려하고 있고 또 제자들의 이상주의적 일변도를 경계한 대목도 갖추고 있다. 좌우간 도학사상은 현실적 '격물치지'보다 이상적 '거경궁리'에 쏠린 것은 사실인 듯하다.

　이와 같은 도학의리학파가 현실에 참여할 때 두 가지의 사상적 선택이 가능하게 된다. 그 하나는 조광조처럼 현실을 조금의 하자나 앙금이 없는 완전한 이상사회로 만들고자 하는 유토피아니즘이요, 또 다른 하나는 현실에의 참여가 언제나 운명적으로 동반하게 될 과오와 실패의 가능성으로부터의 도피다. 그 도피가 조선 시대 지성의 주류였던 사림을 형성하게 되었다. 사림은 '격물치지'에 의해서 '소이연지리'나 '소당연지리'의 궁구에도 힘쓰지만, 동시에 '거경궁리'에 의해서 행동에 조그만 결점을 나타내지 않으려는 데 더 큰 신경을 썼다. 선비의 관심이 일반적으로 현실적 이론과 실용적 사려 쪽에서보다는 오히려 성인을 이상적으로 본받는 순수 덕행 쪽으로 더 무겁게 기울어졌다. 조식(曺植)의 학풍이 그것이다. 조광조의 지치(至治) 유학이 현실적으로 좌절하자 도학의 지성인 사림 학맥으로 기울어지게 됨은 당연하다고 생각된다.

　율곡이 적량공을 비판함에는 그런 정신사적 배경이 깔려 있다. 그런데 여기에 하나의 아이러니가 나타난다. 본디 도학정신에 따르면 현실에 참여할 때는 순수하게 진리를 구현하는 '행도(行道)'에 자신이 있을 때 하는 것이 원칙이다. 그런데 동서고금을 막론하고 지성인의 현실 참여에서 철두철미 행도에 자신이 있는 사람이 과연 있을까? 현실 역사세계의 구조상 그런 일은 불가능하다. 그래서 율곡도 행도에 자신이 없다고 여겨서 높은 벼슬은 가급적 사양하고 일군의 현감 정도를 원했던 것이다. 높은 벼슬을 사양하는 그 겸손과 겸허는 매우 값진 것이지만 다른 한편으로 그런 소극성은 현실주의적 지성의 발전 의지를 취약하게 할 수도 있다. 하여튼 우리가 느끼는 아이러니는 율곡의 현실 참여에 대하여 사림의 일각에서 못마땅하게 생각했던 것이 문헌에 나타나고 또 율곡은 자기가 청반이 아닌데도 그렇게 여기고 벼슬과 과거에 응한 일을 비난하는 측의 '상규(常規)'가 너무 융통성이 없는 것이라고 한탄하였다는 점이다. 이런 갈등에 관해서는 1절의 서두에서 다루어졌다. 그럼에도 불구하고 적량공의 행태에 대해서 그는 원칙론을 우선하고 있다. 성공을 위하여 굴신하는 것도 의리상으로는 만족스럽지 못하기 때문이다.

도학자로서의 율곡은 도심과 인심을 두 갈래로 나누었지만 철학자로서의 율곡은 이와 기, 사단과 칠정을 둘로 이원화시키지 않았다. 도학자로서의 율곡은 이상주의적 유토피아니즘 성향을 지녔지만 철학자로서의 그는 현실주의적 개혁사상을 생각하게 된다. 그의 말을 인용한다.

무릇 본연한 것은 이지일(理之一)이요 유행하는 것은 분지수(分之殊)다. 유행하는 이를 떠나서 본연한 이를 구하는 것은 진실로 옳지 않다.[9]

이는 기의 주재요, 기는 이가 타는 바다. 이가 아니면 기가 근거할 데가 없고 또 기가 아니면 이가 존재할 데가 없다.[10]

---

9) 『栗谷全書』上卷, 書一, p.194. "夫本然者理之一也, 流行者分之殊也, 捨流行之理, 而別求本然之理固不可."

10) 『栗谷全書』上卷, 書二, p.197. "夫理者氣之主宰也, 氣者理之所乘也, 非理則氣無所根抵, 非氣則理無所依著."

(이와 기는) 하나도 아니고 둘도 아니다. 하나가 아니기에 일이이요, 둘이 아니기에 이이일이다.[11]

발하는 것은 기고 발하는 소이는 이다. 기가 아니면 능히 발할 수 없고 이가 아니면 발하는 바가 없다.[12]

이와 같은 이이의 생각을 종합하면 율곡 철학에 있어서 기는 모든 이의 현실적 화신인 것으로 정립된다. 결국 기와 칠정(인간의 감정)과 연관되지 않은 어떤 이와 성의 가치나 존재는 인간 의식에 현실화되지 않고 현상화(의식화)되지도 않는다. 그런데 그에 의하면 그 기에는 이른바 '청기(淸氣)'와 '탁기(濁氣)'가 있어서 이를 제대로 현실화하느냐 아니면 왜곡하느냐에 따라서 인간의 마음이 달라진다. 기가 이를 현양할 때 칠정의 선 일변인 사단이 나타나고 이를 은폐하거나 왜곡할 때 칠정의 악 일변이 표현된다. 이렇게 볼 때 구체적인 선악을 판가름하는 것은 기의 작용이다. 여기서 우리는 율곡 철학 개념에 있어서 이기의 현대적인 뜻이 종합적으로 무엇인가는 논의하지 않기로 하자. 그것은 본 논문이 설정한 문제의 범위를 넘어서 있다.

하여튼 그에게 있어서 현실적으로 중요한 것은 기다. '격물치지'의 인식론의 입장에서 현실적으로 '유행지리(流行之理)'나 또는 '기질지성(氣質之性)'을 떠나서 순수한 본연의 이상과 본성 또는 이념을 논할 수 없다. 그런 점에서 내가 현실적으로 좋은 것과 착한 것(善)을 아는 것은 '나의 신체(기질지성)'와 더불어 내가 실제로 느낄 수 있는 것과 달리 나타나지 않는다. 인간의 기질과 감정의 현상 속에 내재화된 본성 또는 이법으로서의 '기질지성'은 내가 객관적 대상으로 생각할 수 있는 것이 아니다. 오히려 그 '기질지성'은 그것을 통해서만 내가 현실적으로 생각하게 되는 나의 사유의 제한된 통로요 특수의

---

11) 같은 책, p.197. "旣非二物又非一物, 非一物故一而二, 非二物故二而一也."
12) 같은 책, p.198. "發之者氣也, 所以發者理也, 非氣則不能發, 非理則無所發."

실존적 창이다.

우리는 앞에서 율곡이 성리학이나 유학 일반의 세계관에 따라서 지선의 본체나 천명의 성이 곧 대자연적 선(우주적 선)임을 전제하고 있음을 보았다. 이 우주는 죽은 사막이 아니라 뭇 생명이 질서정연하게 생명을 이어하는 이 법의 집이다. 『역경』이 말하는 '생생지리'가 그것이고 '일음일양지위도 계지 자선(一陰一陽之謂道 繼之者善)'이라는 명제가 그것을 입증한다. 이렇게 볼 때 '생생지리'로서의 우주적 선은 생명 자체의 생리와 같이 끊임없는 바람을 표현한다. 이런 차원에서 볼 때 이는 우주적 선인 생명 자체의 자기 바람이다. 그런 바람은 현실적 힘이 없으면 결코 현실화하지 못한다. 율곡 철학의 대표적 명제라 불리는 '기발리승일도(氣發理乘一途)'의 개념이 이 뜻이리라. 힘이 없는 모든 선의 바람은 현상적으로 실존하지 않는다. 실존한다는 것과 존재한다는 것은 다르다. 그래서 현상학적 실존세계에 있어서 모든 바람은 힘과 이원적 일원이 되어서 육화(incarnation)가 되어야 한다. 그런데 그 힘이 생명 자체의 좋은 바람을 도와줄 때는 실존적으로 느껴지는 선이 되고 반생명성을 지닐 때 악이 마음에 나타난다. 이런 각도에서 보면 율곡 철학에 있어서 이는 기에 대해서 긍정하는 조건 아래서만 동시에 부정한다. 그가 '이를 기의 주재'라고 부른 것은 이런 연유에서라고 생각된다. 이 이기론에 와서 율곡은 추상적 도심이나 '미발지성'을 생각하기보다 오히려 구체적 인간의 마음(人之心)과 '이발지성'을 중요시하였다. 그래서 그의 인간학은 이(理. hummanity)와 기(氣. vitality)가 분리되지 않은 인간 마음의 구체적 실상과 현 실태를 겨냥하기 시작한다.

철학자로서의 율곡은 이처럼 기의 역할을 중요시하였고 도학자로서의 그는 다른 한편으로 도심의 문제에 여전히 신경을 썼던 것으로 보인다. 애초 '서 1'에 그는 도심이 기와 상관 이 성명에서 직출하는 것으로 여겼다가 또 '서 2'에 와서는 기가 아니면 이가 인심도심을 발할 수 없다고 하였다. 이것은 처음 생각에 대한 수정이다. 그러나 철학적인 이기설과 도학적인 인심도심설이 논리적으로 선명하게 상호 잘 부합되지 않음을 그는 직관했던 것으로 보인다. 왜냐하면 '기발리승(氣發理乘)'의 논리에서 보면 기가 현실화하는 선악의 관건을 지니고 있음에 반하여 인심도심설에서 보면 인심 속에 내제한 도심이 아니고 인심은 천하고 도심은 고귀한 것으로 여겨지기 때문이다. 이 문제에 대한 논리적 정합성이 확연하지 않음을 느꼈던지 율곡은 다시 「답성호원」 '서 2' 후반부에 와서 다음과 같은 의견을 개진하고 있다.

　도심을 본연의 기라고 하는 것은 역시 새로운 용어 같아서, 이것이 바로 성현의 뜻이긴 하나 문자상에 나타난 것은 아니니.…13)

　도심은 본디 성명에 바탕해 있지만 발하는 것은 기요, 이가 발한다는 것은 옳지 않다. 인심도심은 다 기가 발한 것인데, 기가 본연의 이에 순하는 것이 있는데 그것이 본연의 기(本然之氣)다.14)

이어서 율곡은 '본연지기'란 맹자가 말한 '호연지기'와 같다고 말하고 그 기는 전혀 본연의 이를 은폐하지 않기에 '본연지기'가 도심의 본연지리를 발양케 하는 데 전혀 부족함이 없다고 말한다.

그러나 도심을 인심과 구별하기 위해서는 율곡의 도학정신을 십분 이해할 수 있지만 그의 '순수 이' '순수 기'와 같은 '본연지리'와 '본연지기'를 원용해도 여전히 철학적인 난제가 남게 된다. 왜냐하면 율곡 철학 체계의 개념에 따르면 이기의 인식은 성정의 토대 위에서 가능해지기 때문이다. 그런데 성리학의 기본 명제에 의하면 '성즉리(性卽理)'라고 흔히 말한다. 그러나 엄밀한 뜻에서 그 두 개념이 똑같은 것은 아니다. 이와 성의 관계는 마치 성이 이의 바람을 인간 속에 받아들이는 육화와 같다. 즉, '소이연'이나 '소당연'으로서의 이법이 마음에 내재화할 때 그것이 성으로 변한다. 그러므로 성은 이에

---

13) 같은 책, p.209. "以道心爲本然之氣者, 亦似新語, 雖是聖賢之意, 而未見於文字…"
14) 같은 책, p.210. "道心原於性命, 而發者氣也, 則謂之理發不可也, 人心道心俱是氣發, 而氣有順, 乎本然之理者, 則氣亦是本然之氣也."

대하여 그 실현의 조건일 뿐만 아니라 구상화의 조건이다. 그래서 논리적 의미에서 이와 성은 구분되나 현상학적인 뜻에서는 성즉리라고 할 수 있다. 좌우간 이와 기의 관계가 인간 의식의 차원에서 다루어지기 위하여 이기관계는 성정관계로 나아가지 않을 수 없다. 이미 율곡은 '본연지성(理)'은 '기실지성'을 떠나서 의식화되거나 인식될 수 없다고 말하였다. 그렇다면 '본연지기'와 같은 순수한 '호연지기'도 결국 성정론에서 본 바와 같이 칠정 속에 내재화한 기를 통해서만 인간이 의식하고 인식할 수 있는 것이 아닌가? 이와 같은 관점에서 봐도 도심인심의 도학적 관점과 사칠론, 성정론, 이기론의 철학적 관점 사이에 어떤 불협화음이 율곡의 사상 체계 속에 스며 있음이 틀림없는 것 같다.

그런 불협화음을 율곡 자신이 자기 시대에 의식하였다는 것은 결코 아니다. 모든 사상가나 철학자가 자기 시대를 다 의식하는 것은 아니다. 그는 자기 시대가 구성해놓은 틀에 갇혀 사유할 수밖에 없었다. 그렇다고 해서 가치있는 철학자나 사상가가 그 시대의 포로라고 하는 것은 아니다. 어떤 대상은 다른 대상들을 감춤으로써 다른 것들 위에서 스스로 노출된다. 은폐와 현시는 동시적으로 성립한다. 참다운 사상가는 그 시대의 틀 안에 살면서 동시에 그 틀을 초월한다.

도학자로서의 율곡은 그가 그 시대의 틀 속에 살아 있음을 증언한다. 그러나 철학자로서의 율곡은 자기 시대의 중세기적 사상주의의 테두리를 초월하고 있다. 조선 중기의 이상주의는 인간을 순수 도덕적 존재로 표상하였고, 인간의 마음을 도심적 성인주의에서만 보려고 하였다. 그래서 그 성인주의에 적합하지 않은 모든 생각과 제도를 배척하려고 하였다. 공식적으로 율곡도 그 시대의 도덕적 질서에 맞추어 성인주의적 언어를 구사했다. 그러나 그의 은밀한 사유 논리는 이미 성인주의를 벗어났다. 그의 철학은 결코 주기론이 아니다. 관념적으로 '순수 이'나 '순수 기'가 존재할 수 있으나 현실적으로 존재하는 것은 초월적인 이가 내재해 있는 기일 뿐이다. 맑은 기(精氣), 탁한 기(濁氣)의 개념은 이미 이를 전제해서 나올 수 있는 개념이다.

결론적으로 율곡의 성정·사칠·이기 철학은 인간의 생활을 순수 이상의 진공 속으로 투사시켜서는 안 됨을 뜻한다. 생활세계의 이해는 감정, 기(氣)적 체험, 신체적 환경을 통해서만 가능하다고 율곡은 생각했던 것으로 보인다. 만약에 인간이 자기의 현실과 정신적 이상을 각각 분리된 사실로 파악하고 그다음에 그 둘을 논리적으로 연결시키면, 인간은 체험된 삶의 표현으로서 역사의 흐름을 결코 이해하지 못하리라. 율곡 철학에서 볼 때 인간의 마음은 무엇보다 먼저 세계에 대한 참여의 한 양상이고, 심정적 차원에 접목이 되지 아니한 것에 대해서 인간은 의미를 느끼지 못한다.

이렇게 볼 때 도학자로서의 율곡은 도덕적 이상주의자였지만, 철학자로서의 율곡은 사회과학적으로 현실주의자였고 인간학적으로 현상학적 태도를 가졌으며 인식론에서는 경험적 사실에 대한 존중심을 가졌다. 그는 도학적으로 중세인이었지만 철학적으로 일찍이 근세의 문을 연 고독한 선구자였다. 그가 '종본이언(從本而言. 본질에 따라 말함)'도 사랑했지만 '종사이언(從事而言. 사실에 따라 말함)'을 더 귀하게 여긴 까닭이 거기에 있다고 여겨진다. 그는 확실히 실학적 발상, 현실주의적 개혁의 정신을 지녔다. 그에 따라 한 번 생각해보자. 기(氣)적 체험은 철학을 예상한다. 철학은 이성적으로 해명된 감성적 체험에 지나지 않는다.

제2부

I. 유교정신의 해석을 위한 몇 가지 연습들*

유교정신이라는 개념은 그렇게 쉽게 정의되는 것이 아니다. 그러나 정의하기 어렵다고 하여서 유교정신의 실재가 의심되는 것은 아니다. 일반적으로 정신적 실재에 대한 해명은 객관적 정의의 방편을 택하는 것보다 구체적 접근의 길을 취함이 더 옳을 것으로 보인다. 왜냐하면 구체적 접근의 길은 온몸으로 체험하고 직관하고 또 숙고하는 일을 늘 동시적으로 이룩하기 때문이다.

유교정신의 체험, 직관, 그리고 이해를 동시적으로 성취하기 위하여 우리는 공자의 사상과 인격을 대상화하기보다 오히려 거기에 맞닿기 위하여 노력해야 하리라. 그러기 위하여 우리는 유교의 얼이 담긴 고전(사서오경)을 해독할 필요를 느낀다. 이 논문은 그런 해독을 위한 하나의 간단한 보기에 지나지 않는다. 그러기에 이 논문의 제목에 '몇 가지 연습'이라는 단서를 달았다. 그러면 구체적으로 공자의 사상에 어떻게 접근해서 그것을 해석해야 할까?

1

『논어』「이인(里仁)」편에서 우리는 공자가 남긴 가장 으뜸가는 인생관을 접한다. "아침에 진리를 들으면 저녁에 죽어도 후회가 없으리라(朝聞道 夕死可矣)." 이 구절은 진리에 대한 공자의 사랑을 말한다. 여기서 진리란 객관화된

---

* 『동서 철학의 제문제』(김규영 박사 회갑 기념 논문집), 1976.

지식 체계를 말하는 것이 아니고 한 인간의 모든 것을 다 바쳐 섬길 수 있는 그런 '진리의 정신'을 뜻한다. 사람들은 진리를 섬기기 위하여 자기의 목숨을 희생한다고 말한다. 살신성인(殺身成仁)이 그 뜻이다. 그런데 나와 아무런 정신적 탯줄도 없이 그냥 그대로 객관적으로 저만큼 존재하는 진리를 위하여 사람들은 자기의 모든 것을 다 바치지는 않는다. 그 점에서 공자의 '조문도(朝聞道)'라는 말의 '도(진리)'는 현대 철학의 관점에서 곧 '진리의 정신'을 뜻하리라.

유교는 다른 종교 체계에 비하여 종교적 신앙 교리가 약하다. 그래서 프랑스의 볼테르는 이신론(理神論)의 성격에서 유교를 가장 높은 이성의 자기 작품이라고 평가하기도 하였다. 요컨대 「이인」 편에 나오는 공자의 말은 그가 스스로 진리의 화신이라고 한 것이 아니고 진리를 배우고 익히고 싶어 하는 인간적 열망을 나타낸다.

> 배우고 자주 익히면 또한 기쁘지 않겠는가(學而時習之 不亦悅乎. 『論語』 「學而」).

> 나는 옛 진리를 기술하였을 뿐 창작은 하지 않으며 옛 성인의 진리를 믿고 그것을 좋아할 뿐이다(述而不作 信而好古. 『論語』 「述而」)

> 세 사람이 함께 길을 가면 거기에는 반드시 나의 스승이 있도다. 그 착한 것을 선택하여 그것을 따르고 그 착하지 않은 것을 고쳐 나갈 것이다(三人行必有我師焉 擇其善者而從之 其不善者而改之. 『論語』 「述而」).

> 덕이 닦여지지 않음과 학문이 연구되지 않음과 옳음을 듣고도 옮기지 않음과 착하지 않음을 고칠 수 없음을 나는 걱정한다(德之不修 學之不講 聞義不能徒 不善不能改是 吾憂也. 『論語』 「述而」).

> 묵묵히 알고 배우기를 싫어하지 않는다(默而識之 學而不厭. 『論語』 「述而」).

나는 나면서 아는 것이 아니고, 옛것을 좋아하여 그것을 연구함에 부지 런하였다(我非生而知之者 好古敏以求之者也.『論語』「述而」).

섭공이 자로에게 공자의 사람됨을 물었는데 자로가 대답을 못하였다. 이에 공자가 너는 어째서 그 사람됨이 학문을 좋아하여 모르는 것이 있으면 음식을 잊으며 연구하고 근심을 잊을 만큼 즐거워하고 늙음이 장차 이르게 됨을 알지 못하는 사람이라고 대답하지 않았느냐(葉公問孔子於子路 子路不對 子曰女奚不曰 其爲人也 發憤忘食 樂而忘憂 不知老之將至云爾.『論語』「述而」).

나는 일찍이 종일 먹지도 않고 밤새 자지도 않고 생각에만 몰두하여 보았으나 도움이 없었도다. 배우는 것만 같지 못하다(吾嘗終日不食 終夜不寢 以思無益 不如學也.『論語』「衛靈公」).

일반적으로 알지 못하고 창작을 하는 이가 있는가? 나는 그렇지 못하다. 많이 듣고 그 착한 것을 선택하여 따르고 많이 보고 그것을 깨달으니 이런 태도는 최선의 방법은 아니나, 앎을 배우는 차선의 방식이다(蓋有不知而作之者 我無是也 多聞 擇其善者而從之 多見而識之 知之次也:『論語』「述而」).

지금까지의 인용문은 공자가 얼마나 배움을 중요시하였는가, 학습의 불가결한 정신태도를 얼마나 강조하였는가를 알리는『논어』의 몇 가지 대목들을 이야기한 것에 지나지 않는다. 인류의 스승 가운데 학습의 중요성을 유달리 강조한 이로는 동양의 공자와 서양의 소크라테스가 꼽히리라. 그런데 공자는 오직 미시적으로 그리고 축조적(逐條的)으로 학습만 좋아하고 거시적으로 그리고 직관적으로 파악되는 전체적 '관(觀)'을 도외시한 것은 결코 아니다. 이 '관'을 생각지 않고 '학(學)'만을 생각하면 '사슴을 쫓는 데 열중하여 산을 보지 못하는(逐鹿不見山)' 과오에 빠지든가, 니체가 풍자하였듯이 '나는 나의 근거를 잊고 말았다(ich habe meine Gründe vergeßen)'는 아이러니에 이르게 된다.

　공자가 말하였다. 사(賜)야! 너는 내가 다학하여 박학다식한 사람으로
아느냐? 그렇습니다. 그렇지 않습니까? 아니다. 나는 하나로써 모든 것을
통관하였도다(子曰賜也 女以予爲多學而識之者與 對曰然 非與 曰非也 予一以貫之.
『論語』「衛靈公」).

　삼(參)아! 나의 진리는 하나로써 모든 것을 관통하고 있다. 증삼이 그렇
다고 긍정하였다. 공자가 밖으로 나가자 문인들이 무슨 뜻이냐고 물었다.
이에 증자가 부자의 진리는 충과 서뿐이다 라고 대답하였다(參乎 吾道一以
貫之 曾子曰唯 子出門人曰何謂也 曾子曰 夫子之道 忠恕而已也.『論語』「里仁」).

　이렇게 정리하여보면 『논어』에 비친 공자의 진리는 '학과 '관'의 두 세계
를 동시에 양가적으로 조명하고 있음을 알게 된다. 유교에서는 불교만큼 '각
(覺)'이라는 개념을 즐겨 쓰지 않는다. 그러나 이 개념의 범주를 융통성 있게
일반화시키면 공자의 '조문도 석사가의(朝聞道 夕死可矣)'라는 명제는 '학(學)·습
(習)'과 '관(觀)·각(覺)'의 종합에서부터 이해되어져야 옳으리라.
　이런 점에서 공자의 사상은 무한한 권능을 위임받은 신적 지성과는 거리
가 멀다. 그에게 중요한 것은 유한한 존재의 자기 완성이다. 인간의 사유는
스스로 자기 자신을 정립하지 못한다. 그것은 그 사유가 뿌리박고 있는 인간
적 조건과의 대화와 마중을 통하여 성장한다. 그런 점에서 가장 정직한 뜻에
서 인간 사유의 행위는 참여와 관여에서 비롯된다고 볼 수 있다. 많은 것이
나에게 주어지고, 나는 그 많은 것을 창조한 사람도 아니다. 나의 밖에 있는
것, 그것을 내가 받아들여야만 나는 창조를 결행할 수 있을 뿐이다. 공자에게
는 신적 무한과 영원에 대한 생각보다 오히려 무한 영원한 천리(天理) 속에서
유한한 인간의 자기 완성이 가장 중요한 관심인 성싶다. 그래서 그는 학습의
개념에서 분리된 모든 인간 성장을 공허한 것으로 보았던 것 같다. 그렇다고

하여 그가 교육심리학적 학습 이론에만 치우친 것도 아니다. 오히려 그는 경험적·실재론적 학습과 이상적·선험적 도관(道觀)의 합일에서 진실로 유학적 진리가 빛난다고 여겼다.

학습만 귀하게 여기고 상상력을 무시하면 맹목에 흐르게 되고, 상상력만 중시하고 학습하지 않으면 공허해진다(學而不思則罔 思而不學則殆.『論語』「爲政」).

이 구절을 주희는 다음과 같이 주석하였다.

마음에서 구하지 않음은 어두워서 얻는 바가 없고, 그 사실을 익히지 않음은 위험해서 불안하다(不求諸心故昏而無得 不習其事故危而不安).

열심히 학습하되 마음의 '도'·'관'·'각'을 상상력으로 키우지 않으면, 그 학습은 결국 맹목화되고, 이상은 높고 상상력은 자유로이 나래를 펴지만 경험적 사실에 바탕을 두지 않으면, 그 도·관·각의 상상력 교육은 공허의 병에 빠지게 된다. 그래서 결국 경험적 실재론이 이상주의를 잊으면 맹목으로 흐르고 선험적 이상론이 경험적 사실을 간과하면 공허해진다. 그래서 유교의 정신은 '학·습'에 의하여 '박문(博文)'하되, 동시에 '도·관'에 의하여 '약례(約禮)'해야 참다운 진리의 세계에 인간이 접촉하게 됨을 일러준다. 즉, 경험적인 다양성과 선험적인 일관성을 생활인의 성숙 속에서 동시적으로 직관해나가는 길이 유학정신의 한 모습인 것 같다. 공자가 알고 배우고 깨닫고 싶어 하는 모든 사람과 더불어 가장 인간적인 생활인으로서의 소박한 태도가『논어』에 기술되어 있다.

공자가 말하였다. 너희는 내가 감추고 있다고 여기는가? 나는 너희에게 숨기는 것이 없다. 내가 행동하면 너희와 더불어 하지 아니함이 없는데,

나는 그런 사람이다(子曰 二三者 以我爲隱乎 吾無隱乎爾 吾無行而不與二三子者 是 丘也.『論語』「術而」).

2

『논어』에서 공자는 그의 한평생을 나이로 간결하게 표현한 바가 있다.

   15살에 배움에 뜻을 두었고, 30살에 정신적인 자립을 결행하였고, 40살
에 정신적 미로에 빠지지 않았고, 50살에 천명을 알았고, 60살에 이순하였
고, 70살에 마음에 따라 무엇을 하려고 하여도 우주의 법도를 어기지 않았
다(十有五而志于學 三十而立 四十而不惑 五十而知天命 六十而耳順 七十而從心所欲不
踰矩.『論語』「爲政」).

   이 구절에서 우리는 공자의 일생이 바로 경험적 사실에서 온축(蘊蓄)한 학
습과 선험적 도리의 자득(自得)이 하나하나 합일되어감을 본다. 좀 더 구체적
으로 보면 공자의 생애는 학습의 과정에서 출발하여 도관(道觀)의 꽃이 나이
와 더불어 점차 피어나는 정신적 생명의 역사와 같다고 하겠다. 미국의 윌리
엄 제임스(W. James)는 "우리의 능력은 우리의 기호와 더불어 변한다"고 하
였다. 마찬가지로 내가 싱싱하게 산 존재라면 그만큼 나는 온전히 내 역사를
증언할 수 있게 된다. 즉, 일반적으로 인간의 의미, 인생의 뜻을 추상적으로
말함은 불가능하다. 확실히 구체적으로 말할 수 있는 것은 인생의 나이다. 왜
냐하면 인생에 있어서 각 나이는 동기와 능력과 바람의 양식을 상대적으로
결정지어주기 때문이다.
   인생의 모든 나이는 어떤 점에서 각각 정상(頂上)의 뜻을 지닌다. 그래서 사
춘기의 나이가 성년의 나이에 비하여 어리다고 해서 그 나이에 인생의 정상이
없는 것은 아니다. 사춘기의 적응력이 자아의 욕망보다 세지 못하기에 그 나

이에 받는 모든 감성은 거의 충격적이다. 사춘기는 성격심리학의 연구 결과로 보면 고독을 즐기며 순수성과 절대성의 맛을 찾고 놀라움과 경탄의 힘이 강렬하여 정열과 갈망의 시기다. 이런 가치는 성인의 나이에서는 찾기 어렵다. 성인은 성숙의 대명사이기도 하다. 그러나 성숙은 사춘기의 나이에 비교하여 어떤 점에서 시듦과 통하기도 한다. 각 나이는 자기 구조의 정상을 다 갖는다.

그런가 하면 인간은 나이에 의하여 제약을 받기도 한다. 즉, 나이는 나를 형성하는 인생의 좁은 창문이기도 하다. 인간은 늘 그 나이의 스타일에 따라 그가 원하는 것을 찾는다. 나이는 성격과 같이 나의 운명이기도 하다. 나이의 이런 심리학적 각도를 생각하면서 주희가 공자의 나이에 따른 인생의 사상적 편력을 주석한 것에 주목할 필요가 있다. 그의 주석을 다음과 같이 분류하여 해석함이 옳다고 여겨진다.

나이	학 · 습	도 · 관
15살	큰 배움에 뜻을 두고 들어감(入大學).	
30살	자립한 바가 있어 그것을 지킴이 견고함(有以自立則守之固).	뜻을 쓸데없이 흩뜨려놓지 않음(無所事志).
40살	사물의 당연한 바에서 의심하는 바가 없음(於事物之所當然, 皆無所疑).	아는 것이 명석하여 편협함이 없다(知之明而無所事守).
50살	천명은 곧 천도의 유행이고 물에 부여되어 있고 사물의 당연한 이치다(天命卽天道之流行而 賦於物者 乃事物所以 當然之故).	앎이 그 정련됨의 극치에 이르러 미혹함이 없는데 더 말할 필요가 없다(知極其精而不惑又不足言).
60살		소리가 들어감에 마음이 통하니 여기 앎이 지극해지니 생각하지 않아도 얻어진다(聲入心通 無所違逆 知之之至 不思而得).
70살		그 마음이 하고자 하는 바를 따라도 스스로 법도를 넘지 않고 편안한 가운데 행동하고, 힘쓰지 않은 가운데 중용의 도리가 이루어진다(隨其心之所欲而 自不過於法度 安而行之 不勉而中).

분석된 앞의 도표를 통하여 우리가 이해할 수 있는 것은 공자의 인생에서 초기에는 '학·습'에서 출발하였는데 중기에서는 '학·습'과 '도·관'의 두 가지 면이 보이고 종반기에 가서 '도·관'의 부문만 술회되었다는 점이다.

이 도표를 마음에 새기면서 우리는 다음과 같이 철학적인 해석을 시도한다. 가장 단순한 심리학적 발상에 의하여 상상하여보면, 노력의 심리학은 분명히 적극적인 작위를 동시적으로 수반한다. 그래서 노력은 그에 대한 상대의 존재로서 언제나 장애와 도전의 현상을 전제한다. 즉, 노력이 강하면 강할수록 그만큼 새로운 상승의 도전이 도래하게 마련이다. 노력을 통하여 학습이 이루어지고 또 학습은 노력의 긴장에서 성취된다. 그래서 학습은 적극적 작위의 바람직한 대가이기도 하다. 그러나 우리가 공자의 나이에 따른 인생의 술회를 주희의 주석에서 보았듯이, 공자의 나이가 종반기에 접어들수록 작위적 노력에 의한 학습보다 오히려 무위적 도관의 경지가 짙어짐을 본다. 이미 동서의 정신 철학은 한결같은 이 무위의 도관을 진정한 지혜의 정상이라고 갈파하였다.

프랑스의 정신주의 철학자인 멘느 드 비랑도 그의 초기에 긴장감을 주는 노력의 철학에서 동의의 철학으로 이행함이 훨씬 정신적 실재의 본디 결에 적합하다고 생각하였다. 즉, 수동적 감정이 팽배하는, 노력이 없는 무의지적인 행복한 상태에 있다. 그래서 비랑은 마음의 평정과 행복한 감정을 구하기 위하여 자신의 노력이 궁극적으로 어떤 한계를 갖고 있음을 자각해야 한다고 생각하였다. 그래서 그는 신에 귀의하는 동의의 철학을 노력의 철학에 대치시켰다. 공자가 '지천명'하고 '이순'하며 '종심소욕 불유구(心所欲不踰矩)'하는 마음의 깨달음은 확실히 노력의 차원이 아니고 천명에 동의하는 차원이다. 장재(張載)가 그의 『서명(西銘)』에서 '존오순사 몰오녕야(存吾順事 沒吾寧也. 살았을 때 나는 우주의 순리에 순응하니 죽어도 나는 평안하다)'라고 한 철학적 표현도 곧 유가적 동의의 철학이 지닌 본질을 잘 밝혀준다.

공자의 나이에 따른 술회를 우리가 인식할 수 있는 유교정신의 한 단면은 유가는 노력과 학습의 행위와 동의와 도관의 무위 사이에 중용을 실행한다는 점이다. 경험에서 쌓아가는 작위의 학습을 무시하는 철학은 자칫 부허(浮虛)의 병리 현상에 빠지기 쉽고, 그와는 반대로 무위의 도관을 생각하지 않고 학습에만 치중하면 그런 철학은 단편의 관견에 빠진다. 그래서 유가의 공부 방식이 저 유명한 '하학이상달(下學以上達)'의 길을 밟게 된다. 이것에 대한 해석은 곧 보게 되리라.

3

『논어』에서 공자가 주유천하하면서 무도한 사회를 광정(匡正)하려고 한 것을 무모한 일이라고 비평하는 은자들에 대하여 다음과 같이 공자가 담담히 응대하였다. 이야기의 실마리인즉 도가에 속하는 장저(長沮)와 걸익(桀溺)이 밭을 갈고 있었다. 공자와 자로가 그 곁을 지나가면서 길을 물었다. 그때에 그 은자들이 자로에게 다음과 같이 충고하였다.

흙탕물이 천하에 다 흐르는데 누가 이것을 바꾸겠는가? 그리고 또 당신이 사람을 피하는 저 선비(공자)를 따르는 것이 세상을 피하여 사는 선비를 따름과 어찌 같겠는가(滔滔者天下皆是也 而誰以易之 且而與其從辟人之士也 豈若從辟世之士哉. 『論語』「微子」).

이 말을 들은 공자는 실의에 젖은 듯이 다음과 같이 대꾸하였다.

새와 짐승과는 더불어 살 수 없을지니 나는 이 사람들의 무리와 더불어 살지 않고 누구와 더불어 살겠는가? 천하에 진리가 존재하면 구(丘, 공자)가 더불어 바꾸려 하겠는가(鳥獸不可與同群 吾非斯人之徒與 而誰與天下有道 丘不與易也, 『論語』「微子」).

그렇다고 해서 공자가 기어이 꼭 현실 참여를 하겠다고 주장한 것은 아니다. 그는 반드시 어떤 경우에도 현실 참여만을 외곬으로 권장한 것은 결코 아니다.

초야에 묻혀 사는 현인으로서는 백이, 숙제, 우중, 이일, 주장, 류하혜, 소련이다. 공자가 다음과 같이 말하였다. 그 뜻을 굽히지 않고 그 몸을 욕되게 하지 아니하는 이는 백이와 숙제고, 류하혜와 소련을 평하면서 뜻을 굽히고 몸을 욕되게 하였지만 말이 윤리에 맞고 행동이 사려 깊으니 이것이 그들의 옳은 점이라고 하고, 우중과 이일에 대하여 평하면서 숨어 살면서 하고 싶은 말을 다 하고 그들의 몸가짐이 깨끗하였고 세상을 등진 것은 권도에 해당한 일이었다고 하였다. 그러나 나는 이들과 달라서 꼭 하겠다는 것도 없고 꼭 안 하겠다는 것도 없다(逸民 伯夷 叔齊 虞中 夷逸 朱張 柳下惠 少連 子曰 不降其志 不辱其身伯夷叔齊與 謂柳下惠少連 降志辱身 言中倫 行中慮 其斯而己矣 謂虞中夷逸 隱居放言 身中清 廢中權 我則異於是 無可無不可.『論語』「微子」).

여기서『논어』에 나타난 공자의 진리관이 이른바 시중지도(時中之道)로서 표현됨을 우리가 이해할 수 있다. 시중의 사상은 유가에서 가장 중요한 정신적 핵인 것 같다.

공자께서는 네 가지를 사절하였다. 개인의 사의(私意)를 끊었고, 기필코 하겠다는 생각을 끊었고, 한 곳에 집착하여 막히는 것을 끊었고, 개인의 사사로운 자아를 끊었다(子絕四 毋意 毋必 毋固 毋我.『論語』「子罕」).

이 명제를 주희의 뜻에 따라 해석하면 '기어의(起於意)'·'축어필(逐於必)'·'유어고(留於固)'·'성어아(成於我)'라는 네 가지의 정신적 태도를 공자가 담담히 벗어버렸다는 것을 뜻한다. 이런 공자의 시중사상은『논어』의 「이인」편에서도 나타난다.

공자가 말하였다. 군자가 천하를 살아감에 있어서 미리 긍정함도 있을 수 없고 미리 부정함도 있을 수 없다. 옳은 것을 따를 뿐이다(子曰 君子之於天下 無適也 無莫也 義之與比.『論語』「里仁」).

이 구절에서 공자의 시중지도는 현실 상황에 대하여 미리 선입관과 편견에 의하여 긍정일변도·부정일변도를 자행하는 것이 얼마나 무의미한 것인가를 알린다. 공자의 이런 사상을 맹자는 백이·이윤·유하혜와 공자를 비유하면서 다음과 같이 설명하고 있다. 이 맹자의 해석은 공자의 시중지도가 어떤 결을 지니는가를 더욱 뚜렷이 보여준다.

우선 백이의 사상에 대한 맹자의 해석을 먼저 보기로 하자.

눈은 나쁜 색을 보지 않고, 귀는 나쁜 소리를 듣지 않고, 자기 임금이 아니면 섬기지 않고, 자기 백성이 아니면 부리지 않고, 정치가 잘 되면 나가고 혼란하면 물러나고, 횡폭한 정치가 나오는 곳과 횡폭한 백성이 머무는 곳에 살려고 하지 않았다. 예의를 모르는 자와 더불어 있으면 마치 정복을 입고 도탄에 빠진 것 같이 여겼다. 주(紂) 임금 때 북해의 바닷가에 살면서 천하가 맑아지기를 기다렸다. 그러므로 백이의 인격을 듣는 자는 탐욕한 이도 염치를 알게 되고 비겁한 자도 뜻을 세우게 되었다(目不視惡色 耳不聽惡聲 非其君不事 非其民不使 治則進 亂則退 橫政之所出橫民之所止 不忍居也 思與鄉人處 如以朝衣朝冠 坐於塗炭也 當紂之時 居北海之濱 以待天下之淸也 故聞伯夷之風者 頑夫廉 懦夫有立志.『孟子』「萬章下」).

맹자는 이윤의 사상에 대하여 다음과 같이 논평하였다.

섬기지 못할 임금이 누구며 부리지 못할 백성이 누구인가? 정치가 잘 되어도 나가고 혼란해도 나간다. 이르건대 하늘이 이 사람들을 낳게 하심은 선지자로 하여금 후지자를 깨닫게 함이고, 선각자로 하여금 후각자를 깨닫게 함이다. 나는 천민의 선각자다. 나는 장차 이런 진리로써 이 사람들을 깨닫게 하겠다. 천하의 사람들을 생각하고 필부필부가 요순의 은혜를 입지 아니하면 마치 내가 그들을 개울 속에 밀어 넣을 것같이 여겨 천하의 막중한 책임을 스스로 맡아야 한다고 여긴다(何事非君 何事非民 治亦進 亂亦進 日天之生斯民也 使先知覺後知 使先覺覺後覺予天民之先覺者也 予將以此道覺此民也 思天下之民 匹夫匹婦 有不與被堯舜之澤者 若己推而內之溝中 其自任以天下之重也).

맹자는 유하혜에 대하여 다음과 같이 말한다.

더러운 임금을 수치스럽게 여기지 않고 작은 관직도 사양하지 않으며 현실에 참여하여 현명함을 숨기지 않고 반드시 그 진리로써 행하여 버림을 받아도 원망하지 않고 어려운 일에도 번민하지 않고 예의를 모르는 사람과 더불어 있어도 유유하여 참아 떠나지 아니하였다. 너는 너고 나는 나며 네가 비록 내 곁에서 옷을 벌거벗고 있어도 네가 어찌 나를 더럽힐 수 있으랴! 그래서 유하의 인격을 듣는 이는 쩨쩨한 이도 너그러워지고 경박한 이도 도타와졌다(不羞汚君 不辭小官 進不隱賢 必以其道 遺佚而不怨 阨窮而不憫 與鄕人處由然不忍去也 爾爲爾 我爲我 雖袒裼裸裎於我側 爾焉能汚我哉 故聞柳下之風者 鄙夫寬 薄夫敦).

공자의 정신에 관하여 맹자는 다음과 같이 표현하였다.

공자가 제나라를 떠날 때 손을 쌀물에 대자마자 급히 갔다. 노나라를 떠나려 할 때 천천히 나는 간다고 말하였다. 조국을 떠나는 도리가 그러하다. 급할 때는 급히 하고 오래 숙고할 때는 그렇게 하고 은신할 때는 그렇게 하고 벼슬할 수 있으면 그렇게 하는 것이 공자다(孔子之去齊 接淅而行 去魯曰 遲遲吾行也 去父母國之道 可以速則速 可以久則久 可以處則處 可以仕則仕 孔子也).

이처럼 맹자는 백이, 이윤, 유하혜, 그리고 공자를 비유하면서 백이의 정신을 '성지청(聖之淸. 성스럽게 깨끗함)', 이윤의 정신을 '성지임(聖之任. 성스러운 책임감)', 유하혜의 그것을 '성지화(聖之和. 성스러운 화해)', 그리고 공자의 그것을 '성지시(聖之時. 성스러운 시중)'라고 갈파하였다. 그런 점에서 이들에게 공통적인 정신의 핵은 곧 '성(聖)'의 개념이다.

그러면 어째서 '성'의 개념이 공통 요인으로 작용할 수 있는가? 맹자의 생각에 의하면 그들은 다 천하에 조그만 불의를 행하거나 한 사람이라도 무고한 이를 죽여서 천하를 얻으려 하지 않기 때문이라고 하였다. 그런데 공자의 대성(大成)다운 시중의 측면에서 보면 백이는 깨끗함을 지키는 절개는 있으나 경우에 따라 편협한 생각을 나타내 보이고, 이윤은 왕성한 책임감을 소유하고 있지만 경우에 따라 방자해질 수 있고, 유하혜는 온순하고 인화를 도모하는 측면이 있는 반면에 불공한 태도가 엿보인다. 그런데 대성의 차원에서 비쳐지는 공자의 경우는 '성지청·성지임·성지화'를 다 겸비하였지만 결코 편협·방자·불공의 허점을 노정하지 않는다고 맹자가 생각한다. 공자의 경우는 미리 자기 태도를 규정하거나 결정해 놓은 것이 아니라 상황의 변동에 따라 강조점의 방법이 다를 수 있음을 뜻한다.

그러면 백이와 같은 청결, 이윤과 같은 책임감, 유하혜와 같은 화해를 구비하되 편협·방자·불공해지지 않는 공자의 '성지시'의 성스러운 시중을 우리는 『논어』에서 구체적으로 어떻게 이해해야 할까? 『논어』에서 공자의 시중정신의 몇 가지 모습을 정리하여보기로 하자.

① 『논어』에서의 공자의 관중에 대한 해석은 매우 양가적이다. 그의 그런 양가적 평가에서 우리는 공자의 시중사상의 일단을 정리해볼 수 있다. 이미 사실(史實)이 말하듯 관중은 춘추 시대 제 나라의 재상으로 포숙아(鮑叔牙)의 추천으로 등용되었다. 적대국이었던 제 나라의 환공(桓公)을 도와 부국강병 정책으로 환공으로 하여금 중국의 패자가 되게 하였다. 이런 관중에 대해 공자는 부정적 각도와 긍정적 각도의 양면에서 동시적으로 접근한다. 먼저 부정적 각도에서 살펴보기로 하자.

관중의 그릇은 작다고 공자가 말하였다(子曰 管仲之器小哉.『論語』「八佾」).

혹자는 물었다. 관중은 검소합니까? 공자는 다음과 같이 대답했다. 관중은 첩을 셋 두었고 관직도 겸무하지 않았으니 어찌 검소하다 하겠는가? 그러면 관중은 예의를 압니까? 임금이 문에 병풍담을 치면 관중도 그렇게 했고 임금이 두 임금의 우호를 위한 연회에 반점(反坫)을 놓는데 관중도 그렇게 하였으니 관중이 예의를 안다면 누가 예의를 모른다 하겠는가(或曰 管仲儉乎 曰管氏有三歸 官事不攝焉得儉 然則管仲知禮乎 曰邦君樹塞門 管氏亦塞門 邦君爲兩君之好 有反坫 管氏亦有反坫 管氏而知禮 孰不知禮.『論語』「八佾」).

이처럼 공자는 관중을 무례하고 오만한 사람으로 부정적 각도에서 평가한다. 그런가 하면 우리는 다음의 구절에서 공자의 관중에 대한 긍정적·적극적 평가를 본다.

자로가 여쭈어보았다. 환공이 그의 아우 공자 규를 죽였을 때 소홀은 따라서 죽었지만 관중은 오히려 따라 죽지 않았으니 인(仁)하지 못하다 하겠습니까? 공자가 말하였다. 환공이 제후를 규합하되 무기를 쓰지 않았음은 관중의 도움이니 누가 관중의 인(어짊)과 같겠는가? 누가 관중의 어짊과 같겠는가(子路曰 桓公殺公子糾 召忽死亡 管仲不死 曰未仁乎 子曰 桓公九合諸侯 不以兵車 管仲之力 如其仁 如其仁.『論語』「憲問」).

자공이 여쭈어보았다. 관중은 어질지 못한 사람이 아닙니까? 환공이 공자 규를 죽였지만 따라 죽지 못하고 오히려 그 환공의 재상이 되었습니다. 공자께서 다음과 같이 대답하였다. 관중이 환공을 도와 제후들의 패자가 되게 하여 천하를 바로잡게 하였기에 사람들은 지금에 이르기까지 그 은혜를 받고 있으니, 만약 관중이 아니었다면 나는 오랑캐 머리모양과 오랑캐 옷을 입고 사는 처지가 되었을 것이다. 어찌 필부필부가 조그만 절개를 지킨다고 스스로 목을 매달아 시체가 개천에 뒹굴어도 알아주는 사람이 없는 것과 같겠는가(子貢曰 管仲非仁者與 桓公殺公子糾 不能死 又相之 子曰 管仲相桓公覇者侯 一匡天下 民到于今受其賜 微管仲吾其被髮左衽矣 豈若匹夫匹婦之爲諒也 自經於溝瀆而莫之知也.『論語』「憲問」).

지금까지 우리는 공자의 관중에 대한 양가적 태도를 인용하여보았다. 이상주의자로서 보면, 관중은 공자의 눈에 분명히 불합격이다. 왜냐하면 그는 왕도정치의 대표자가 아니고 권도정치의 화신이기 때문이다. 더구나 관중은 검소하지도 않으려니와 예의도 모르는 사람으로 기록되어 있다. 그러나 다른 한편으로 현실주의자로서 보면, 공자의 눈에 관중은 매우 의미 있는 업적을 남긴 인물임에 틀림없다. 우리는 유교정신이 왕도의 인정(仁政)을 이상으로 삼고 있음을 잘 안다. 그러나 그것이 유교정신의 이상주의적 측면임에는 틀림없지만, 다른 한편으로 위급한 역사 현실의 상황에서는 실용적 업적을 남길 수 있는 현실적 권도를 전적으로 배제하는 것이 아님을 알아야 한다. 모든 권도가 다 옳다는 것은 아니지만 그러나 관중의 업적과 같은 실효성을 잉태하는 권도는 유가적 세계관에서 부정되지 않는다. 이 점에서 공자의 다음과 같은 구절도 그런 정신적 맥락에서 이해되어야 하리라.

공자가 진 나라에 있을 때 '나는 귀국하리로다. 귀국하리로다'라고 말하였다. 내 고향의 제자들은 이상은 높지만 실사에 소홀하며 문채는 찬란하고 본바탕도 훌륭하지만 재단할 줄 모른다(子在陳 曰歸與歸與 吾黨之小子 狂簡斐然成章 不知所以裁之.『論語』「公冶長」).

이 원문에 나오는 '광간(狂簡)'의 개념을 주희는 '지대이략어사(志大而略於事)'라고 하였다. 즉, 뜻과 이상은 크지만 현실의 실사에는 성근 데가 많다는 뜻이다. 그래서 현실성이 희박하여 공자와 제자들이 재단할 줄 몰라 공허해질 위험이 있음을 공자는 절감했다고 여겨진다. 그래서 주희가 언급하였듯이 공자는 그의 제자들이 너무 이상에만 치우쳐 과격하여 중정(中正)을 상실할까 두려워하였다.

유교사상은 본디 이상주의와 현실주의가 중정을 유지함을 최고의 경지로 삼는다. 그래서 그런 경지가 공자에게는 '대성'의 스케일로 조화되고 있다. 유교의 그런 이상주의를 강상(綱常)정신이라 부르고, 현실주의를 사공(事功)정신이라 한다. 강상정신의 대표적 인물로 백이와 숙제를 꼽고, 사공정신의 인물로 이윤과 주(周) 무왕(武王)을 든다. 이 두 가지 정신이 양가적으로 공존하는 공자의 사공정신과 강상정신을 음미하여보기로 하자.

필힐(佛肸)이 공자를 초빙하니 가고자 하였다. 자로가 여쭈었다. 전에 제가 선생님께 듣기는 직접 그 자신에게 착하지 못한 짓을 하면 군자가 거기에 가지 말라고 하였습니다. 이제 필힐이 중모에서 반란을 일으켰는데 선생님께서 가시려 하니 어떤 까닭입니까? 공자가 대답하였다. 그렇다. 그런 말을 한 일이 있다. 아무리 갈아도 얇아지지 않는다면 참으로 견고하다고 할 수 있지 않은가? 아무리 검게 물들이려 해도 검어지지 않는다면 참으로 희다 할 수 있지 않겠는가? 내 어찌 박처럼 한 곳에만 매달려 있어 먹지 못하는 존재가 되겠는가(佛肸召子 欲往 子路曰 昔者由也聞諸夫子 曰親於其身 爲不善者 君子不入佛肸以中车畔 子之王也 如之何 子曰 然有是言也 不曰堅乎 磨以不磷 不曰白乎 涅而不緇 吾豈匏瓜也哉 焉能繫而不食.『論語』「陽貨」).

이런 공자의 사상에 대하여 송나라의 장경부(張敬夫)는 공자가 착하지 못한 이에게 출입해서는 안 된다고 옛날에 한 말은 '수신지상법(守身之常法. 몸을 지키는 상법)'을 뜻한 것이고, 오늘날에 와서 필힐의 초대에 응하려고 마음을 먹은 것은 '체도지대권(體道之大權. 권도를 체득함)'을 말함이라고 주석하였다. 왜냐하면 이 세상에 변하지 않는 사람은 아무도 없기에 고정된 선입관에서 스스로 경직화되는 것은 구체적인 경우에 따른 판단을 흐리게 할 위험성이 있기 때문이다. 결국 공자는 필힐에게 가지 않았다. 거기에 가려고 한 공자의 마음을 장경부는 '생물지인(生物之仁. 物을 살리는 仁)'이라고 주해했고, 거기에 결국 가지 않은 이유는 '지인지지(知人之智. 사람을 알아보는 지혜)'라고 생각하였다.

자공이 여쭈었다. 아름다운 옥이 이에 있으니 궤에 싸서 감추리이까, 좋은 값을 구해서 팔리이까? 공자께서 대답하였다. 나는 팔겠노라, 팔겠노라. 나는 값을 기다리는 사람이다(子貢曰 有美玉於斯 韞匵而藏諸 求善賈而沽諸 子曰 沽之哉 沽之哉 我待賈者也.『論語』「子罕」).

위의 구절은 공자가 실효성과 정당성이 조화된 사공정신을 마음의 한쪽에 지니고 있음을 말한다.

이제 공자의 강상정신을 알려주는 대목을 검토하여 보기로 하자. 공자의 제자인 염유가 스승이 위나라 임금을 도와줄 수 있을까 하고 자공에게 물었다. 이에 자공이 스승께 여쭈어보겠다고 하며 다음과 같이 간접적 비유로 대답을 유도하였다.

백이·숙제가 어떤 사람입니까? 공자의 대답은 옛날의 현인이다. 다시 묻기를 그들은 원망함이 있었습니까? 대답하기를 어짊을 구해서 그것을 얻었는데 또 어찌 원망함이 있을 리 있겠는가? 자공이 나와서 스승은 위나라 임금을 돕지 않겠다(伯夷叔齊 何人也 曰古之賢人也 曰怨乎 曰求仁而得仁又 何怨 出曰 夫子不爲也.『論語』「述而」).

공자가 말하였다. 나물 먹고 물마시고 팔을 굽혀 베개를 삼을지라도 즐거움이 그 가운데 있으니 불의로 얻은 부와 귀는 나에게 뜬구름과 같도다 (子曰 飯疏食飮水 曲肱而枕之 樂亦其在中 不義而富且貴 於我如浮雲.『論語』「述而」).

이 두 구절에서 공자가 얼마나 변치 아니하는 상법(常法)을 생활의 신앙으로 삼아왔던가를 우리가 이해할 수 있다. 인(仁)의 정신을 버리고 현실에 영합하거나 불의에서 얻어진 모든 안락을 거부하려는 유가의 방정성이 여기보다 더 생생히 언급된 것은 없으리라.

그러나 이미 우리가 알고 있는 바와 같이 그의 사공정신과 강상정신의 양가적 조화가 율곡 철학의 이상으로 조선에서 싹튼다. 율곡은 그의 「시무칠조책(時務七條策)」에서 '수시득중지위권(隨時得中之謂權. 상황에 따라서 중정을 얻는 것이 권도다)'과 '처사합의지위의(處事合宜之謂義. 일에 처하여 마땅함에 부합함이 정의다)'라는 두 가지 측면을 모든 정치철학이 언제나 동시적으로 고려해야 한다고 주장하였다. 그래서 현실주의로서 '권이응변(權以應變. 힘으로써 변화에 대응함)'과 이상주의로서 '의이제사(義以制事. 정의로써 일을 이룩함)'가 마치 두 팔의 행진처럼 동시적으로 고려되어야 한다. 단적으로 공자의 시중지도의 한 뜻은 현실주의에 바탕을 둔 변법과 이상주의에 바탕을 둔 상법의 균형에서 찾아져도 좋으리라.

② 시중지도의 정신적 위상은 지나침과 모자람의 양도(兩刀) 논법을 피함에 있다. 유교의 교육이 겨냥하는 이상적인 인간상은 군자다. 이 군자의 위상은 바로 중용·중정의 길이다.

중자가 말하기를 군자의 생각은 그 위상을 벗어나지 않아야 한다(曾子曰 君子思不出其位. 『論語』「先進」).

여기서 언급된 '위(位)'의 개념은 그리 간단히 요약되는 것은 아니다. 이 개념을 봉건적 계급 질서로 생각할 수도 있고, 시위(時位)·시의(時宜) 등과 같은 역사 판단의 적중성으로 해석될 수도 있고, 또는 동정(動靜)의 동중정(動中靜)·정중동(靜中動)으로 볼 수도 있다. 그런데 중자의 철학에 불멸성이 있다고 우리가 확신한다면, 그것은 군자의 진리는 중용의 위상에서 찾아야 한다는 뜻으로 이어지리라. 그러기에 『중용』에서도 이 구절이 재등장된다. 이런 중용의 시위에서 보면 지나침과 모자람이 모두 군자의 덕에서 실격이 된다.

자공이 자장과 자하 가운데서 누가 현명한가라고 여쭈었다. 공자가 다음과 같이 대답하였다. 자장은 지나치고 자공은 미치지 못한다. 그렇다면 자장이 나은 편입니까? 공자가 대답하였다. 지나침은 미치지 못함과 같다 (子貢問 師與商也 孰賢 子曰 師也過 商也不及 曰然則師愈旟 子曰 過猶不及.『論語』「先進」).

자로가 여쭈어보았다. 옳은 것을 듣고 곧 실천해야 합니까? 공자께서 대답하였다. 부형이 계시니 어찌 가서 여쭈어 보지 않고 들은 대로 바로 행하리오. 염유가 여쭈어보았다. 옳은 것을 들으면 곧 행하여야 합니까? 공자께서 들으면 곧 행하여야 한다고 하였다. 이에 공서화가 물었다. 유(由)가 옳은 것을 듣고 곧 행하리이까 여쭈니 스승님께서 부형이 계시니 하시고 구가 그렇게 물으니 들으면 곧 행하라 하시니 저는 당혹하여 감히 묻습니다. 이에 공자께서 대답하였다. 구(求)는 행함에서 물러서기를 좋아하므로 나아가게 한 것이고 유는 행함이 다른 사람 몫까지 맡아서 하려 하기에 물러가게 한 것이다(子路問 聞斯行諸 子曰有父兄在 如之何其聞斯行之 冉有問 聞斯行諸 子曰 聞斯行之 公西華曰 由也問 問斯行諸 子曰 有父兄在 求也問 問斯行諸 子曰 聞斯行之 赤也惑 敢問 子曰 求也退 故進之 由也兼人 故退之.『論語』「先進」).

중용의 위상이 지나침(過)과 모자람(不及)의 두 칼을 피하는 데 있지만 그렇다고 하여 시중의 개념을 고정화하거나 실체화시켜서 변치 아니하는 두 극단의 중간지대가 곧 중용의 위상이라고 안이하게 생각하여서는 안 된다. 마치 1과 5의 중용이 2.5와 같다는 발상은 전적으로 살아 있는 중용의 본뜻이 아니다. 중용의 참다운 위상은 변법 가운데 상법이 있고 상법 가운데 변법을 가능케 하는 마디와 '리듬'의 묘합이라고 보아야 한다.

위의 구절들은 과와 불급의 개념을 실체적이고 추상적인 원리의 차원에서 해석되어서는 안 되고, 생명의 살아가는 구체적 상관관계에서 생명의 건강 유지에 부적(不適)한 관계 개념으로 파악되어야 함을 말한다. 따라서 맹자가 말한 '물망 물조장(勿忘 勿助長. 잊지도 말고 억지로 조장하지도 말라)' 명제도 어떤 추상적 원리의 차원에서 이해되어져서는 안 되고 구체적 생명의 씨앗의 뜻에서 파악되어져야 하리라. 생명이 건강하게 자라기 위하여 씨앗이 큰 나무가 될 때까지 사람은 그 씨앗을 돌봐주어야 한다. 그래서 씨를 뿌린 다음에 잡초도 매고 물도 주어야 한다. 이것이 '물망(勿忘)'이다. 그런데 그 씨앗의 성장을 돕는다고 하여서 빨리 자라라고 위에서 생명을 잡아당겨서도 안 된다. 이것이 '물조장(勿助長)'의 뜻이다. '물망'은 '불급(不及)'이어서 안 됨을 상징하고 '물조장'은 '과(過)'여서도 부당함을 의미한다. 그 생명의 씨앗이 여러 조건과의 관계에서 연약하면 모자람이 없는 물망이 요청되고 또 스스로 튼튼히 자랄 수 있으면 조장의 행위가 오히려 해롭게 된다. 그러므로 '물망'과 '물조장'이 '생생지리'를 위하여 필요한 상법이기는 하지만 경우에 따라 '물망>물조장' 또는 '물망<물조장'의 변법도 필요하다. 그래서 '과유불급'으로 표현되는 시중지도는 '생생지리' 속에서 불변의 '상법'과 상황에 따라 가변하는 '변법'의 양가적 조명과 같으리라.

③『논어』에 비친 공자의 시중지도는 정신의 보편성과 특수성에 대한 양가적 인식 논리와 통한다고 하겠다. 우선 특수성의 의미를 상징한 구절부터 보기로 하자.

자기 조상의 귀신이 아닌 것을 제사지내는 것은 아첨이다(非其鬼而祭之諂也.『論語』「爲政」).

다음은 보편성을 알리는 구절이다.

자하가 공자에게 물었다. (시경에) 방긋 웃는 입모습, 샛별 같은 눈동자여, 흰 바탕에 무늬로다 하였는데 무슨 말입니까? 공자가 대답하였다. 다양하게 사실을 그림에 있어서 흰 바탕이 있은 뒤에 채색을 하여 아름다움을 이룸을 말함이다(子夏問曰 巧笑倩兮 美目盼兮 素以爲絢兮 何謂也 子曰 繪事後素.『論語』「八佾」).

앞의 구절은 정신의 주체성·전통성과 특수성을 망각하고 자기보다 물량적·정신적인 힘이 강한 사람이나 집안 또는 나라에 더부살이를 하는 사대주의를 비판한 대목이다. 그리고 뒤의 구절은 '회사후소(繪事後素)'라는 개념에 뜻의 중요성이 담겨 있는데, 모든 그림은 상황에 따라, 화가의 미적 주관에 따라, 그리고 사실의 다양성에 따라 달라지겠지만 그 바탕은 공통되게 보편적으로 희어야 한다는 것이다. 그러므로 위의 두 구절은『논어』의「양화」편에 나오는 '성상근(性相近. 인간의 본성은 서로 비슷하다)'과 '습상원(習相遠. 인간의 습관은 서로 다르다)'이라는 본성의 보편성과 습관의 특수성을 연상시킨다.

'회사후소'의 보편성을 이은 연암(燕巖) 박지원(朴趾源)의 사상을 여기서 인용할 필요가 있다.

선비는 오로지 유자의 별칭이 아니다. 그림을 각양하게 그리되 그 바탕이 흰 것과 비유된다. 즉, 천자에서부터 서인에 이르기까지 다 선비다(士非窮儒之別號 譬如繪事而後素 則自天子達於庶人 皆士也.『燕巖集』卷五 張四).

여기서 연암은, 모든 인간은 그 습성·계층·지식의 유무에서 각각 특수하게 다를지라도 마음의 바탕에서 희면 다 선비의 보편적 정신에 어울린다는 것을 말하려 하였다.

유가적 보편성과 특수성을 이론화시킨 동무(東武) 이제마(李濟馬)의 사상도 여기서 참고가 될 만하다. 이제마는 그의『동의수세보원(東醫壽世保元)』에서『논어』의 '성(性)'을 보편성에, '습(習)'을 특수성에 대입시키면서 '습'을 '명(命)'의 개념으로 대치하였다.

대동자천(大同者天)	박통자성(博通者性)	천시대동(天時大同)	지(知)
각립자인(各立者人)	독행자명(獨行者命)	사무각립(事務各立)	행(行)

인간의 본성은 천성(天性), 대동자(大同者), 박통자(博通者)로 표현되지만, 인간의 운명은 각립자(各立者), 독행자(獨行者)로 표상된다. 그래서 이제마는 공

자의 시중지도의 개념을 지의 보편성과 행의 각립성을 아울러 조명하는 위상에서 이해하려고 하였다. 내가 인간으로 태어났다는 점은 동서고금의 보편성에서 이해되어야 하지만, 한국인으로서 더구나 20세기의 한국 역사에서 살고 있는 사람이라는 관점에서 나는 분명히 지울 수 없는 운명의 각립성에서 접근되어야 한다. 그 운명의 특수성·각립성은 내가 행동하거나 생각하는 모든 일에 따라다니기에 결코 내가 생각하는 것에서 분리될 수 있는 대상으로 간주되어서는 안 된다.

그러므로 각립의 특수한 운명이나 성격은 보편적인 이성적 사유를 내 것으로 만드는 제한의 역할을 한다. 인간의 자기 결정의 심리는 전적으로 이성의 추리에서 생기는 산물만은 아니다. 그런 결정을 특수하게 가져오게 하는 동기를 깊이 인식해야 한다. 그러므로 공자의 시중지도는 보편성에 대한 일이관지(一以貫之)의 혜각이 없는 교육과 철학은 맹목적이며, 그리고 동시에 특수성의 운명을 제사지내면서 '계지술사(繼志術事)'하지 아니하는 정신은 어디에도 구체화되지 못하고 공허해짐을 알린다. 그래서 공자에게 나타난 유학의 시중은 성선(性善)의 보편 문화를 겨냥하는 '회사후소'와, 특수한 성격과 운명의 사랑에서부터 참다운 행동이 나온다는 '기귀이제지(其鬼而祭之)'의 양가적 인식의 묘합에 의하여 풀이됨직도 하다.

이 양가의 발상은 단순히 '하나'와 '여럿', '특수'와 '보편', '같은 것'과 '다른 것' 등을 나란히 병립시키거나 조립한다거나 하는 따위로 복수화를 하자는 것도 아니고, 그렇다고 하여 변증법적 통일을 미리 생각하면서 하나로 획일하자는 것도 아니다. 변증법이 지닌 병리는 논리의 법칙이 자연의 실연(實然)에 앞서 존재하여 그 자연의 실연을 그 논리에 끼워 맞추려고 하는 데 있다.

양가의 논리는 어느 경우에도 균형을 잃지 않으려는 정밀성과 관용성의 이치다. 그래서 동양의 철학은 한결같이 양가의 정신을 '불일이불이(不一而不二)'라고 표현하여 마지않았다. 이 논리가 지닌 실질적 내용을 해석하기 위하여 우리는 이 연습 논문보다 훨씬 수준이 높은 지적 세계에 접해야 하리라. 그래서 그것을 우리가 여기서 다룰 수 없다. 요컨대 중용이 곧 양가정신의 핵 그 자체라면, 장자의 다음과 같은 구절을 하나의 정신적 결론으로 내리고 싶다.

　　이로써 성인은 긍정과 부정을 융화하고 천균(우주의 형평)을 돕는다. 이를 일컬어 양행이라 한다(是以聖人和之以是非 而休乎天鈞 是之謂兩行. 『莊子』「齊物論」).

　이 연습작이 궁극적으로 의도하는 정신은 유학이 비록 장자적 표현이나마 '천균(天鈞)'을 어떻게 인간 생활에 구현하려고 하는가를 탐구하는 조그만 시도에서 모여진다. 유교정신과 공자의 사상은 이외에도 수많은 관점에서 해석되어야 할 것이다. 모든 것을 다 통람하기에는 필자의 능력과 시간이 너무 부족하였다. 다음에 또 새로운 시도가 있을 것이다.

II. 진리로서의 중용에 관하여*

1. 서언

동방 문화의 철학이 어떤 진리를 표현하여왔는가를 인식함은 동방 정신의 중심을 이해하는 가장 성스러운 작업이기도 하다. 서방세계에 대하여 동방 세계가 지니는 문화의 특수한 보편성은 그것에 대한 이해에서 비롯한다고 보아도 무리는 아닐 성싶다. 합명적 진리, 중용적 진리, 순환론적 진리가 동 방 정신사에 있어서 큰 마루처럼 의연하게 삼위일체의 모습으로 나타나 있 다고 전제하면서 여기서는 단지 중용적 진리에 대한 해석에만 국한시키기로 한다.

사실상 동방 철학의 대본(大本)은 중용(中庸), 중도(中道), 중정(中正), 중절(中 節) 등과 같은 진리의 표현에 바탕을 두어왔던 것이 사실이다. 이 점에서 유· 불·도는 거의 구별이 없다. 다만 뉘앙스에 있어서 차이가 있다면 '중(中)' 개 념을 소극적 개념으로 파악하느냐 아니면 적극적 함의로 보느냐 하는 것과 같은 문제일 따름이다. 즉, '중'의 사상에 대한 진리의 성격상 배려에서 오는 강약의 다름이 있을 뿐이다. 일반적으로 도교사상에 있어서 중용의 개념은 소극적이고, 유교 철학에서 그것은 적극적 개념으로 쓰인다. 그런 점에서 먼 저 도교의 소극적 중용관을 해석하여 보기로 하자.

---

*『柳承國博士 華甲記念論叢』(1983. 11) 게재.

2. 보태고 뺄 것도 없는 그대로의 세계

우리의 철학적 해석을 수월하게 도와주는 뜻에서 먼저 몇 가지 문헌적 인용을 시도함이 좋을 듯하다.

이로써 성인은 시와 비로소 조화하여 천균(天鈞)을 아름답게 한다. 이를 일컬어 양행(兩行)이라 한다.[1]

모든 것이 저것이 아님이 없고 또 이것이 아님도 없다.…저것은 이것에서 나오고, 또한 이것은 저것에서 말미암는다. 저것과 이것은 방생(方生. 나란히 함께 생김)의 설이다. 그러나 삶이 있으면 죽음이 있고 죽음이 있으면 반드시 삶이 있다. 가가 있으면 불가함이 있고 바야흐로 불가가 있으면 또 가가 있다. 긍정을 원인하여 부정이 생기고 부정을 말미암아 긍정이 생긴다. 이로써 성인은 상대적인 방법에 의존하지 않고 천도에 그것을 비춘다.[2]

이와 같은 도가 계통의 사유 방식은 피·아, 시·비, 생·사, 가·불가 등의 상대적 관점을 초월한 곳에 성립한다. 상대적 관점을 초월하여 보는 진리는 일찍이 노자에서 발단되었다. 노자는 그의 『도덕경』에서 화·복을 엄격히 구분하는 사고방식의 어리석음을 유연한 안락의자의 율동처럼 잘 지적하였다.

화여! 복이 의지하는 바이고, 복이여! 화가 엎드리고 있도다.[3]

---

1) 『莊子』「齊物論」. "是以聖人和之以是非 而休乎天均 是之謂兩行."
2) 같은 책, 「齊物論」. "物無非彼 物無非是…彼出於 是 是亦因彼彼 是方生之說也 雖然 方生方死方死方生 方可方不可 方不可方可 因是因非 因非因是 是以聖人不由而照之 于天."
3) 『道德經』58章. "禍兮福之所倚 福兮禍之所伏."

이처럼 우주에는 두 가지의 상이한 것이 새끼줄의 두 가닥처럼 얽혀 있는데 이런 철리를 노자는 '상(常)'이라고 불렀다. 또한 그 '상'을 인식하고 거기에 따라 행동함을 '습명(襲明)'이라고 불렀다. 이와 같은 인용을 근거로 하여 노장 철학에 비처지고 있는 중용적 진리의 특성을 성찰해보기로 하자.

1) 무위적 진리

『도덕경』 57장에서 우리는 다음과 같은 구절을 감동적으로 대하게 된다.

> 내가 무위한즉 사람들이 스스로 변화하게 되고, 내가 고요함을 좋아한즉 사람들이 스스로 바르게 된다. 내가 노력하지 않은즉 사람들이 스스로 부유해지고, 내가 욕심을 내지 않은즉 사람들이 스스로 질박해진다.[4]

무위의 진리는 도가나 선불교에서 큰 비중을 차지하고 있다. 무위의 사상은 자아의 어떤 수동성을 환기시키고 있다. 그 진리는 이기심의 소요 속에서 어떤 침묵의 필요성을 표현한다. 만약에 우리가 도의 현전에서 수용적이고 수의적(隨意的)인 자세를 갖기를 원한다면, 우리의 정신적 동요·폭력·탐욕과 공포를 고요히 잠재울 수 있다고 본다. 그래서 노자는 "도는 늘 무위하지만 작용이 없는 것이 아니다(道常無爲而無不爲)"[5]라고 말하였다.

그런 점에서 도의 창조적 수동성은 결코 부정적 소극성을 단순히 지니는 것이 아니다. 수동적이고 수의적이되 거기에 깊은 창조적 변화가 수반된다. 수동과 창조의 합일 개념으로서 중용적 진리가 홀연히 나타난다. 무위적 진리를 표현하는 중용은 어떤 이론과 철학 체계의 유혹을 마다한다. 오히려 무위의 중용은 우리에게 모든 형식과 모든 종류의 이름이 지배하는 사고의 독

---

4) 같은 책, 57장. "我無爲而民自化 我好靜而民自正 我無事而民自富 我無欲而民自樸."
5) 같은 책, 37장.

단적 독재로부터 해방될 것을 바라고 있다. 단적으로 무위의 중용은 도의 자연적 자발성에 대한 무한한 존경을 내포하고 있다. 그래서 무위의 진리는 필연적으로 자연적 진리로서의 중용사상과 내면적으로 이어진다.

2) 자연적 진리

『莊子』의 외편이라고 하는 「추수(秋水)」에 다음과 같은 일화가 등장한다. 소와 말이 네 다리를 가지고 있는 것은 자연적이지만 말머리에 멍에를 씌우고 소의 코에 코뚜레를 거는 것은 인위적이다. 이와 같은 비유는 「소요유(逍遙遊)」에도 등장한다. 가령 물 괸 곳이 깊지 않으면 큰 배를 띄울 만한 힘이 없다. 한 잔의 물을 패인 마룻바닥에 부으면 작은 풀잎은 떠서 배가 되지만 거기에 잔을 놓으면 마룻바닥에 닿는다. 물은 얕은데 배가 너무 크기 때문이다. 매미와 비둘기는 그 이치를 모르고 대붕을 비웃기만 한다. 본성이 긴 다리를 가진 학을 참새와 같이 짧게 해서도 안 되고 참새를 학처럼 다리를 길게 늘릴 수도 없는 법. 큰 것과 작은 것의 차이는 있다. 그 법을 어기면 그것은 반자연적 행위가 되어서 사람이 자연을 멸망케 하고 인간의 고의가 자연의 순명을 반역하게 된다. 모든 비극과 불행은 반자연성에서 온다.

노장사상이 가르치는 자연적 진리는 체계화되고 굳어진 길이 제시하는 오류를 우리에게 환기시켜준다. 서양 철학이 유식하게 자랑하는 분석적 사유는 구분·분류를 권장하고 모든 존재의 극단적인 다양성을 무척 좋아한다. 그러나 그런 철학적 사유 속에서 인간은 우주와 대자연의 깊은 통일을 잃어버리고 무미건조한 생각을 인위적으로 짜느라고 길을 헤매게 된다. 물기가 많은 빨래는 걸어두면 저절로 물이 떨어지지만 물기가 거의 없는 빨래를 억지로 짜려고 할 때 물은 나오지 않고 옷감만 상하게 한다. 이처럼 무릇 모든 인위적 진리는 인간의 자연스러움을 상하게 한다. 자연스럽게 바라보는 것은 취하려고 하는 것과 다르다. 맑은 거울은 모든 것을 비추지만 아무것도 취하지 않는다.

3) 필연성을 달관하는 진리

스피노자(B. de Spinoza)는 "영혼이 모든 것을 필연적인 것으로 인식하는 한에서 그 영혼은 정감에 대하여 보다 큰 힘을 갖게 되고 따라서 괴로움을 덜 당하게 된다"[6]고 지적하였다. 또 그는 다음과 같이 마음의 지고한 덕이 최고의 윤리적 가치임을 역설하기도 하였다. "지고한 행복은 덕의 대가가 아니고 덕 자체다. 행복의 개화는 우리의 관능적 욕구의 감소에 의해서 얻어지는 것이 아니고, 오히려 정반대로 저 지고한 행복의 개화가 우리의 관능적 욕구의 감소를 가능케 한다고 보아야 한다."[7] 이와 같은 스피노자의 말에서 우리가 느끼는 것은 모든 사물의 필연성을 우리가 인식하는 한에서(그것이 지고한 행복의 요체다) 우리의 마음은 사물의 영향력을 초월한 더 큰 힘을 갖게 되거나 그것의 영향에서 덜 괴로워한다는 점이다.

장자도 마찬가지로 인간에게 수시로 닥쳐오는 재난과 재앙에 대하여 인간이 늘 불안감을 갖고 있는데, 그런 불안과 공포는 사물의 필연성에 대한 통찰력과 달관의 마음만 터득하면 감소될 수 있다고 지적하였다. 이와 같은 인식의 경지를 우화로 장자는 술회하였다. 『장자』「지락(至樂)」에서 그는 아내의 죽음을 맞이하여 두 다리를 쭉 뻗고 술항아리를 두드리며 노래를 불렀다. 혜시(惠施)와의 대화 가운데서 자기 아내는 우주를 거실로 삼아 편안히 누워 잠자고 있는데, 엉엉 큰소리를 내어 통곡한다면 내 스스로 운명을 달관하지 못한 것 같기에 울음을 그쳤다고 말하였다.

자연적 진리의 필연성과 거기에 대한 인간 인식의 순응은 결코 서양 철학

---

6) B. de Spinoza, *Ethique*, V. proposition 6, trad. par Ch. Appuhn. "Dans la mesure où l'Ame connaît toutes choses comme nécessaires, elle a sur les affections une puissance plus grande, c'est-à-dire en pâtit moins."

7) 같은 책, V. prop. SLII. "La béatitude n'est pas le prix de la vertu, mais la vertu elle-même, et cet épanouissement n'est pas obtenu par la réduction de nos appétits sensuels, mais c'est au contraire cet épanouissement qui rend possible la réduction de nos appétits sensuels."

에서 흔히 말하는 단순한 숙명론의 세계와는 다르다. 왜냐하면 필연성에 대한 달관은 무기력한 심리와는 전혀 다르기 때문이다. 달관하는 마음은 초월적이고 내면적인 행위이며 겉으로 치장하지 아니한 능동성이고 도와 함께 합일되어 있는 경지다.

4) '우제무경'의 진리

도가 사상의 중용적 진리는 궁극적으로 장주의 표현처럼 '우제무경(寓諸無竟)'의 세계에로 맞닿는 것과 같다. 즉, 구분과 경계가 없는 초탈한 절대의 세계에 산다는 뜻이다. 인간의 유한한 관점에서 보면 모든 것이 상대적이다. 예컨대 시·비, 아·피, 생·사, 가·불가 등 동일한 사물을 두고 여러 입장에서 해석함이 가능하다. 개미에게 종이배는 무척 크고, 코끼리에게 종이배란 단지 하나의 티끌에 불과하다. 그래서 상대적 관점에서 이루어지는 인식의 유한성 때문에 덧없는 논쟁과 싸움이 생기므로 장주는 '천도(자연)에서 만물을 비쳐보는(照之于天)' 진리에 고요히 잠기기를 권장한다. 점은 마치 원의 중심을 붙잡는 것 같아서 큰 원이나 작은 원이나 모든 다양한 변화에 고요히, 그러나 능동적으로 대처해나갈 수 있다.

'우제무경'의 진리는 '생사불이(生死不二)'이고 '득실무이(得失無異)'한 인식의 태도를 잉태시킨다. 저와 같은 진리는 아무런 소용이 없는 것 같지만 그러나 인간에게 엄청난 변화를 일으킨다. 너무 큰 변화이기에 잘 보이지 않을 뿐이다. 죽음에의 불안보다 더 큰 동요가 인생에 없을진대, 그 진리는 '죽음으로 이끄는 병'을 치유시켜준다. 이보다 더 큰 변화의 효능이 또 있겠는가?

옳은 것이 옳지 않은 것일 수 있고 그런 것도 그렇지 않은 것일 수 있다. 만약에 옳은 것이 진정 옳은 것이라면 곧 옳지 않은 것과 구별되니 논쟁이 필요 없고, 그런 것이 과연 그런 것이라면 그것은 저절로 그렇지 않은 것과 구별되니 논쟁할 필요가 없다. 세월도 잊고 의리도 잊고 무경에 거닐게 되

는 까닭에 경계가 없는 곳에 노닐게 된다.[8]

이와 같은 진리는 주지주의 철학 전통에 물들어 있는 사람에게는 심히 당혹함을 줄 수 있다. 왜냐하면 장주나 노자가 겨냥하는 중(원의 중심과 같은 '道樞'의 세계)의 본질은, 생각하거나 분석하지 않고 아무것도 축적하지 않으며 선택도 하지 않고 존재하여 있는 곳에 어떤 것도 첨가하지 않는 그 필연성에 동의하는 자유가 무엇인가를 터득하는 이에게만 말을 건네기 때문이다.

3. 요(凹)와 철(凸)의 돌쩌귀

동방 사상에서 유교 철학이든 도가 철학이든 그 기본적 사유의 구조에는 한결같이 음양적 세계관이 깃들어 있다. 이 세상 모든 것은 언제나 요철(凹凸)의 대대법적(待對法的) 구조로 되어 있다고 보는 것이 역(易)의 논리다. 산이 높으면 반드시 깊은 계곡을 감추고 있고, 숨을 내쉬면 공기를 흡입하지 않으면 안 된다. 이와 같은 역의 가장 단순한 논법에서 볼 때 동방 사상에서 유학의 세계는 철(凸)의 본질을 비교적 많이 함유하고 있고, 도가의 집은 요(凹)의 성질을 비교적 가까이하고 있다고 보여진다.

여기서 비교적이라는 낱말을 사용한 것에 주의를 기울일 필요가 있다. 왜냐하면 추상적으로 절대적인 철과 요는 존재하지 않고 구체의 세계는 늘 양중음(陽中陰)·음중양(陰中陽)의 복합성을 지니고 있기 때문이다. 그런 점에서 유교가 도교보다 적극적이고 양성적인 것은 사실이지만 유교 사상에서도 일함의 논리만이 있는 것은 아니다. 거기에도 쉼과 휴식의 미학이 있다. 도가의 경우 그 반대의 입장도 역시 마찬가지다. 그러나 여기서는 도가와 보다 대

---

8) 『莊子』「제물론」. "是不是 然不然 是若果是也 則是之異乎不是也 亦無辯 然若果然也 則然之異乎不然也 亦無辯也 忘年忘義 振於無竟 故寓諸無竟."

비되는 유가의 '중'사상과 중용적 진리관을 보기로 하자.

자사의 저술이라고 일컬어지는 『중용』을 중심으로 해서 유가의 사서를 분석해보면 중용의 의미는 대개 세 가지 뜻으로 쓰이는 것 같다. ① 시중적 중용, ② 중화적 중용, ③ 범용적 중용이다. 그런데 이 세 가지 경우에 공통적으로 보이는 개념은 '중'의 뜻이 결코 산술적 중간지대가 아니라 오히려 시간과 공간을 통하여 적중한 생리적 진리가 되는 것을 겨냥하고 있다는 점이다. 그래서 공자를 '중'사상의 화신으로 평가한다. 그 점에서 맹자의 생각을 인용하여보자. "공자는 시간적으로 급히 할 때는 빨리 하고 오래오래 숙고할 때는 또 그렇게 한다. 조용히 초야에 머물 때는 그렇게 하고 사회 참여를 할 때는 그것을 한다."[9] 이와 같은 공자의 태도를 맹자는 '성지시(聖之時. 때를 성스럽게 함)'라고 불렀다. 즉, 시중(時中)의 진리라는 것이다.

1) 시중의 진리로서의 중용

시중(時中)의 뜻을 먼저 이해하기 위하여 맹자가 비유한 네 사람의 인생관을 먼저 생각해볼 필요가 있으리라. 그 네 사람이란 백이·숙제와 이윤과 유하혜와 공자다. 잘 알다시피 백이·숙제는 은나라에 충절을 고고하게 지켰던 망국의 충신이며, 이윤은 상왕조에서 건국의 명재상이었고, 유하혜는 노나라의 대부였다.

백이는 눈으로 나쁜 색을 보지 못하고 귀로서는 나쁜 소리를 듣지 못하고 자기 임금이 아니면 섬기지를 않고 자기 백성이 아니면 부리지를 않았다. 정치가 잘 되면 현실에 나아갔고 정치가 어지러우면 물러섰다. 횡포한 정치가 나오는 곳과 교양이 없는 백성이 머무는 곳에 거주하지 못하였다. 교양이 없는 사람과 감께 거주한다고 생각하면 마치 정장을 하고 흙구덩

---

9) 『孟子』「萬章下」. "可以速而速 可以久而久 可以處而處 可以仕而仕."

이에 앉는 것 같이 생각하였다.[10]

그 반면에 이윤의 생각은 정반대다.

섬기지 못할 임금이 어디에 있으며 섬기지 못할 백성이 어디 있으랴.
정치가 잘 되어도 나아가고, 혼란해도 나아간다. 스스로 말하기를 하늘이
이 백성을 낳을 때 선지자로 하여금 후지자를 깨닫게 하고 선각자로 하여
금 후각자를 깨우치게 하는 것이라. 나는 장차 이 도로서 이 백성을 깨우
치겠노라.[11]

유하혜는 더러운 임금을 부끄럽게 여기지 않고 작은 벼슬도 사양하지
않고 현실에 참여하여 그 현명함을 감추지 않고 반드시 그 도를 다함이라.
실패해도 남을 원망하지 않고 액운이 닥쳐도 근심하지 않으니.…[12]

맹자는 백이를 '성지청자(聖之清者. 깨끗한 성인)'라 하였고, 이윤을 '성지임
자(聖之任者. 책임감의 성스러운 화신)', 유하혜를 '성지화자(聖之和者. 화해의 성
인)'라고 각각 찬양하면서 다른 한편으로 백이는 편협한 마음가짐, 이윤은
방자한 태도, 유하혜는 불공(不恭)한 정신의 결점을 각각 지니고 있다고 지적
하기를 잊지 않았다.

그런데 공자는 '성지청자'·'성지임자'·'성지화자'의 세 가지 관점을 다 지니
면서도 결코 편협과 방자와 불공의 태도에 빠지지 않았다고 맹자가 보았기
때문에 그를 '성지시자(聖之時者. 모든 때에 적중하는 성인)'라고 명명하였다. 깨
끗할 때나 더러울 때나 즐거울 때나 슬플 때를 막론하고 그는 한결같이 때에
가장 적합한 시중적 진리를 실천하는 화신으로 나타나 있다. 보다 더 구체적

---

10) 같은 책, 「萬章下」 참조.
11) 같은 책, 「萬章下」 참조.
12) 같은 책, 「萬章下」 참조.

으로 공자의 시중적 진리를 성찰해보면, 그는 언제나 양가의 묘합을 태극의 원리처럼 겨냥했음을 알 수 있다. 즉, 이상과 현실, 강상(綱常)과 사공(事功), 과 (過)와 불급(不及), 보편과 특수 등의 양가적 묘합(이원적 일원)이 기차바퀴를 움직이는 피스톤처럼 작용하고 있다.

(1) 이상과 현실의 양가적 묘합으로서의 시중

추상적인 이론보다 구체적 사례를 통하여 이 점을 보기로 하자. 『논어』에 서 공자가 관중에 대해서 내린 평가가 이중적이다. 우선 관중에 대한 부정적 평가부터 보자.

> 공자께서 말씀하셨다. 관중은 도량이 적은 사람이다. 어떤 이가 물었다. 관중은 검소한 사람입니까? 공자께서 답변하셨다. 관씨는 여자를 세 명이 나 데리고 있고 관직도 겸무하지 않았으니 어찌 검소하다 하겠소? 그러면 관중은 예절을 압니까? 임금이 문에 병풍담을 치면 관씨도 그렇게 했고 임금이 타국 임금과 외교 연회에서 반점(反坫)을 놓는 것인데 관씨도 그렇 게 했다. 이런 관씨가 예절을 안다면 누구인들 예절을 모른다 하리오.[13]

다음으로 긍정적 평가의 측면을 보자.

> 공자께서 말씀하셨다. 관중이 환공을 도와 제후들의 패자가 되게 하여 천하를 잡았으므로 백성들은 오늘에 이르기까지 그 혜택을 입고 있으니 만일 관중이 아니었더라면 우리는 머리 풀고 옷깃을 외로 여미는 오랑캐 가 되었을 것이다. 어찌 필부필부들이 사소한 신의를 지켜 스스로 목을 매 어 시체가 개천에서 뒹굴어도 알아주는 사람이 없는 것과 같겠는가?[14]

---

13) 『論語』 「八佾」 참조.

14) 같은 책, 「憲問」 참조.

이상주의자의 입장에서 볼 때 관중은 공자의 눈에 불합격이다. 왜냐하면 그는 왕도정치·덕치주의의 화신이 되지 못하기 때문이다. 그러나 현실주의자의 입장에서 보면 그는 부국강병론자로서 실사·실용의 차원에서 큰 업적을 쌓은 인물로 평가받고 있다. 이미 공자가 술회하였듯이 관중의 현실적 부국강병의 논리가 없었더라면 중국 문화와 중국인의 정통성이 보존될 수 없었을 터이기 때문이다. 이와 같은 관점은 유학 사상에서 의도하는 중용의 정신, 시중의 입장이 이상주의와 현실주의의 중정한 균형을 최고의 미덕으로 여기고 있음을 보여준다.

(2) 강상과 사공의 양가적 묘합으로서의 시중

강상(綱常)은 유교적 세계관에서 볼 때 만고불변의 가치를 수호하는 정신을 일컫는다. 반면에 사공(事功)은 실사의 세계에서 큰 공적을 쌓아나가는 이용가치를 중시한다. 그래서 강상은 항수요 사공은 변수의 개념을 담고 있다. 앞에서 거론된 인물 가운데서 백이·숙제는 강상파의 지주이고 이윤과 유하혜는 사공파의 기둥이다. 우선『논어』에서 그 두 가지 상반된 정신을 보자.

> 나물밥 먹고 물마시고 팔을 베개 삼고 누워도 즐거움이 그 가운데 있으니 불의로 얻은 부귀는 나에게 뜬구름 같도다.[15]

그러면 공자의 사공사상을 또 보자.

> 자공이 여쭈어보았다. 여기 아름다운 옥이 있으면 궤 속에 감추어두어야 합니까, 아니면 좋은 값으로 팔아야 합니까? 공자께서 대답하셨다. 팔아야지, 팔아야지. 나는 좋은 값으로 사는 사람을 기다리는 사람이다.[16]

---

15) 같은 책, 「述而」 참조.
16) 같은 책, 「子罕」 참조.

유학 사상이 간직한 가장 두드러진 특징 중 하나는 선험적 '도'와 경험적 '습'의 양가적 묘합을 언제나 중심적 핵으로 두고 있다는 데 있다. 그런데 유학은 선불교의 이론과 달라 문득 선험적으로 도를 터득하는 '돈오(頓悟)'의 세계에 무게중심을 두기보다 오히려 경험적인 학습에 의하여 점진적으로 지혜와 지식을 축적해나가는 '점수(漸修)'를 가까이 한 것이 사실이다. 그러나 '습'과 '도'가 이원적으로 분리되는 것이 아니라 학습의 심화에 따라 그만큼 달도(達道)가 성취된다고 보는 점에서 경험의 세계는 그 자체로 이미 선험의 지적 씨앗을 잉태하고 있다고 여긴다. 격물치지의 이론이 거기서 출발한다.

그렇게 볼 때 중용의 도를 수행하는 유학은 사공의 변수 속에 강상의 상수가 잠재적으로 깃들어 있다는 인식을 전제로 하고 있다. 인생은 나이에 따라 변화하지만 그러나 변치 않는 의식의 지속이 있다. 그래서 바람직한 인생관은 '몸을 올바르게 보존하는 상법(守身之常法)'과 '도를 구체적으로 체득하는 가변적 큰 저울(體道之大權)'을 양가적으로 묘합하는 데서 그 참 뜻을 정립할 수 있으리라. 그래서 '수신지상법'과 '체도지대권'을 시중적 입장에서 합일하는 것을 유학의 정수라고 생각한 율곡 이이는 다음과 같이 논하였다.

도(道)가 나란히 할 수 없는 것은 옳음과 그름이요, 사(事)가 다 구비할 수 없는 것이 이(利)와 해(害)다. 한갓 이·해가 급하다고 하여 시·비의 소재를 고려하지 않으면 현실을 경영하는 정의(制事之義)에 어긋나게 되고, 또 한갓 시·비가 급하다고 하여 이·해의 소재를 생각하지 않으면 변화에 대응하는 저울질(應變之權)에 어긋난다. 그러나 저울질에는 일정한 규칙이 없고 적중함이 가장 귀하고, 정의에는 늘 같은 제도가 없기에 마땅함에 합치함이 귀하다.[17]

---

17) 『栗谷全書』卷5, 「時務七條」. "道之不可竝者 是與非也 事之不可俱者 利與害也 徒以利害爲急 而不顧是非之所在 則乖於制事之義 徒以是非爲急 而不究利害之所在 則乖於應變之權 然而權無定規 得中爲貴義無常制 合宜爲貴."

이와 같은 점을 다시 반추해보면 율곡 철학에 있어서 사공의 의미는 '응변지권'과 통하고 또 강상의 개념은 '제사지의'에 상통한다. 사공은 현실에 있어서 공리와 실리를 겨냥하고 강상은 이상적으로 도의를 추구한다. 공리와 도리가 득중(得中)하고 합의하는 시대정신을 율곡은 시중이라고 여겼다.

(3) '과'와 '불급'의 양극을 피하는 뜻으로서의 시중

『논어』의 「선진」에 나오는 "지나침은 미치지 못함과 같다(過猶不及)"는 명제가 널리 인구에 회자되어왔다. 맹자가 주석한 백이·윤이·유하혜의 경우를 이 범주에 대입하여보자. 백이적 유형에서 자랑스러운 '성지청자'가 너무 지나치면 그것은 편협한 결벽증에 빠지게 되고 부족하면 오탁의 시류에 덧없이 유전하다 사라질 뿐이다. 이윤의 '성지임자'는 지나치게 되면 '나 아니면 안 된다'는 방자의 심리를 뿜어내게 되고 부족하면 사르트르가 비웃은 '불성실한 믿음(la mauvaise foi)'에 빠져 기회주의적 처세만을 생각하게 된다. 유하혜의 '성지화자'는 그것이 적중한 중심을 잃을 때 지나쳐서 불공한 마음가짐이 생길 수 있고(왜냐하면 남과 더불어 화해하는 심리는 자칫 너는 너고 나는 나라는 무관심을 감출 수 있기 때문이다), 부족하면 무절제한 적당주의자가 될 수도 있다.

(4) 보편과 특수의 묘합으로서의 시중

『논어』「양화」에 역시 잘 알려진 유명한 명제가 있다. "인간의 본성은 서로 가까우나 습관이 서로 멀게 한다(性相近也, 習相遠也)." 여기서 인간 사회의 보편성과 특수성의 존재 이유를 동시에 읽을 수 있다. 『논어』의 「위정」이나 「팔일」에 공자의 진리에 대한 보편과 특수의 양면을 읽을 수 있지만, 여기서 자세한 문헌적 인증은 번쇄하여 더 이상 논급하지 않기로 하겠다. 요컨대 공자의 시중적 진리는 단적으로 표현하여 보편성에 대한 일이관지의 혜각이 없는 교육과 철학은 맹목적이며 동시에 특수성의 운명을 고려하지 아니한 모든 창조가 공허함을 알려주는 인식과 분리되지 않는다. 특수성과 보편성이 묘합되어야 시중의 진리가 된다. 특수성은 다양성이며 보편성은 통일성이다. 특수성이 있기에 관용이 정당한 존재 이유를 가질 수 있고 보편성이 진리에 또한 등록되어야 하기에 심판이 또한 엄숙성을 지니고 역사의 현실에 깊이 새겨질 수밖에 없다.

독일의 하이데거가 진리로서의 로고스(Logos)를 해석하면서 그것은 한편으로 '집합(Sammlung)'의 뜻이기도 하고, 다른 한편으로 '상호 별리(Auseinandersetzung)'라고 말한 것은 입체적인 뉘앙스를 지니고 있다고 보여진다. 진리가 하나로 모으는 집합이기에 그것은 보편적 원리여야 하고 다양한 특수성으로의 개별화이기도 하기에 그것이 개체화의 분화와 관계를 맺을 수밖에 없다. 다양성을 전제로 하는 관용의 부드러운 미덕과 원리로 수렴하는 데서 오는 심판의 엄정한 윤리가 태극지묘로서 각각 회통하는 곳에 중용이 빛난다.

2) 중화의 진리로서의 중용

자사의 『중용』에서부터 실마리를 풀어가 보도록 하자.

> 희로애락이 미발한 상태를 중(中)이라 하고, 나타나서(發) 모두 중절한 것을 화(和)라고 한다. 중은 세계의 대본이요, 화는 세계의 달도다. 중화에 이르러 우주(天地)가 질서(位)를 잡게 되고 만물이 자란다(育).[18]

『역경』의 개념으로 중화의 사상을 대입하면 중은 '적연부동(寂然不動)'이요, 화는 '감이수통(感而遂通)'이리라. 그리고 중과 화의 상호 관계를 말하면 '중은 화의 주체(中者和之體)'가 되고 '화는 중의 용례(和者中之用)'가 된다. 이와 같은 중화의 진리를 어떻게 해석해야 하나? 자사는 "중화에 이르러서야 우주의

---

18) 『中庸』. "喜怒哀樂之未發 謂之中 發而皆中節 謂之和 中也者 天下之大本 和也者 天下之達道也 致中和 天地位焉 萬物育焉."

질서가 편안해지고 만물이 생명을 성취해나간다(致中和 天地位焉 萬物育焉)"고 말하였다. 중화는 우주적 선, 자연적 선의 진리로 나타난다. 바로 중화적 중용의 근본정신은 자연적 좋음(善)을 파괴하거나 왜곡함이 없이 그 자체로 온전히 이해하려는 길과 다른 것이 아닌 것으로 보인다. 중화의 본질은 인간이 인위적 사고의 기준을 설정해서 자연적 생명의 좋음을 사유화하려는 욕망에서는 비쳐지지 않는다. 오히려 중화의 철학은 인간 정신으로 하여금 우주에 가득 찬 생명의 아름답고 좋은 리듬을 조용히 채용하도록 도와준다. 그래서 격물치지에 의한 유가적 인식 방법은 거추장스럽게 보이는 군더더기를 하나씩 제거하여 생명의 실재에 직접 연결되도록 하는 길이기도 하다.

자연의 생명은 왜 좋은가? 자연의 모든 생명은 불필요한 사치에서 벗어나 있고 낭비가 없다. 이 우주의 '생생지리'는 가장 타당한 검약의 길을 간다. 가장 필요한 것만을 가지기에 중화다. 어떻게 보면 악으로서의 반중용은 쓸데없는 낭비와 사치가 아니겠는가? 이와 같은 자연의 검약과 마음의 가난을 배우고 닦는 데 중용적 진리의 실천적 행위가 제기된다. 공맹적 세계관과 노장적 세계관은 이 점에 있어서 별다른 차이를 보여주지 않는 것 같다.

우선 『장자』「응제왕」의 내용을 인용해보기로 하자.

> 지인의 마음 작용은 거울과 같다. 사물을 보내지도 마중하지도 않는다. 사물에 응하되 감추지 않는 까닭에 능히 사물을 이길 수 있고 스스로 손상을 입지 아니한다.[19]

이와 같은 지혜가 유학에서도 그대로 존중된다.

> 무릇 천지의 항상함은 그 마음으로써 두루 만물을 비추나 스스로는 무심하고, 성인의 항상함은 그 감정으로 만물에 순응하나 스스로는 무정하

---

19) 『莊子』「應帝王」. "至人用心若鏡 不將不迎 應而不將藏 故能勝物而不傷."

기 때문이다. 그러므로 군자의 학문은 확연하면서도 대공(大公)하여 사물이 오는 대로 거기에 순응한다.…성인의 기쁨은 사물로써 마땅히 기뻐하고, 성인의 노여움은 사물에 의하여 마땅히 화내니, 이로써 성인의 기쁨과 성냄이 마음에 연계되어 있지 않고 사물에 걸려 있음을 알 수 있다.[20]

위의 두 인용에서 우리가 느낄 수 있는 공통점은 중화의 심리가 아무런 생명의 표정이 없는 목석과 같은 중성의 지대가 아니라는 것이다. 중화의 심리는 멍청한 무기력의 재미없는 황무지가 아니다. 중화의 심리는 자연과 천재의 마음처럼 지극히 단순해야 한다. 사심과 교활한 꾀가 인간의 마음과 인간관계를 한없이 복잡하게 만든다. 장자가 말한 '지인(至人)'이나 정이(程頤)가 말한 '성인(聖人)'은 감정은 표현하나 그 감정의 노예가 되지 않는다. 즉, 어떤 감정에 얽매어 있는 것이 아니라 생명의 무질서와 파괴에 분노하고 생명의 넘치는 환희에 기뻐한다. 그것뿐이다. 그런 대상이 사라지면 그 마음도 지극히 가난해진다.

중화의 심리는 잔재주가 만드는 복잡한 피곤에서 해방되어 있다. 그리하여 우주의 원초적 결백에 자기를 내맡김으로써 그는 절제와 가난의 조촐한 길을 스스로에게 다짐한다. 자기 마음속에 넘칠 만큼 쑤셔 넣으려고 할 때 인간은 자기 자신에게 폭력을 가하게 되고 동시에 남에게도 해를 끼치게 된다. 그래서 중화의 진리는 우리에게 어떤 포기를 종용한다. 사람이 생각을 짜내지 않고 성공하는 어떤 부드러운 유연성과 의젓한 달관을 요구한다. 바둥거리는 것은 중용의 적이다. 그런 짓은 어디에도 도움이 되지 못한다. 『중용』에서 "애쓰지 않아도 적중하고 생각하지 않아도 얻게 된다(不勉而中 不思而得)"는 말의 참 뜻이 여기에 있지 않은가?

---

20) 『明道文集』卷3. 馮友蘭 著, 鄭仁在 譯, 『中國哲學史』(형설출판사), p.364에서 재인용. "夫天地之常 以其心普萬物而無心 聖人之常 以其情萬物而無情 故君子之學 廓然而大公 物來而順應…聖人之喜 以物之當喜 聖人之怒 以物之當怒 是聖人之喜怒不繫於心而繫於物."

이와 같은 단순성, 무한히 신선한 단순성은 순진무구의 대명사와 같은 것이기 때문에 주지주의적 전통 속에서 습관화된 철학인들이 결코 언표하는 데 성공할 수 없다. 중용의 진리는 연표하기에 너무나 단순하다. 그와 같은 중화의 진리는 거짓 꾸밈이나 자질구레한 서론 따위를 생각하지 않고 직접 자연의 원초적 직접태에 바로 접근한다. 단순성의 평화로운 대양 속에서 중화의 기쁨이 출렁거리고 있다. 이런 기쁨을 소옹(邵雍)은 자신을 '안락선생'이라 하면서 그의 시 「안락음(安樂吟)」에서 잘 표현하고 있다.

안락선생(安樂先生) 이름은 아무도 모른다네.
30년간 낙강 변에 살던 그
감정은 바람과 달, 마음은 강이나 호수 위에 뜨고
…
자기 집을 떠나지도 않았으나
천지와 일체가 되어 살았네.
대군(大軍)으로도 그를 정복할 수 없고
후폐(厚幣)로도 그를 유혹할 수 없네.
그는 정말 행복하게 65년을 살았네.[21]

그러나 중화로서의 중용적 진리는 자연적 일체감의 낭만주의적 요소에만 있는 것은 결코 아니다. 자연적 낭만주의 이외에 거기에는 사회적 예법주의의 정신도 깃들어 있음을 간과해서는 안 된다.『중용』에 다음과 같은 명제들이 등장함에 주목할 필요가 있다.

군자는 그가 속한 질서에 바탕하여 행동하지 그것 이외의 것을 원치 않

---

21) 馮友蘭 著, 鄭仁在 譯,『中國哲學史』, pp.368-369. "安樂先生不顯姓氏 重三十年居
洛之涘 風月情懷江湖…不出戶庭直際天地 三軍莫淩萬鍾莫致 爲快活人六十五歲."

는다.22)

　인(仁)은 곧 사람(人)이기에 그 어버이를 친함은 위대하고, 의(義)는 마땅함(宜)이기에 현명한 이를 높임도 위대하다. 어버이를 친함에서 오는 수직관계와 현명한 이를 높임에서 생기는 등급 관계에서 예법이 나온다.23)

　사회적 예법서 중화의 정위는 인과 의, 친친과 존현에서 정립된다. 친친은 위상적으로 보면 '친친지살(親親之殺. 친친의 내림)'의 개념이 암시하듯이 수직적이고 상하관계(어버이-자식)를 담고 있다. 형식논리상으로 상하관계이지만 이 상하관계를 기둥으로 하여 동질적인 형제애가 가능해진다. 평등과 대동사상의 밑바닥에 형제애의식이 전제되고 있어야 대동과 평등이 병들지 않는다. '너와 내가 형제'라는 의식이 사라진 평등의식은 공연한 질투의식을 정당화시켜주는 으스대는 '자기 주장'의 온상이 될 뿐이다. '친친'의 종적 위상이 사실상 대동적인 형제애를 낳고 형제애가 인간의 인격적 평등을 유출한다. 그래서 종국적으로 친애의 가의식(家意識)의 확장적 유비가 없는 평등은 인간관계의 사랑을 죽이는 전투적 개념을 유발한다. 〈그림 1〉은 '친친'의 종적 위상이 어떻게 형제애를 낳고 형제애의 가정윤리가 대승화하면 횡적으로 평등의식을 어떻게 가능케 하는가를 보여준다. 평등의 철학은 우주적 가족주의가 전제되어야 건강해진다.

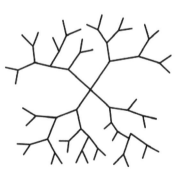

〈그림 1〉 친친지살(親親之殺)

　그와 반면에 존현은 남과의 수평적 비교를 전제한다. 그래서 사리와 분별

22)『中庸』13章. "君子素其位而行 不願乎其外."

23) 같은 책, 20章. "仁者人也 親親爲大 義者宜也 尊賢爲大 親親之殺 尊賢之等 禮所生也."

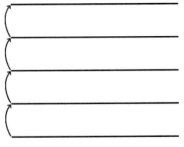

〈그림 2〉 존현지등(尊賢之等)

에 의하여 합당함과 그렇지 못함을 가리고 심판한다. 그래서 귀천의 구분이 필연적으로 도래되고 의와 불의의 차등, 현(賢)과 우(愚)의 별리가 요청된다. 그런 점에서 '존현'의 사고는 횡적 위상을 수평적으로 지니고 있지만, 그것은 어디까지나 형식논리에 그치고 실질은 '친친'과는 정반대로 비동등을 암

암리에 품고 있다. 귀·천, 의·불의, 현·우를 비동등하게 차별화하는 것이 정의가 된다. 그것이 가족윤리가 아닌 공공윤리의 요체다. 〈그림 2〉는 존현지등(尊賢之等)의 횡적 위상 속에 차등과 비동등의 정신을 표현하고 있다.

이런 점들을 종합적으로 성찰해보면 중화의 진리가 사회적 예법주의로 반영될 때 그것은 동등과 비동등, 수직관계(經)와 수평관계(緯), 인과 의, 친애와 분별, 가정의식과 사회의식의 양가적 묘합임을 알 수 있다. 그런 양가적 묘합, 이원적 일원의 논리 속에 중용이 자리 잡고 있다는 것은 어떤 경우에도 변치 않는 중용의 기본적 구조인 것으로 보인다.

3) 범용의 진리로서의 중용

사람치고 마시고 먹지 아니하는 사람은 없지만 진실로 그 맛을 아는 사람은 드물도다.[24]

군자의 도는 부부관계에 발단되어 이루어져서 그 지극한 곳에 이르러서 천지에 가득 차도다.[25]

---

24) 『中庸』 6章. "人莫不飮食也 鮮能知味也."
25) 같은 책, 12章. "君子之道 造端乎夫婦 及其至也 察乎天地."

시경에 말하기를 도끼 자루를 찍도다. 도끼 자루를 찍도다. 그 법칙이 멀지 않으니 도끼 자루를 잡고서 도끼 자루를 찍는도다.[26)]

군자의 도는 비유컨대 멀리 가려고 하면 반드시 가까운 데서부터 출발해야 하고, 높이 오르고자 하면 반드시 낮은 데서부터 출발해야 한다.[27)]

이와 같은 인용은 유가사상이 본질적으로 담고 있는 '근사(近思)'정신과 '하학이상달(下學而上達)'의 이념을 소박하게 말하고 있다.『논어』「자장」에는 '근사'의 개념과 '하학이상달'의 정신이 조촐한 언어의 검약성을 갖고 실려 있다.

자하가 말하였다. 널리 배우고 뜻을 주체적으로 돈독히 확립하고 자기에게 절실한 경험에서부터 출발하여 묻고 가까운 것에서 생각을 전개시켜나가면 인간의 진리가 그 가운데 있도다.[28)]

'절문근사(切問近思)'의 명제보다 더 유학이 지닌 범용의 존중정신을 잘 드러내는 것은 없다고 보여진다. 자기 자신의 일상적인 생활 체험에 있어서 먼저 절실하게 느껴지는 것에서부터 의문을 제기하여 가까운 생활 주변에서 철학적 사유를 하며 고원한 보편적 진리에 도달되어야만, 그것이 자기를 망각하지 아니한 진리가 된다. 온 천하를 다 설명하는 진리를 설령 발견하였다 해도 거기에 자기 자신의 것이 배제되어 있으면, 그 지식이나 진리는 종국에 가서 하나의 도구적 장식에 지나지 않는다.

일상적인 경험의 의미가 유교 철학에서처럼 귀하게 여겨지는 곳이 없다. 범용의 진리로서의 중용 개념은 매일의 일상적인 평범한 생활 경험 속에 금싸라기처럼 귀중한 형이상학적 가치가 함유되어 있음을 가르치고 있다. 즉,

---

26) 같은 책, 13章. "詩云 伐柯 伐柯 其則不遠 執柯以伐柯."
27) 같은 책, 16章. "君子之道 辟如行遠 必自邇 辟如登高 必自卑."
28)『論語』「子張」. "子夏曰 博學而篤志 切問而近思 仁在其中矣."

일상성 속에 형이상학적 진리가 이미 스며 있기 때문에, 따라서 형이상학적 진리는 결코 일상의 생활세계를 초월하고 있지 않다.

여기서 우리는 유가적인 의미에서의 경험의 개념을 자세히 분석할 여지를 갖고 있지 않다. 그러나 인간의 사유가 창조적일수록 그것이 결코 그 사유의 주체적 경험에서 단절된 유입적 사고가 아님은 분명하다. 이 점에서 가브리엘 마르셀의 지적보다 더 훌륭한 명제는 없을 성싶다.

사유(이성)는 그것이 경험 속에서 실현되어지는 정도에 따라서만 오직 자기 자신에 대하여 사유로서 구성되어진다.[29]

그런 차원에서 볼 때 모든 진리의 연원은 관념적 사유에서 오는 것이 아니라 경험의 자기 인식, 자기 의미 발견이라고 볼 수 있다. 범용의 진리는 경험주의적 철학의 한 장르에서부터 유학이 이해될 때 확연해진다. 그런 입장에서 '하학이상달'의 개념에서 상달의 뜻이 결코 경험을 벗어나는 '초경험적' 세계로의 진입이나 탈경험의 세계로의 궤도 수정을 뜻하는 것이 결코 될 수 없다. 왜냐하면 '경험의 밖에'라는 표현도 사실상 경험에서 온전히 벗어나는 것이 아니기 때문이다.

'~의 밖에'라는 규정은 그 자체가 경험적이며 경험의 내부에 속한다. 초월적이라는 것이 경험에서 초월한다는 것을 의미하지 않는 것일 뿐만 아니라 오히려 정반대로 초월적인 것 그 자체의 경험이 틀림없이 있다.[30]

---

29) G. Marcel, *Journal Métaphysique*, p.75. "Il faut admettre que la pensée (la raison) ne se constitue comme pensée pour elle-même qu'au fur et à mesure qu'elle se réalise dans l'expérience."

30) G. Marcel, *Le Mystére de L'être* I, p.55. "la détermination en dehors de est elle-même empirique, est elle-même à l'intérieur de l'expérience, Non seulement transcendant ne peut pas vouloir dire transcendant à l'expérience, mais au contraire il doit y avoir une expérience du transcendant en tant que tel."

유학적 형이상학의 개념이 지니는 함의는 모든 일상적 체험이 그 자체 안에 엄청나게 다양한 의미의 음계를 갖고 있음을 가리키고 있다. 그래서 인간의 체험과 경험은 실로 많은 질적 의미의 차이가 있게 된다. 그러므로 모든 일상적 체험은 플라톤적인 이데아(idea)의 뜻에서가 아니고 그 자체 구조 속에 어떤 초월적 의미의 빛을 방사하고 있다. 그렇다고 해서 일상적인 경험 그 자체가 그대로 모두 형이상학적인 무게를 내포하고 있다고 주장하는 것은 결코 아니다. 왜냐하면 일상적인 경험 속에 고귀한 것과 천박한 것의 구별이 확연히 존재하기 때문이다.

그러나 경험적인 귀천의 구별이 논리적으로 존재한다 하더라도 실재적으로는 귀천이 얽혀 있다. 우리를 무거운 납덩이처럼 절망시키는 캄캄한 체험 속에서도 어떤 고귀한 가치의 빛이 감추어져 있을 수도 있다. 그런 점에서 일상적인 경험이 바로 평면적으로 형이상학적 가치로 이어진다기보다 오히려 모든 형이상학은 경험의 재탄생이라고 보는 것이 타당하리라. 이 말은 모든 평범한 체험의 반추 속에 비범한 어떤 것이 내재해 있음을 뜻한다.

평범한 경험 속에 함의되어 있는 귀천의 구별이 되는 척도는 그 체험이 우리의 정신생활에 충만 또는 공허를 주느냐에 달려 있다. 자사가『중용』에서 상징적으로 말한 바와 같이, 비근(卑近)한 부부관계의 체험에서부터 시작하여 이루어지는 진리가 궁극적으로 대우주에 이르기까지 가득 찬다는 명제는 범용으로서의 중용이 자신의 진리로서 충만성을 궁극적으로 간직하고 있음을 알려준다.

중용을 범용의 개념에서 볼 때 진리가 하나(一)인가 아니면 여럿(多)인가 하는 것은 별로 문제되지 않는다. 일상생활에서 절실하게 진리를 찾고자 하는 사람에게 진리가 하나인가 아니면 여럿일 수 있는가 하는 것이 무슨 문제가 되겠는가? '절문근사(切問近思)'하는 사람에게 있어서 긴급동의로 제기되는 철학적 자각은 무엇이 나를 공허에서 벗어나게 하여 정신적 충만을 채워주는가 하는 문제이리라. 그런 의미에서 인식론적으로 표현되는 범용한 진리가 형이상학적 가치론에 있어서 비범한 진리로 탈바꿈한다. 임어당(林語堂)

이 쓴 『생활의 발견』이라는 책은 철학적으로 재평가되어야 마땅하다.

　무엇이 철학일까? 무엇이 철학적 진리일까? 끝으로 장자가 한 말을 다시 생각해보자.

　무릇 참 사람이 있은 연후에야 참 지식이 존재한다.[31]

31) 『莊子』「大宗師」. "夫有眞人而後有眞知."

Ⅲ. 동양 사상에서의 인간 존엄성*
유교 사상을 중심으로

일반적으로 서양의 철학적 지성들이 인간을 정의할 때 인간을 '생각하는 갈대'라든가, 인간을 '이성적 동물'이라든가, 또는 인간을 '천사와 동물의 중간지대'라고 이야기하여왔다. 이와 같은 정의들은 인구에 널리 회자되어왔기 때문에 누구든지 그런 말들을 자연스럽게 쓰고 있다. 그러나 동양 전통 사회에서는 인간을 결코 저와 같은 정의의 방식에서 해석하지 않는다. 서양 지성은 인간의 존엄성을 '생각한다', '이성적', '천사로의 상향운동' 등과 같은 특성에서 찾아보려고 노력하여온 것도 또한 사실이다. 그러나 동양의 전통적 철학 지성은 결코 저런 특성에서 인간의 존엄성을 탐구하려는 의도를 가져본 적이 없었던 것으로 보인다. 오히려 동양 사회에서는 인간을 동물에 비유하여 표상하는 일이 자연스럽다고 여기지도 않았던 것으로 보인다. 이와 같은 모든 차이는 결국 진리에 대한 일반적인 신앙의 척도가 다름에 기인하고 있다.

서양 사회에서 철학적 진리의 기준과 특성은 ① 분석적, ② 선택적, ③ 명증적, ④ 직선적 사고방식 위에 근거하고 있다. 그러나 동양에서 그 기준과 특성은 ① 합명적, ② 중도적, ③ 총체적, ④ 순환적 사고방식 위에 서 있다. 짧은 예를 들어보자. 분석적인 사고방식이기에 '이성적+동물'이라는 결합이 가능하고, 선택적이기에 정치 이념도 '개인주의/전체주의'의 대립이 요구되고, 명증적이기에 학문 연구에서 수량화와 계수화의 유혹이 언제나 따르고,

---

* 『韓國精神文化研究院 特別研鑽資料』 논문(1983. 3).

직선적이기에 역사 발전을 그것의 종말에 이르기까지 단계적으로 생각한다 (성 아우구스티누스, 마르크스, 콩트, 스펜서, 피히테, 로스토 등).

그러면 이와 같은 진리에의 인식적 차이는 어떤 문화적 배경에서 기인하는 것인가?

예부터 동아시아는 농업 경제 국가였고 농경 문화였다. 더구나 옛날에 동북아시아의 기후는 지금보다 온화하였다고 전한다. 그런 까닭에 자연과 인간의 조화를 깨닫기가 어렵지 않았다. 그래서 자연에 대한 공포도 적었기에 기구한다든가 초월적 신의 의지에 매달리는 일이 긴급하게 제기될 수가 없다. 그와 반면에 고대 그리스의 세계는 자연 환경상 농업 체제를 유지할 수가 없었다. 경제적 생활의 불안은 자연히 모험적인 항해를 꿈꾸게 하고 예측할 수 없는 바다의 재앙은 그리스인들로 하여금 신의 저주나 분노를 상상케 하였다. 그래서 도덕법이 신법(神法)과 상통하게 되는 문화를 잉태하게 된다.

또 다른 한편으로 동북아시아의 농경 사회는 동물적 표상보다 식물적 표상에서 보다 더 가까이 우주와 인간의 의미를 발견하였다. 예컨대 씨앗은 저절로 그 내부에서 싹이 터서 생명이 성장하고 출발한다. 즉, 생명은 안에서 스스로 자생적 원인이 되어 그다음에 그것이 밖으로 표출된다. 모든 씨앗은 그 자신의 '본디 몸(本身)'이 생기를 갖고 있다. 이런 표상에 의하여 동북아에서는 신법이 도덕법이 아니라 자연법1)이 도덕법이 된다. 왜냐하면 식물의 발아 현상처럼 인간의 도덕 행위와 법칙도 인본(人本)에서 출발한다고 보고 있기 때문이다. 그리고 도덕의 기초도 초월적 신의 세계에 있는 것이 아니고 인간의 마음 안에 이미 그대로 깃들어 있다고 본다.

동북아의 농경민족은 유목민족이나 상업·무역민족처럼 이동이 빈번하지 않다. 그렇기 때문에 농경 사회에서는 부자, 형제, 부부가 일가를 이루어 한

---

1) 자연법의 개념을 혼동해서는 안 된다. 서양에도 자연법(natural Law)사상이 있지만, 동양의 자연법과 그 개념이 같은 것이 아니다. 서양의 자연법은 인간성 속에 내재된 신법과 같은 개념이지만, 동양의 자연법은 초월적인 신법의 내재화가 아니고 자연 그 자체의 흐르고 멈추는 이법(理法)일 뿐이다.

곳에 고정되어서 살게 마련이다. 그런 까닭으로 가정적 정의(情誼)가 유기적으로 돈독해진다. 그런 점에서 가정의 사랑과 가정적 인간관계가 다른 어떤 인간관계의 덕목보다 진해진다. 그래서 가정은 사람됨의 원천이요, 인간관계의 준칙이요, 모든 도덕의 원천이 된다. 이와 같은 의미에서 국가도 가정적 의미의 확대 이외에 다른 것이 아니고, 인간의 존엄도 가정의 질서 밖에서 구하지 아니한다. 즐겁고 화평한 가정생활의 질서를 구하기 위한 가치 이외에 별도로 인간의 존엄성이 개별적으로 존재하는 것은 아니다.

이와 같이 농업 사회, 농경 문화의 인생 가치와 도덕성이 인간의 마음속에 저절로 내재하는 자연성의 발아(마치 식물의 씨앗이 그 본신에서 싹터서 성장하듯이)에서 출발한다고 보는 인본성과 다른 것이 아니고 또 인간의 존엄성이 가정적 생활 질서의 행복 유지 밖에서 구해지는 것이 아니라고 주장할 때 이와 같은 사고방식을 가진 도덕문화는 분명히 분석적이고 선택적이며 명증적인 사고를 사랑하는 서양의 도덕문화와는 다른 지대에 속할 수밖에 없다.

예컨대 고대 그리스의 도덕적 가치는 종합적으로 정의(正義)의 요구에서 시작하고 있다. 언제 정의의 요구가 강력히 대두되겠는가? 인간과 인간 사이의 상호 투쟁과 갈등이 첨예화할 때 인간은 누구든지 공평한 처사를 요구하게 된다. 그때 정의가 요청된다. 그리스인의 경우 정의의 궁극적 원천은 운명을 주재하는 신의 작품이다. 그리고 유태인의 초월적인 신적 정의도 따지고 보면 인간 사이의 불평등적 갈등을 심리적으로 해소시키는 신의 보상, 천국의 약속과 다르지 않다. 그래서 그리스인의 세계관에서 갈등을 해소하는 조화가 정의의 이명(異名)으로 제기되고, 유태인의 세계에서는 특히 보상적 관념이나 평등의 요구가 유달리 짙게 제기된다. 유태인과 그의 후손인 기독교세계보다 평등 개념을 인간 존엄성의 대명사로 강하게 쓰는 데는 없는 성싶다.

그런데 그리스적인 갈등 해소의 조화적 정의든지, 유태·기독교적인 보상적·평등적 정의든지, 모두 그것들의 문화 환경적인 발생 연원은 상업·무역적인 평등의 요구와 깊은 관계를 갖고 있다. 물건을 매매하거나 교역할 때 반드시 돈과 교환가치를 따지기 마련이다. 교환거래가 불평등할 때 반드시 보상이 뒤따라야만 한다. 따라서 평등의 개념과 주장 뒤에는 정신적·물질적 보상의 요구가 숨어 있다. 그리스민족과 유태민족은 상업주의적인 문화 전통을 간직하고 있다. 그래서 서양 사회에서 전통적으로 정의와 보상의 가치를 중요시한 것은 결코 우연이 아니다.

그런데 동아시아의 한국민족과 그 주변은 근본적으로 농업민족적 생활 전통 속에 살아왔다. 그런 환경 속에서 한편 도발적이고 빡빡해 보이는 평등적·보상적 가치 개념을 그렇게 귀중하게 여기지 않았다. 한국을 비롯한 지금의 동아시아는 인구가 과밀하지만 옛날만 해도 인구가 희소하고 사람이 비해 땅이 제법 넓었다고 봐야 한다. 사람이 경작할 수 있는 땅이 지금보다는 풍부했다. 일반적으로 가난했지만 그러나 각자는 풍년만 들면 생업은 되고 자연대로 사는 것 이외에 별로 더한 야망이 없었다. 상업민족처럼 그렇게 투쟁하고 다투고 갈등을 많이 가져야 할 이유가 없었다. 농경적 필요에 의해 취락을 구성하고 일가친족이 삶을 영위하면서 형제애적이고 경애적이고 경장적(敬長的)인 가치관으로 살 수 있었다. 또 갈등과 싸움이 인간관계에서 일어나는 경우도 타인이 가족적·가정적 유대 감정이나 정의(情誼)의 가치로써 판단하여 그 알력을 극복할 수 있었다.

이와 같은 생활세계에서 개인은 자신의 독립 의지나 개체 의지를 표시할 필요가 없었고, 개인과 개체 사이에 이해관계의 충돌이 심하지 않았다. 인간의 존엄성이 개인의 자유 선언과 독립 선언, 그리고 인간관계의 계급적 평등 선언과 반드시 동시적이어야 한다는 요구가 별로 문제가 안 되는 상황 속에 우리는 살아왔다. 오히려 동아시아의 농경 사회의 문화 속에서 자연의 생명이 모든 도덕성의 기초가 되었고 그 생명의 도를 깨닫는 것이 곧 인간 존엄성의 도덕적 내용이 된다고 여겨왔다.

동아시아의 전통 사회에서 자생적인 근본적 도가 인간 존엄성의 도덕적 기초가 되어왔기 때문에 도덕법의 기본은 '성(性)'의 개념으로 내재화한다. 어원적으로 보면 '덕(德)'이라는 문자는 고어에서 '득(得)' 자와 상통하였다고 한다. 이는 내면적으로 인간 본성에서 얻어지는 것을 '덕'이라고 생각한 사고방식의 일단을 표시하고 있다. 또 고어에서 '덕(德)' 자는 '덕(悳)' 자와도 상응하였다고 한다. 이런 사실은 덕이 인간 본성(性)의 바른(直) 마음(心)을 따르는 도리와 같음을 상징하고 있다.

인간 도덕의 터전을 이렇게 인성의 내면적 바른 결에 두었다는 것은 서양의 말에서 도덕의 어원에 해당하는 'mos(mos의 복수형은 mores)'[2]와는 아주 대조적이다. 왜냐하면 이 개념은 외양적인 풍속과 습관을 뜻하기 때문이다. 이와 같은 어원을 그냥 대수롭지 않게 여길 것이 아니다. 왜냐하면 인간 도덕의 기본에 대한 방향이 종국적으로 인간 존엄성의 문제를 해석하는 색조의 차이를 가져오기 때문이다.

공자는 앞에서 암시한 바와 같이 모든 도덕의 기본을 사람의 마음속에 자연적으로 갖추어진 내적 품성의 덕에서 찾으려 하였다. 그런데 그리스의 소크라테스는 그리스 전통이 지닌 객관적 도덕정신을 좀 더 사변화하여 정의가 모든 도덕의 아버지라고 보았다. 그런데 공자는 유교적 농본 사회의 전통에 따라 심성의 내면세계를 중시하면서 인(仁)이 모든 도덕의 포괄자라고 생각하였다. 인(仁)이 무엇인가를 한마디로 요약하기는 대단히 어렵다. 『논어』에서 인에 관한 공자의 말씀을 인용한다.

번지(樊遲)가 인을 물으니 공자가 대답하시기를 "인은 사람을 사랑하는 것(仁者愛人)"이라고 하였다. 이는 인이 애(愛)와 한편으로 통함을 알려준다. 또 중궁(仲弓)이 인을 물으니 공자는 "자기가 원치 않는 일을 남에게 베풀지 않는 것(己所不欲, 勿施於人)"이라고 말하였다. 또 인이란 "자기가 서고 싶으면 남도 세워주고 자기가 도달하고 싶으면 남도 도달하도록 하는 것(己欲立而立人, 己欲達而達人)"이라고 말하기도 하였다. 여기서 인은 '서(恕)'의 개념을 담고 있다. 또 번지가 인을 물으매 공자는 인은 "남(사람)과 더불어 충을 다하는 것(與人忠)"이라고 했다. 이는 인 속에 충(忠)의 가치가 있음을 뜻한다. 또 『논어』

---

2) 라틴어의 mos와 그리스어의 ethos(ethics)는 같은 뜻을 함의하고 있다.

에서 "인자는 반드시 용기가 있다(仁者必有勇)"고 하였다. 이는 인이 용(勇)을 한편으로 내포하고 있음을 뜻한다. 또 "거처에 공손하고 일을 맡음에서 경허함(居處恭 執事敬)"이라는 말이 있다. 공자의 수제자인 안연이 인을 물을 때 그의 스승은 "자기를 이기고 예를 회복함이 인이 된다(克己復禮爲仁)"라고 가르쳤다. 여기서 인은 예(禮)와 경(敬)의 뜻을 또한 가지게 된다. 또 "알고자 하는 지혜로운 자는 인을 이용한다(知者利仁)"는 말에서 인에 지식과 지혜의 뜻이 담겨져 있음을 본다. 또 "인자는 근심하지 않는다(仁者不憂)"라는 명제에서 인의 가치는 즐거움(樂)을 거느리고 있음을 알린다. 또 "강건하고 의젓하고 질박하며 말을 더듬더듬 하는 자는 인에 가깝다(剛毅木訥近仁)"라든가 "교활하게 말하고 외양을 화사하게 꾸미는 자에게 인함이 드물다(巧言令色鮮矣仁)"라는 말에서 인은 또한 신(信)을 내포하고 있음을 본다. 이렇게 볼 때 인의 가치에는 사랑(愛), 용서(恕), 충성(忠), 용기(勇), 예의(禮), 공경(敬), 즐거움(樂), 믿음과 신용(信) 등이 각기 제 나름대로 깃들어 있다.

그런데 이상과 같은 도덕적 가치의 덕목들은 신에 의하여 주어진 계명도 아니고 후천적 사회 질서의 필요에 의해서 제기된 경험적 지혜의 소산도 아니다. 이런 가치들을 포괄하여 '인은 곧 인간 자체(仁者人也)'라고 유교 철학에서 말하고 있다. 결국 도덕적 가치론과 인간 존엄성 문제는 인간론에 이르게 된다. '인간이 무엇이냐' 하는 물음과 인간 가치는 떼어놓고 생각되지 않는다.

『예기』「예운(禮運)」에 '인간은 천지(자연)의 마음(人者天地之心)'이라고 기술하고 있다. 이 명제는 두 가지의 철학적인 뜻을 담고 있다. 그 하나는 인간만이 자연의 이법을 깨닫는 지고한 존재요, 또 다른 하나는 자기 자신의 생명이 우주의 생명과 하나임을 알리는 뜻이다. 전자는 자연에 대한 인간의 인식 능력의 탁월성을 뜻하고 후자는 인간의 길이 자연의 도와 어긋나서는 안 됨을 말하고 있다. 전자를 유교 철학의 개념으로 '성기(成己. 자기를 완성함)'라고 하고, 후자를 '성물(成物. 물을 완성함)'이라고 한다. 그런데 '성기'와 '성물'이 결코 두 가지로 분리되는 것도 아니고, 그렇다고 하나로 유착하는 것도 아니다.

이와 같은 사고방식이 농업적 세계관과 깊은 연관을 지니고 있는 것 같다. 농사는 상업과 달리 자연세계와의 교섭이 가능하다. 농사에는 거짓과 사기가 용납되지 않는다. 콩 심은 데 콩 나고 팥 심은 데 판 난다. 땀 흘리고 정성을 기울인 자기 성실성의 성취(成己) 대가만큼 자연은 그만큼 성실한 열매를 잉태시켜 준다(成物). 즉, 농사에서 성기와 성물이 융화한다. 그래서 농사짓는 일은 때와 질서를 존중한다. 때가 아닌데 일을 벌임은 천시를 어기는 일과 같다. 춘하추동의 질서는 모든 인륜적 질서의 모델이 된다. 맹자가 '의(義)'의 개념을 무척 강조하여 공자의 '인(仁)'사상에다가 새로 하나 '의'사상이 추가될 정도다. "인은 인간의 마음이고 의는 인간의 길(仁人心也, 義人路也)"이라고 맹자가 갈파하였다. 그러나 의도 그리스적·유태적 정의와 똑같지가 않다. 왜냐하면 맹자의 '의' 개념은 경제적 이해관계의 보상과 평등을 조절하는 개념이라기보다 오히려 자연적 질서에 대응하는 인륜적 질서를 더 가까이 하기 때문이다. 그래서 그는 "인의 열매는 어버이를 섬김이요, 의의 열매는 형을 따름(仁之實事親是也, 義之實從兄是也)"이라고 말하였다. 그래서 의도 평등과 대등의 의식에 축을 박고 있다기보다 오히려 형제애와 같은 가치의 지대에 등록되어 있다고 보여진다.

동양 사상에서는 인간의 존엄성을 막연하게 추상적으로 인간의 동등이나 평등, 또는 개인적 자유의 구가 등에서 또는 그것을 위한 투쟁에서 발굴하지 않았다. 동양 사상에서 (특히 유교 사상에서) 인간의 존엄성은 '인간의 마음'으로서의 인(仁)과 '인간의 길'로서의 의(義)를 자신과 가정생활과 국가생활에서 실천하는 데 빛난다고 여겼다.

서양 사상에서의 인간 존엄성은 다분히 소외에서의 해방과 연관된다. 그래서 개인이 정당하게 노출되기를 요구하는 존엄성의 개념이 거기에 짙다. 모든 면에서 평등하고 자유스럽기를 요구한다. 그 요구 속에 개인이 부당하게 가려지기를 싫어한다. 모든 이의 다양한 요구와 노출이 빚는 갈등을 조절하는 이념이 정의(正義)다. 그러나 동양 사상에서는 개인적인 노출과 요구가 인간 존엄성의 의미 설정에서 주악상(主樂想, leitmotiv)으로 등장하지 않는다.

거기에는 노출과 자기 주장의 요구가 있는 것이 아니라 생명과 생활의 유기체적 분위기가 반자연적인 것이 아니기를 바라는 도덕의식이 있다. 인간의 존엄성은 삶의 분위기의 선을 엮는 데서 생생하게 살게 된다.

동양인에게 있어서 자연은 기하학적인 공간이 아니라 삶의 체험적 무대요 분위기다. 그와 같은 체험적 분위기는 인간에게 '화(和)'와 '서(序)'의 두 가치를 부여해주고 있다. 자연은 질서다. 질서는 순서를 낳고 순서는 구별을 낳는다. '장유유서(長幼有序)', '부부유별(夫婦有別)', '군신유의(君臣有義)' 등이 그런 질서의 계열에 속하는 전통적 가치 범주다. 질서와 구별은 결코 불평등적 차별과는 다르다. 맹자가 주로 강조한 '의'의 뜻은 이 점을 비치고 있다. 자연은 또 다른 한편으로 화해(和諧)요 조화다. 화해는 화락(和樂)을 낳고 화락은 또한 형제애적 사랑을 빚는다. '부자유친(父子有親)', '상경하애(上敬下愛)', '부창부수(夫唱婦隨)' 같은 생활 가치는 이에 연원한다. 공자의 '인'이 여기서 구체화된다.

자연이라는 생명의 무대에서 구분적 질서와 친화적 사랑이 동시에 태극의 음양처럼 교호 작용한다. 동양 전통 사회에서 도덕적 선은 개인의 정당한 권리의 신장에 있는 것이 아니라 음양의 배합을 모든 차원에서 구현함에 있었다. 예악사상이 그것의 구현을 뜻한다. "악은 자연의 화해요 예는 자연의 질서다. 화해이기에 만물이 모두 화합하고 질서이기에 모든 것이 구별된다(樂者天地之和, 禮者天地之序, 和故萬物皆化, 序故群物皆別)."

'화(和)'와 '서(序)' 또는 '화(化)'와 '별(別)'의 균형이 깨질 때 악(惡)이 도래하고 인간다움의 의미가 파괴된다. '서'와 '별'만이 난무할 때 차별과 원망이 생기고, '화(和)'와 '화(化)'만이 생활 무대의 주악상으로 될 때 혼돈과 무질서가 온다. 동양 전통 사회에서 인간의 존엄성은 평등과 불평등, 자유와 부자유의 이율배반에서 선택되어야 할 '이것이냐 저것이냐'의 논리에서 해석되지 않는다. 오히려 인간의 바람직한 도리는 화합과 구분의 묘합을 체득하고 그것을 사회화함에 있다. 개인생활에서 도덕적 가치의식은 구분적 질서와 관계하고 예술적 미학의식은 화해적 융화와 벗한다. 그래서 전통적으로 우리 사회에서는 도덕적 모럴리스트가 동시에 탁월한 예술가였다. 이 점은 서양에서 모럴리스트적인 교양과 예술가적 정열이 상호 위배되는 것과 다르다. 또 가정에서 아버지가 도덕적 질서의 상징이라면 어머니는 예술적 친화의 가교였다. 사회·정치 제도에서도 이 점은 예외가 아니었다. 전통적으로 동양의 왕은 서양의 왕과는 개념이 다르다. 동양의 왕은 '내성외왕(內聖外王)'의 가치 기준을 담고 있다. '내성'은 백성과의 예술적 동고동락을 의미하고, '외왕'은 권위적 위계질서를 함축한다. 그래서 외왕적 군주제가 내성적 민본제와 같은 동전의 앞뒷면을 구성한다.

요컨대 동양 사회는 이러한 예·악의 균형과 중용이 정신적으로나 제도적으로 파괴되지 않을 때 인류 역사에 자기 역사의 긍지와 명예를 가장 많이 제공할 수 있었다. 오늘의 동양 문화는 서양 문화 앞에서 다시 그 명예를 회복할 기운을 차려야 하지 않을까?

Ⅳ. 충효사상의 철학적 의미*

1. 충효사상을 성찰하는 종합적 의미

한국 사상사를 통하여 한국사의 자기 결정력이 가장 강했던 때는 언제일까? 한국사의 자기 결정력의 정도가 민족 중흥의 정도를 가늠한다면, 우리의 역사에서 언제 우리 스스로의 자주적인 역사의 자기 결정력이 가장 강하였던가 함을 성찰해볼 필요가 있다. 그러나 필자는 사학자가 아니기에 거기에 대한 자신 있는 해답을 단적으로 내리지 못한다. 그러나 사상사의 입장에서 보면 적어도 정신의 통일된 구심점이 드높을 때 한국은 안으로 내실화하였고 밖으로 강건하였던 것 같다.

기록상으로 가장 잘 나타나 있는 때가 신라 통일기 전후와 조선의 세종조이리라. 이때에 사상적으로 고차원적인 통일상이 보였고 정치권력과 지식인의 심상에 비뚤어진 괴리가 없었고 문무의 상보성이 크게 나타났고 도덕과 예술의 조화가 있었고 신앙과 애국의 협화음이 두드러졌다. 세종조를 보아도 조선의 전반을 통하여 거의 짙게 등장하였던 관료 권력층과 사림 지식층의 대립·갈등이 보이지 않았다.

사실상 조선 시대에 정신적 비극은 관료 권력층과 사림 지식층 사이의 관계가 어떤 점에 있어서 화해를 모르는 논리의 이원성에 있다고 하여도 결코 지나치지는 않으리라. 물론 조선 시대의 관료 권력층에는 사림 지식층에 못지않게 나라에 업적과 공훈을 남긴 이가 많다. 그리고 반대로 사림 지식층에

---

*『忠孝敎育의 理論과 實際』(서울특별시 교육위원회, 1978) 게재.

서도 관료 권력층에 못지않게 추악하고 부도덕한 인물들이 많았다. 여기서 우리가 조선 시대의 관료 대 사림의 평면적 비유를 논하자는 것은 아니다. 다만 때로는 관료의 역사의식이 옳기도 하고 때로는 사림의 역사의식이 옳기도 하겠지만, 궁극적으로 화해를 모르는 이분법의 대립이 조선 역사의 자기 결정력의 증대에 이바지하지 못하였던 것 같다.

율곡 이이는 조선의 이원화된 논리의 빈곤성을 극복하기 위하여 무척 애를 썼다. 그는 「시폐칠조책(時弊七條策)」에서 다음과 같이 말하였다. "진리의 병립할 수 없는 것은 시(是)와 비(非)며, 사실의 함께할 수 없는 것은 이(利)와 해(害)다. 한갓되이 이해가 급하다 하여 시비의 소재를 고려하지 않는다면 제사지의(制事之義. 일을 이룩하는 정의)에 어긋나며, 또한 시비를 생각만 하여서 이해의 소재를 고구하지 않으면 응변지권(應變之權. 변화에 대응하는 힘)에 어긋난다. 그런데 힘에는 정규(定規)가 없나니 중용을 얻음이 귀하고, 정의에는 상제(常制. 항상 고정된 제도)가 없나니 마땅함에 합함이 귀하다. 중용을 얻고 마땅함에 합한즉 시(是)의 이(利)가 그 가운데 있는 것이다. 진실로 국가를 편안하게 하고 민중에 이로우면 다 행할 수 있는 일이요, 나라를 편안케 하지 못하고 민중을 보위하지 못하면 다 해서는 안 되는 일이다."[1]

이런 율곡의 말은 옳고 그름을 원칙적으로 가르는 정의의 원리와 이해관계를 따지는 현실적 상황이 합의득중(合宜得中)함으로써 보국안민하자는 철학을 담고 있다. 그러기 위하여 제사지의의 원리와 응변지권의 상황을 아울러 고려하여 권도(權道)의 힘과 사도(士道)의 정의가 화해해야 함을 율곡은 겨냥한다. 그러면 '권무정규(權無定規. 힘에는 일정한 규범이 없다)'와 '의무상제(義無常制. 정의에는 언제나 고정된 제도가 없다)'라는 두 개념을 염두에 두고 율곡은 어떤 화해 철학을 생각하였는가? 율곡은 "시대의 역사적 상황에 따라서 적중하는 것을 힘(權)이라고 하였고, 일에 처하여 마땅함에 합하는 것을 일컬어 정의라고 하였다."[2] 그래서 힘으로써 변화에 대응하고 정의로써 일을

---

1) 『栗谷全書 二』, 「時弊七條策」, p.560.

만드는 것보다 나라를 위하는 더 높은 길이 무엇일까 하고 그는 반문한다.

조선의 비극은 어떤 점에 있어서 상황의 변화에 슬기롭고 기민하게 대응하는 '응변지권'과 만고불변의 정의감이 원칙으로 내세우는 '제사지의'가 상보성의 정신에서 합의득중하지 못한 데 기인하는 것 같다. 조선 말 외세의 물밀듯한 도전 앞에 조선이 슬기롭게 대응하여 극복하지 못하고 굴복하고 만 것도 따지고 보면 조선 사회가 '힘으로써 변화에 응전하고(權以應變)' '정의로써 일을 성취하는(義以制事)' 힘과 정의, 상황성과 원리성의 합의득중이 이루어지지 않았기 때문이다.

그런 화해의 부재가 여전히 오늘의 대한민국 사회 안에도 지워지지 않고 흘러서 연장되어 한말보다 더 긴박한 외환(外患)과 더 복잡한 내부적 다변성 속에 우리가 살고 있다. 이에 우리는 율곡이 부르짖었던 화해의 합의득중을 초미의 급(急)으로 요구한다. 그런 화해의 실현 여부가 곧 민족 중흥의 여부와 직결된다. 우리가 오늘날 학교교육에서 충효 교육을 강조하는 까닭도 그런 화해의 가치를 구현함을 깊은 차원에서 겨냥하고 있다고 보아야 한다.

그러면 오늘의 우리에게 화해의 실현을 상대적인 의미에서 보여주었던 역사적 시대가 언제인가? 한국 사상사에서 가장 대표적인 때가 통일 전후의 신라 시대였다. 그때의 정신을 대변하는 화랑도를 간략하게 음미하여 보기로 하자.

화랑도의 대표적 인물인 김유신 장군의 충효관을 보기로 하자. 소년 화랑 김유신은 아버지를 따라 낭비성 전투에 임하게 된다. 고구려와 신라의 혈전이 연일 계속되는 동안에 신라군은 고구려군에 연전연패를 당하여 신라군의 사기는 땅에 떨어질 대로 떨어졌다. 이때 소년 화랑 김유신은 아버지 앞에 나아가 투구를 벗고 무릎을 꿇으면서 다음과 같이 말하였다. "저는 평생에 충효로써 스스로 기약하여왔습니다. 대저 속옷깃(領)을 바로 여미어야만 갑옷이 바르게 되고, 그물의 벼리(網)를 잡아당겨야만 그물이 펴진다는 것을

---

2) 같은 책, p.560.

소자는 들었습니다. 이제 저는 그 그물의 벼리와 속옷깃(綱領)이 되겠사옵니다. 싸움에 임하여 어찌 용감하지 않을 수 있겠습니까(吾平生以忠孝自期 蓋聞振領而裘正, 提綱而綱張, 吾其爲綱領乎, 臨戰不可不勇)." 이리하여 소년 화랑 김유신은 충효정신에 의하여 필마단기로 고구려 진중에 들어가 크게 용맹을 떨쳤다고 한다.

김유신 장군의 경우에서와 같이 모든 화랑도의 얼에는 충효정신이 짙게 깔려 있다. 말할 나위 없이 충효정신은 도의정신을 뜻한다. 그러나 화랑도에는 엄숙하고 비장한 충효정신만 있었던 것이 아니다. 거기에는 또한 화기롭고 흥겨운 놀이정신도 하나의 상보성으로 살아 있었다. 예컨대 『삼국사기』가 전하는 화랑도의 교육 방법을 보면 다음과 같은 기록이 눈에 띈다. "서로서로 도의로서 인간관계를 연마하여, 노래와 음악으로 서로서로 기쁘게 하며, 자연 속에 마음껏 노닐기 위하여 아무리 먼 곳이라도 가보지 않은 곳이 없었다(相磨以道義, 相悅以歌樂, 遊娛山水無遠不至)." 여기서 우리는 화랑도가 비장하고 장엄한 충효의 도의성 이외에 또한 다른 신바람이 나는 놀이와 가락을 얼마나 귀하게 여겼는가를 알 수 있고, 그것들의 화해 속에 화랑도의 얼이 건강하고 튼튼히 자랐다는 것을 쉽게 이해할 수 있다.

그것만이 전부가 아니다. 또한 화랑도의 얼 속에는 행동철학적인 멸사봉공의 실천의식의 조화가 구김살 없이 담겨져 있다. 이런 정신에서도 우리는 또다시 예의 화해정신을 엿볼 수 있다. 화랑도가 지녀온 강력한 실천력을 우리는 역사적 고사를 통해서 잘 안다. 마찬가지로 화랑들은 아름다움을 높고 귀하게 여겼다. 숭고미·장엄미뿐만 아니라 신체미도 귀중하게 받들었다. 아마도 성속일여의 태도에서 그렇게 여겼으리라.

그뿐만 아니라 일반적으로 신라인들은 윤리의식과 숭미의식의 조화를 규범적인 사고로 귀하게 간직하려 한 것 같다. 그 예가 이른바 수로부인의 이야기와 「헌화가」라는 향가다. 수로부인은 신라에서 가장 아름다운 신체미를 가진 미녀다. 그 수로부인이 남편을 따라 강릉으로 가던 도중에 동해 바닷가에서 쉬게 되었다. 쉬다가 문득 고개를 들어 앞을 바라보니 천 길 낭떠러지에 철쭉꽃이 예쁘게 피어 있었다. 무심코 그 꽃을 꺾어줄 이를 찾았으나 주위의 젊은 시종들 중에서는 아무도 지원하는 이가 없었다. 이때 그 곁을 지나가던 한 노인이 그 말을 듣고 다음과 같이 노래를 부르면서 자원한다. 그 노래가 곧 「헌화가」라는 향가다.

　　짙붉은 바윗가에 잡은 암소 놓게 하시고, 나를 아니 부끄러워하면 꽃을 꺾어 받자오리다.

「헌화가」를 통하여 우리는 신라인의 규범적 사고가 얼마나 화해를 겨냥하고 있는가를 실감나게 이해할 수 있다. 왜? 여기서 우리는 수로부인의 신체미의 우아함 및 아름다움과 노인의 윤리 및 강령 사이에서 빚어지는 해맑은 장조(長調)를 본다. 일반적으로 노인은 한 가정에서나 한 사회집단에서 강령과 기강의 상징이다. 그런데 그런 노인의 존재가 가장 아름다운 젊은 여인과 회통하고 화합한다는 것에서 우리는 신라인의 정신을 엿본다. 즉, 노인의 기강이 굳어버리고 경직화되어 있지 않다는 것을 「헌화가」가 암시한다.

요컨대 우리가 충효사상을 오늘에 와서 한국 교육의 정신적 한 핵으로 성찰하여보려는 까닭은 율곡이 품었던 '제사지의'와 '응변지권'의 조화, 신라인의 화해정신을 또다시 되살려 위대한 민족문화와 힘 있는 조국을 창조하여 보려는 데 그 깊은 뜻이 있다.

2. 충효사상의 형이상학적 의미

이미 앞에서도 암시된 바이지만 충효사상의 형이상학적 바탕은 곧 화해의 철학이다. 그래서 충효 철학을 논의하는 까닭은 불신과 갈등, 그리고 맹목적인 투쟁이 만연되어가는 오늘의 사회에서 모든 갈등을 넘어 인간관계에서 궁극적으로 화해(和解, 和諧)의 가치를 겨냥하려는 애틋한 정성과 통한다.

『서경(書經)』에도 '극해이효(克諧以孝. 효성으로 갈등을 극복하여 和諧를 이룩한다)'라는 구절이 있다. 이는 무엇을 뜻하는가? 이 정신을 구체적으로 음미하기 위하여 세종대에 간행된『삼강행실도(三綱行實圖)』를 참조할 필요가 있다. 한 고사의 내용을 여기에 간추린다.[3] 민손이라는 소년이 있었다. 민손이 관가에 출근하는 아버지의 수레를 몰려고 하였다. 추운 겨울이어서 그 소년의 몸이 사시나무 떨 듯이 떨려 수레도 심하게 동요를 한다. 민손의 아버지가 측은하게 여겨 아들에게 추우냐고 물었다. 아들이 춥지 않다고 대답을 하였으나, 이상히 여긴 아버지가 민손의 옷을 만져보았다. 민손의 옷은 비록 보기에는 두툼하지만 실상인즉 솜옷이 아니고 갈대로 누빈 것이었다. 민손의 어머니는 계모였다. 화가 난 아버지는 다시 집으로 들어가 계모를 몽둥이로 쳐서 쫓아내려 하였다. 계모에게서 태어난 두 아들이 쫓겨날 판인 어머니를 붙잡고 울고 있는데 민손이 아버지와 계모의 싸움을 말리면서 다음과 같이 이야기한다. "어머니가 나가시면 세 아들이 다 춥되, 어머니가 집에 계시면 오직 한 아들만이 추울 뿐입니다." 민손의 애절한 호소에 감동한 계모는 참회의 눈물을 흘렸고 다시금 민손의 집에는 화평이 깃들게 되었다는 것이다.

이 민손의 고사에서 우리는『서경』에 기술한 '극해이효'의 참 마음을 이해할 수 있다. 가정의 화평과 화해를 가져오는 정신이 효의 철학이라면, 국가의 화평과 화해를 가져오는 것이 곧 충의 철학이다. 그러면 좋든 나쁘든 무조건 다 화해냐 하고 반문을 제기할는지 모른다. 거기에 대한 답변은 충효사상의 사회철학적 의미를 고찰할 때 성찰하여보기로 하자.

민손의 고사나『서경』의 '극해이효'의 정신이 암시하고 있듯이, 근본적으로 충효의 형이상학적 바탕은 '애인(愛人. 사람을 사랑함)'의 철학임을 우리는 알아야 한다. 적어도 '애인'의 철학이 가능하기 위한 선험적 조건은 '공동 존재(das Mit-sein, le co-être)'의 설정이다. 그런 점에서 인간의 본질이 공동 존재라는 것을 선험적 가능 조건으로 인정하지 않을 때 충효의 형이상학적 의미

---

3)『三綱行實圖』,「閔損單衣」.

는 되살아나지 않는다.

그러면 형이상학의 입장에서 볼 때 어떤 경우에 낱말의 참다운 뜻에서 하나의 공동 존재가 형성될 수 있을까? 이미 프랑스의 현대 철학자인 가브리엘 마르셀(Gabriel Marcel)이 그의 저서 『존재의 신비(Le Mystére de l'être)』에서 잘 밝힌 것같이 어떤 정신적인 응답의 관계가 가능할 때 공동 존재의 형성이 가능해진다. 즉, 너와 나 사이에 물건적 관계를 넘어선 인간적 관심이 이루어질 때 공동 존재가 형성된다는 뜻이다. 그러므로 내가 타인을 한갓 객관적인 대상이나 이해관계에 의한 물건처럼 여기게 되면 타인과 나 사이에 어떤 배려, 어떤 관심, 어떤 응답도 생기지 않는다.

이런 공동 존재의 형성, '애인'의 관계가 선험적으로 가능하도록 유교는 우리에게 몇 가지 조건들을 제시하고 있다. 『논어』를 읽어보자. 중궁(仲弓)이 공자에게 인(仁)의 뜻을 물어보니 "자기가 하고 싶지 않은 일을 남에게 시키지 말라(己所不欲, 勿施於人)"[4]고 공자가 대답하였다. 또 "인자는 자기가 서려고 하면 남도 세워주고 자기가 어떤 목적에 도달하려고 하면 남도 그 목적에 도달하도록 한다(夫仁者 己欲立而立人, 己欲達而達人)"[5]라고 말하였다. 그런데 그런 인의 실천 방법에 대하여 공자는 "자기와 가까운 데서 비슷한 경우를 취하여 그것을 점차로 확대시켜나가는 것(能近取譬 可以仁之方也)"[6]이라고 하였다. 이런 사상을 공자의 제자인 증자는 '충서지도(忠恕之道)'라고 해석하였다.

'충(忠)'이라는 글자는 '중(中)'과 '심(心)'의 합성어이듯이, 자기 마음의 주체적 각성에 바탕을 두어서 '최선을 다하는 것(盡己)'이고, '서(恕)'의 글자는 '여(如)'와 '심(心)'의 합성어로서 타인의 마음을 내 마음과 같이(推己) 진실 되게 여기는 것이다. 이런 충서의 진리를 『대학』에서는 '혈구지도(絜矩之道)'라 하기도 하였다. 말하자면 이것은 자기의 마음을 척도로 하며, 타인의 마음을 헤아려보는 너그러움과 관용의 철학을 가리킨다. 『중용』에는 '혈구지도'를 설

---

4) 『論語』「顏淵」.

5) 같은 책, 「擁也」.

6) 같은 책, 「擁也」.

명하는 내용이 다음과 같이 나온다. "충서의 진리는 자기가 당하고 싶지 않은 일을 남에게 강요하지 말고, 자기가 자식들에게 바라는 그 마음으로 어버이를 섬기며, 자기의 신하에게 바라는 그 마음으로 임금을 섬기며, 자기의 아우에게 바라는 그 마음으로 형을 섬기며, 벗들에게 바라는 그 마음으로 먼저 벗들에게 베풀어라(施諸己而不願亦勿施於人, 所求乎子以事父所求乎臣以事君, 所求乎弟以事兄, 所求乎朋友先施之)."

이런 모든 점을 감안하면, '애인' 정신의 형이상학적 근거인 '혈구지도'는 곧 현대적인 의미에서 '상호 주관적 동감 현상(intersubjective sympathy)'을 뜻한다. 이 점을 다시 우리의 주제와 연결시켜 생각해보면, 충효의 형이상학은 곧 상호 주관적 동감 현상을 전제로 하여 본디의 뜻을 발휘하고, 또 동시에 충효 철학은 상호 주관적 동감 현상을 인간관계에서 정립하려는 의도를 지닌다고 볼 수 있다. 그런 상호 주관적 동감 현상을 만들기 위해서, 마르셀의 철학이 암시하였듯이 어떤 응답이 가능해야 한다. 그 응답은 '객관적으로 주어진 답변'이 아니라 상대방에 의하여 '진실로 기다려진 응답'이 되어야 한다.

그러면 형이상학적으로 진실로 기다려진 응답이 인간관계의 진실성에서 오고 갈 때 충효의 화해성이 발양된다면, 그런 인간관계를 유교 철학에서 무엇이라고 말하는가?

다시금 『논어』를 보자. 거기에서 우리는 '이인(里仁. 어진 마을, 마을이 어질다)'의 개념을 보게 된다. "마을이 어진 것은 아름다우니, 어진 마을에 살기를 선택하지 않고 어떻게 앎을 터득하였다고 말할 수 있으리오(里仁爲美 擇不處仁 焉得知)."[7] 여기서 마을의 개념 또는 어진 마을의 개념을 살펴보아야 한다. 마을이라 하면 사람들이 공동 존재를 형성하여 사는 동네로 쉽게 생각한다. 그렇다. 그러나 그런 가시적·외형적 마을만이 마을은 아니다. 내 마음도 하나의 마을이다. 아니 내가 눈에 보이는 동네의 한 사람으로 살기 전에 나는 눈에 안 보이는(불가시적인) 내 마음의 마을 시민으로 먼저 산다고 보아야

---

7) 『論語』「里仁」.

한다. 어째서 내 마음이 하나의 마을인가?

마을의 개념은 너와 나 사이에서 이루어지는 공동체적인 상호 주관성의 관계 개념과 다르지 않다. 그런데 내 마음은 '나'와 '나 자신'이라는 두 개의 개념이 늘 어떤 관계를 유지하고 살아간다. 즉, 나와 나 자신 사이에 형성되는 관계가 친밀한 사이일 수도 있고, 적대관계에 놓여 있을 수도 있고, 또 무관심의 관계에 놓여 있을 수도 있다. 나의 마음이 눈에 안 보이는 어진 마을이 되려면 나와 나 자신의 관계가 의미 있는 것에서 화해(和諧)하는 친밀한 관계이어야 한다.

이미 아리스토텔레스도 그의 『윤리학』에서 자신이 스스로를 어떻게 대하느냐에 따라서 그런 성질이 대타(對他) 관계에서도 똑같이 나타난다고 잘 분석한 바가 있다. 즉, "내가 나 자신에 대하여 신경질적이면 타인에 대해서도 그렇게 나타나고, 내가 나 자신에 대하여 증오스러우면 타인에 대해서도 미움을 보내고, 내가 나 자신에 대하여 친근하면 타인에 대해서도 역시 그렇다"고 말하였다. 그런 점을 다시 종합하면, 나의 안 마을(마음)이 어질지 않으면 결코 바깥 마을이 어질 수가 없다는 뜻이다. 그래서 새 마음의 질서가 먼저 형성되지 않으면, 새마을이 이룩될 수가 없음과 같다. 그래서 향내적 이인(마음의 이인)과 향외적 이인(마을의 이인)은 결국 동일한 형이상학적 근거를 지닌다.

그런 점에서 충효 교육이 지향하는 화해의 철학은 이인의 형성을 궁극적 이념으로 생각한다. 이 점에서 이미 언급한 공자의 인의 실천 방법을 다시 상기할 필요가 있다. 인의 실천 방법은 우선 자기의 가장 가까운 데서 비슷한 경우를 취하여 그것을 점차로 멀리 넓혀가는 방법이다. 그런 점에서 나와 가장 가까운 것은 나 자신인데, 거기에 이웃으로 국가로 인류로 '이인'을 확장시켜나가는 것이 가장 타당한 길로 보인다.

그래서 충효 교육의 형이상학적 뜻은 먼저 자기를 이인화(里仁化)시키는 교육과 맞먹는다. 퇴계 이황은 이런 정신을 가리켜 '경(敬) 공부'라고 하였다. 경 공부는 결국 자기 자신을 '이인화'하려는 노력, 자기를 진실로 사랑하려는 정신의 경제학과 통하리라. 의미 있는 것을, 드높은 가치의 구현을 위한 살신성인을 위하여 평소에 절약하려는 정신의 경제학이 곧 경 공부의 기본적 이념이다. 이제 우리는 충효의 화해적 형이상학이 곧 이인의 형성과 직결되는 것을 보았다. 이 점을 좀 더 충효 자체의 뜻에서 가까이 성찰하여 보기로 하자. 그러기 위하여 『효경(孝經)』을 읽어보자.

공자가 증자에게 말하였다. "선왕의 시절에 지극한 덕과 중요한 도로써 세상이 순탄하였다. 민중은 화목으로 생활하였고 상하에 원망함이 없었다."[8] 여기서 '민용화목(民用和睦. 민중이 화목으로 생활함)'하고 '상하무원(上下無怨. 상하에 원망함이 없음)'의 도덕적 요체가 무엇인가? 그것이 바로 효도다. 우리가 보통 효도라 하면 자기 부모를 단지 물질적으로만 잘 봉양하는 것이라고 단순히 그리고 좁게 해석하는데, 효도의 근본 취지는 철학적으로 그렇게 간단하지 않다. 부모에 대한 물질적 봉양은 효의 철학에서 파생된 하나의 응용일 뿐이다. 그러면 어째서 효도가 '민용화목'과 '상하무원'을 낳는가? "어버이를 사랑하는 이는 남을 미워할 수 없고 어버이를 공경하는 이는 남에게 교만할 수 없기"[9] 때문이다. 이래서 효도의 형이상학은 근본적으로 모든 이에게 화해의 정신, 융화의 철학을 인간관계에서 실천하자는 것이다.

다음에 또 이런 구절이 있다. "신체의 모든 부분은 어버이로부터 물려받은 것이기에 함부로 훼상해서는 안 되니 이것이 효의 시작이요, 입신하여 진리를 실행한 다음에 이름을 후세에 남겨서 어버이에게 그 영광을 돌려주는 것이 효의 마지막이다(身體髮膚 受之父母 不敢毀傷 孝之始也, 立身行道 揚名於後世 以顯父母 孝之終也)."[10]

우리는 효라고 하면 머리, 손·발톱 등을 깎지 않는 태도를 연상하게 된다. 그러나 그 본디 정신은 그런 것이 아니다. 나의 신체가 내면적으로 하나의 '이인'이 되어야 함은 이미 앞에서 훑어보았다. 그런 정신의 연장으로서 나

---

8) 『孝經』「開宗明義」.

9) 『孝經』「天子」.

10) 『孝經』「天子」.

의 신체는 어버이로부터 물려받은 존재론적 중여이기에 함부로 무의미하게 취급하지 말라는 것이다. 즉, 신체의 인생 경제학은 자기 신체를 학대하거나 쓰레기처럼 함부로 다루어서 자기의 인생을 무의미한 것에 낭비하지 않는 정신이 곧 효의 시작이 된다. 그런 인생 경제학은 경 공부와 통한다. 그래서 자기 인생을 드높은 가치의 구현에 바치겠다고 결심하여 입신(立志)한다. 입신하는 정신은 곧 행도(行道. 진리를 실행하기)에 그 목적이 있다. 흔히 효가 입신출세해서 부모에게 호강을 시켜드리는 것이라고 가볍게 여기나, 입신출세라는 것은 『효경』에는 없는 개념이고 어떤 속물이 임의적으로 지어낸 것이라고 보아야 한다. 진리를 행한 다음에 어버이에게 그 영광을 돌려줌이 효의 마지막이다. 어버이에게 그 영광을 돌림은 결국 나의 행도의 존재론적 뿌리가 조상과 어버이임을 천명하는 '보본반시(報本返始. 뿌리에 보답하여 그 기원을 되새김)'의 정신과 상통한다.

또 효의 형이상학적 철학은 '계지술사(繼志述事. 앞 사람의 뜻을 이어서 더욱 창조적으로 발전하여감)'의 정신과 직결된다. 『중용』에 순(舜)을 대효자라 하면서 이 '계지술사'의 개념이 등장한다. 이 점에서 볼 때 효 교육은 근본적으로 자식과 어린아이에게 해당하는 것이 아니고, 먼저 부모와 어른의 자기 교육이어야 한다. 성경에도 예수가 이런 비유를 하였다. "그 아버지가 강도일지라도 자식이 배고프다 할 때 생선 대신 뱀을 줄 아버지가 어디 있으며, 빵 대신에 돌을 줄 아버지가 어디 있으랴?" 이 비유는 본디 아버지다움의 바른 뜻이 무엇인가를 밝혀준다. 그렇다면 효 교육은 자식 교육, 어린이 교육이기 이전에 어버이의 교육, 어른의 교육이어야 한다.

다시 말하자면, '그 어버이에 그 자식'이라는 속담처럼, 어버이의 본디 어버이다움을 회복하여 아들딸들에게 가장 인간적인 진실과 깊은 도리를 물려주어야 한다. 어버이가 매양 천박한 물질주의와 돈의 노예와 같은 인생을 살아가니 그 자식들이 그것만을 배우고, 효라고 하면 단순히 사기를 쳐서라도 부모에게 물질적 호강만 시켜주면 되는 것이라고 착각한다. 『중용』의 경고처럼 그런 짓은 포유동물도 다 한다. 인간의 어버이 공경은 포유동물이 하는 것과는 달라야 한다. 이래서 효가 '계지술사'일진대, 먼저 어버이와 어른의 참 정신 교육이 시급하다 하겠다. '계지술사'를 통하여 선대와 지금의 내가 깊은 '참'의 세계에서 서로 화해한다. 이것이 효 철학의 참 얼굴이다.

다음에 우리는 충의 형이상학을 훑어보기 위해 『충경(忠經)』을 읽어보자. 충의 형이상학도 효의 그것과 마찬가지로 모든 공동 존재의 인간관계에서 참을 섬기고 참을 밝히는 화해의 이념을 겨냥한다. 효도가 나의 마음의 이인화에서부터 가정의 이인화로 나아가는 화해의 논리라면, 충도(忠道)는 내 마음의 이인화에서 가정과 국가 사회 그리고 인류에까지 확장된다. 충효가 한 뿌리라고 하는 개념이 옳은 바이지만, 구태여 분류해본다면 충은 대효(大孝)요 효는 소충(小忠)이라 하여도 좋으리라.

"옛날부터 지극한 이법이 있나니 이것은 상하가 모두 한결같은 덕으로 하늘을 상징하는 충의 도이다."[11] 이런 점에서 충도는 인위적으로 만든 것이 아니고 천도의 상징이기에 『충경』은 "충이란 중이라, 지극히 공정하여 사(私)가 없다(忠者中也, 至公無私)"[12]라고 하였다. 지공무사(至公無私)한 중정(中正)의 논리가 모든 인간관계에서 드높은 가치에 모두 한 마음으로 헌신하는 화해의 일치가 우러나오게 된다. 그래서 "충이라는 것은 그 마음이 한결같음을 말함이요 나라를 위하는 근본임에 어찌 충에 힘쓰지 않으리오(忠者其一心爲矣 爲國之本 何莫繇忠)"[13]라고 『충경』은 전한다. 한결같은 중정·중도·중용으로 모두가 깊은 이해에서 공인해야 하는 진리를 섬기는 정신에서 화평이 움튼다.

이미 공자가 갈파한 인의 실천 방법처럼 충도 그런 방식에 의하여 이인화된다. "대저 충은 자신에게서 일으키고 가정에서 나타나고 나라에서 이룩하나니 그 실천하는 바는 오직 한 가지이다(夫忠 與於身, 著於家成於國 其行一焉)."[14] 이런 까닭으로 그 자신에게 한결같음이 충의 시작이요, 그 가정에 한결같음

11) 『忠經』第一章.
12) 같은 책.
13) 같은 책.
14) 같은 책.

이 충의 중간이요, 그 나라에 한결같음이 충의 마지막이 된다.

충도의 철학은 사심과 사리사욕을 경계하는 윤리학과 맞먹는다. "그 마음이 바르지 않아 자기에만 사사로이 한즉 충에 어긋난다(不其正心 而私於己則 與忠反也)."[15] 그래서 마치 효도가 나와 나 자신이 친밀감의 관계에서 한 뜻으로 뭉쳐져서 내 마음이 '어진 마을(里仁)'이 될 때 나타나는 것과 마찬가지로 충도도 나와 나 자신이 마치 하나의 화해로운 마을이 되었을 때 그 본디의 모습이 나타난다. 이래서 『충경』에서도 "한 뜻인즉 충이 되고 두 마음인즉 편벽된다(一則爲忠 二則爲辟)"라고 갈파하였다. 그 '하나'란 고집스럽고 편벽되고 기회주의이고 인기편승(인기에 아부하는)의 그런 마음이 아니고(이것은 사실상 두 마음이다) '정성된 하나로써 중을 지키는(精一守中)' 그런 하나이기에 양적인 차원에서 계산되는 보편성이 아니고 질적인 차원에서 근원이 되는 보편성이다. 그런 보편성을 일컬어 '충의 뜻(忠之義)'이라고 한다.

아무튼 충효의 형이상학은 내 마음이라는 향내적 마을이든 우리 마을이라는 향외적 마을이든 간에 공동 존재의 인간관계에서 이인을 형성하고 섬기고 모두가 대동의 차원에서 거기에 거주하는 형제요 시민이 되기를 갈망하는 인도주의의 형이상학과 다를 바 없다. 그런 인도주의의 형이상학을 오늘날 서양의 한 철학자의 말을 빌려 표현하면, '내가 생각한다'에 우선권을 두는 논리에서 '우리가 존재한다'에 더 큰 의미의 비중을 두는 논리로의 이전과 충효 교육이 다를 수 없다. 그런 논리의 이전 속에서만 현대 문명에서 상실되어가고 있는 이웃을 낱말의 엄밀한 의미에서 재발견할 수가 있게 된다. 마르셀은 그의 저서 『인간적인 것에 반역하는 인간들(Les hommes contre l'humain)』에서 "형이상학은 곧 이웃이다(Le métaphysique, c'est le prochain)"라고 말하였다. 그런 점에서 충효의 형이상학은 곧 이웃을 만드는 형이상학이다.

---

15) 같은 책.

3. 충효사상의 사회철학적 의미

우리가 살고 있는 사회는 이미 동질 사회가 아니고 이질 사회다. 다시 말하면 경험적으로 모든 사회의 구성원이 화해의 가치를 갖고 살기 힘든 그런 분해 사회에 우리가 살고 있다. 이익 추구의 충동에 의해서 모두가 사분오열로 해체되고 나뉘어가는 그런 이질 사회 속에서 우리는 생활을 영위해나간다. 그런 점에서 과거의 사회는 '게마인샤프트(Gemeinschaft)'적인 특징을 강하게 갖고 있었지만, 현대 사회의 특징은 '게젤샤프트(Gesellschaft)'적인 성격을 농후하게 지닌다. 그래서 이익 추구의 개념이 합법화된 지 오래고, 그것이 바로 자본주의 사회다. 그러나 슬프게도 자본주의 사회는 그 자체 스스로 건강한 윤리를 분비하지 못하기 때문에 건강한 자본주의의 육성을 위해서도 사회윤리의 확립이 시급히 요청된다.

우리나라는 지금 고도 산업 사회, 자본주의 사회를 향하여 모든 정력을 경주하고 있다. 이런 추진의 노력 가운데서 충효 교육을 강조하는 뜻이 무엇일까? 여기서 충효 교육의 뜻은 우리 사회를 반산업 사회로 되돌리려는 어리석음에서 비롯하는 것은 결코 아니다. 경제적 궁핍과 가난이 얼마나 우리를 서럽게 하였고 커다란 불편을 주었는가를 우리의 역사에서 뼈저리게 체험하였다. 그러므로 오늘의 시점에서 충효 교육을 논의하는 까닭은 사회적으로 산업 지향 사회를 소박하게 거부하자는 것이 아니라 오히려 산업 사회의 정신적 공해를 깨끗이 씻어내어 풍요하되 건강한 산업 사회의 건설과 창조에 도움을 주기 위해서다.

그러면 일반적으로 산업 지향 사회가 인간에게 미치는 정신적 공해가 무엇일까? 이 점에 관하여 이미 필자가 지적한 바 있기 때문에 독자들에게 그 논문의 참조를 바라면서 재언을 피하려 한다. 그러므로 다른 관점에서 산업 사회의 정신적 공해를 기술하겠다.

산업 사회는 모든 것, 심지어 개인의 인격생활까지 지배하려 한다. 산업 사회의 상업주의는 TV 등의 매스미디어를 통하여 개인의 생활을 마음대로 주무르려고 한다. 상업주의는 인간성을 자기가 그리는 모습대로 만들기 위하여 영혼을 팔도록 꾄다. 생산자에게 자기의 물건적인 소비자가 필요하고, 그러기 위해서 소비자의 내면세계를 철저히 파괴해야 한다. 그래서 현대 사회는 상품의 혼란 속에 출구를 찾는, 내면적으로 빈 인간을 만들어가려 한다.

인간이 경제를 지배하기는커녕 오히려 경제의 노예가 되어 경제는 인간을 모든 물건에 적용되는 수익의 법칙에 따라 주무른다. 그리고 상업주의 사회에는 소비로의 촉매제가 수입의 증대보다 늘 빨리 발전하여 인간관계에서 바람직한 화해가 잉태되기는커녕 좌절, 원한, 흥분, 질투, 복수심 등이 자발적으로 강력하게 치솟게 된다. 심리적인 공허와 빈곤화의 번창에 비례하여 물량의 욕구는 증대되고 거기에 따라서 인간관계의 불만족이 증대되어간다. 그리고 인간성도 생산의 요소로 다루어져 가면서 사람을 수익성의 향상 여부에 따라 분류하게 된다. 수익성이 거의 없는 인간은 폐품 취급을 당하고 또 각자 자기에게 전혀 이익이 없으면 고려나 관심의 영역에서 잔인하게 추방한다. 이래서 고도 산업 사회 속의 상업 문명은 인간을 물건의 노예로 전락시킨다. 이것이 바로 전율할 만한 물건 숭배 사상이다. 이때 물건의 개념은 좀 특이하다. '물건의 노예'라는 개념은 프랑스의 현대 정치평론가인 세르반 슈레이베(Servan Schreiber)에 의하여 제기된 것인데, 물건은 곧 '경제성+과학기술+사치성'의 복합어다.

이 점에서 영국의 경제철학자인 슈마허(E. Schmacher)는 인간성 회복을 위한 경제철학을 역설한다. 즉, 경제학이라는 말은 이미 지적하였듯이 독립과학이 아니고 사회철학의 한 분야다. 그러므로 경제학이 인간 연구와 환경 연구를 배제하고 추상적으로 독립하면 인간성을 반역하게 된다고 슈마허는 그의 저서『작은 것이 아름답다(Small Is Beautiful)』에서 지적하였다.[16] 그래서이 경제철학자는 유학과 불교의 철학과 세계관에서 가장 사랑받는 중용과 중도의 경제사상이 시급히 인류의 마음속에 회복되어야 한다고 말하였다.

---

16) E. Schmacher, *Small Is Beautiful*(정재원 번역, 「인간성 회복의 경제」 참조).

물건의 노예와 잔인한 수익의 법칙만이 사회의 인간관계의 유일한 현실이 되어버리면, 거기에 이인적인 충효의 화해 철학이 잉태되지 못하고 단지 약육강식·적자생존의 냉엄한 비정만이 활개를 치게 된다. 그 사회를 누가 인도주의적 인간관계라고 규정할 수가 있겠는가? 이미 우리가 앞에서 성찰한 바와 같이 효도의 참 뜻은 자기밖에 없고 자기만이 전부라고 여기는 유아적 이기주의의 가난한 고독을 깨고 '우리가 존재한다'는 참 모습을 일깨워주는 데 있다. 물건의 지배와 수익의 지배에 따라서 인간을 현실적으로 평가하면,『효경』에서 효도의 교육이 지닌 중요성을 이야기하면서 말한 '거상불교(居上不驕. 위에 있어도 교만하지 않음)'와 '만이불일(滿而不溢. 가득 차도 넘치지 않음)'이 암시하는 인간관계의 겸허와 절제를 사람들이 우습게 여기게 된다.

효도 교육은 인간관계에서 겸허와 절제에 바탕을 둔 '경(敬)'사상의 함양에 있다.『효경』에서도 "인간관계의 예의는 오직 경뿐이다(禮者敬而己矣)"라고 하였다. 그래서 그런 효와 경에 바탕을 둔 교육은 물건의 지배와 수익의 법칙에 의해서 파괴된 인간 존엄성의 전락에 대한 방파제, 물질만능주의의 사회적 지배에 대한 청량제, 이기적 유아주의에 대한 저항제, 기능 일변도의 사고방식에 대한 치료제의 역할을 수행할 수 있으리라.

충의 철학도 물건의 지배와 수익의 법칙이 지배하는 현실에서 자발적으로 울려 퍼지지 못한다. 왜냐하면 이미 앞에서 고찰하였듯이, 충의 철학도 모든 사회구성원이 동감 현상으로 뭉쳐진 이인의 공동 체제 정신과 다른 것이 아니다. 여기서 동감 현상이란 얄팍한 감상주의와 같이 유행가를 부르는 그런 방식의 것을 말하는 것이 결코 아니라 원칙과 상황, 이상과 현실, '제사지의'와 '응변지권'이 율곡적인 개념에서 '합의득중'하는 그런 동감을 뜻한다. 사실상 그런 합의득중이 구현되어야 충의 사회성이 짙게 나타날 수 있다.

미국의 철학자 로이스(Josiah Royce)의 후기 사상은 특히 충(loyalty)의 철학으로 가득 차 있다. 로이스에 의하면, 충의 철학은 공동체의 원인(原因)이 형성될 때 가능해진다. 이 로이스의 '원인' 개념은 공동체를 화해롭게 하는 공동선과 다를 수 없다. 충의 '원인'으로서의 공동선은 개인들의 집합도, 추상적 원리도, 무인격적 원리도, 한 종파의 교리도 아니다. 그 원인을 로이스는 '초인격적 힘(super-personal force)'이라고 불렀다. 이 힘에 의하여 충은 공동체적인 삶의 한복판에서 사람들의 이질성을 재통합한다. 로이스에 의하면, 충도의 진리는 공동체에 대한 완전하고 의식적인 사랑으로 직결된다. 우리는 그 원인이 로이스의 명명대로 '초인격적인 힘'이어야 하는가에 대해서 의심한다. 그러나 여기에서 그런 세부적인 이론의 추구는 그만두기로 한다.

우리의 공동선은 개인의 실존에 의미를 두고 나의 성공을 공동체의 성공과 연결시킬 수 있어야 한다. 그리고 또 우리의 현대 사회사상사를 반성해볼 때 사건이 지난 다음에 지각생의 운명처럼 항거하고 저항하는 부정적 지성에서 벗어나 미리 선구자적인 논리와 결단에 의하여 능동적이고 창의적인 슬기에 의하여 민족 중흥을 도모할 수 있는 창조성과 사회적 화해를 잉태할 수 있는 드높은 '원인'으로서의 공동선이 형성되어야 한다. 그런 공동선은 우리의 현대사를 엮어온 사회사상의 사조들과 서양에서 들어온 새로운 '코기토(cogito)'들과 상충하지 않고 공동의 저수지로 모두 원융무애(圓融無碍)하게 모을 수 있는 저력을 가져야 한다.

그런 저력을 갖기 위하여 충도의 철학을 새로운 해석의 도움을 받아서 사회화시킬 필요가 있다. 다시 『충경』을 열어보자. "사시가 널리 운행함은 하늘이 덕을 사사로이 아니함이요, 만물이 고루 생성함은 땅이 힘을 사사로이 아니함이다. 사람이 능히 자기에게 공정하다면 어느 곳이라도 가지 못할쏜가 (四時廣運 天不私德, 萬物亨生 地不私方 人能至公隨己 何所往而不可也)."[17] 그런 점에서 충도는 지공무사한 공공심의 진리와 다른 것이 없다. 그런 충심이 자신에 충하고 가정에 충하고 나라에 충하고 인류에 충하게 한다. 또 그런 충심이 사회에 화해의 드높은 가치를 발양케 한다. 세종대왕이 "가정에서 충효를 전하고 사회에서 인경을 지킨다(家傳忠孝世守仁敬)"는 정치관을 강조한 것도 따지고 보면 우리나라를 하나의 '어진 마을'로 만들어보려는 이념과 다를 것이 없다.

---

17) 『忠經』(安明護 번역) 참조.

공자도 '주충신(主忠信)'이라고 말하였거니와 충은 자기의 마음과 몸을 합쳐 살신성인하는 것, 자기의 바른 주체성을 회복하는 도리와 같다. 그리고 그런 충의 철학이 인간관계·사회관계로 나타날 때 신(信)이 된다. 주자의 말과 같이 "충은 신의 근본이요 신은 충의 현상이다(忠是信之本, 信是忠之發)." 왜냐하면 신은 화해적 공공심의 열매요 그 공공심이 곧 충심이기 때문이다. 주희는 "충은 실심이요 신은 실사(忠爲實心, 信爲實事)"라고 하였다. 이 말을 풀이하면 충도는 우리의 마음에서 허위와 거짓을 추방케 하고 충의 열매인 신은 일을 성취하는 데 거짓과 허위를 수용하지 않는다는 뜻이다.

이제 충효 교육의 사회철학적 의미를 정리할 단계에 온 것 같다. 산업 사회는 그 자체가 무한한 능률과 합리성(기능적)을 요구한다. 그런데 충효 교육은 그런 작위적 능률과 기능적 합리성을 배양하지 않는다. 우리가 충효 교육을 강조한다 하여서 그런 능률과 기능적 합리성을 결코 무의미한 것으로 배척할 수는 없다. 이런 상황에서 다시 한 번 율곡이 갈파한 '합의득중'을 그려 보지 않을 수 없다. 이른바 능률성, 실용성, 기능적 합리성, 평등성을 한 가지로 삼고, 다른 한 가지로 충효의 도덕을 채택하여 그 두 가지를 조화하여 나가는 것이 우리에게 더없이 긴요한 일이다. 산업 사회의 성공적인 추진을 위하여 기회 균등에 입각한 능률적 인간 평가를 한 가지로 삼고 동시에 충효 도덕을 다른 가지로 삼아 인격 공동체 안에서 구현하려는 의지를 결코 가볍게 여겨서는 안 된다.

여기서 우리는 새마을운동을 생각한다. 우리가 추구해야 할 직장새마을운동은 기회 균등과 능률의 이익 지향적 가치관과, 충효에 입각한 이인적 가치관을 조화롭게 형평화시키는 방안과 직결된다. 『중용』에서 언급되는 '두 끝을 잡아서 국민에게 그 중을 쓰게 하는 것(執其兩端 用其中於民)'의 지혜를 이 땅의 사회윤리로 토착화시켜야 한다. 그래서 산업 지향적 능률과 인격적 친밀감에 바탕을 둔 충효를 양단으로 하여 그 중용을 겨냥해야 한다.

끝으로 충효 교육의 강조에서 생길 수 있는 하나의 가상적 반론을 여기서 다루려 한다. 민주화의 교육을 실행하는 마당에 충효 교육은 봉건적 질서와 관계되기에 반민주화의 터전을 굳히는 것이 아닌가 하고 우려를 표시하는 이들이 있을지 모르겠다. 왜냐하면 민주의식은 좌우적인 평등관계의 형성에서 가능한데, 충효 교육은 상하의 위계질서를 더 돋보이게 하기 때문이다. 동양 철학의 주요 개념인 충효가 평등관계를 별로 취급하지 않고 상하의 관계를 더 강조하여온 것은 사실이다. 그리고 평등의 철학은 동양보다 서양에서 더 발달된 것도 사실이다. 그러므로 우리는 서양 철학에서 그 점을 근본적으로 배워야 할 필요가 있다.

그러나 우리의 민주교육에서 빼놓을 수 없는 중요한 논리가 있음을 알아야 한다. 지구에도 경도와 위도가 있듯이, 모든 가치 관계에도 상하의 경도적 성격과 좌우의 위도적 성격이 있음을 알아야 한다. 상하관계를 봉건적 신분 계급으로만 너무 경직되게 보아서는 안 된다. 모든 가치의 본질은 언제나 상하의 질서를 유지한다. 그래서 가치는 사다리꼴이다. 예컨대 '가'는 '나'보다 낫고 '나'는 '다'보다 낫다고 말할 때 그 가치의 형상은 사다리처럼 상하의 질서다. 그러므로 상하의 경도적 가치 체계를 전혀 무시한 옆으로의 위도적 평등 체계만 강조하면, 그것은 천박하고 무질서하며 난폭한 대응의식으로 흐르기 마련이다. 반대로 인간성의 근원적 평등을 도외시하고 상하의 경도적인 가치만을 조명하게 되면, 그것은 곧 인간성과 인간관계의 불평등을 조장하여 봉건적 질서로 경직화되기 마련이다. 정치적으로 표현하면 상하의 가치적 경도를 무시한 정치는 천민주의로 흐르기 쉽고, 좌우의 평등적 위도를 무시한 정치는 봉건주의로 흐르기 쉽다. 그런 점에서 우리의 민주화 교육도 단순한 감상적 반발로 상하의 가치 서열을 무시한 동등관계의 강조라고만 유치하게 여기지 말고, 위로 승화하고 상승하는 평등으로 키워져야 한다. 이런 이념을 정암 조광조는 '융평(隆平)'이라고 하였다.[18] 이 점에 대하여 아래의 각주에 기술된 논문을 참작하기 바란다.

요컨대 서구적 평등 개념과 동양적 충효 개념이 합의득중될 때 사회철학적

---

18) 金炳孝, 「靜庵思想의 哲學的 硏究」, 《韓國學報》 제10집 참조.

으로 형제애의 사상이 짙게 나타난다. '너는 나의 형제요'라고 인간관계에서 언표할 때 거기에는 각각의 형제들이 자기에게 결핍된 자질을 갖고 있음을 다 함께 기뻐하는 정신이 화해의 징표로서 나타난다. 따라서 거기에서는 어떤 대등의식, 질투 감정, 원한의 심리, 복수심 등이 주류를 이루지 못한다. 이 래서 충효의 사회철학은 평면적인 '동(同)'보다는 입체적인 '화(和)', 근시안적인 '비(比)'보다는 거시적인 '주(周)'를 더 가까이 여긴다.

비교하여 쉽사리 얻은 단견적인 결론인 질투·원한·으스댐의 심리에서 화해의 중도적 가치가 제대로 꽃필 수 없다. '주'의 개념에는 '화'의 개념에서와 마찬가지로 계층과 기능 사이의 조화와 상보성이 더 문제된다. 인간관계가 '화이부동(和而不同. 화평하지만 같지 않음)'해야 하고 동시에 '주이불비(周而不比. 두루 생각하지만 한갓 비교하지 않음)'해야 한다는 것은 공자가 얼마나 화해의 철학이 대우주의 이법 그 자체의 결과 상응하는 것인가를 밝힌 형이상학과 통한다. 곧 '화이부동'·'주이불비'하는 사회가 '이안'의 사회이리라.

그런 점에서 오늘의 민주 사회, 산업 사회에서 충효 교육을 실시하는 사회철학적 의미는 우리의 정신을 '최고의 논리'로 육성함이 아니라 '최적의 논리'로 양육해야 하는 교육철학과 만난다. 최고의 논리는 유아적(唯我的), 상호 배척적, 몰형제적, 몰공동체적 지배와 노예의 정신 풍토를 심어 주기 십상이다. '누가 최고냐'라고 할 때 오직 한 사람만이 부각된다. 그러나 최적의 논리는 이인적, 상호 협동적, 형제애적, 공동체적, 봉사적인 정신 풍토를 키워준다. '누가 가장 적당하냐'라고 물을 때 거기에는 유아적인 한 사람의 부각이 아니라 공동체의 건강한 유기적 조화와 성장을 위하여 누가 가장 모두를 위하여 헌신할 수 있는가를 생각하게 된다. 최적의 논리는 곧 나의 성공을 공동체의 성공과 연결시키는 인의 사회화와 다르지 않다. 한 번 더 『논어』를 읽자. "무릇 인(仁)이라는 것은 자기가 서고 싶으면 남도 세워 주고 자기가 어떤 목적에 도달하고 싶으면 남들도 거기에 도달하도록 도와주는 것이다."

V. 한국 현대 사회사상에 대한 반성*
충효정신에 대한 사회철학적 정립

1. 한국 사회사상사의 흐름

1876년 병자수호조약에 의한 개항 강요로부터 꼭 1세기가 되는 1976년까지를 한국의 현대사로 잡는다면, 한 세기 동안의 사회사상사를 어떻게 평가할까? 이런 평가를 위하여 개항 전후의 사회사상을 요약할 필요가 있다. ① 전통적인 유교의 사상이 주리파(主理派)와 주기파(主氣派)로 나누어졌다. ② 실학은 유학의 계보에 속하나 성리학의 학문적 체계와는 성질을 좀 달리한다. 그리하여 실학의 실사구시·이용후생 정신이 새로운 옷을 입고 나타난다. ③ 불교의 유신 운동과 동시에 개화파들은 숭불적인 경향을 보인다. ④ 동학사상이 동학혁명으로 번져가면서 역사에서 서민 대중이 자기 신원 확보를 주장하게 된다. ⑤ 독립협회를 근간으로 하여 서양 사상이 이 땅에 이식되기 시작한다.

성리학에서 주리파와 주기파의 이론이 학문 체계로서만 나타난 것이 아니라 개항을 전후해서 주리파의 이화서(李華西)·기로사(奇蘆沙) 계열 등은 위정척사파로, 주기파의 임녹문(任鹿門)·최혜강(崔惠崗) 계열 등은 개화실학파로 탈바꿈하였다는 사실이다. 개화파의 사상적 맥락에는 실학의식이 강하게 작용하였음을 엿볼 수 있다. 그 한 보기로서, 1876년 강요된 개항을 당하기 전에 주기론의 최한기(崔漢綺)와 실학 계통의 박규수(朴珪壽) 등이 개국통상론을 세차

*《國民倫理硏究》第6號(1977) 게재.

게 주장하였다. 그런 점에서 전통적인 성리학의 주기적 요소가 이미 실학사상과 이웃사촌으로 짝지어왔던 의식 현상을 우리가 읽을 수 있다.

척사론자들은 어양론(禦洋論)·어왜론(禦倭論)을 췌이의식(萃夷意識)에 근거하여 외세에 의한 정치적 침략, 경제적 수탈 행위, 문화적 타락, 사회기강의 해이 등을 경계하면서 나라의 자주의식을 굳건히 하자는 데로 모여졌다. 그러나 척사론자들의 주체의식과 자주의식이 어떠하든 간에 그들은 중국을 정신적 지주로 하는 모화(慕華)의식에서 완전히 벗어나지 못한 한계를 가졌다. 그와 반대로, 개화론자들은 모화론 대신에 강력한 배화론(排華論)을 주장하였다. 그와 동시에 서양의 선진 사상과 문물을 수용하여 근대화를 추진하려는 의욕에 차 있었다. 그러나 그들의 이상은 현실적으로 자주적이지를 못하고 외세에 의존하여 조국의 근대화를 이룩하려 한 데 큰 과오가 있었다.

실학은 '정덕이용후생(正德利用厚生)'의 길을 택하지 않고 반대로 '이용후생정덕(利用厚生正德)'을 겨냥했다는 점에서 성리학과 뉘앙스의 차이를 갖는다. 실학은 사농공상의 계층적 위계질서를 부정하고 신분의 해방을 주장하였다. 과학적 세계관에 입각하여 유교적 자연관을 부정하고 개국통상과 서양 기술의 도입을 서둘렀다. 그리고 한글 연구와 민권사상 선양에 관심을 갖게 되었다.

한편으로 개화파의 반유교적 의식은 자연히 불교 지향적 성격을 노출하였다. 이광린(李光麟) 교수의 개화기 연구에서도 지적되었듯이, 개화파의 정신적 지주였던 유대치(劉大致)는 신학(新學, 西學)에 조예가 깊었을 뿐만 아니라 독실한 불교 신자였다. 이러한 시대감각에서 불교는 다시금 유교의 벽을 깨고 역사의 표면에 등장하게 되었다. 이즈음에 우리는 한용운의 『조선불교유신론(朝鮮佛教維新論)』을 생각하지 않을 수 없다.

1894년에 일어난 동학혁명은 만민평등의식, 반외세·반봉건의 이념을 내건 일종의 서민 봉기다. 동학혁명은 비록 실패로 끝났지만, 동학이 지닌 만민평등의 인내천 의식, 사인여천(事人如天) 의식, 그리고 반외세의 요구는 한국 현대사가 그 의식에 있어서 점차로 국민적 자각의 진보를 이룩하였다는 것을 보여준다.

마지막으로 독립협회의 역사의식을 보면, 이 협회는 한국의 자강과 독립을 위하여 모인 19세기 말의 사회단체다. 자주 독립, 자유 민권, 자강 개혁의 3대 이념을 절박한 역사의식으로 지니면서 독립협회가 탄생하였다. 그런데 이 협회의 내부에 두 가지의 좀 다른 의식 지향성이 두드러지게 부각되었다. 하나는 서재필(徐載弼)·윤치호(尹致昊)·이승만(李承晚) 등을 중심으로 하는 기독교 지향적 세력이요, 다른 하나는 남궁억(南宮檍)·장지연(張志淵) 등을 중심으로 하여 이룩된 유교 유신적 지향 세력이다. 그런데 독립협회의 주류는 기독교를 매체로 한 서양 지향적 의식이었다.

지금까지 19세기 말, 한국 현대사의 여명기에 펼쳐진 사회사상의 사조가 어떤 역사의식을 가졌었나를 개관하였다. 여기서 다루는 문제는 한 세기 동안의 한국 사회사상이기 때문에 그런 각도에서 역사를 보아야 한다. 그런 뜻에서 임오군란, 갑오경장, 갑신정변 등의 역사적 사건들이 낳은 문제의 다양성을 넘어서 우리의 현대 사회로 국민의식이 집합된 의병 봉기의 의미로 직접 들어감이 좋을 듯하다. 항일 무력 저항으로서의 의병 활동은 역사적으로 3기를 긋는다. 1895년 민비 시해에서 발달된 을미(乙未)의병, 을사조약 이후에 일어난 병오(丙午)의병, 그리고 가장 큰 규모로 고종 황제의 강제 양위와 군대 해산 이후에 일어난 정미(丁未)의병이다.

이 의병 봉기의 지도자들은 대부분 척사파들이다. 그러나 의병운동은 스스로의 한계점을 갖고 있었다. 일본 제국주의의 군대와 비교하여 근대식 무기 체계의 열세를 구태여 지적할 필요는 없다. 더 중요한 점은 유의암(柳毅庵)을 정점으로 하는 의병 활동이 전국적으로 전략적인 통합 체제를 갖추지 못하였고, 더구나 더 치명적인 것은 의병 내부의 양반계층과 서민계층 사이에 깊은 불화가 있었다는 사실이다. 평민 의병장인 김백선(金百先)이 유교 출신의 전국 의병 총대장인 유의암에게 군율 위반으로 참형을 당한 사례는 단순한 사건이 아니라 민족 저항사의 중대한 분열과 위화감을 반영한 것이다. 이렇게 볼 때 항일 저항의식이 가장 총체적으로 표현되어 나타난 것이 기미년 3·1 대민족 운동이다. 3·1운동은 자주의식, 개화의식, 불교의식, 동학의식,

기독교의식 등이 최초로 성공적인 총화를 이룩한 민족정신·민족의식의 집약이었다는 데 그 깊은 의의를 품고 있다.

광복과 동시에 해방을 맞았으나 우리가 받은 대우는 전승국의 대우라기보다 오히려 패전국의 그것이었다. 그 가장 큰 이유는 항일 무력 전쟁의 결과와 성과가 너무 미약하였다는 것으로 모여지는 듯하다. 외세에 의한 민족의 해방과 독립은 곧 이데올로기 대립의 희생이 되어서 남북의 민족 분단을 슬프게 체험하지 않을 수 없었다. 그런 분단의 비극이 가장 악랄하게 나타난 것이 한국전쟁이다. 이 한국전쟁을 통하여 형성된 우리 국민의 반공·반김일성의식은 3·1운동 이후로 생긴 두 번째의 집약화된 국민의식이었다.

그런데 이 6·25의 항전은 우리의 의식 속에 두 가지의 특기할 만한 기록을 남겨주었다. 하나는 미국을 중심으로 하는 서양 문화의 섭취와 경도요, 다른 하나는 구미의 정치문화와는 너무 판이한 자유당 정권에 대한 반감이다. 아마도 한국 현대사에서 6·25 동란은 개화기 이후 최대의 구미 문화 수용을 의식의 차원에서 가능케 하였던 것 같다. 그래서 이 땅의 많은 지식인들이 구미에 가서 그들의 정치·경제·사회 제도, 철학 사상, 과학 기술을 배워왔다. 그와 정비례하여 자유당 정권에 대한 불만도 높아졌다. 이런 불만의 집약적 표현이 바로 4·19 학생혁명이었다. 아마도 4월 학생혁명은 6·25의 반공·반김일성 저항운동에 이어 세 번째의 총체적 국민 저항의식의 표현이었으리라. 이 4월 혁명은 6·25 동란을 통하여 활발한 접촉이 생기기 시작한 서양식 민주주의에 대한 국민의식의 열망과 경도라고 이해되어야 하리라.

그런데 60년대 후반부터 우리나라의 일반적인 사회의식은 6·25 이후로 활발해진 서양 문화의 연구에 바람직한 형평을 유지하려는 민족 주체의식, 주체사관의 중요성을 역설하게 되었다. 그런 형편을 가져오게 한 동기가 5·16 군사혁명이다. 따라서 5월 혁명의 의미는 4월 혁명이 표현한 보편적 민주의식을 다시금 특수적 민족의식에 접목되도록 한 철학에서 발견될 수 있으리라.

지금까지 개항 이후 1세기 동안 민족의 사회사상사가 어떠하였는가를 간략하게 성찰하여보았다. 개항기의 시작에 즈음하여 일어난 척사의식, 개화실학의식, 동학의식, 불교유신의식, 기독교의식 등이 의병 봉기를 거쳐 3·1 운동에서 어떻게 모여졌으며, 독립 이후 6·25를 통한 반김일성 집단의식에서 어떻게 집약되었으며, 또 세 번째 국민적 합의의 표현이 4·19로 어떻게 연결이 되었는가를 관견하였다. 그리고 다시금 5월 혁명으로 말미암아 형식적으로 보편화된 민주의식에서부터 특수적인 민족의식이 역사의 전면에 더 첨가되었음을 훑어보았다. 그런데 이와 같은 개항 이후 100년간의 사회사상사에 대하여 우리는 철학적·이념적 가치 평가를 내리지 않으면 안 된다.

2. 한국 현대 사회사상에 대한 가치 평가

개항기 전후를 시발점으로 하여 조선 말의 지도적인 역사의식들은 강력한 제국주의적인 외세들의 도전 앞에서 나라를 새롭게 만들기 위하여 몸부림을 쳤다. 그래서 유학적 의식은 위정척사의식과 개화실학의식으로 나누어져서 역사의식의 지향성 방향이 달라지게 되었다. 또 오랜 소외에서 벗어나기 위하여 불교는 불교유신운동을 통하여 나라의 명맥을 보존하려 하였다. 그런가 하면 동학사상은 기존의 유교적 사유 체계와는 달리 서민의 자기 신원 확보라는 역사적 요구에 더 민감하면서 자주 독립과 자강 개혁을 부르짖었다. 또 다른 한편으로 기독교의 시민의식에 영향을 받은 인사들은 조국 근대화의 기준을 기독교와 서양적 시민 민주의식에 두기로 하였다.

그런데 우리의 평가는 여기서 끝나지 않는다. 왜냐하면 크게 보아서 거의 탈진 상태에 빠졌던 나라의 기운을 새롭게 일으키려는 예의 다섯 가지 사조가 개항 100년을 경과한 오늘날까지 한 번도 모자이크식의 조립이 아니라 그 사상들의 밑뿌리에서 하나의 공통적 모음의 철학에 의하여 새로운 탈바꿈을 가져보지 못하였다. 물론 교리와 종교적 비전이 각각 다른 예의 다섯 가지 사조들이 비빔밥처럼 그렇게 모여질 수도 없고 또 그렇게 되지도 않았다.

그러나 조국을 새롭게 만들려는 이상이 그때부터 오늘날까지 사회사상의 체계 안에 연면히 지속되어온 것이 사실이라면, 적어도 각 사상 체계의 이론적 다양성을 넘어서 그 사회사상들이 하나의 공동 저수지에 흘러 모였어야 했으리라. 이 하나의 공동 저수지란 새 나라를 형성하는 구심점의 역할을 하는 민족 공동선을 뜻한다. 이 공동선의 형성이 이루어지지 않았기 때문에 민족의식과 그 에너지의 창조적 모음이 결여되었다. 이것은 단적으로 파란만장한 한국 현대사에서 오성적인 '코기토' 이전에 선결적으로 이루어져야 할 공동 느낌의 사상과 철학의 빈곤을 뼈저리게 증언한다.

다른 한편으로 개항 100년의 사회사상사에 대한 가치 평가를 다른 각도에서 검토해볼 수 있다. 개항 이후 한 세기 동안 민족 공동선의 형성이 창조적이고 적극적인 의미에서 이루어지지 못하고 실패하였다 해도 민족 에너지의 집합이 전혀 이루어지지 않았던 것은 아니다. 즉, 개항 이후의 본격적인 집합이 3·1운동을 통한 항일의식의 표현이요, 두 번째의 집합이 6·25 전쟁을 통한 반김일성 의지의 표현이요, 세 번째의 집합이 4월 혁명을 통한 민주의식의 표현이다. 그런데 이러한 세 가지 표현에 하나의 공통적 요인이 있음을 우리는 결코 간과할 수 없다. 그 공통적인 요인이란 예의 모든 의식이 저항의식이었다는 사실이다. 왜냐하면 위의 세 가지 민족 역량의 집합 양식은 한결같이 '~에 대한 저항'이라는 의식의 표출이기 때문이다.

아마도 개항 이후 100년의 의식사와 사회사상사가 모두 저항사였다는 바로 그 점 때문에 우리에게 너무도 쉽사리 오직 저만이 산 의식의 상징으로 받아들여지게 되는지도 모른다. 그런 면에서 우리의 정신이 살아 있다는 증좌를 우리는 늘 부정적·저항적 사유에서만 발견하여왔다. 그러나 바로 여기에서 우리는 허심탄회하게 중대한 자기반성을 시도하지 않으면 안 된다. 왜냐하면 한국 현대사에서 사회사상적으로 우리는 단 한 번이라도 능동적이고 적극적인 의미에서 '~을 창조'하기 위하여 양식 있는 의식을 모아 보지 못하였기 때문이다. 바로 그 점으로 인해 항일적인 저항의식의 상징인 3·1운동은 독립 국가의 창조 작업으로 연결되지 못하였고, 반공적 저항의식의 상징인 6·25 항전은 통일 국가에의 원대한 정초 작업으로 연결되지 못하였고, 반독재 저항의식의 상징인 4·19혁명은 자강·자조 국가의 창조적 슬기로 나아가지 못하였다.

3·1운동은 분명히 우리 현대사에서 가장 빛나는 민족정신의 결정임에는 틀림없다. 그 정신의 결정은 기미년 「독립선언서」에 잘 나타나 있다. 그런데 그 정신의 연장이 슬프게도 일본의 침략 세력에 대한 부정과 저항의 자세로만 외곬으로 몰렸기 때문에 독립이 온 다음에 나라의 정치·경제·사회·문화·국방의 문제를 어떻게 창의적이고 능동적인 자세에서 만들어갈 것인가를 거의 생각하지 않았다. 바로 그 이유로 말미암아 항일 지사들이 광복 이후 어떻게 나라를 새롭게 형성시켜나갈 것인가에 대하여 국론의 통일을 보지 못하였다. 그리하여 정치적 민주주의의 기반 조성, 경제적 자립 방안의 강구와 실천, 민족 문화의 세계화, 자주 국방의 실력 조성 등에 대하여 과거의 자유당 정권이 거의 방치하다시피 하였던 것이다.

그뿐만 아니라 반김일성 의지의 상징인 6·25전쟁을 통하여 우리는 김일성과 그의 추종 도당들에 대한 증오심을 키워왔다. 아마도 우리에게 있어서 김일성이라는 존재는 서구인들에게 있어서 히틀러와 같은 존재에 해당될 만한 증오의 대상이다. 그런데 우리의 반공 정책은 김일성 집단에 대한 증오 단계에 그쳤을 뿐, 닥쳐올 통일에 대비하여 상호 이질적인 정치체제·사회제도·문화의식에서 살아온 남북을 어떻게 실질적으로 합칠 것인가의 문제에 대하여 별로 신경을 쓰지 않았던 것이 사실이 아닌가? 우리가 통일 국가에 대비하기 위하여 능동적인 의미에서 국토통일원을 갖게 된 것은 극히 최근의 일이 아닌가?

민주의식의 표현인 4월 혁명도 우리 현대 사회사상사에서 반독재 투쟁, 부패하고 무능한 정권에 대한 저항의 상징으로 찬란히 등록되어 있다. 그런데 그러한 민주의식이 형식적 보편주의에 치우친 나머지 우리나라의 내외적 특수성에 대한 배려가 희박하였다. 모든 제도와 사회사상이 다 그러하지만 어디든지 통하는 사상과 이념은 보편적이기에 그만큼의 값어치를 반드시 갖게 된다. 그러나 우리가 반드시 인식해야 할 일은 어디든지 통하는 보편주의는 아무데도 구체적으로 적용되지 않는다는 사실이다. 사회적 특수성을 극복하기 위하여 그 특수성에 의존하지 않는 보편성이란 실질적으로 존재하지 않는다. 모든 보편적 형상은 특수적 자료에 의하여 채워져야 구체화한다. 그런 점에서 4월 혁명의 연장으로 여겨지는 보편적 민주주의의 이상은 이 땅의 현실에서 한국화되어야 한다.

이제 우리나라의 지성은 하나의 전환기를 맞이해야 한다. 그런 전환기의 성격은 저항 일변도의 정신에서 지성으로 탈바꿈을 해야 한다는 당위성의 요청과 맞먹는다. 지성이 지식의 기능적 세계와 구별되듯이 지성은 지사(志士)의 발상법과도 구별되어야 한다. 지성인이 기능인일 수 있듯이 그는 지사일 수도 있다. 기능인이 지식의 기능적 적응력을 지닌 존재라면, 지사는 결정론적 행동력을 발휘하는 존재다. 지적 기능인이 없으면 사회의 관료적·기술적·행정적 처리가 이루어질 수 없고, 지사가 없으면 불의에 대한 저항정신이 태동하지 못한다. 그러나 지성의 본래적 모습은 지식의 기능적 발로도 지사의 저항적 행동도 아니다. 만약에 지성의 창조적 논리가 저변에서 뒷받침이 되지 않으면 기능적 지식인과 행동적 지사가 당장은 아니라 할지라도 시일이 지나면 전락할 위험성을 필연적으로 안게 된다. 그래서 기능적 지식인이 오직 긍정만의 논리를 갖게 마련이라면, 행동적 지사는 오로지 부정의 논리만을 생각한다.

그러면 지성의 논리는 어디에 자리 잡고 있을까? 그것은 긍정과 부정에 다 적용된다. 그러나 그것만이 전부가 아니다. 긍정과 부정의 경우에도 지성의 논리적 언표는 '그러나'라는 접속사를 잊지 않는다. 그래서 지성의 논리는 '예 또는 아니오, 그러나 ~(yes or no, but ~)'로 표현된다. 이와 같은 논리를 전문적 술어로 옮기면 그 논리는 단가적 발상을 거부해야 하는 것으로 이해되어야 한다. 단가적 발상은 언제나 추상적인 사고의 운명을 벗어나지 못한다. 예를 들면 수학에서 점은 어디에도 구체적으로 존재하지 못한다. 수학에서 구체적으로 존재하는 것은 면적이다. 면적은 단가적이 아니다. 거기에는 가로와 세로가 있다. 부피는 더 말할 나위가 없다.

지성의 본디 논리는 양가적이어야 한다. 양가적 논리의 표현은 '~일 뿐만 아니라 또한 ~도(not only, ~ but also)'로 나타난다. 이 양가적 사유 때문에 모든 지성은 고민하고 새 길을 찾기 위한 창조를 모색한다. 고뇌는 양가성의 현상이고, 울분과 아유는 단가성의 현상이다. 지금 우리의 처지에서 가장 필요한 지성의 논리와 발상법은 경우에 따라서 긍정하고 부정도 하지만, 그것으로만 끝나는 것이 아니라 '그러나'라는 초월의 사고방식이다.

3. 충효사상과 민족 중흥의 논리

피히테는 나폴레옹과의 전쟁에서 독일이 패배한 이유를 세 가지로 보았다. ① 독일인의 개인주의적 이기심, ② 독일인의 진리에 대한 냉담과 무관심, ③ 독일인의 도덕적 파멸 등이다. 이래서 피히테는 독일 중흥의 조건으로서 독일인의 도덕적 개조와 민족성의 개조를 강조하면서 민족 교육의 필요성을 역설하였다. 그의 교육 개조론은 ① 독일인의 민족공동체 의식의 개발, ② 독일인의 도덕적 심정의 순수한 함양, ③ 독일인 사이에 소승적 이해관계의 경쟁을 지양하고 독일 전체의 유기체 형성을 강화하며 정의와 선의 개념이 질서로서 등장하는 전체 사회의 유기성 형성을 목표로 한다. 그와 동시에 그는 독일민족에게 잠재적으로 숨어 있는 우수성을 육성시켜나가야 한다고 보았다. 그가 본 독일민족의 잠재적 우수성은 ① 독일어의 근원성, ② 독일적 정서의 감동성, ③ 독일적 형이상학의 내면성과 사색성 등 세 가지로 집약된다.

피히테는 민족의 개념을 다음과 같이 기술하였다. "민족은 영원한 것을 수용할 수 있는 힘이 있는 일함(Tathandlung)의 질서로서 인간 환경의 특수한 정신이다." 그래서 철학사가 빈델반트는 피히테의 『독일인에게 고함』을 애국주의와 세계주의의 쌍생아라고 평가하였다. 요컨대 피히테의 민족주의 사상은 한 국가에서 자기 보존과 방어보다 더 숭고한 의무가 없음을 절실히 입증한다. 단적으로 그의 국가관은 군국주의적인 클라우제비츠의 전략과는 다르다. 그의 국방사상은 강력한 민족 교육에 의한 자기의 정당한 수호에 있다.

고도로 발달한 영국 자본주의에 대하여 경제적으로 후진국이었던 독일은 언제나 경제적 손실을 회복할 길이 없었다. 그래서 리스트는 경제의 역사 발전을 밝히는 경제 발전 단계설을 주장하고, 국민을 중심으로 하는 경제 구조를 밝히는 국민 생산력 이론을 제창하게 되었다. 요컨대 리스트 경제학의 철학적 비전은 독일의 정치적·경제적 국민 통일이 독일의 발전에 필요한 선결 과제라고 생각하였다. 그런데 리스트는 막스 뮐러처럼 낭만적 사상에 의한 봉건적 목가 시대의 경제 철학을 생각하지 않고, 독일의 산업 자본주의를 강력히 추진시켜 국민 주체의식과 생산력 이론을 제창하여 영국 자본주의에 대항코자 하였다. 그래서 영국의 자본주의가 합리적 개인주의에 바탕을 두었다면, 독일의 자본주의는 국민주의에 바탕을 두지 않을 수 없다고 보았다.

바로 피히테의 민족주의의 사상과 리스트의 국민주의의 경제학을 생각하면서, 그리고 지나간 한 세기의 한국 사회사상사의 비판적 반성을 제기하면서 오늘의 시대에 충효의 정신을 다시 재음미하는 이유가 명백히 제기된다. 특수한 질료를 외면한 민주주의의 형식이 공허하듯이, 특수한 정신의 결을 고려하지 못한 자본주의도 병리적이다. 칼뱅주의의 윤리를 지니지 못한 우리나라는 자본주의의 건전한 성숙을 뒷받침하여주기 위해서도 전통의 윤리—이미 우리의 결 속에 새겨진—에서 그 힘을 찾아야 한다.

미국의 철학자 로이스의 후기 사상은 특히 충(忠, loyalty) 이론으로 가득 차 있다. 로이스에 의하면 '충'의 철학은 공동체의 원인(原因)이 형성될 때 가능해진다. 로이스의 '원인' 개념은 우리가 개항 100년간 아쉬워하였던 공동선과 다르지 않다. 충의 '원인'으로서의 공동선은 개인도, 개인들의 집합도, 추상적 원리도, 무인격적 이념도, 한 종파의 교리도 아니다. 그것은 로이스에 의하면, '초인격적 힘(super personal force)'이다. 이 초인격적 힘에 의하여 충의 사상은 공동체적인 삶의 한복판에서 사람들의 다양성을 재통합하게 된다. 그래서 로이스에 의하면 충성의 정신은 공동체에 대한 완전하고 의식적인 사랑으로 직결된다.

그러면 예의 '원인'으로서의 공동선은 어떤 성질을 지녀야 할까? 로이스는 그것이 '맹목적으로 살려는 의지(will to live blindly)'일 수는 없다고 말하였다. 왜냐하면 그런 의지는 결과적으로 쾌락·부·힘과 지배의 영광을 추구하는 데로 직결되고 종국적으로 유아적 성격을 띠게 되기 때문이다. 공동선은 개인의 실존에 의미를 주고 또 나의 성공을 공동체의 성공과 연결시킬 수 있어야 한다. 그리고 우리 현대 사회사상사의 반성에서 볼 때 사건이 지난 다음에 항거하고 저항하는 부정적 지성에서 미리 능동적이고 창의적인 슬기에 의하여 민족 중흥을 도모할 수 있는 창조성과 사회적 화(和)를 잉태할 수 있는 '원인'으로서의 공동선이 형성되어야 한다. 그런 공동선은 우리 현대사를 엮어온 사회사상의 사조들(유교적, 불교적, 기독교적)과 서양에서 들어온 새로운 '코기토'들을 상충하지 않고 공동의 저수지로 원융무애하게 모두 모을 수 있는 저력을 가져야 한다.

그것이 인도주의이리라. 인(仁)의 구체적 구현이 인도주의라면 이 이념은 '이인(里仁)'의 정신과 다르지 않으리라. "마을이 어진 것(里仁)은 아름다우니, 어진 곳에 살기를 선택하지 않으면 어찌 삶을 얻었다고 하리오(里仁爲美 擇不處仁, 焉得知)." 우리의 공동체는 '이인'의 성(成)을 겨냥해야 하리라. 그래서 나라를 어진 마을(里仁)로 만들려는 정신이 충이라면, 가정을 이인으로 만들려는 정신이 효다. 충은 나라의 국민을 형제로서 섬기기를 교육시킴에서 대효(大孝)고, 효는 가족을 '진기(盡己)'로써 섬기기를 가르침에 소충(小忠)이다. 이 대효로서의 충과 소충으로서의 효가 내면적으로 접목이 되어야만 충은 무인격적인 국가주의에 빠지지 않게 되고, 효는 폐쇄적인 가문주의로 전락하지 않게 된다.

이인충(里仁忠)의 가정, 이인화(里仁化)된 사회는 마침내 인간관계의 좌표를 영글게 한다. 공산주의 사회에서 인간관계는 계급 관념으로 채색된다. 그래서 반대 계급에 속하는 사람들은 극도의 단순한 추상 작용에 의하여 적대 관념으로 요약된다. 그래서 공산주의는 모든 인간관계를 동지와 적이라는 관념으로 도식화한다. 관념을 지우는 데는 죄의식을 느끼지 않는다. 이래서 전투적 공산주의자는 적대 계급에 속하는 관념을 죽이는 데 죄의식을 느끼지 않고 잔인할 수 있다. 계급투쟁은 원한의 심리, 복수의 행동을 정당화하는 이데올로기다. 단적으로 비인도적이다. 그러므로 계급주의가 지배하는 사회의 인간관계는 획일적이고 단조롭다. 거기에 사회적 인화가 생길 수 없다.

효(孝)·제(悌)·충(忠)·신(信)이 겨냥하는 이인적 사회는 계급주의적 사회와 다르다. 왜? 인간이 불평등해서는 안 된다. 불평등 부정의 정신은 인도주의의 요구와 맞먹는다. 그러나 불평등 부정의 원리는 모든 인간이 모두 똑같아야 한다는 적극적 명제를 정당화하지는 않는다. 왜냐하면 적극적인 평등 요구의 개념은 구체적 이인의 형성에 이바지하지 못하기 때문이다. 그 요구는 인간관계를 계급주의처럼 추상화하여 마침내 계급적 대등의식을 은연중에 조장한다. 무릇 대등의식의 심리는 비교의식의 심리를 낳고 또 이것은 계급의식을 남몰래 키운다.

'나는 너와 같다'라는 언표가 지니는 심리 현상이 질투와 원한의 감정, 공연히 으스대는 자기 주장으로 연결됨을 이해하기가 어렵지 않다. '이인'을 형성하는 충효의 철학은 물론 인간관계의 불평등을 부정한다. 그러나 적극적인 평등의 주장보다는 충효의 철학은 오히려 형제애의 정신을 가까이 여긴다. '너는 나의 형제요'라는 언표의 심리 현상은 각각의 형제들이 자기에게 결핍된 자질을 가치로서 갖고 있음을 기뻐하는 정신이다. 이래서 충효의 철학은 '동(同)'보다는 '화(和)', '비(比)'보다는 '주(周)'를 더 높은 이념으로 섬긴다. '화'와 '주'의 공동체에서 계층과 계급은 싸우기 위해서가 아니라 서로 돕기 위해서 존재한다. 이인의 공동체는 계층의 조화, 계급의 상보성과 다를 수 없다. 모든 조화와 상보성의 논리는 앞에서 언급된 '~일 뿐만 아니라 또한 ~도(not only ~, but also ~)'의 양가성이 충효의 능동적 자세와 접목될 때 가능하리라.

우리가 지향하는 산업 사회와 이인 사회를 어떻게 조화해야 하는가 라는 물음이 또한 생긴다. 이인을 겨냥하는 정신은 단순히 산업 사회에 대한 저항이어서는 안 된다. 경제적 궁핍과 가난이 얼마나 많은 불편을 주었는가를 우리는 역사에서 뼈저리게 체험하였다. 그러므로 이인 사회의 창조는 산업 사회의 정신적 공해를 씻기 위함이다. 산업 사회의 정신적 공해는 다양하다. 그러나 간단히 요약하면, 우리는 토플러가 진단한 '특정 이익 현상(adhocracy)'을 생각한다. 이 현상에 의하면 산업 사회에서 사람들은 항구적인 삶의 거주지를 두지 않고 철새처럼 이익에 따라 모였다 흩어진다. 불리하면 모두가 도망간다. 친구들 사이의 깊은 우정보다 특정 이익에 따라 가볍게 농담하고 사귀는 일이 짙어진다. 이 '애드호크라시(adhocracy)'가 지배하는 곳에는 가정의 이인으로서의 효가 정립되지 못한다. 가정은 여인숙으로 변해가고 가족관계는 개인주의로 치환된다. 충의 사상도 '애드호크라시'가 지배할 때 울려퍼지지 못한다. 왜냐하면 '애드호크라시'는 어차피 근본적으로 실천적 유아주의를 내포하기 때문이다. 사람들이 인간으로서 재인식되고 타인들을 배려하는 일은 거기서는 부차적일 수밖에 없다.

그러면 산업 사회 안에서 이인의 인간관계, 충효사상을 어떻게 사회적으로 정착시킬까? 여기서 우리는 프랑스의 사회학자 뒤르켐이 말한 '동업조합'의 개념을 생각한다. 이 개념은 서양 중세기의 길드 조직과 닮았고, 우리의 새마을운동과도 통한다. 뒤르켐은 이질화·분업화되어가는 사회 조직 안에서 동업의식에 의하여 최소 단위의 공동 이념을 생활화하는 방안을 생각하였다. 동업조합은 길드 조직에서처럼 생산과 부의 축적을 겨냥하되 충신(忠信)의 배반을 가장 큰 악덕으로 간주한다.

이 점을 우리의 것으로 탈바꿈시키면 그것은 이익사회의 기능과 형제애를 조화·균형시키는 직장새마을과 벗하게 되리라. 그래서 직장새마을운동은 능률 본위의 정신과 충효의 이인적 생활윤리가 만나서 우리의 정신적·경제적 힘을 극대화하는 데로 집약되리라. 기회 균등과 능률의 정신, 그리고 인도적 충효의 정신을 중용스럽게 창의적으로 조화하기 위하여 우리의 지성은 최고의 논리보다 최적의 논리를 능동적이고 선구적으로 개발해야 하리라. '맹목적으로 살려는 의지'는 실천적 유아주의로 흐른다고 로이스가 지적하였듯이, 최고의 논리도 결국 유아적 냄새를 풍겨서 공동체의 공동선을 흐려놓게 되리라. 이리하여 우리는 최적의 논리를 찾아야 한다. 나의 성공을 공동체의 성공과 연결시키는 이 논리는 인의 사회화와 다르지 않다.『논어』의 「옹야」에 나오듯이 "무릇 인이라는 것은 자기가 서고 싶으면 타인들도 세워주고, 자기가 어떤 목적에 도달하고 싶으면 타인들도 거기에 도달하도록 도와주는 것(夫仁者 己欲立而立人, 己欲達而達人)"이기 때문이다. 민족 중흥을 위한 사회사상은 저항만을 유일한 지성으로 여기는 지각생의 운명을 벗어날 때 가능하리라.

제3부

I. 현대 서양 철학의 발상법과 유교사상*

I

　인간이 달 위를 걸었다. 바로 그 순간에 서양에서 동양까지 그리고 밤과 낮의 구별이 없이 시계의 상이한 바늘을 넘어서 모든 인류는 달 위에 발을 내딛는 한 인간의 가벼운 걸음걸이를 주시하고 있었다. 결코 지구는 예전에 그러한 연대의식을 가져보지 못하였다. 발전된 고도 산업 문명의 찌꺼기인 공해 현상이 물·공기·생명 등의 자연을 오염시키고 독살시키고 있다. 원자폭탄의 공포에서 인류가 공통적으로 두려워하던 것보다 더 생생한 감정으로 오늘의 인류는 자신의 생존을 위협하는 자연의 파괴에서 지구가 하나의 생활공간임을 터득하고 있다.

　정치적으로나 경제적으로 인류는 크고 작은 많은 병을 앓고 있다. 그러면서도 세계는 점차로 하나로 되어가는 역사적 현실을 안고 있고 또 하나로 되어야 한다는 당위적 필연성을 품고 있다. 그러나 하나로 되어가는 세계사적 현실에서, 또 하나로 통일되어야 하는 당위적 필연성에서 무엇보다 먼저 검토·연구되어야 하는 것이 세계의 문화적 현실과 미래 지향적인 문화의 이상이다.

　그런 뜻에서 오늘 이 자리에서 동서의 사상적 문제점들이 모였다. 우리의 의도는 동서의 사상적·문화적 우열을 비교하기 위한 것이 아니다. 그런 발상법은 인류의 새로운 이상을 모색하는 데 도움은커녕 해를 끼친다. 우리의 정

* '成均館大學校 近代 教育80周年紀念 東洋學學術會議'(1975), 발표 논문.

신은 오늘날의 인류가 당면한 문제가 무엇이며, 그것의 극복을 위하여 동서의 사상과 철학을 어떻게 생각해야 하는가를 겨냥한다. 물론 여기서의 동양사상과 철학은 유교 문화에만 국한된다.

Ⅱ

19세기부터 서양의 문화와 사상이 점차로 세계를 누비기 시작하였다. 어떤 경우에 있어서 그것은 서양의 세계 정복이라 하여도 지나친 말은 아니다. 이러한 역사적 추세 때문에 동양도 서세동점(西勢東漸)의 운명에서 벗어날 길이 없었다. 우리는 지금 이러한 서세동점의 사실(史實)에 대하여 시비를 말하려고 하지 않는다. 단지 서세동점의 현상과 함께 서양은 동양의 전통 사회에 대하여 적어도 다음의 네 가지 발상법을 이식시켜놓았다.

①자연의 정복을 위한 기술과 과학

②기술과 과학에 따른 경제력

③유물관(唯物觀)과 유심관(唯心觀)의 대결

④근대적 민주주의의 이념과 제도

이상의 네 가지 발상법은 ③의 경우를 제외하고는 동양의 근대화(서구화)의 이상이자 목표가 되어왔다. 그리고 서양도 그 나름대로 계속 그 발상법을 더욱 강하게 추진시켜왔다. 그런 까닭은 그것이 그만큼 가치 있는 것으로 정립될 수 있었기 때문이다. 단지 ③의 경우는 오늘의 세계가 그 분열과 고난을 당하게 된 현상인 공산주의와 비공산주의의 대립이다. 따라서 우리의 이 논문은 이상의 네 가지 논리(발상법)에 의거한 사상과 그것의 철학을 음미하고, 거기에 대응하는 유교사상의 의미를 성찰함에 성립한다.

Ⅲ

1) 자연관에 대한 성찰

인간이 자연을 떠나서 살 수 없었기에 동서를 막론하고 인간은 자연에 대하여 고향의식과 공포의식을 동시에 느껴왔다. 그런데 자연의 전율할 만한 공포로부터 인간을 해방시켜준 사유(logos)와 행위(praxis)는 거의 서양 철학의 소산이었다. 이 점에서 서양의 그리스도교사상은 자연의 횡포로부터 인간을 해방시켜주는 데 탁월한 공헌을 했다.

영국의 화이트헤드(A. Whitehead)는 그의 저서『과학과 현대 세계(Science and Modern World)』에서 어떻게 그리스도교가 자연을 길들이는 수단으로서의 과학의 발전을 가져오게 하였는가를 깊이 분석한다. 그에 의하면 첫째로 그리스도교의 창조론과, 둘째로 중세기의 스콜라철학의 합리주의에서 현대 과학의 저력이 움트게 된다.

구약의 창세기 제1장을 보자. 영원한 신은 스스로 창조하신 모든 것을 보고 매우 좋다고 말씀하셨고 한없이 기뻐하셨다. 이리하여 눈에 보이는 모든 현상계는 신에 의하여 창조되었기에 현상계(자연계)는 가치의 장(field of values)이 아닐 수 없다. 그래서 자연계를 대하는 인간의 의식은 영원한 신에 의하여 창조된 가치의 밭을 개척하고 드러내는 데로 쏠리게 된다. 서양의 중세기 스콜라철학은 헤브라이즘의 일신교사상과 헬레니즘의 합리사상을 조화시켜 '신은 합리적이다(God is rational)'라는 개념을 영글게 하였다. 이러한 까닭으로 '합리적 신'에 의하여 창조된 세계가 합리적으로 설명되어야 한다는 논리적 명제를 스콜라철학과 신학은 서양 정신의 주류 속에 심어놓았다. 그리고 창세기 제1장 26-30절에 의하면 신은 스스로 창조하신 모든 것을 인간에게 좋도록 처분하라는 권한을 주었다.

근대·현대의 과학이 그 존립의 발상적 연유로서 그리스도교를 배경으로 하고 있음이 분명하다. 물론 스콜라철학(토미즘)에는 과학적 논리의 발상법을 넘어선 우주와의 존재론적 일체감의 형이상학도 있다. 창조된 우주를 모두 존재의 가족(familia entium)으로 보려는 성 토마스의 사상은 유가에서 말하는 '찬천지화육(贊天地化育)'의 정신과 벗한다. 이 점에서 아시시의 성 프란치스코의 생애와 사상은 대표적이다. 그러나 역시 서양 중세 철학의 주류는 합리주의로서 그것이 근세에 흘러왔고 현대로 모였다.

우리는 과학이 자연의 공포로부터 인간을 해방시켰음을 결코 간과할 수는 없다. 그러나 과학적 사고방식이 지닌 한계에 대하여 우리의 의식을 두드러지게 깨우쳐준 서양 현대 철학의 두 거인을 생각하게 된다. 하이데거와 마르셀이다. 후설에 의하여 세워진 현상학은 그 탄생의 동기에 있어서 반실증적·반자연주의 논리를 가까이 한다. 그리하여 하이데거는 후설의 현상학 개념에 따라서 칸트적인 현상 개념을 포기하면서 자연을 객관적 대상으로 하는 인과율적 설명과학(Science of explanation) 대신에 현상에 인간의 손때를 묻히지 않으려는 배려에서 기술학(science of description)을 선택한다. 그러므로 과학적 진리가 안주하는 '설명의 논리'는 존재론적으로 존재를 분절·해부하여 마침내 그것을 불구자의 모습으로 변형시킨다고 하이데거가 생각한다.

하이데거가 자연과학을 모델로 한 진리에 대하여 한 비판은 다분히 이론적이고 고답적이다.[1] 거기에 대해서 마르셀이 (자연)과학적 진리관과 자연관에 가한 비판은 매우 현실적이고 생태학적 입장에 가깝다. 왜냐하면 그는 단적으로 산업 사회의 후유증을 붉은 글씨로 경고하기 때문이다. ① 산업 기술 사회는 한 인간의 '존재 가치(being-value)'를 '기능 가치(function-value)'로 대치시키려 한다. ② 그래서 젊음은 늙음보다 훌륭하고, 오만한 도전은 겸허한 양보보다 낫다고 그 사회는 부채질한다. ③ 자연의 파괴를 그 사회가 유도하여 자연을 인공의 추상적 설계 장소로만 간주한다. 기술 과학에 의한 자연의 파괴는 추상성과 획일성의 승리를 굳히고 그 방식을 인간에게도 적용한다. ④ 산업 사회는 심리적으로 정상과 비정상을 행동주의(behaviorism)적 방식으

---

1) M. Heidegger, *Vom Wesen des Grundes* 참조.

로 기능 사회에 적응 여부를 판가름한다.[2]

산업 사회의 후유증은 이렇게 생태학적으로 우리의 생활공간을 물리적으로 파괴할 뿐 아니라 인간을 내면적으로 부식시키고 있다. 하이데거는 새로운 존재론에 의하여 병신이 된 자연을 고대 초기 그리스의 세계관으로 되돌리려 하고, 마르셀은 사랑과 증여의 형이상학을 원시 그리스도의 의미에서 설파한다. 그러나 그들의 철학에서 서구적 산업 사회의 과학과 자연에 대한 비판정신은 꿈틀거리나, 과학적·설명적 자연관에 대하여 균형을 줄 만한 자연사상은 부족한 듯하다.

여기서 우리가 유교의 태극적 자연관을 보는 까닭이 생긴다. 태극적 자연관은 서양의 신에 의한 창조적 자연관과 대비된다. 그리고 창조적 자연관이 '설명과학'의 논리를 잉태시켰다면 태극적 자연관은 '기술학(記述學)'의 논리 쪽으로 기울어졌다고 볼 수 있다. 그래서 유교의 자연관은 그리스도교의 자연관에 대하여 대체적으로 더 현상학적으로 보인다.

주자는 태극을 '지극지리(至極之理)'로 해석하면서, 태극은 '조화지추뉴(造化之樞紐) 품휘지근저(品彙之根柢)'라 하였다. 이른바 태극은 우주 변화의 원리요, 천지만물의 근본이라는 뜻이다. 이렇게 보면 태극은 우주의 시원적 이(理)요, 그래서 '본연지리(本然之理)'이다. 그 이로서의 태극을 거시적으로 보면, 대우주 자연의 '통체의(統體義)'가 되고 미시적으로 보면 '분지의(分持義)'가 된다. 이래서 한갓 미물도 대우주의 로고스와 다른 것이 아니다. 영국의 시인 윌리엄 블레이크의 시 "한 알의 모래 속에 세계를 보며, 한 송이의 들꽃에서 천국을 본다. 그대 손바닥 안에 무한을 쥐고 한 순간 속에 영원을 보라"(「순수의 전조Auguries of innocence」)라는 한 구절은 여기에 가장 적절한 언어 표현이다. 그런데 '태극즉리(太極卽理)'는 현상과 분리된 본질·본체가 아니라 태극과 그것의 현상인 음양(氣)은 있으면 함께 있고 존재하면 함께 존재한다. 이 점을 주자는 '추지어전이불견기시지합, 인지어후이불견기종지리(推之於前而不見其

---

2) G. Marcel, *Le Déclin de la sagesse* 참조.

始之合, 引之於後而不見其終之離)’라 표현하였다. 그래서 태극(理)과 음양(氣)은 불합(不合)·불리(不離)함으로써 둘이면서 하나이고 하나이면서 둘이다. 율곡의 ‘이통기국(理通氣局)’의 논리는 이 점에서 주회보다 더 간명하다.

그런 태극의 현상화가 인간에게는 인리(人理)로, 자연에게는 물리(物理)로 분화되어 ‘심리(心理)=물리’로 등식화된다. 인리와 물리 사이에는 주종의 관계, 주객의 관계도 성립하지 않는다. ‘의정불이(依正不二)’의 사유 체계다. 그렇다고 노장의 도가처럼 ‘무위청허(無爲淸虛)’의 자연계에 인간이 침윤하지도 않는다. ‘격물치지(格物致知)’에서 인간이 자연을 이물(利物)한다. 그러나 그 이물은 한갓된 파물(破物)이 아니라 ‘화물(和物)’이다. 이래서 율곡의 시처럼 ‘성동인우 애지산학(性同鱗羽 愛止産輊)’의 발상법이 나온다.

지금까지 우리는 창조론적 자연관과 태극론적 자연관을 대조하여보았다. 그것에 대한 예비적 결론은 마지막 장에서 관건한다.

2) 경제관에 대한 성찰

빈곤은 유사 이래로 인류를 괴롭혀온 멍에요 질곡이었다. 서양의 과학 논리와 거기에 유출된 산업 사회는 빈곤에 의한 인간 소외의 추방을 자신들의 모토로 내세웠다. 그것은 분명히 자랑스러운 이념이다. 그러나 산업 사회는 빈곤 추방이라는 광명에서 떨어질 줄 모르는 새로운 인간 소외를 짙은 그림자로 새겨놓았다.

① ‘수월하게 살자’주의의 생활관의 만연, 그래서 수월하게 살지 못하는 인간은 천덕꾸러기처럼 비참해진다. 인생에서 참 행복의 개념이 안락의 개념으로 대치되어버린다.

② 부는 인간에게 기쁨과 슬픔의 감정 대신에 만족과 불만의 심리, 질투와 권태의 감정 표출을 재촉한다. ‘지옥, 그것은 타인들이다’라고 말한 사르트르의 메마른 말이 20세기에 튀어나왔다는 사실은 한갓 우연 이상의 뜻을 지닌다.

③ 인간이 ‘물건의 노예’로 전락된다. 인간이 자연의 노예에서 해방은 되었

으나, 다시금 그는 '자연+과학기술+경제성'의 집합체인 물건의 노예로 소외 되었다. 마르쿠제는 이런 상황을 '일차원적 인간상', '긍정적 인간상'이라고 말 한다. 우리나라에서도 '수월하게 살기' 인생관이 배금주의와 합쳐져 비대해 지면서 문명의 이기들(자동차, 냉장고 등)은 도구가 아니라 물신으로 군림하 여간다.

이처럼 '물건'들에 의한 인간의 소외 현상을 극복하기 위하여 현대 서양의 철학(지식사회학, 인격주의)은 그 이념과 방법을 모색한다. 마르쿠제는 일차원 적 사회의 극복을 위하여 '부정적 이성'에 의한 혁명적 사유를 생각하였다. 마 르쿠제에 의하면 혁명적 사유의 주체는 마르크스에 있어서처럼 노동자계급 도 아니고 근대 시민혁명에서처럼 부르주아계급도 아니다. 그는 미성(未成) 세대인 학생계층을 생각했다. 그러나 미성 세대의 유동성은 소요에 그칠 뿐, 새 사회 창조에 있어서 너무 극단적 파괴성으로 치닫게 된다. 과연 새 사회 창 조의 기수는 어느 계층인가? 이것이 마르쿠제의 작품이 갖는 미완성교향악 이다.[3]

프랑스의 인격주의 철학자 무니에는 마르쿠제의 지식사회학 논리와는 다 른 각도에서 산업 사회에서 인간의 소외 극복을 더듬는다. 무니에의 인격주 의(personalism)는 인격을 경제적 외향성과 정신적 내향성, 경제와 종교, 앙가 즈망(engagement)과 데가즈망(dégagement), 개인과 도당(徒黨)의 중용에 두면 서 자본주의와 공산주의의 반문화성을 초극하려고 하였다.[4]

이러한 소외 극복의 서구적 노력과는 달리, 유교의 '성(誠)'사상은 서양의 자기 모색과는 다른 의미를 지닌다. 이 점에서 유교적 '성' 개념은 그리스도 교에 바탕을 둔 '성실(fidelity)'의 개념과 다르다. "성자천지도야, 성지자인지도 야(誠者天之道也, 誠之者人之道也)"(『中庸』). 성은 천지·사람 그리고 만물을 공통적 으로 관통하는 보편성의 짜임새다. 그래서 '하늘을 나는 솔개나 못에서 뛰는

---

3) H. Marcuse, *Reason and Revolution* 참조.

4) E. Mounier, *Le Personalism* 참조.

물고기'까지 성의 현상이요 실현이다.

성은 모든 것의 처음이요 끝이다. 성이 아니면 물도 존재할 수 없다. 성은 자기 자신뿐만 아니라 물을 이루는 소이다. 자기를 이룸은 인이요, 물을 이룸은 지다. 성(誠)은 성(性)의 덕이고 내외의 도를 종합함이다(誠刺 物之終始, 不誠無物…誠者 非自己而己也, 所以成物也, 成己仁也, 成物知也 性之德也 合內外之道也.『中庸』).

서양 철학에서의 성실성은 신과 인간의 현존, 인간 사이의 약속 준행, 영혼의 회심(conversion)을 알린다. 그러나 유교 철학에서 성(誠)은 안으로 성기즉인(成己卽仁)과 밖으로 성물즉지(成物卽知)로 구체화되면서 향내적 인(仁)과 향외적 지(知)의 내외 합일을 겨냥한다. 내 마음이 인성을 잃으면 따라서 물성도 사라진다. 그리하여 인성이 경제동물이나 물건의 노예로 전락하면 그때 물성은 물성으로 존재하지 못하고 물신이 된다. 이래서 '불성무물(不誠無物)'의 현대적 의미가 소외 시대에 사는 우리의 마음을 감동시킨다. 불성무물의 생활화는 격물(格物)→치지(致知)→성의(誠意)→정심(正心)→수신(修身)→제가(齊家)→치국(治國)→평천하(平天下)의 교육에 의해서 가능하다고 한다. 이것을 어떻게 평가할까? 마지막 절에서 관견하자.

3) 유심·유물의 대립에 관한 성찰

헤겔이라는 큰 사상의 저수지가 좌우파로 갈라져 흘러내리면서 서구의 세계는 유물·유심의 이데올로기적인 갈등으로 깊어져 갔다. 그리하여 유물론의 철학은 마르크스에 의해서 집대성되면서 때로는 실증과학의 측면 지원에 의하여 살쪄가다가 현대 프랑스의 구조주의에 의하여 그 방향이 다시금 바뀌어져가고 있다. 유심론의 철학은 키르케고르적인 스타일의 실존철학과 베르그송적인 생(生)철학에서 분화되면서 그리스도교의 신학사상에 의하여 더욱 그 지원을 받게 되었다. 그리하여 루이 라벨, 브롱델, 르 센느 등 프랑스 정신주의 철학에 이르러 유심론은 그 절정에 도달하게 된다.

일반적으로 유물론의 사상 경향은 향외적 성향을 갖게 되어서 진리를 물리적·경제적·환경적 요인에서 설명하려는 발상법과 이웃한다. 그러나 마르크스적인 유물론은 과학적 객관성에 의해서 지워버릴 수 없는 인간의 내면적 주체성을 사회의 생산관계로만 환원시키고 만다. 그래서 무니에는 마르크시즘을 비판하면서, 그것은 하나의 교육이 아니라 훈련이라고 예리하게 그 단처(短處)를 오려냈다. 이 프랑스의 인격주의 철학자는 공산주의가 인격의 근본적 비관론을 감추면서 집단적 인간의 낙관만을 클로즈업시키는 기만성을 폭로한다. 공산주의로서 대변되는 현대의 유물 철학의 이데올로기가 지닌 허상은 그것이 미래에 있어서 정치적·경제적 변화의 결과만을 생각하지, 혁명적 인간들의 인격 교육과 인격 가치에 대해서는 결코 배려를 하지 않음이다. 마르크시스트들은 이래서 잔인하다.

유심론의 철학은 인간의 내면적 정신문명의 병리 현상을 치유하지 못하고 있었다. 극단적인 자본주의 사회는 내면성도 없고 너그러움도 없는 인색한 개인들만 충만하여 사회적 안전 속에서 합리적(계산적)이고 차갑고 그리고 법률적인 해결 속에 모두 안주하려는 개인들만을 포용하고 있다.

메를로퐁티, 그는 사상이란 내면적인 것이 아니고 세계나 낱말 밖에 따로 존재하는 것은 아니라고 주장하면서 현상학의 입장에서 유물론적 외면성을 역사적으로 넘어서려고 하였다. 그러나 불행히도 그가 조사(早死)한 까닭도 있지만, 그의 사상은 '애매성의 역사철학'으로 우리를 새로운 미궁으로 인도하는 것 같다.[5]

여기 동양의 성리학이 나타난다. 성리학은 일찍부터 이기(理氣)의 불리(不離), 불리의 논리로서 유물·유심의 대립이 동양의 전통적 사상이 아니고 서양의 것임을 알린다. 한국의 16세기 대철학자 율곡은 '이통기국'·'기발리승지

---

5) M. Merleau-Ponty, *Phénoménologie de la Perception* 참조.

(氣發理乘之)'의 사상 체계에 의하여 이기를 이원적으로 보는 논리는 진리를 인식하지 못한다고 하였다. 그러므로 "본질 가운데 현상의 변화가 있고 현상의 움직임 속에 본질이 존재하게 된다(本體之中流行具焉, 流行之中 本體存焉)." 남녀의 사랑이 당황하는 눈짓과 얼굴 붉힘과 다른 것이 아니듯이, 구체적 현실에서 정신적 이념이 물질적(경제적) 표출 방법에 의하여 제한을 받는다. 이것이 율곡의 '이통기국'의 논리다. 그런데 그 논리를 어떻게 사회화하나?

4) 민주주의에 대한 성찰

인류의 자유와 평등의 쟁취라는 지상적(至上的) 명제 때문에 니체와 같은 초인의 철학자들을 제외하고는 거의 누구도 민주주의 개념에 대해서 항거하지 못한다. 또 인류는 실질적으로 민주주의의 이름 아래 값진 자유와 평등을 예전에 상상할 수 없을 만큼 상대적으로 많이 향유하고 있다. 서양은 이것을 자랑하고, 그래서 모든 정치체제는 약방의 감초처럼 이 용어를 쓴다.

그러나 민주주의에는 철학적으로 풀리지 않는 하나의 굳은 응어리가 있다. 그 응어리는 루소의 『사회계약론』에서 온다. 루소는 자유와 평등을 위한 사회계약상의 보편성을 찾기 위하여 '일반의지(la volonté générale)'를 생각했다. 그런데 이 '일반의지'란 사실의 측면에서 존재하지 않는 매우 추상적이고 허구적인 성격을 지닌다. 왜냐하면 '일반의지'는 민중의 다수의지보다 더 포괄적이고 초월적인 뉘앙스를 지니기 때문이다. 그래서 다수의지는 과오를 범할 수 있지만 일반의지는 절대적 불가오류성을 지닌다. 그 위에 주권재민의 진리가 선다. 그러므로 불가오류 주권재민에 포함된 민중(people)은 사실의 개념이 아니고 법의 개념이기에 그 내용은 법인의 개념같이 지극히 공허하고 추상적이고 익명적이다. 그런 점에서 루소의 이론적 타당성은 단지 법적(형식적)으로 절대군주의 독재제도와의 차이점을 밝히기 위한 가설로서만 존재한다.

바로 이러한 사실적 약점 때문에 실질이 없는 민중(인민)이라는 이름 속에 현대의 '리바이어던(leviathan)'이 등장한다. 그것이 바로 대중(mass)이다. 오늘날의 대중은 옛날의 제왕이며 신에 가까워졌다. 대중은 모든 것을 재단하고 결정하고 시비를 가리는 익명의 척도가 되었다. 거의 모두가 대중에게 아부한다. 그러나 스페인의 철학자 오르테가 이 가세트는 세차게 역류하여 대중을 고발한다. 오늘날의 대중은 자신의 영혼이 스스로 진부하다는 것을 알면서도 도처에 저속의 권리를 건방지게 주장하며 또 그것을 남에게 강요하려 한다. 이리하여 대중은 자기와 같지 아니한 모든 것을, 우수하고 개인적이며 선택된 모든 것을 깡그리 지우려 한다. 그렇다고 이 스페인의 철학자는 현대 사회의 대중이 바보라고 단정하지는 않는다. 그들은 옛날보다 교육에 의하여 더 영악하다. 그러나 그들이 배운 것을 조금도 창조적인 것에로 돌리지 않는 데 심각한 문제가 있다. 그들은 우연히 얻은 공허한 말이나 관념의 단편들을 완전한 것으로 결정짓고 유치한 행동주의에로만 치닫는다.[6]

대중 시대 속의 민주주의는 어디로 갈까? 유교가 근대적 민주주의를 말한 적은 없다. 예부터 유교는 주로 민본주의를 창도(唱導)하였다. 봉건주의의 규탄 속에 파묻혀버린 민본주의는 맹자에 의해서 위민사상으로 전개된다. "민위귀 사직차지 군위경(民爲貴 社稷次之 君爲輕. 『孟子』 「盡心下」)." 따라서 맹자의 정치철학이 무엇보다도 국가주의나 군왕주의에로 환원되지 않고 애민사상으로 모아진다. 풍우란(馮友蘭)은 그의 『중국철학사』에서 맹자의 애민사상이 궁극적으로 '발위불인인지정(發爲不忍人之政)'을 그 이념으로 삼고 있다고 말하였다.

오늘날 자유세계의 정치 이념은 자유와 평등의 신장이다. 그런데 이 자유와 평등이 우리가 체험하는 대중 사회에서 어떤 의미를 띠게 될 것인가가 문제다. 대중 사회에서 각자가 내면적 영혼을 잃고 너그러움도 없이 모래알 같은 소시민적 안정만을 추구할 때 자유는 이기심으로, 평등은 화친(형제애)을 모르는 자기 주장과 질투심으로 타락하게 되리라. 결국 진실로 인간을 위한

---

6) Ortega y Gasset, *Les Révoltes des Masses* 참조.

정치가 무엇이며 어떤 제도를 지녀야 할 것인가 하는 근원적 물음이 재생된다. 그러한 물음이 가치를 지닐 때 유교의 민본사상이 새로운 의미를 던지게 되리라.

IV

지금까지의 논술을 토대로 하여 앞으로 거론되어야 할 몇 가지 문제점들을 제시하고자 한다.

① 창조적 자연관은 설명의 논리를, 태극적 자연관은 기술(記述)의 논리를 뿌린다. 따라서 설명의 논리는 과학과 기술이라는 조작의 문화를 낳고 기술의 논리는 '가이찬천지지화육(可以贊天地之化育)'의 명상적 문화를 낳는다. 자연의 공해와 같은 과학문명의 찌꺼기를 본 사람들은 공상적으로 인류의 과거 한때에 황금기가 있었다고 상상한다. 그러나 자연의 숙명 아래 얽매었던 과거의 인류사를 황금기라고 볼 수 없다. 그러므로 과학을 포기하려 함은 방직공장 대신에 물레를 만들어 쓰자는 것과 같다. 어떻게 설명의 논리와 기술의 논리를 조화시킬 것인가?

② 빈곤의 추방과 부의 축적은 인류의 오랜 열망이었다. 그런데 부의 축적을 위한 경제관은 인간을 '물건의 노예'로 전락시킨다. 마르쿠제와 무니에는 새 혁명을 생각하나 그것도 불확실하다. 유교의 불성무물(不誠無物)은 탁월한 뜻에 '물건의 노예'로 치닫는 현대 사회의 경제관을 치료할 수 있는 정신을 담고 있다. 그러나 문제는 불성무물의 사상으로 부의 생산을 다치지 않고 '물건의 노예'로 소외되어가는 현대 사회를 개조하기 위한 사회철학적 방법을 탐구하는 일이다. 어떻게?

③ 정신주의(유심론)는 자본주의 사회의 개혁에 무력했고 유물론은 공산주의 사회를 개미집으로 만들었다. 유물·유심의 대립을 초극하려는 현대 서구 철학자들의 노력도 혼미 속을 헤맨다. 율곡의 '이통기국'의 논리는 그 대

립을 넘어 서 있다. 그러나 어떻게 그 가치를 사회문명과 인간관계 속에 구체화할 수 있나?

④ 현대의 민주주의는 대중 속에 자라고 있으나 대중에 진리를 맡길 수 없다. 맹자의 민본사상은 대중 민주주의가 아니다. 근대 민주주의의 생명은 자유와 평등의 확장에 있고 유교의 민본주의 정신은 형제애의 구현에 있다. 그런데 평등과 형제애는 잘 조화되지 않는다. 또 대중을 정치적 진리의 묘판이라 생각할 수 없다면 자유·평등·형제애가 삼위일체하는 정치철학과 그 제도는 어떤 것이어야 할까?

II. 현상학적 방법의 한국적 조명*

1. 현상학적 인식론의 이율배반

하이데거와는 달리 후설은 서구 철학의 고전적 진리 개념에 대하여 두드러지게 의심하지 않았던 것 같다. 고전적 개념이란 '진리는 지성(논리)과 사물(사실)의 일치(adaequatio intellectus et rei)'라는 것이다. 이 일치라는 개념을 분명히 하지 않았던 데서 후설 현상학의 인식론적 애매성과 다양성이 비롯되었다고 여겨진다. 왜냐하면 후설의 진리관은 사물의 질서와 사실적 경험에 지적 논리를 일치시켜야 하는지 아니면 지적 논리에 사물의 질서와 사실적 경험을 맞추어야 하는지에 대해 분명하고도 일의적인 인식론적 태도를 제시하지 않기 때문이다.

그런데 직관과 의식 지향성 이론에서 후설의 현상학을 생각하면 그는 모든 사유가 사물을 겨냥하는 일이고, 그리고 논리적 사유가 세계에서 오는 사실의 항구적 현실 속에서만 제 기능을 수행한다고 생각하였다. 그러므로 그는 결국 논리적 지성을 사물의 현실과 사실에도 일치시키려 하였다.[1] 더구나 그는 "대상성의 범주와 명증성의 범주는 상관적이다. 대상성의 각 근저에…경험이나 명증성의 근저가 속한다"[2]고 확연히 언급하였다.

---

*《哲學硏究》第12輯(1978) 게재.

1) E. Husserl, *Formale und Transzendentale Logik*, p.143. "Intentionalität überhaupt—Erlebnis eines Bewußtsein habens von irgend etwas—und Evidenz, Intentionalität der Selbstgebung sind wesensmäßig zusammengehörige Begriffe."

2) 같은 책, p.144. "Kategorie der Gegenstandlichkeit und Kategorie der Evidenz sind

또 다른 한편으로 후설은 『논리 탐구』에서 분명히 라이프니츠의 '이성적 진리'와 비슷한 '진리 자체' 같은 논리주의의 개념을 내놓았다.[3] 이런 착상은 인식론적으로 앞의 경우와 달리 오직 논리에 의해서만 사물(사실)의 질서가 객관적 가치를 얻게 되리라는 것을 알린다. 다른 말로 바꾸어 설명하면, 진리의 질서는 실재의 질서를 단순히 복사하는 데 있지 않고, 오히려 논리적 진리가 현실의 실재세계를 지배하고 또 척도를 부여한다. 이런 '진리 자체'를 후설은 '관념적 추상'이라고 말하였다.

여기서 우리는 명증성으로서의 진리에 대하여 후설 안에서 하나의 당혹을 느끼지 않을 수 없다. 왜냐하면 후설은 일방에서 직관주의와 실재론을 이야기하는가 하면, 타방에서 논리적으로 그 자체 모순이 없는 관념의 논리주의와 관념론을 가까이 하기 때문이다. 물론 그렇다고 하여 우리는 후설이 논리적 관념과 경험적 실재를 이원적으로 깨끗이 분리시키기를 조금이라도 생각하였다고 여기지는 않는다. 왜냐하면 후설의 명증 개념은 관념의 논리적 수행에 의하여 겨냥된 사상(事象)과 경험의 논리화(의미화)된 사상(事象)을 실질적으로 완전하게 채워주게 되는 일이 하나의 일치를 이룩할 때 가능해지기 때문이다. 그래서 진리로서의 명증성은 그의 현상학에 의하면 원칙적으로 논리와 경험, 의미와 소여의 일치다.

그런데 인간의 경험, 인간에게 주어지는 현재의 소여가 숙명적으로 감각적 지각에 관계하지 않을 수 없다. 그래서 넓은 뜻에서 '부분적이며 단계적 명증성'[4]을 말함이 엉터리일 수는 없다. 왜냐하면 감각의 운명은 한꺼번에 대상을 전체로 주지 않기 때문이다. 그러기에 의식의 의미 부여적인 논리화 작업이 부분적으로 채워질 수 있으며 또 때로는 유보될 수도 있고 반대편에 의하여 부정될 수도 있다. 그럼에도 불구하고 또 후설은 진리로서의 명증성

Korrelate. Zu jeder Grundart von Gegenständlichkeiten-gehört eine Grundart der Erfahrung, der Evidenz."

3) E. Husserl, *Logische Untersuchungen*, 2d, ed. I, p.X.

4) 같은 책, p.121.

을 일치 개념에서 연장된 '덮음의 종합(Deckungssynthesis)'이라고 정의하였다. 이런 당혹스러운 사실을 우리는 어떻게 요리해야 할까? 하여튼 그가 생각한 '일치'나 '덮음'이 판단에 있어서 계사(copula)가 아닌 것만은 분명한 듯하다. 왜냐하면 그는 판단에 있어서 '주어와 술어의 일치'와 "명증성의 현행을 종합하는 형식이 창안하는 일치, 그래서 언표의 의미 지향과 사상 자체의 지각 사이의 완전한 덮음"[5]을 구별하였기 때문이다. 이러한 구별은 결국 후설이 판단에서 주어와 술어의 일치를 명증으로 여기는 것보다 더 근원적인 명증을 찾고자 한 의도를 돋보이게 한다. 요컨대 그의 학적 방향은 판단을 내리기 이전의 '의식 현행(Bewßtseinakt)'과 감각적 지각과의 '덮음'을 명증으로 보려는 쪽으로 기운다.

그렇다면 후설은 이미 『논리 연구』 시대에 판단이 진리의 장소가 아님을 생각하였던 것이 아닌가? 그럼에도 불구하고 그는 왜 진리의 '관념화'니 또는 '진리 자체'로서의 '논리성'을 이야기하였던가? 단적으로 진리에 관한 후설의 이론은 문자 그대로 논리정연하지 못하다. 관념론적 논리주의의 흔적은 후설이 수학자로서 형성된 초기의 교육 배경에서 설명되어야 할 것인가? 또 주목할 점은 수학적 냄새를 지닌 논리적 진리로서의 '진리 자체'의 개념은 '현상학의 이념'에서는 등장하지 않는다는 사실이다.

그는 『선험논리와 형식논리』에 와서 "진리는 이제 실제적으로 또 참되게 존재하는 것"[6]이라고 언급하였다. 『경험과 판단』에서 그는 더욱 뚜렷이 이 면을 부각시켰다. "모든 과학의 지식은 직접적 경험 속에 그 의미를 정립하여 이런 경험의 세계로 되돌아간다."[7] 이런 인용은 무엇을 뜻할까? 직접적

---

5) 같은 책, p.124. "Die Ubereinstimmung, welche die Synthetische Form des Aktes der Evidenz ausmacht, also die totale Deckung zwischen der Bedeutungsintention der Aussage und Wahrnehmung des Sachverhaltes Selbst."

6) E. Husserl, *Formale u. transzendentale Logik*, p.113. "Das Wahre ist jetzt das Wirkliche od. das Wahrhafte Seiende……."

7) E. Husserl, *Erfahrung und Urteil*, pp.42-43. "So daß jedes der Ergebnisse der Wissenschaft in dieser unmittelbaren Erfahrung und Welt der Erfahrung sein Fundament

경험과 그런 경험에 상관적인 세계에 있어서 결국 지각과 지각의 대상이 으뜸의 중요성을 지니게 된다. 이런 발상을 인정한다면, 후설이 수학의 여과로 아껴오던 논리적 '진리 자체'는 그의 인식 이론의 한 계기에 그쳤고, 현상학 전체의 맥락에서 끝까지 남는 독자적 의미를 지니지 못하는 것으로 풀이됨직하다. 이래서 현상학적 인식론에서 크게 주목을 요구하는 것은 명증성의 개념은 '덮음의 종합'과 '직접적 경험' 또는 '지각의 자기 소여'에서 접근됨직하다.

이렇게 정리하여놓고 보면, 새로운 이론적 어려움이 또 제기된다. 비록 '덮음'의 이론이 판단에서 주어와 술어의 계사적 일치가 아니고, 의식의 '의미 지향'과 '사상(事象)에 대한 지각'의 일치라 하지만 그 일치가 어떻게 완전히 구현될 것인지 우리가 알지 못한다. 왜냐하면 사상이 지각을 통하여 직접 스스로 주어지는 방식은 한없이 가변적이고 사상의 존재방식에 따라 천차만별이 이루어지기 때문이다. 다른 말로 바꾸면 지각과 경험의 관점에서 볼 때 의식의 지향과 겨냥의 구조는 대상의 출현과 소여의 구조와 더불어 온전하게 상호 일치를 향유하지 못한다.

온전한 상호 일치—덮음의 종합—가 현실적으로 이루어지지 않기 때문에 오는 어려움은 이론적으로 두 가지 사실에서 기인한다. 첫째로, 어떤 지각의 대상도 '단 한 번의 직관(uno intuitu)'에 의하여 스스로 주어지지 않는다. 그래서 지각에 주어지는 대상은 필연적으로 '윤곽 그리기(Abschattungen)'에 의해서만 현존할 뿐이다. 그러므로 지각적인 대상의 파악은 결코 잠재성과 좌표의 성질에서 완전하게 벗어나지 못한다. 그래서 모든 지각은 아직도 뚜렷하지 못한 잠재성과 배경으로서의 좌표계를 해명하도록 더 진행되어야 한다. 둘째로 후설이 말하였듯이 "어떤 대상에 대한 모든 의식은 같은 대상에 대한 의식처럼 종합적으로 구성되는 통일의 형식 속에서 하나의 의식으로 결합되어질 수 있는 가능한 의식들의 끝없이 열린 다양성에 선천적으로 등

---

hat und suf sie zurückbezogen ist."

록되어 있다."[8] 이리하여 후설의 명증성은 다양한 변천에서 벗어날 길이 없다. 왜냐하면 이 다양한 변천은 우리에게 나타나는 대상의 출현 방식이기 때문이다.

지금까지 후설의 현상학에서 진리의 본질에 대한 인식 문제가 점차로 혼란스러워지면서 그와 동시에 진리의 기준이 되는 명증성 개념도 변화되어 가는 것을 살펴보았다. 명증성을 '덮음의 종합'으로 볼 때 현실적으로 완전한 '덮음'이 단번에 이루어지지 않기 때문에 문제가 생긴다. 그리고 다른 하나의 길은 '직접적 경험'의 세계에서 인식 이론의 어려움을 푸는 일이다. 이래서 명증성으로서의 진리를 해명하기 위하여 '직접적 경험'에서 오는 '술어 이전의 명증성(vorprädikative Evidenz)'[9]에 의존하는 길이 나타난다.

2. 현상학적 진리의 길

아리스토텔레스의 지식론은 판단에 의존한다. 그런데 판단은 주어와 술어로 구성된다. 바로 그 판단도 스스로 그리고 필연적으로 판단 이전에 '미리 주어진 대상'을 가정한다고 후설은 생각한다. 그런 점에서 판단의 진리는 '미리 주어진 대상'이 의식에 의하여 겨냥되고 의식에 현전되는 방식에 의존할 수밖에 없다. 그리하여 '미리 주어진 대상'에 관한 연구는 지각의 독특한 대상에 어쩔 수 없이 연결된다. 그리고 판단의 술어 개념 이전에 미리 주어진 그 대상이 지각의 성질을 띠지 않고 관념적인 성질(예: 그런 태도는 좋다)을 지닐 수도 있다. 그러나 이 성질은 예전부터 오랫동안 쌓아온 판단의 축적에

---

8) E. Husserl, *Formale und transzendentale Logik*, p.43. "Jedes Bewußtsein von irgend etwas gehört a priori in eine endlose Mannigfaltigkeit möglicher Bewußtsein, die in der Einheitform der Zusammengeltung(con-positio) synthetisch je, zu einem Bewußtsein Verknüpfbar sind als Besußtsein von demselben."

9) 같은 책, p.186.

서 자생적으로 생긴 것이다. 그런 점에서 그런 축적의 역사를 하나하나 분석해나가면 종국적으로 관념적인 성질은 최초로 지각의 대상인 경험으로 나아간다.

이러한 발상은 마르셀이 말한 '한계 경험(l'expérience limite)', 하이데거가 밝힌 '선존재론적 이해(vorontologische Verständnis)'와 이웃하게 된다. 마르셀에 있어서 경험의 뜻은 객관적 소여성의 이름 아래서 설명되어야 할 어떤 것도 아니며 또 오성적 사유에 접목되어야 할 어떤 것도 아니다. 마르셀에 의하면, 원천적 경험(그는 이것을 '경험적 위치'라 부른다)은 '한계 경험'으로서 소여와 의식 현행의 통일로서 나타난다. 그러므로 이 '한계 경험'은 객관적으로 사유될 수 없다. 만약에 이것이 오성적으로 사유된다면 그것은 소여와 현행으로 분리되어 원형이 뒤틀리게 된다.

그러므로 마르셀에 있어서 한계 경험의 위치는 경험의 소여와 경험의 형식이 분리되어서 노출되기 이전의 현상이다. 이 경험은 모든 사유를 잉태하는 근원적 온상이다. "사유(이성)는 자기 스스로가 경험 속에서 실현되어지는 정도에 따라서만 스스로에 대하여 사유로서 구성되어진다는 것을 인정해야 한다"[10]고 마르셀이 말한다.

이리하여 그는 "경험이 우리의 존재에 합일되어서 우리의 존재를 변형시키고 우리 안에서 계속 살게 된다."[11]고 해석한다. 그런 점에서 마르셀의 현상학에 비친 경험은 '하나의 생생한 성장'이고, 경험의 살아 있는 '성장'에 의하여 우리는 가치와 우주를 평가하게 된다. 이러한 이론은 하이데거의 현상학과 결과적으로 닮게 된다. 하이데거에 의하면 존재자에 관한 객관적 판단을 언표하기 전에 우리는 존재의 열림(開示)에 대하여 이미 어떤 위치를 우리

---

10) G. Marcel, *Journal métaphysique*, p.75. "Il faut admettre que la pensée(la raison) ne se constitue comme pensée pour elle-même qu'au fur et à mesure qu'elle se réalise dans l'expérience."

11) 같은 책, p.176. "Disons plutôt que l'expérience s'incorpore à notre être qu'elle le transforme par conséquent, et en ce sens, continue à vivre en nous."

스스로가 잡고 있다. 이리하여 이 독일의 현대 철학자는 인식의 존재에 대한 우위를 거부한다. 물론 마르셀과 하이데거에 있어서 경험과 존재라는 개념의 강세에는 차이가 있지만 둘 다 대상화 이전(판단 이전) 세계를 겨냥하였다는 점에서 동일한 사상적 결을 지니고 있다고 여겨진다.

다시금 후설의 현상학으로 돌아가서 이 점을 성찰한다면, 후설이 말한 '술어 이전에 미리 주어진 대상'의 개념은 프랑스의 현상학자 레비나스가 주석한 대로 "감성은 이미 이성을 품고 있다"[12]는 명제를 잉태한다. 왜냐하면 지각은 의식이 자기의 모든 능력을 가지고서 전적으로 참여하게 되는 운동을 정립하여주기 때문이다.

현상학적으로 의식을 특징짓는 모든 범주─지향성, 의미부여, 시간성 등─은 결국 지각에서 시작되고 또 지각 안에서 최초의 구체화를 받게 된다. 그러므로 판단 이전의 대상의 현전은 그 현전과 관계없는 사유의 내면적 성역을 문득 어지럽히기 위하여 나타난 거친 괴물로서의 사실이 아니다. 오히려 정반대로 지각의 현전은 의식의 생활과 구별이 안 되는 대화를 키워준다. 이성은 지각의 대상 속에서만 성취되고 지각의 대상에 대해서만 의미를 갖고, 적어도 그 대상에 의해서만 자기의 산 힘을 얻는다. 또 그 점에서 후설은『형식논리와 선험논리』에서 데카르트가 '근원적 자기 현전으로서의 경험의 근본 의미(Grundsinn der Erfahrung als originale Selbstgebung)'[13]를 이해하지 못하였다고 비판하였다. 바로 그 '경험의 근본 의미'는 현상학에 있어서 의식의 지향성 속에 등록된다.

이 점을 레비나스는 좀 더 분명히 부각시킨다. "각각의 대상은 사유(좀 더 잘 표현하면 의식)의 규정된 타입에서만 접근될 수 있다. 그 대상이 다른 구조의 사유(意識) 속에 주어질 수 없다는 것은 전혀 불합리하지 않다. 소리가 보이고 색깔이 들린다고 함이 불합리하다면 범주적 형식이 색깔이나 소리로서

---

12) E. Levinas, *La théorie de l'intuition dans la phénoménologie de Husserl*, p.133. "La sensibilité déjà est susceptible de raison."

13) E. Husserl, Formale und transzendentale Logik, p.249.

파악되어진다는 것도 또한 불합리하다. 각 대상은 그것의 특수성에 있어서 규정된 타입의 사유에서만 접근될 수 있다."[14] 더구나 후설이 암시한 지각의 대상이 잠재성의 컴컴한 세계에서 완전히 벗어나지 못하기 때문에 진리로서의 명증성 개념이 중대한 타격을 받게 된다.

현상학이 출발할 때의 이념, 후설의 머릿속에 그토록 끈질기게 남아 있었던 수학적 영상으로서의 '엄밀한 이학으로서의 철학' 이념은 분명히 '데카르트의 성찰' 속에서 되살아난다. 이러한 데카르트적인 이념이 객관성의 다양한 다원성과 양립이 되는가? 더구나 우리는 후설이 언급한 판단 이전에 미리 주어진 대상이 레비나스의 설명처럼 필연적으로 경험의 특수성과 이어짐을 보았다. 요컨대 후설에 있어서 '데카르트적인 길'과 '반데카르트적인 길'이 조화될 수 있을까?

이 문제에 접근하기 위하여 데카르트에 있어서처럼 주체성(subjectivité)의 탐구를 시작으로 삼아야 한다. 그런데 현상학의 의식학은 결정적으로 반데카르트적이다. 왜냐하면 현상학은 폐쇄적이고 자기 자신에게로만 환원된 의식의 개념을 거부하기 때문이다. 그런 거부는 동시에 서양 근세 철학에서 의식을 관념으로 해석하던 유행에 대한 제동이며, 의식에 의한 의식의 완전 투명한 해명을 불가능하다고 말하는 것이다. 후설의 '코기토'는 인간의 주체성이 세계와의 모든 관계에서 결코 면제될 수 없음을 알리는 '코기토-코기타툼(cogito-cogitatum)'의 관계, 즉 지향성과 마찬가지다. 이래서 데카르트적인 명증성 개념이 그대로 후설로 이어지지 않는다.

모든 과학에 대하여 이론적 정초를 '제일 철학'의 이념으로 여겼던 후설은

---

14) E. Levinas, *En décourant l'existence avec Husserl et Heidegger*, pp.27-28. "Chaque object n'est acessible qu'à un type déterminé de la pensée(on dirait même de la conscience); il ne saurait, sans absurdité, être donné dans une pensée d'une autre structure. S'il est absurde que des sons soient vus ou des couleurs entendues, il est tout aussi absurde que des formes catégoriales soient saisies comme des couleurs ou des sons; chaque object n'est accessible dans sa spécificité qu'à une pensée de type déterminé."

진리의 개념이 과학의 통일을 뒷받침할 수 있어야 한다고 믿었다. 그런데 과학은 불변의 보편적인 명증한 진리의 기준을 소유해야만 통일된다. 그런 과학의 통일은 과학이 출발점으로 근거해야 하는 경험의 통일을 전제로 한다. 그런데 경험의 통일은 사실상 다원적이다. 그래서 결과적으로 과학의 통일도 경험의 통일과 함께 역설적으로 다원적일 수밖에 없다는 것으로 기울어진다. 왜냐하면 앞에서 서술하였듯이 경험은 한 대상이 속하는 위치와 좌표, 그리고 거기로 향하는 의식의 지향성에 따라서 달라지기 때문이다.

이 점을 감안하여 정확히 풀이하면, 이론적으로 명증성과 진리의 통일적 정의는 사실의 측면에서 명증성과 진리의 존재 양상의 다원성과 연결된다. 그래서 그런 다원성은 자연히 지식과 과학의 존재 양상의 다원성을 유도하기 마련이다. 단적으로 하나의 과학은 그 과학을 잉태시킨 방법의 특수성에 의해서만 특징화되고 또 그 방법의 특수성은 경험적 질서의 현전 양상에 의하여 특징화된다.

이런 이론적 결과는 지식의 이상에 중대한 충격을 준다. 보편적이고 유일한 지식의 원리는 단번에 도달되어질 수 없고 구성의 과정에 있는 지식의 발전에 의해서만 실현되어지리라. 그런 운명은 인간 경험의 '윤곽 그리기'에서 오는 점진성에 의존한다. 이래서 후설은 '완전한 명증성(l'evidence parfaite)'과 '확연한 명증성(l'evidence apodictique)'을 구별하려고 하였던 것 같다. 완전한 명증성은 의식이 대상의 이상을 완전히 덮음을 가리킨다. 그러나 확연한 명증성은 의식에 의하여 겨냥되고 정립되어지는 대상에 대한 내면적 필연성을 알린다. 대상의 이상이 100% 명증하게 정시되지 않더라도 그 대상에 대한 의식의 특이한 지향성은 필연적이고 확연적이다.

'데카르트적 성찰' 가운데서 인용된 글15)은 모든 지각의 대상이 점진적 구조를 안고 있기 때문에 철두철미하게 완결되게 주어지지 않고 언제나 어떤 점에서 미리 예감되거나 또 경우에 따라 취소될 수 있음을 알려준다. 그

---

15) E. Husserl, *Meditations Cartésiennes*, p.13(Peiffer et Levinas 번역판).

런데 여기서 한 가지 분명히 주의해야 할 것은 후설이 인식론적 상대주의가 낳은 누더기 깁기에서 벗어나려고 노력하였다는 점이다. 후설의 생각에 의하면, 소박한 경험에 속하는 자연적 이상 아래에서는 세계가 확연적 명증성을 누릴 수 없기에 세계를 의식의 영역으로 환원시키려 하였다. 그래서 데카르트의 '코기토'는 완전하지는 못하지만 확연적인 명증성을 누린다고 그는 생각했다. 그래서 세계는 그런 '코기토'의 확연적 상관자가 된다. 그리고 그 세계는 순수 현전으로서 나의 선험적 의식에 대한 세계가 된다. 그래서 그는 '확연적 명증성'의 기준을 의식의 선험성에 두었다.

그렇다고 해서 후설이 데카르트처럼 순수 내면적인 의식의 경험에 우선권을 두었다는 것은 결코 아니다. 단지 절대적으로 확실한 것은 경험적 현전의 개념과 의식의 지향성이 필연적 관계를 갖는다는 사실이다. 그러한 필연성·확연성은 사실의 측면에서 현상학적으로 제기되는 진리의 가정성(présomptivité)을 파괴하지 않는다. 이런 조건 아래서 세계의 개념은 하이데거가 생각하듯이, 우리 경험의 지향적 통일로서 이어질 수 있다. 그리고 우리 경험의 지향적 통일로서의 세계를 근거로 하여 개별적인 존재들을 파악할 수 있게 된다. 바로 이런 결의 흐름 속에서 후설은 모든 경험이 삶의 현실에 대한 믿음을 부여하는 근원적이며 수동적인 '독사(doxa)'를 산정해야만 성취될 수 있다고 생각하였다.16)

---

16) E. Husserl, *Erfahrung und Urteil*, pp.23-24. "Welt als universaler Glaubensboden für jede Erfahrung einzelner Gegenstände vorgegeben. Diesen Bereich passiver Vorgegebenheit setzt alle Erkenntnisbetätigung, alle erfassende Zuwendung zu einem einzelnen Gegenstande voraus: er affiziert aus seinem Felde herauser ist Gegenstand, Seiendes unter anderem, schon vorgegeben in einer passiven Doxa, in einem feld, das Selbst eine Einheit psssiver Doxa darstellt."

3. 한국적 '삶의 세계'로의 이행을 위한 암시

앞에서 우리는 후설의 현상학에서 명증성은 결국 현전의 성격, 경험의 결에 관계된다는 것을 보았다. 바로 거기서 '술어 이전의 명증성'이 성립하고 또 그런 술어 이전적 경험 속에 나타난 대상은 반드시 술어로 옮겨지지도 않는다. 이래서 결국 명증성의 문제는 두 가지 종류의 바탕에 의지한다. 하나는 판단에서 오는 명증성이요, 다른 하나는 술어 이전적인 명증성이다. 물론 후설에 의하면 뒤의 것이 앞의 것을 정초한다.

이런 현상을 다른 말로 옮기면, 어떤 경험적 대상에 대한 현상학적 이해는 반드시 어떤 정감(Affektion)에 의하여 촉발된다. 그 정감은 추상적으로 분리된 한 대상에서부터 오는 것이 아니라 특별히 어떤 의도나 노력을 경주하지 않는데도 선천적으로 우리에게 다가온 환경에 총체적으로 결합된 분위기에서 온다. 이런 사실은 후설이 '보편적이고 수동적인 존재의 믿음이 갖는 기저'[17]라고 명명한 개념과 통한다. 우리가 인식을 위한 능동적 활동성을 펼치기 전에 존재에 대한 보편적이고 수동적인 믿음이 정박하고 있는 '삶의 세계(Lebenswelt)'가 이미 형성한 결이 의식의 상관자로 놓여 있게 된다. 그 결은 모든 판단 이전에 이미 거기에 놓여 있고 모든 이성적 판단은 그 결을 활성화·승진화·자유화시킨 결과다. 여기서 후설이 말한 '믿음(Glauben)'이나 '독사(doxa)'는 필연적이고 부정할 수 없는 확실성에 해당한다. 왜냐하면 그 개념은 모든 지식의 근원이요 단초로서 앞으로 전개될 모든 오성적 지식과 이성적 사고의 진원지이다. 이와 함께 우리는 현상학적으로 지평의 개념을 분명히 이해하게 된다. '근원적 믿음'의 이론에서 보면 경험적으로 한 대상을 술어 이전의 경험에서 만날 때 그런 경험을 뒷받침하는 지평이 여러 가지 상이한 구조적 요소를 품고 동시에 등장한다. 그래서 지평에 의한 인식에는 현상학적으로 언제나 '함께 아는 것'과 '미리 아는 것'이 경험의 전개 과정에서

---

17) 같은 책, p.24.

나타난다. 이런 모든 이론은 결국 후설이 말하는 '삶의 세계'로 모여진다.

이와 같이 현상학의 방법을 전개하여보면 우리는 어떻게 후설에서 메를 로퐁티가 나오게 되었는가를 알게 된다. 이 프랑스의 현상학자는 후설의 머릿속에 거의 지워지지 않고 남아 오던 수학적 측면을 완전히 벗어버렸다. 그리하여 그는 과감하게 현상학의 진리는 체험된 '삶의 세계'를 전제로 하는 가정성에서 벗어나지 못한다고 단정한다. 그래서 메를로퐁티는 "먼저 존재하는 유일한 삶의 로고스는 삶의 세계 자체다. 그리고 그 세계를 표면적인 실존으로 옮기는 철학은 가능적인 존재로부터 출발하지 않는다"[18]고 말하였다.

그런 점에서 철학한다는 것은 결국 우리가 태어나기 전에 이미 우리 앞에 있어온 고향으로서의 세계를 다시 배우는 것이며 또한 고향에서 생긴 것들의 지각으로 재귀하는 것이다. "참다운 철학은 세계를 보는 것을 다시 배우는 일이요, 그 점에서 이야기된 역사는 한 편의 철학 논문과 같은 깊이를 가지고서 세계를 의미할 수 있다."[19] 메를로퐁티의 말을 다시금 반추하면, 한국의 환경 속에서 이야기된 모든 것(신화, 민담, 설화, 민속, 무속 등)은 결국 철학 논문과 같은 깊이를 가진 지평이 아닐 수 없다. 그리고 그 이름을 받을 만한 가치를 지닌 한국 철학의 자기 전래는 후설이 말한 '미리 주어진 삶의 세계'에 대한 존재의 믿음에 먼저 정박한 다음에 실현되리라. 그런 '믿음'의 한국적 개념이 최치원에 의하여 기술된 풍류도이리라. 그러므로 현상학적 방법이 한국의 철학에 주는 조명은 풍류도에 대한 해명과 기술에서 비롯되리라. 우리는 이 풍류도가 정확히 무엇인지 문헌의 소실로 알 길이 없다. 그러나 귀납적인 유추에 의하여 우리의 문화 속에 퇴각되고 때로는 변형된 '풍류도'

---

18) M. Merleau-Ponty, *Phénoménologie de la Perception*, p.XV. "Mais le seul logos qui pré-existe est le monde même, et la philosophie qui le fait passer à l'existence manifeste ne commence pas par être possible."

19) 같은 책, p.XVI. "La vraie philosophie est de rapprendre à voir le monde, et en ce sens une histoire raconté1 peut signifier le monde avec autant de profondeur qu'une traité de philosophie."

의 현상을 정리하여 그 결을 빛 속에 옮겨놓아야 하리라.

필자는 풍류도를 현상학적으로 접근시켜보면 '신바람'과 매우 밀접히 연결되어 있음을 이해하였다. 필자는 풍류도가 '신바람'과 같다고 속단하지는 않는다. 그러나 '신바람' 없이 '풍류도'가 이해될 길이 없다고 가정한다면 그 두 개념 사이에는 어떤 공통의 지평을 갖고 있는 것처럼 여겨진다. 여기서 필자는 예의 '신바람'을 구체화시킬 생각은 없다.[20] 요컨대 현상학적으로 나의 현재 의식과 이미 오래전부터 여기에 있어온 '삶의 세계' 사이에 끊을 수 없는 계약이 있음이 사실이라면 우리의 철학은 합리적 오성의 사유와 그 사유가 그리는 세계와의 관계보다 더 크고 더 오래고 더 깊은 지각적 세계와의 무의식적 계약을 중지해야 할 것이다.

그러나 아직도 철학적으로 미심쩍은 문제가 우리에게 남아 있다. 이른바 왜 그러한 판단 이전의 세계를 철학의 이성적 세계가 고려해야 하는가의 인식론상의 문제는 여전히 풀리지 않았다. 여기서 우리는 메를로퐁티의 말을 잠깐 들어보면서 정리를 하여보자. "반성되지 않은 남아 있는 자기 삶의 현전 속에 있는 의식을 사물(사실)들 속에 넣어야 한다. 그리고 의식이 망각하여온 자기 자신의 역사에서 그 의식을 일깨워줌이 철학적 반성의 참다운 역할이다."[21]

따라서 철학은 무의식적인 지각세계의 완성과 그것에 대한 방법론적 해명 이외에 다른 것이 될 수 없다. 그렇기 때문에 인식의 세계는 이성의 세계인데, 그것은 지각에 의하여 느껴진 세계의 풍요함을 다 퍼내지 못한다. 좌우간 철학적 인식은 발명이 아니요, 고향의 경험의 확장이요 자유화요 전대미문의 승진이다. 그러므로 모든 철학 이론의 밑바닥에 하나의 원천적인 하부 구조가 있음을 인정해야 한다. 그런 하부 구조, 즉 고향의 체험이 낳는 무의식적인 사유는 모든 정신의 자유로운 형성을 미리 어떤 주어진 틀의 구조 속

---

20) 金炯孝, 『韓國思想散考』; 「韓國古代思想의 哲學的 接近」, 《韓國哲學研究 I》((韓國哲學會 編) 참조.

21) M. Merleau-Ponty, *Phénoménologie de la Perception*, p.40.

에 예치시킨다. 그래서 하나의 철학은 주어진 '삶의 세계'에서 이미 오래전부터 살아왔을 뿐이다.

그런데 그 살아온 존재 방식은 마치 산기슭에 자욱하게 덮인 안개와 같다. 그러다가 어떤 새로운 기상 조건의 변화에 따라 안개는 이슬이나 비로 모습을 구체화한다. 이래서 주어진 '삶의 세계'에서 구체화된 철학은 개인의 인격적인 주체의 창조로 등록된다. 그러나 개인의 작품으로 등록된 철학은 이미 안개처럼 깔려 있던 그 고향의 무의식적인 밭의 한 특출한 표출일 뿐이다.[22]

---

22) 金炯孝, 「韓國古代思想의 哲學的 接近」, pp.26-27.

Ⅲ. 현상학과 경험의 세계

1. 현상학과 경험의 논리화

독일의 철학자 에드문트 후설(Edmund Husserl)에 의해서 뚜껑이 열린 현상학(Phänomenologie)은 단적으로 의식의 경험을 논리적으로 기술하려는 철학의 방법론이다. 그런데 이 원초적인 방법론이 현대인의 지식세계에 큰 영향을 미치고 있기 때문에 '현상학적'이라는 개념의 쓰임이 매우 빈번하다. 그러나 현상학 이론이 안고 있는 내용의 어려움과 내용 변천의 다양성 때문에 그 이론의 정확한 뜻을 이해하는 이가 비전문인들의 세계에 흔하지 않다. 그러므로 이 글은 무엇보다 먼저 현상학의 어려운 이론을 정확하게 계몽적으로 설명하는 길을 택하고, 그다음에 초기 현상학과 후기 현상학의 다른 점을 개진하고, 마지막으로 경험 또는 체험의 관점에서 어떻게 문학 이론과 만날 수 있는가를 살펴보기로 한다.

무엇보다 먼저 후설에 의하여 창조된 현상학은 하나의 인식론임을 알아야 한다. 서양 철학사에서 인식론의 두 거인은 칸트와 데카르트다. 후설은 이 두 거인의 인식 이론을 확실한 진리에 이르는 방법이 될 수 없다고 비판하였다. 칸트는 뉴턴에 의해서 제기된 근대 과학을 확실한 진리로 인정하여 철학에도 근대 과학과 같은 가치를 부여하려고 하였다. 그런데 후설은 칸트와는 반

---

* 월간 《文學思想》, 1976년 7월호 게재.

대로 근대 과학을 진리의 특전으로 생각하지 않았다. 또 데카르트는 그의 방법론적 의심에 의하여 모든 것을 배제한 다음에 자아의 존재를 의심할 수 없는 확실한 것으로 여겼다. 그러나 후설은 데카르트적인 자아의 개념마저도 확실한 진리로 여기지 않고 그것을 의심하였다. 더 나아가 그는 상식의 세계도 받아들이지 않았다. 왜냐하면 상식의 세계는 자연적 태도와 같아서 무엇이든지 소박하게 주관적으로 믿어버리는 어리석음을 안고 있기 때문이다. 이리하여 후설은 자연과학적 진리의 기준, 실증과학적 진리의 기준, 소박한 상식의 기준 등을 다 거부하면서 자기 시대의 인식론적인 혼돈을 극복하려 하였다.

이런 찰나에 브렌타노(Franz Brentano)의 심리철학은 후설에게 하나의 해결 방안을 암시하였다. 오스트리아의 심리학자인 브렌타노는 자기 시대의 전통적인 심리학이 너무 지나치게 자연과학화되는 것을 비판하고 심리 현상을 객관적 관찰에서 파악할 것이 아니라 내적 지각에서 순수하게 기술해야 한다고 주장했다. 그래서 그는 심리 현상의 확실성으로 '지향성(Intentionalität)' 의 개념을 도입하였다. 이런 이론이 마이농(Alexius Meinong)의 여과를 거쳐서 후설의 현상학을 잉태시키게 된다.

그리하여 후설은 '내가 생각한다(cogito)'는 의식의 현상이야말로 인식론의 출발이라고 여겼다. 그러나 그 '코기토'는 브렌타노와 마이농에 의해서 제공된 것이기에 데카르트의 것과는 거리가 멀다. 왜냐하면 데카르트는 '내가 생각한다. 내가 존재한다'는 등식의 의미를 생각하지만, 후설에 있어서 '코기토'는 단지 의식의 현상에 지나지 않기 때문이다. 그러므로 사유를 존재의 실체와 동일시하는 데카르트적인 발상법이 완전히 없어졌다.

그러면 '내가 생각한다'는 의식의 현상이란 무엇인가? 후설 현상학의 열쇠가 되는 이 의식의 현상을 전통적 심리학의 방식대로 자연주의식으로 다루어서는 안 된다. 그는 의식의 현상을 논리주의에서 파악하려고 하였다. 그래야만 후천적이고 자연적인 경험의 다양한 색채에서 해방된 순수한 의식의 현상을 볼 수 있을 것이기 때문이다. 후천적 심리 경험의 어지러운 색깔에서 독립한 순수 의식 현상을 진리의 방법이라고 본 그는 의식 현상을 수학과 논리학처럼 관념화시킨다. 그래서 최초로 의식 현상은 의식의 관념화 길을 밟는다. 그리고 논리화한 의식 현상의 대상은 자질구레한 자연적 경험이 아니라 논리학의 대상처럼 '형식적·관념적 종(種, Gattung)'이다. 왜냐하면 논리학의 대상은 어지럽고 자질구레한 개별적 경험이 아니라 보편적 형식에 의하여 정돈된 종 개념이기 때문이다.

그런데 순수 의식 현상을 관념화시켰지만(반자연주의적 태도로) '내가 생각한다'는 의식의 현상은 경험적인 것과의 상관관계에서만 존재할 수 있다. 왜냐하면 아무런 경험이 없는 인간을 상상할 수 없음은, 아무런 의식도 없는 인간을 상상할 수 없음과 동의어이기 때문이다. 그런 점에서 의식의 현상은 자신의 경험(체험)을 표현하고 거기에 '의미를 주는 행위(Sinngebung)'인 것이다. 그런데 이 '의미를 주는 행위'는 심리주의적인 산물도 아니고, 후설에 의하면 경험에 대하여 관념적 통일을 주는 것이다. 예를 들어 내가 1분 전에 A 현상을 경험하고 1분 후에 B 현상을 경험했다고 하자. 보통사람은 그런 경험이 생기면 그저 생겼다고만 여긴다. 그러나 후설에 의하면, A·B 경험이 의식의 현상으로 표현될 때 먼저 하나의 통일적인 관념에 의해서 경험으로 나타난다. 아무것도 모르는 것에 대한 경험이란 인간의 의식에서는 불가능한 것이 아닌가?

여기서 앞에서 말한 의식의 관념화(논리화)와 의식의 자기 경험(체험) 표현에 하나의 연결이 이루어진다. 요컨대 의식의 경험 현상(체험)은 대상에 원천적으로 의존해 있다기보다는 그것에서 독립된 의식 현상으로서의 '의미부여'에 의해서 가능하다. 그러므로 경험적인 체험 속에 논리적인 것의 선결적 도입이 설명된다. 경험 속에 논리의 현전이 있다는 사실은 곧 경험적 언어 너머로 논리적 문법 체계가 있음과 같은 현상이다. 따라서 의식 현상에서 '의미의 관념적 짜임새'가 없으면 경험은 불가능해진다. 경험적인 의식의 현상은 의식의 관념적 본질을 밝힘과 이론적으로 다른 것이 아니다. 그래서 의식의 현상학은 본질의 기술학(記述學)과 같은 내용으로 풀이된다.

그런데 이 정도의 해명으로 현상학적 진리가 그치는 것이 아니다. 왜냐하면 의식은 논리적 본질을 지니고 있지만 또한 생활을 통해서 사실적으로 느껴지는 성질을 지니고 있기 때문이다. 그러므로 의식 현상의 논리적 측면인 '의미부여'와 사실적 측면인 '직관'이 일치되어야 한다. 여기서의 '직관'이란 내용을 채우는 행위를 말한다.

후설은 칸트의 인식론에서 직관이 너무 협소하게 해석된다고 비판한다. 칸트는 경험의 내용을 받아들이는 직관을 오직 감성적인 것으로만 제한시켰다. 그러나 후설에 의하면 의식의 직관에는 그 직관 대상의 출현과 함께 사는 의식의 논리성이 언제나 깃들어 있다. 그래서 비록 직관이 감각적이라 해도 거기에는 이미 논리적 본질성이 공존해 있다. 이 점에서 후설은 칸트와 달리 '본질직관(本質直觀)'이라는 개념을 쓴다. 그런 뜻에서 경험적 직관이 따로 있고 논리적 본질이 따로 있는 것이 아니다. 본질직관은 사실의 측면에서 나타나는 감각적인 현상 속에 의식의 논리적 본질이 함께 근거해 있다고 여김으로써 탄생된다. 그런 뜻에서 사랑의 감각적 출현과 사랑의 본질인 이데아를 따로 보는 플라톤적인 철학과 후설의 철학은 다를 수밖에 없다.

그러면 어떻게 해서 사실적 측면에서 경험적 현상의 나타남(직관에 의해서)과 논리적 측면에서 '의미부여'가 일원화하는 하나의 의식 현상이 가능한가? 여기서 후설은 브렌타노에 의해서 등장된 의식의 '지향성' 개념을 도입한다. 이 개념은 의식이 늘 본질적으로 어떤 것을 생각하는 현행(現行, act)임을 말한다. 다른 말로 바꾸면 '의식은 늘 ~한 것으로 향하는 운동'이다. 그러므로 의식이 다른 어떤 것으로 향하는 초월적 현행 운동이라 할 때 그것은 첫째로 의식이란 실체와 같이 독존적으로 존재할 수 있는 '어떤 것'이 아니며, 둘째로 의식은 수동적으로 바깥 현상을 담는 그릇과 같은 것이 아님을 뜻한다.

의식은 두 가지의 측면을 본질적으로 동전의 앞뒷면처럼 갖는다. 즉, 의식의 작용적 측면인 '노에시스(noesis)'와 의식의 대상적 측면인 '노에마(noema)'다. 예를 들면 '나는 생각한다'가 의식의 '노에시스'적 측면이라면, 동시에 의식은 반드시 '내가 생각하는 것을 나는 생각한다'는 현상을 띤다. 영어로 옮기면 'I think'는 동시에 'I think that I think'를 안고 있다. 'that' 이하의 내용이 의식의 대상적 측면인 '노에마'다. 후설은 의식의 이런 현상을 '코기토-코기타툼(cogito-cogitatum)'의 관계라고 불렀다. 즉, '코기토'에서 '코기타툼'으로 향하는 현행적 운동이 곧 의식의 지향성이다.

이리하여 의식의 지향적 운동에서 대상이 현상으로서 나타난다. 그러나 그 대상은 이 세계에 객관적으로 존재하는 것으로서가 아니라 나의 의식에 체험된 사물의 현상으로 나타난다. 그런 한에서 현상학에서 현상은 주관 앞에 선 한갓 객관이 아니라 경험된 것, 체험된 세계로 나타난다. 그래서 우리는 현상을 세계에 속하는 것으로서 관찰하는 것이 아니라 의식의 물결에 속하는 현상(노에마)으로 더불어 산다. 그래서 '노에시스'의 상관자로서의 '노에마'는 체험된 세계이지 결코 그냥 그대로 존재하는 물리적 대상이나 의식 속에 영상처럼 박혀 있는 심리적 대상이 아니다.

이런 이론을 한 묶음 하면, 의식의 현상(cogito-cogitatum) 속에 현실세계의 사건들이 소박하고 조야하게 대상적으로 들어오는 것이 아니라 의식의 형식적이고 관념적인 논리가 짜놓은 틀에서 경험과 체험이 동시적으로 주어진다. 우리가 사실이라고 하면 인간의 의식과 관계없이 먼저 그 자체에서 형성되고 그다음에 의식이 사실을 경험한다고 생각한다. 그러나 후설에 의하면 사실의 경험은 의식의 관념적 '의미부여'라는 논리와 분리되어서 존재하는 것이 아니다. 따라서 사실의 체험(노에마의 측면)은 '노에시스'의 '의미부여'라는 관념성과 동시적으로 성립한다.

후설은 그의 저서 『윤리 탐구』 이후에 자신의 이론을 더 근본적으로 철저히 확실하게 수립하려고 하였다. 그래서 그는 환원의 방법을 도입한다. 환원이란 독단론의 잠에서 깨어나 자기의 이론 속에 더 확실한 명증성(evidence)을 찾으려는 세심한 배려. 이제 우리에게 확실한 것은 객관적으로 존재하는 세계에 대한 인식이 의식에 체험된 사상(事象, 사실의 현상)에 대한 인식과 같다는 것이다. 그래서 '코기토-코기타툼', '노에마-노에시스'의 영역을 초월한 것은 인간 의식의 범주에서 제외되어야 하며, 그것은 무용지물일 뿐이다.

이것이 현상학적 환원의 첫 성과다. 이 방법에 의하여 모든 존재는 현상적 존재의 순수성으로 환원되고 모든 사실은 현상적 체험의 현상으로 환원된다. 이런 순수 현상은 곧 그것의 본질이 구성되는 선천성이다. 이것이 '본질적 환원' 또는 '형상적 환원'이다. 이리하여 현상학의 영역은 의식 속에 발견되는 순수 현상의 본질과 같다. 그래서 현상과 본질이 이원적으로 따로 놀지 않는다.

2. 선험적 이론에서 삶의 세계로

　어렵고 복잡한 현상학 이론을 쉽게 계몽함이 수월치 않다. 주의력이 예리한 독자들은 앞에서 전개된 설명에서 후설의 현상학 이론에 두 가지의 성격이 늘 하나 속에 결부되어 있음을 느끼리라. 즉, 현상 이론의 경험적 측면과 논리적 측면이다. 앞의 측면에서 직관·노에마·코기타툼이 주축을 이루고 있고 뒤의 측면에서 '관념적 의미부여'·노에시스·코기토가 주축을 형성한다. 앞의 것은 의식이 매 순간마다 체험된 세계의 존재를 확신함이요, 그래서 그 의식은 체험된 세계와 더불어 산다. 반면에 뒤의 것은 모든 현상학적 진리가 최종적으로 의식의 논리에 의해 인정되기에 '코기토'의 구조를 벗어나는 진리는 무용지물임을 알린다. '환원'의 방법은 이 점을 선험적으로 더 보강한다.

　후설은 『논리 탐구 III』에서 '직관'과 '의미부여'를 합일시키려는 뜻에서 그 둘의 '합치 이론'을 편다. '합치 이론'에서 보면, 체험된 경험은 자연과학적 사고방식이 내놓는 추상화된 대상을 중요시하지 않는다. 왜냐하면 과학이 즐겨 아끼는 추상은 개념적이요, 그렇기 때문에 시공을 벗어나서 어디에도 적용된다. 그러나 직관과 의미부여가 합치하는 것을 중요시하는 인식 이론은 '지평'의 사고를 동반하지 않을 수 없다. 왜냐하면 내가 현상학적으로 지각하고 경험하는 모든 것은 나의 의식에 나타나는 지평의 시계(視界) 안에서만 가능하기 때문이다. 그래서 '지평' 저 너머에 있는 모든 것은 현상학적 관심의 밖이 아닐 수 없다. 이리하여 나의 의식은 나 자신을 지평 안의 존재, 즉 '세계 안의 존재'임을 발견한다. 이때의 세계는 추상적 과학의 대상이 아닌 지평으로서의 세계다.

그러면 의식을 '세계 안에 있는 존재'로 파악하는 현상학은 이 학문의 출발점으로 삼았던 소박한 자연적 태도를 '판단중지'의 '괄호 속에 묶기'로서 유보시켰던 바를 다시 부활시키는 것이 아닌가? 여기서 후설은 자연적 태도와 현상학적 태도 사이에 메울 수 없는 간격이 있음을 강조한다. 자연적 태도는 세계를 믿되 자기 의식에 대하여 까막눈이어서 세계를 지평으로 경험함이 실제로 자기 의식의 선험적 구성임을 전혀 알지 못한다. 그러므로 자연적 태도는 세계를 경험하고 바라보는 방법을 알려주지 않는다.

현상학은 '의식의 현상으로서의 존재'와 객관적 '사물로서의 존재'를 엄밀히 구별해야 함을 강조한다. 후자의 존재 양식을 배제한 현상학은 의식 현상으로서의 존재를 무엇이라 보는가? 후설은 그것을 무수한 지각의 현장으로 본다. 즉, 존재는 그 자신 스스로 나에게 나타내 보이는 무수한 '프로필'의 복합성이다. 직관의 지각에 의하여 지각된 존재는 내가 경험한 여러 '프로필'들의 간단없는 '스케치'다. 나의 의식은 '단번에' 한 대상의 존재를 개별적으로 파악할 수 없고 여러 가지 '프로필'의 다양한 지각들에 의해서 경험적으로 인식한다. 그렇다고 해서 그 존재의 진짜 본질이 나에게 나타나는 '현상적 프로필'들의 배후에 따로 있다고 생각함은 불합리하고 비논리적이다. 이리하여 사르트르는 '현상의 존재는 바로 자기 자신의 나타남 자체다'라고 말하였다.

지각된 체험적 현실은 언제나 일면(한 프로필)에서만, 그리고 규정된 한 관점에서만 주어진다. 그래서 결국 현실의 본질은 늘 완결되지 않는 열린 지평이다. 왜냐하면 그 어떤 것도 관점의 다양성을 막을 수 없기 때문이다. 그래서 현상학적 경험의 인식은 늘 미래에 무한한 새 규정의 가능성을 남겨놓으며, 나의 경험의 수정 가능성도 배제하지 않는다.

그런 뜻에서 후설의 현상학은 후기 프랑스 현상학과는 달리 세계나 현실을 변형하거나 과학적으로 설명하려고 하지 않고, 또 삶의 세계에 대하여 참여하기를 삼가고, 방법론적으로 자기의 지각이 관여하는 지평의 범위 아래서 모든 것을 방관자의 입장에서 기술하려 한다. '지평적 사고'에 의하여 현상의 의식 지각 작용이 언제나 무규정적인 가능성을 동반한다고 보아야 하기 때문에 아직도 나에게 주어지지 않은 가능한 다른 계열의 경험이 있을 수 있음을 알아야 한다. 이런 발상은 소박하고 자연적인 사고방식이 가질 수 있는 교조적 독단론을 충격적으로 흔들어놓는다.

그러면 현상학이 종국적으로 상대주의적 진리관을 겨냥하는가? 천만에! 우리가 절대적으로 의심할 수 없는 것은 의식이 곧 체험이라는 사실이다. 이것이 절대적인 순수 의식의 논리다. 그래서 현상학적 진리는 즉자적으로 존재하는 세계에 대한 관념보다 의식의 경험과 체험을 우위에 두는 사고방식과 직결된다. 이리하여 후설은 그 경험과 체험이 곧 '노에시스'의 지향적 논리 이외에 다른 것이 아님을 말하기에 『이념들』과 『데카르트적 성찰』 두 책에서 자기의 진리관이 '선험적·구성적 순수 의식' 이외에 다른 것이 아님을 주장하기에 이르렀다. 현상학의 관념론적 냄새를 짙게 풍긴다.

이제 현상학적으로 가치가 있는 것은 곧 순수 의식의 선험적 구성에 지나지 않는다는 관념론이 나온다. 후설은 그의 저서 『형식논리와 선험논리』에서 그런 자기 경향이 유아주의(solipsism)로 흐를 가능성이 있음을 의식하였다. 이래서 그는 이 경향을 극복하기 위하여 타인의 문제를 하나의 인식론적 시험대로 삼게 되었다. 이 타인의 문제는 '상호주관성(intersubjectivity)' 이론과 직결된다.

상호주관성 이론은 매우 복잡한 딜레마를 안는다. 타인은 세계로 향하는 나의 경험 속에 주어지는 현상이자 동시에 그 세계에서 주체로서 자기 자신을 주장하는 현상이기도 하다. 그러한 타인의 현상을 내가 어떻게 아는가? 타인의 신체를 내가 지각함으로써다. 타인의 신체를 내가 환원의 방법에 의하여 나의 순수 의식의 세계로 돌려야 한다. 그와 동시에 나는 나의 존재도 신체적 현상임을 지각한다. 타인의 현상에 대한 딜레마를 해결할 목적으로 이루어진 환원은 이제 자아의 수수께끼를 제시한다. 왜냐하면 자아는 현상학적으로 선험적 자아인 동시에 신체적 현상으로 표현되는 물심적 자아이기 때문이다. 이리하여 자아는 선험적 자아와 신체적 자아로 나뉘고 또 지각에 의하여 타인의 신체적 자아를 내 속에서 타아의 현상으로 의식한다. 그러나 나는 타아의 선험적 자아를 결코 나에게 나타나는 현상으로 직관할 수 없다. 이래서 타인과 나의 상호주관적 현상학의 관계는 나와 사물의 현상학적 관계와는 다르다. 타인의 신체적 자아는 나의 순수 의식 속에서 타아로서 주어지지만 타인의 선험적 체험이라는 의식 지향성은 나에게 주어지지 않는다.

후설의 선험적 현상학에 의하면, 타인이 구성되는 것은 나로부터다. 나의 지각 현장에서 타인의 존재를 잃게 되는 것은 나의 신체와 유사한 타인의 신체가 나에게 나타남에서만 가능하다. 타인에 대한 나의 경험은 언제나 타인의 신체(나의 신체와 같은 논리)에 의한 간접 경험이 된다. 그 간접 경험에 의해서나마 나는 타인이 나와 동일한 본성을 공통적으로 갖게 됨을 유추한다. 이래서 타인과 나 사이에 상호주관적인 공존이 이루어진다. 그것은 언제나 서운한 느낌을 씻어내지 못하는 공존이다. 타인은 신체에 의해서 나와 같은 동질성을 지녔으나 나의 순수 의식에 이해가 잘 안 되는 이상야릇한 지향적 체험을 구성하므로 나에게서 언제나 빠져나간다. 그래서 후설의 선험적 현상학에서 타인의 문제는 논리적으로 해결되지 못하고 철학자에게 남겨진 과제로 놓여진다.

만년에 이르러 후설은 그동안 우여곡절이 심했던 현상학의 방법을 '삶의 세계'와 시간의 세계에 연결한다. 이 과정은 그 이전의 현상학이 너무 지나치게 선험적 논리성과 관념성을 추구한 데 대한 어느 정도의 방향 전환이다. 그러나 그 전환은 옛날과는 질적으로 전혀 다른 방법이 아니라 선험적 현상학의 해석을 색깔에서 달리하는 것에 지나지 않는다. 결국 그것은 지나친 선험성이 낳을 수 있는 유아적 고독에서 벗어나는 길을 찾는 대목이다. 그래서 '코기토-코기타툼'의 선험적 진리는 자아의 주체성이 삶의 세계와 잇는 무수한 지향성을 가진 현상과 같다. 이미 있어온 현상학의 논리적 측면과 경험적 측면에서 후자가 만년에 더 강조된 것이다.

‘삶의 세계’는 모든 실천적·이론적 인식이나 행동의 지반이기에 하나의 현상학적 지평과 같다. 그런 ‘삶의 세계’를 떠나서 현상학적 진리는 성립되지 않는다. 인간의 의식은 ‘삶의 세계’가 나에게 근원적으로 삼투되어 있음을 인식한다. 왜냐하면 하나의 의식이 자신을 이해함은 곧 삶의 세계를 이해하는 것에서 출발하기 때문이다. 따라서 자기 이해의 현상학적 인식의 논리는 자기가 살아온 ‘삶의 세계’를 이해함과 같은 논리다. 나 자신의 역사를 인식함은 곧 내가 살아온 ‘삶의 세계’를 역사적 체험에서 인식함과 같다.

후설은 ‘삶의 세계’가 시원적으로 엮는 경험을 내가 더 이상 대상화할 수 없고, 또한 모든 나의 대상화하는 인식을 가능케 하는 틀인 그것을 ‘근원적 믿음’이라고 하였다. 후설의 저서 『경험과 판단』에 크게 등장되는 ‘근원적 믿음’은 하이데거에 의하여 편찬된 후설의 강의록 『내적 시간의식의 현상학』과 깊은 관계를 갖는다. 여기서 후설은 시간의 본질은 객관적 사물에 밀착된 물리적 개념이 아니라 순수 의식의 ‘근원적 시간성’ 속에 연원을 두고 있다고 지적한다. 그래서 순수 의식의 시간성은 의식의 지향성에 의하여 ‘삶의 세계’라는 ‘근원적 믿음’과의 관계에서 과거를 ‘다시 당김(rétention)’, 미래를 ‘미리 당김(protention)’이라는 의식의 역사화를 엮어낸다. 하이데거의 시간성 철학을 조금이라도 아는 이는 그의 실존철학이 왜 현상학적 방법을 원용하고 있는가를 짐작하리라.

지금까지 후설의 난해하고 굴곡이 심한 현상학 이론을 가급적이면 두루 개관하려고 노력했다. 아직도 설명이 안 된 부분이 많지만 지면의 제약으로 어쩔 수 없다. 그러나 적어도 후설 현상학이 도대체 어떤 방법론인가 함을 제약된 조건에서 진술했지만 어느 정도 내용에서 안심해도 좋을 듯하다.

그런데 후설의 현상학은 완결이 안 된 방법론이고, 또 그가 여러 번 세심한 인식론자의 양식에서 이론의 뉘앙스를 달리해왔기 때문에 그의 사후에 이른바 후기 현상학에서는 많은 색조의 변질을 낳았다. 이를테면 후설적 현상학의 논리적·관념적·선험적 측면이 희미해지고 그 대신에 지각적·체험적·시간적 측면이 크게 부각되었다. 독일계의 하이데거, 핑크, 슈츠 등과 프랑스계의 사르트르, 메를로퐁티, 발렌스 등이 그 대표적이다. 다음에 우리는 후기 현상학의 한 거장인 메를로퐁티의 이론을 보기로 하자.

3. 후기 현상학의 특징으로서 실존적 경험

후기 현상학이라 하여서 후설이 개척하여놓은 세계와 단절된 것은 아니다. 오히려 그 세계의 연장이요 확장이다. 메를로퐁티는 지향성을 초기에 행위(comportement)라는 새 옷으로 단장한다. 메를로퐁티적인 뜻에서 행위는 세계와 인간의 토론이다. 즉, 행위는 그런 토론의 와중에서 전통적인 철학의 이원론적인 대립(영혼과 육체, 의식과 자연)을 넘어서 있다. 이런 행위의 구조는 형태심리학(Gestaltpsychologie)에 의하여 더욱 보완된다. 형태심리학의 도움으로 메를로퐁티는 행위의 현상학을 밝히면서 후설적인 선험적 방법론을 포기한다.

메를로퐁티는 영혼 또는 육체의 개념으로 인생의 모든 것을 다 기술할 수 없다고 여긴다. 그래서 그는 인생이 생리학이나 심리학의 관계로서만 충분히 기술되지 않고 의식과 자연이나 환경 사이의 매체인 신체의 행위로서만 기술된다고 한다. 후설이 본 의식의 선험적 현상학은 이제 메를로퐁티에서 신체의 실존적 현상학으로 탈바꿈된다. 그래서 나의 신체가 나의 순수 의식에서 도망가되 자연이나 '삶의 세계' 속에 퍼지며, 나의 신체가 퍼진 자연이나 '삶의 세계'는 변형이 되어서 나에게 자신의 현전을 나타내고, 주체는 자연이나 '삶의 세계'에서 스스로를 잃지만 거기서 또다시 자연을 발견하게 된다.

그러한 세계에 살면서 실존은 순전히 수동적으로 외부의 조건에 대한 반응의 기계로서만 살지 않는다. 그렇다고 실존의 의미는 세계를 지배하는 힘의 능력 속에 이해되는 것도 아니다. 따라서 메를로퐁티 현상학의 출발점은 전통적인 실재론과 관념론의 대립을 벗어나는 '행위'로서의 실존에서 비롯한다.

『행위의 구조』라는 책에서 실존 이해의 현상학적 기호로 등록된 '행위'가 '지각의 현상학'에 와서 '지각(perception)'으로 대치된다. 여기서 현상학을 택하는 철학자는 지각의 경험세계를 떠나서 존재하지 못한다. 후설의 현상학에서 현상과 본질이 별도로 구분되지 않듯이, 메를로퐁티의 현상학에서도 "실존 속에 자기 위치를 두는 일에 무관한 본질도 없으며, 이미 거기에 있어온 삶의 세계를 고려하지 않는 초월도 있을 수 없으며 역사적 근거를 갖지 않는 정밀과학도 있을 수 없다."

실존적인 것으로 변형된 기술적 현상학은 지각을 하나의 과학적 관찰의 현행으로 보지 않고 모든 삶의 현행이 이룩되고 모든 과학적 지식이 형성되는 하나의 원초적 바탕이다. 이 점에서 그것은 후설이 말한 '근원적 믿음'과 같다. 요컨대 후기 현상학은 '삶의 세계'와 나의 의식을 공통적으로 잇는 탯줄로서의 실존이나 지각의 순간을 기술하는 데 모든 신경을 쏟고 있다.

지각은 합리적 인식의 자각을 갖기 이전의 의식 현상이다. 그러므로 그것은 삶의 세계의 원초적이고 반성 이전적인 지각이다. 그런 지각은 애오라지 주관적인 것도 객관적인 것도 아니다. 그런 점에서 자각의 현상을 통해서 주관과 객관 사이에 '하나의 가정적 종합(une synthese présomptive)'이 형성된다. 이래서 메를로퐁티는 후설이 미해결로 남겨놓은 신체적 자아의 문제를 풀어간다. 이제 의식은 자기의 신체를 의식에 우연히 붙은 이른바 다른 대상들 사이의 한 대상으로 취급하지 않는다. 신체는 자기의 신체에 의해서 자기가 다 파헤칠 수 없는 하나의 삶의 세계에 가입된다. 그런 불가분적인 가입의 현상을 메를로퐁티는 '살(la chair)'이라 부른다.

후설의 현상학이 세계에 대한 논리적 방관자이기를 바랐지만, 후기 현상학은 그런 태도를 버린다. 후기 현상학의 시선은 '살'의 우주로 집중되고 나의 신체는 객관적 대상과 철저히 구분된다. 그와 동시에 나의 신체는 분석적 해부에서는 이해가 안 되고 삶의 세계와의 관계에서 주객의 이원론적 논리에 흡수가 안 되기에 위치상 '애매성'을 향유하며 모든 경험이 자신의 출현을 제약하는 원초적 밭으로 표현된다.

지각의 신체적 경험은 나의 신체가 시간과 공간 속에 제약되어서 존재한다는 현상이 아니다. 나의 신체는 시간과 공간과 함께 산다는 현상에 직결된다. 이래서 나의 신체는 자기와 함께 사는 시공적 삶의 세계와 자기 참여의 종합이요, 신체와 세계의 균형을 지향하는 체험의 종합이다. 가장 대표적인 보기가 관능적인 성감을 신체가 경험하는 경우다. 관능적인 성감은 육체만의 반응도 아니요, 의식만의 반응도 아니요, 관능적인 성감을 자극하는 분위기에서 단절된 순수 의식의 관념도 아니다. 관능적 지각은 자기 신체를 통하여 다른 신체를 겨냥함이요, 그 지각은 세계로서의 관능적 분위기에 참여함으로 성립한다.

지각의 현상은 전통적 감각 이론에서 능동적으로 느끼는 현상과 수동적으로 느껴지게 되는 현상을 이원론적으로 나누기 전에 존재하는 논리 이전의 통일성을 자신의 묘판으로 삼는다. 그러므로 그런 원초적 경험과 체험은 이성적인 반성, 인격적인 자의식의 추후적인 체험과 다르기 때문에 '나의 경험'이라고 잘라 말하기보다 차라리 그 시공에 함께 살아온 '세상사람(l'on)의 애매한 체험이요 경험'이라고 말해야 한다. 그래서 지각의 경험 위에서 나도 삶의 세계도 독립해서 존재하는 것이 아니다. 그렇다고 해서 내가 존재하지 않는 것도 아니요 세계가 없다는 것도 아니다. 지각의 경험적 땅 위에서 보면 신체와 삶의 세계의 관계는 논리적 사유와 세계의 관계보다 훨씬 오래된 교통을 유지하여왔다.

타인과의 관계에 대한 이해도 신체의 지각에서 시작한다. 나는 하나의 신체적 존재이며 나의 신체적 행위를 통해서 타인의 행동을 파악한다. 이미 후설의 현상학에도 타인의 이해에는 숙명적으로 하나의 논리적 미해결이 있음을 우리는 보았다. 이런 미해결을 메를로퐁티는 적극적인 '애매성(ambiguité)'의 현상으로 펼친다. 상호주관적인 인간 사이에 고독도 온전히 보존될 수 없으며 상호 교통도 결코 완전히 이룩되지 않는다. 늘 거기에는 '애매성'의 청구권이 합법적으로 기재하고 있다.

이처럼 상호주관성의 세계 속에 펼쳐지는 자유의 현상학은 사르트르의 것과 다르다. 메를로퐁티에서의 자유의 현상학은 사르트르에 있어서처럼 절대적 선택으로 요리되지 않는다. 그에 의하면 자유는 선택의 능력이요 실상임에는 틀림없지만 그 자유는 제한받지 않는 절대적 자유가 아니다. 왜냐하면 나의 중단 없는 선택은 이미 삶의 세계가 영글어놓은 상황적 특수성과 기득권을 도외시하고 성립하지 않기 때문이다. 그래서 메를로퐁티적인 뜻에서 자유로운 행동은 이미 거기에 놓여온 '삶의 세계' 속에서 작용하는 것이기에 결코 자유의 현상은 새로운 발명의 현상이 아니다. 우리는 무에서 무엇을 선택하지 않는다. 자유로운 결정에는 삶의 세계가 주는 필연적인 동기가 동시적으로 깃들어 있다. 이래서 메를로퐁티는 현상학적 철학의 역할을 '삶의 세계' 속에 무반성적으로 가입된 의식이 망각한 역사를 일깨워주는 반성과 같은 것으로 보았다. 그런 반성은 자연히 타인과의 역사적 경험, 정치적 경험을 해명하게 된다.

타인과 나의 상호주관적인 역사적·정치적 경험도 애매성의 현상을 벗어나지 못한다. 이 점이 그의 저서 『의미와 무의미』 속에 노골적으로 나타난다. 후설이 밝혔듯이 타인은 나의 선험적 의식으로 완전히 용해되지 않는다. 타인은 때로 무거운 바위의 저항보다 더 큰 힘으로 나에게 뻗댄다. 그리고 사르트르의 말처럼 나는 타인의 눈짓에 말려든 단순한 대상으로 전락한다. 이래서 타인과 나의 관계는 헤겔이 말한 주인과 노예의 관계로 굳어진다. 그런데 다른 한편으로 그러한 갈등과 투쟁이 생기는 까닭은 인간으로서 공통적으로 나누어 가지는 하나의 의식 때문에 가능하다. 인간의 의식들이 서로서로 부정한다면 그런 현상은 의식들이 하나의 인간성을 공유한다는 현상을 암암리에 전제해서 생긴다. 그래서 인간관계의 역사적·정치적 경험도 공존과 배척의 경험을 애매하게 잉태하는 현상 이외에 다른 것이 아니다 .이런 애매성의 현상에서 모든 경제 현실이 해석되어야 한다. 역사적 경험, 정치적 경험, 경제적 경험은 모두 현상학적 입장에서 '의미(sens)'와 '무의미(non-sens)'의 교차로다. 이런 애매성을 결코 인간이 지울 수 없고 무시할 수 없는 한에서 애매성의 철학은 휴머니즘론으로 이어진다.

메를로퐁티는 애매성의 현상을 '또한(l'aussi)', '중간세계(l'intermonde)'라 부르기도 한다. 그에 의하면 '중간세계'는 '역사의 살'이다. '역사의 살'에 스쳐가는 애매성과 개연성은 때로는 역사의 진리로, 때로는 역사의 허위로 나타난다. 이리하여 그는 다음과 같은 유명한 말을 그의 저서『기호』에서 남긴다. "마술에 홀린 세계에서 문제는 누가 옳고 누가 정당히 나가느냐를 아는 데 있지 않고 누가 위대한 거짓말쟁이의 척도에 따르며 어느 행동이 마술에 홀린 세계를 이성으로 올려놓을 만큼 유연하고 견고한가를 아는 데 있다." 요컨대 메를로퐁티의 '중간세계'의 현상학은 낭만주의적 철학이 아니라 지배자도 노예도 영원히 고정될 수 없는 역사의 애매성에 대한 이성의 청구이다. 그래서 '살'의 현상학은 꿈꾸는 동화 속의 세계를 구가하는 이상주의가 아니라 같은 '삶의 세계' 속에 어쩔 수 없이 만나게 된 인간들의 융통성을 주장한다.

그러면 지각에서 어떻게 이성이 도출되는가? 다시 말하면 지각의 소리 없는 세계에서 어떻게 이성의 인식이 나오는가? 메를로퐁티는 과학이란 방법적으로 보충된 지각에 지나지 않는다고 본다. 그렇기 때문에 인식의 세계는 이성의 세계이지만 원초적으로 지각에 의하여 느껴진 세계의 풍요함을 다 퍼내지는 못한다. 그런 점에서 과학과 인식의 이성은 발명이 아닌 지각의 승진에 지나지 않는다.

모든 이성적 만성의 인식이나 과학·문학 이론은 이미 거기에 있어온 지각의 현상을 제대로 기술하지 못할 때 이론적인 타당성도 실존적 생명력도 가질 수 없게 된다. 이성의 세계가 의식의 밭이라면 지각의 밭은 무의식이다. 무의식의 밭은 '삶의 세계'의 저변에 안개처럼 무정형하게 확산되어 있는 원초적 감정이다. 이것을 메를로퐁티는 '환경의 감정적 범주(les catégories sentimentales du milieu)'라고 하였다. 인간은 자기가 사는 환경의 상황에 따르는 감정과 다른 감정을 결코 체험하거나 경험하지 못한다. "우리의 자연적 태도는 우리 자신의 감정을 체험하거나 우리 자신의 쾌락에 동의하는 것이 아니라 환경의 감정적 범주에 따라서 사는 것이다." 우리는 이래서 매 순간에 우리의 모든 현실에서 우리 자신을 명석하게 소유하지 못한다는 메를로퐁티의 이론을 이해하게 된다.

아직도 그의 철학에서 언어 이론과 만년의 사상은 해설되지 않고 남아 있다. 그러나 지면의 제약으로 어쩔 수 없다. 그의 만년은 갑작스러운 죽음으로 정리가 안 되었지만, 보이는 것의 현상학에서 안 보이는 것의 형이상학으로 넘어가려는 실마리가 여러 곳에 흩어져 있다.

끝으로 문학 이론으로서의 현상학이 왜 중요하게 등장되었는가를 간략하게 살펴보자.

① 현상학적 문학 이론은 문학적 체험을 어떻게 의식의 논리로 기술할 것인가를 조명한다.

② 현상학적 문학 이론은 도대체 한 작가의 의식이 사상을 직관할 때 어떤 관념적 의미부여를 지향성으로 두고 있는가를 해명한다.

③ 현상학적 문학 이론은 문학적 사실이 어떻게 해서 성립하는가를 기술한다.

④ 현상학적 문학 이론은 타인에 대한 경험, 자연에 대한 경험, 사회와 역사에 대한 경험이 어떻게 체험화되는가를 지평의 전망 안에 올려놓는다.

⑤ 현상학적 문학 이론은 삶의 세계, 시간의 실존적 의식을 문학 이해에 밑바탕으로 여긴다.

⑥ 현상학적 문학 이론은 나의 문학적 체험이 나의 것이 아니라 지각의 애매한 땅 위에 설정된 '환경의 감정적 범주'에 지나지 않음을 보여준다.

⑦ 현상학적 문학 이론은 현상의 프로필들을 귀중한 경험으로 여기기에 쉽사리 전체적이고 결정적인 확언적 태도를 견지함을 유보하려 한다.

⑧ 무엇보다 현상학적 문학 이론은 기술의 방법을 택하기에 성급하게 미리 설정된 이데올로기나 또는 주어진 이념에 의하여 현실을 해석하거나 개조한다는 발상이 편파적이 아닐까 두려워한다.

Ⅳ. 구조주의 인식론 서설*
레비스트로스의 방법론에 의거하여

1. 머리말

이 논문은 구조주의(le structuralisme)의 인식 이론을 체계적으로 연구하려는 큰 작업의 시작이다. 따라서 구조주의의 인식 이론이 하나의 완결된 연구서의 형태를 지니게 될 때까지 그것에 관한 연구는 계속되리라.

현대의 프랑스를 중심으로 전개되고 있는 구조주의의 사고 체계는 인류학, 인문학, 민속학, 철학, 신화학, 문학, 정신의학, 언어학, 경제학, 사회학 등 모든 방면에 깊이 연관되어 있다. 그런데다가 구조주의 이론을 주장하는 학자들―대표적으로 클로드 레비스트로스(Claude Lévi-Strauss), 자크 라캉(Jacques Lacan), 미셸 푸코(Michel Foucault), 루이 알튀세르(Louis Althusser), 롤랑 바르트(Roland Barthes) 등―의 성격과 사상이 독특하여 쉽사리 하나의 공통적 틀을 발견하기가 어렵다. 또한 구조주의가 서술하는 분야가 자연과학, 인문사회과학 등에 직결되기에 그것의 이해에 있어서 진실로 해박한 지식이 필요하다.

단적으로 말하여 구조주의를 하나의 지식 체계로서 이해하고 정복하기에는 험난한 어려움이 너무도 많다. 구조주의 이론은 매우 난해하다. 그러나 현대의 유럽 철학의 방법론을 이해해야 하겠다는 지식의 요구를 긴급한 것으로 여긴다면 이 구조주의라는 방법론을 피하고 수월한 길을 택할 수 없다.

대체로 현대 유럽 철학의 사상들을 학문적으로 뒷받침하여주는 방법론은

---

*《哲學硏究》第11輯(1976) 게재.

세 가지로 나누어지는 것 같다. 현상학과 해석학, 구조주의, 지식사회학이다. 이 세 가지 방법론은 철학의 영역을 넘어 인접 과학자들에게까지 깊숙이 침투되어 있다. 아직도 유럽에는 순수 현상학과 실존적 현상학이 다각도로 응용되고 있고, 지식사회학의 방법론과 프랑크푸르트의 사회철학을 분리시킬 수 없다. 그런데 구조주의는 앞의 두 가지 방법론들과는 전혀 다른 차원에 속하고 어떤 점에서 그것들과 심각히 대립되기도 한다. 이를테면 콩트(Auguste Comte)의 철학은 현상학 계열에서 전혀 환영을 받지 못하고 지식사회학 계열에서도 부정적·소극적으로 논의될 여지를 안고 있다. 그런데 그의 철학이 구조주의세계에서는 어느 정도 차이는 있지만 크게 명예 회복을 이룩한다.

레비스트로스의 저작인 『오늘의 토테미즘(Le totémisme aujourd'hui)』의 표지를 열자마자 콩트의 『실증철학강좌(Cours de philosophie positive)』 제52과에 나오는 내용이 눈에 띤다. "궁극적으로 사유의 세계를 지배하는 논리의 법칙들은 그 본성에 있어서 본질적으로 변치 않는다. 그것들은 모든 시대와 장소에서뿐만 아니라 실재적이든 공상적이든 어떤 구별도 없이 모든 종류의 주체에 대해서도 공통적이다. 그것들은 심지어 꿈에서도 같게 나타난다." 벌써 이 인용 자체가 구조주의의 성격을 멀리서 희미하게나마 조명하는 구실을 함과 동시에 현상학과 지식사회학의 방법론과 어떤 점에서 다를 것인가를 예고하는 역할도 맡고 있다.

우리는 먼저 레비스트로스에 대한 이해를 인식론적으로 구명하는 작업에 착수할 것이다. 그리하여 레비스트로스의 인식론에 대한 총론을 다루고, 그의 이론들에 따른 각론을 이어서 검토·연구하게 되리라. 그다음에 다른 구조주의자들의 이론들을 역시 인식의 차원에서 총론과 각론으로 각각 전개하여나가리라. 구조주의에 대하여 전혀 이해가 없는 분들은 예비적으로 두 편의 글[1]을 읽어보는 것이 좋으리라.

---

1) 金炯孝, 「레비스트로스와 오늘의 構造主義」, 『현실에의 철학적 접근』(물결사); 韓國哲學會, 「構造主義와 韓國思想의 方向摸索」, 『哲學思想의 韓國的 照明』(일지사).

2. 구조론적 인식방법의 특징과 지질학적 발상법

레비스트로스의 사고 체계는 철학에 대한 깊은 불신을 표시한다. 그러나 그 체계의 밑바닥은 철학적인 사상과의 깊은 대화를 단절시키지 않고 전통적인 철학의 인식 이론에 아픈 충격을 가한다. 그는 모든 미래적 인간 지식의 저장소, 인식론의 본산을 인류학으로 여기면서, 그것이 어떻게 철학적으로 기호화되어야 할 것인가를 말한다. 요컨대 그의 사고 체계의 주요 테마는 자연적 체계 속에서 인간의 문제를 어떻게 설명할 것인가로 집중된다. 그의 사고 체계는 추상적 관념을 감각적 형태 속에 대립시키며, 또 감각적으로 지각되는 형태를 지적 기호로 대입시키는 사상이요 방법론이다.

레비스트로스의 생각은 전혀 철학적 개념을 사용하지 않고 현지답사에서 후천적으로 얻은 결론이기 때문에 반철학적이다. 그러나 그의 반철학적 이론이 종합적 인식 이론으로 확장·통일되므로 결국 그의 구조주의 이론은 반철학적 철학이라는 야릇한 명칭을 갖게 된다. 그러면 그의 반철학적 철학의 인식론이 지닌 총론적 내용은 무엇인가?

레비스트로스의 인식 이론은 지질학적 발상을 저변에 깔고 있다. 지층을 연구하는 지질학은 표피 밑에 깔린 숨은 심층을 하나의 구조로서 파악한다. 그렇다면 언어의 지질학, 사회의 지질학, 마음의 지질학이라는 학문적 발상이 가능해진다. 이런 표현들은 공통적으로 감추어져 있는 것에 의하여 보이는 것을 설명한다는 본질을 함유한다. 언어의 지질학은 소쉬르(Ferdinand de Saussure)의 구조주의 언어학, 사회의 지질학은 마르크스(Karl Marx)의 사회경제학, 마음의 지질학은 프로이트(Sigmund Freud)의 정신분석학과 다른 것이 아니다. 그러므로 소쉬르·마르크스·프로이트는 레비스트로스에게 사고의 지질학적 방법을 가르쳐준 셈이다. 거기에 덧붙여서 모스(Marcel Mauss)의 사회학은 레비스트로스의 발상법이 사회인류학적으로 확장되는 계기가 되었다. 이 모든 지질학적 발상법은 감각적인 것과 합리적인 것의 상관관계를 중시하며, 합리적 이상을 무의식적 구조 속에 용해시키는 것이 아니라 무의식적 구조의 합리성을 탐구한다.

이외에도 레비스트로스의 사고 체계는 영·미 인류학자들의 연구 성과에 적잖게 힘입었다. 그의 저서들인 『오늘의 토테미즘』, 『야생적 사유』, 『구조론적 인류학』 등은 그가 얼마나 프레이저(James George Frazer), 말리노프스키(Bronislaw Malinowski), 보애스(Franz Boas), 래드클리프브라운(Alfred Radcliffe-Brown), 에번스프리처드(Edward Evans-Pritchard) 등의 인류학 이론들과 상관관계를 맺고 있는가를 보여준다. 그런 유대관계는 물론 레비스트로스가 선대의 영·미 인류학 이론을 지지한다는 것과는 다르다. 비록 그가 동의하지 않는 실체론적·기능론적 영·미의 인류학에 영향을 받았음은 그가 프랑스 선대의 사회학에 동의의 차원을 떠나서 깊이 영향을 받았음과 같은 이치다. 그래서 보애스·말리노프스키·래드클리프브라운을 선결적으로 이해해야 하듯이 콩트·뒤르켐(Emile Durkheim)·모스 등 프랑스 사회학자들에 대한 이해도 레비스트로스의 지식세계 파악에 선결적이다.

레비스트로스가 영·미의 기능주의적 인류학 이론에서 독창적으로 구조주의적 인류학의 인식론으로 이행하는 데 결정적으로 도움을 준 사조는 뒤르켐과 모스 계열의 프랑스 사회학이다. 또 그들의 도움으로 레비스트로스는 소쉬르의 구조주의적 언어학의 의미를 깨닫게 되었다.

뒤르켐 사회학의 핵심은 사회를 '집단적 표상(la représentation collective)'으로 설명하는 이론이다. 사회의 법률적·예술적·종교적 현상들은 한 사회의 '전체적·사회적 사실(le fait social et total)'이라는 '집단적 표상'의 부분적 계획이다. 그래서 전체가 부분을 설명한다. 모스는 뒤르켐의 제자로서 스승의 이론을 수용하면서도 오히려 스승보다 더 사회적 현상들의 관계를 중요시하였다. 이른바 각각의 사회적 현상들은 자기의 유일한 성격을 상실함 없이 다른 것들과의 관계 아래서 이해되어진다. 따라서 모스의 이론에서 사회학적으로 문제가 되는 것은 뒤르켐과 같은 '집단적 표상'이 아니라 모든 사회 현상 사이의 관계다. 그에게 사회란 하나의 정체성이되, 그 까닭은 사회가 관계의 체계이기 때문이다. 즉, 모스는 사회의 전체는 실체도 개념도 아니며, 모든 방면 사이에 긴 관계의 음계에 의하여 구성되어 있다고 생각하였다.

모스의 유명한 저서 『증여론』에 일관하여 흐르는 이론은 선물이나 증여는 상호적이고 순환적이라는 것이다. 즉, 선물이라는 증여 행위에 의하여 교환되는 물건들은 사회적 관계를 위한 매개체다. 그것들은 사회적 관계에서의 가치요 기호다.[2] 예를 들면 증여 제도의 대표적인 보기가 알래스카 지방과 밴쿠버 지방의 인디언이 행하는 '포틀라치(Potlach)'다. 생활도구, 생산물, 경제적 부를 교환하는 '포틀라치'는 레비스트로스의 긴 분석[3]을 여기서 장황하게 제시할 필요 없이 하나의 사회적 관계를 알리는 체계다. 선물이 상호 증여됨으로써 사회관계를 확신한다. 이런 보기는 결국 낱말의 본디 뜻에서 한 사회의 문화란 그 문화가 잉태한 도구나 공구의 합계가 아니라 종교적·법률적·예술적 방면에서와 같이 물질적 방면을 모두 흡수하는 상호 관계의 전체적 체계임을 뜻한다.

레비스트로스는 모스의 『증여론』을 받아들인다. 그리하여 그는 기능의 전체로서의 사회에 대한 개념에서부터 사회를 상호 교환·교통의 체계로 이해하려 한다. 사회는 교환과 교통을 알리는 기호(signe)의 집합이요 구조다. 그래서 '포틀라치'와 같은 구조는 교환물의 내용에 관계없이 항구적인 것으로 생각된다.

레비스트로스의 구조주의적 인류학의 성격을 인식론적으로 더 특징화시키기 위하여 말리노프스키와 래드클리프브라운의 견해와 대비시켜봄이 좋으리라.[4]

---

2) Cl. Lévi-Strauss, *Les structures élémentaires de la parenté*, pp.61-79 참조. "Dans cette étude aujourd'hui classique, Mauss s'eat proposé de montrer d'abord que l'échange se présente, dans les sociétés primitives, moins sous formes de transaction, que de dons réciproques: ensuite, que ces dons réciproques occupent une place beaucoup plus importante dans ces sociétés que dans la nôtre"(p.61). "Les biens ne sont pas seulement des commodités économiques, mais des véhicules et des instruments de réalité d'un autre ordre: puissance, pouvoir, sympathie, statut, émotion"(p.63).

3) 같은 책, pp.62-63.

말리노프스키에 의하면 사회적 사실들은 흩어진 단편들로 환원되지 않는다. 사람들은 그런 사회적 사실들과 함께 불가분리적으로 살아가며 그것들을 이루어간다. 이 점을 인류학에서 인식론으로 정밀히 확대시키면, 사회가 스스로에 대해서 가지는 관념들은 그 사회의 분리될 수 없는 한 부분이라는 이론이 성립한다. 이 점에서 말리노프스키는 뒤르켐이나 레비스트로스에 못지않게 사회적 사실의 의미를 강조하였다. 그러나 그는 사회적 의미를 기능의 범주로 치환시킴으로써 모스의 사회학에서 중심 개념이었던 관계의 관념은 기능의 관념으로 용해되고 말았다. 그래서 사회적인 현상과 제도는 결국 기능을 위한 기호로 해석된다.

이와는 조금 다른 뜻에서 영국의 인류학자 래드클리프브라운은 기능 대신에 구조의 개념을 도입하였다. 그러나 그가 발견한 구조는 인간의 연상 작용에서 나오는 현상으로만 여겼을 뿐이다.

"레비스트로스는 구조의 개념을 스스로의 내면적 정합성에 의해서 지배되는 체계로 보았다. 이런 정합성은 분리된 체계의 단편만을 보는 관찰자에게 접근이 안 되고, 변형의 방식에 의해서만 나타난다. 이 방법에 의해서 겉으로 상이하게 보이는 체계들 속에 유사한 속성들이 재발견된다."5) 바로 이러한 까닭으로 말미암아 친족관계, 신화 체계, 사회신분의 분류 등은 다른 체계로 변형이 되는 언어와 같다. 한 언어가 다른 체계의 외국어로 번역된다는 것은 곧 변형의 논리와 같다.

래드클리프브라운은 영국의 전통적인 연상심리학의 인식 이론에 따라서

---

4) Cl. Lévi-Strauss, *Le totémisme d'aujourd'hui*. translated in English *Totemism* by Rodney Needham(Penguin), pp.126-142.

5) O. Paz, *Claude Lévi-Strauss o el Nuevo festin de Esopo*. translated in English by J. S. Bernstein & M. Berstein(Carnell Univ. P.), p.10. "Lévi-Strauss's originality rests on his seeing the structure not solely as a phenomenon but as a system ruled by an internal cohesion and this cohesion, which is inaccessible to the observer of an isolated system, is revealed in the study of the transformation by means of which similar properties are rediscovered in system which are apparently different."

구조를 한 사회 안의 집단이나 개인이 구성하여 경험적으로 연상한 것의 소산이라 보았다. 그러므로 그에게 있어서 구조는 그 사회의 경험적·심리적 산물의 독특한 결합 방식이어서 결코 다른 체계와의 논리적 변형이 이루어지지 않는다. 그러나 레비스트로스에 있어서 구조는 다른 체계에도 변역과 변형이 가능한 '부호(code)'에 의하여 지배된다.

또한 레비스트로스는 말리노프스키와 래드클리프브라운과는 대조적으로 구조를 비합리적이거나 기능적인 것으로 보지 않고 무의식적 범주로 여긴다. 그러나 그런 범주는 그 내부에 내재적으로 철두철미한 합리성을 품고 있다. 단적으로 구조를 엮는 부호들은 무의식적이지만 합리적이다. 이런 인식의 근거를 그는 구조주의적 인식 이론에서 발견하였다. 구조론적 인식 이론은 모든 사회적 현상을 뒷받침하여주는 무의식적 이성의 보편적 모델을 중시한다.

이 점에서 레비스트로스와 구조론적 언어학의 관계를 설명해야 한다. 구조론적 언어학은 언어활동(langage)에서 '언어(langue)'와 '말(parole)'을 구별한다. '언어'는 언어활동의 무의식이고, 반면에 개인적·실존적 '말'은 언어 현상의 인간적이고 의식적인 국면이다. 그래서 구조주의 언어학은 자연히 '언어'를 '말'보다 더 귀중히 여긴다. 언어는 인간 현상의 자연적 조건에 복종하고 있다. 왜냐하면 한 언어활동에서 언어는 임의적으로 꾸며질 수 없고 모든 말의 개인적 표현을 가능케 하는 문법적(인위적이 아닌) 조건에 복종하지 않을 수 없기 때문이다. 이리하여 언어는 몇 가지 기본적인 구조들로 분화되는데, 음성학·형태학·문장학·어의학 등이 그것이다.

만약에 한 개인이 개인적이고 실존적인 '말'을 하는 경우에 그의 말이 모든 이에게 이해되게 하는 객관성과 또 각자 언어 현상에서 스스로 표현하는 주관성 사이에 맺어지는 관계는 인식론적으로 어디에 있을까? 그 관계는 '언어'라는 체계에 있다. 언어의 체계는 그것을 의미하는 사상(事象)의 체계이며, 인간과 인간 사이에 맺어지는 관계의 체계이며, 문법적 하부 구조의 체계이기에 강제성을 띤다. 모든 사람은 주어진 언어 체계의 내재적 법칙에서 상호간에 의사 전달을 할 수밖에 없다.

소쉬르의 구조주의적 언어학은 '말'과 언어를 구별하여 언어를 말의 지질학적 심층 구조로 본 것에서 나아가 소기(所記, le signifié)와 능기(能記, le signifiant)의 구별을 지향한다. '소기'는 언어의 개념적 측면이고 '능기'는 언어의 청각적 측면이다. 이를테면 '사랑이란 사랑하는 사람들 사이의 관계다'라고 말할 때 앞의 사랑은 사랑에 대한 일반적 개념이요 뒤의 사랑은 구체적 사랑의 현실적 개념이다. 동일한 사랑이라는 낱말이 뉘앙스에서 차이를 갖는다.

그런데 그 사랑이라는 말이 어떻게 해서 모든 이에게 동일한 '형식(forme)'으로 전달되는가? 사랑에 대한 철학적 개념의 차이에 따라 사랑이 담고 있는 '말'의 '실체(substance)'가 다를 수 있다. 그러나 그 사랑의 언어적 형식은 동일하게 전달된다. 따라서 '말'과 다른 '언어'는 결국 기호와 같다. 그래서 소쉬르는 언어를 '집단적 기호(le signe collectif)'라고 정의하면서 '말'의 주체와는 독립적인 체계로 보았다.[6] 그런데 그러한 "언어적 기호는 하나의 사물과 하나의 이름을 결합하지 않고 하나의 개념과 하나의 청각적 영상을 결합한다."[7] 여기서 기호의 개념이 소기이며, 그것의 감각적(청각적) 영상이 능기다. 기호는 두 가지 요소에 의하여 불가분리적으로 결합되어 있다.

$$\text{기호} = \left(\frac{\text{소기}}{\text{능기}} = \frac{\text{개념}}{\text{청각적 영상}}\right)$$

---

6) F. de Saussure, Cours de linguistique générale(Paris: Payot), p.38. "La langue existe dans la collectivité sous la forme d'une somme d'empreinte déposées dans chaque cerveau, à peu près comme un dictionnaire dont tous les exemplaires identiques seraient répartis entre les individus. C'est donc qelque chose qui est dans chacun d'eux, tout en étant commun à tous et placé en dehors de la volonté des dépositaires. Ce mode d'existence de la langue peut être representé par la formule 1+1+1+1⋯ =1(modéle collectif)."

7) 같은 책, p.98. "Le signe linguistique unit non une chose et un nom, mais un concept et une image acoustique."

소쉬르의 언어학 체계에 등장하는 이러한 구별은 레비스트로스의 인식 이론에서 더욱 확장되어 인간 정신 속에 깃들어 있는 상징적이며 신화적인 능력을 풍부하게 해명하는 이분법적 도구로 이용된다. 즉, 구조주의에서 모든 기호나 부호의 체계는 감각적인 능기와 개념적인 소기의 두 국면으로 구성되어서 주어진 한 사회에서 모든 의사 전달의 체계, 경제적·사회적 구조, 신화와 제의(祭儀) 같은 인간의 무의식적 삶의 분석에 응용된다.

말과 언어의 구별, 능기와 소기의 구분에 이어서 세 번째로 레비스트로스의 구조주의가 소쉬르의 언어학과 인식론적 관계를 맺는 영역은 '공시태(共時態, synchronie)'와 '통시태(通時態, diachronie)'의 구별이다. 언어활동을 공시적으로 이해한다는 것은 19세기의 지배적인 역사주의적 언어 연구 방법을 포기하고 언어활동을 시간의 진화 개념의 밖에서 공시적으로 존재하는 것들과의 관계를 추구하는 동시성의 논리다.

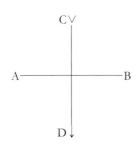

옆의 그림에서 AB는 공시태의 동시적인 축이어서 거기에서 시간적 진화의 개념이 배제되고 오직 한 시대에 공동적으로 공존하는 기호들과의 관계만이 중요하다. 그러나 CD는 계기성(繼起性)의 통시태적인 축이어서 거기에서는 늘 한 가지만을 시간적으로 언급할 수밖에 없고, 그다음에 진화의 변화 뒤에 다른 것을 계기적으로 고찰하는 일이 있을 뿐이다. 그런 한에서 모든 과학의 구조적 관계를 다루는 인식은 공시태적이고, 진화의 법칙을 중시하는 인식은 통시태적이다. 그런데 소쉬르에 의하면 언어는 공시태적(共時態的) 성격을 향유한다.

예를 들어, 자음 'ㅁ'과 'ㅂ' 또는 'ㅅ'과 'ㅈ'의 관계를 연구할 때 우리는 음성학에 의하여 입술과 이의 역할에 관한 구조적 관계를 연구해야 한다. 그러나 우리가 프랑스어의 é가 어떻게 해서 라틴어의 st, sch, sc에서 파생되었는가를 연구할 때는 구조적 상관관계보다 오히려 진화를 중시해야 한다. 그런데 'ㅁ'과 'ㅂ'의 구조론적 가능성은 한국어에서뿐만 아니라 영어·프랑스어·

중국어의 음성학에서 존재한다. 따라서 자연히 구조주의 언어 이론은 공시적인 체계를 더 가까이 여기게 된다. 요컨대 구조와 과정은 하이젠베르크의 불확실성 원리와 같아서 구조를 보면 과정이 불확실해지고 또 과정을 클로즈업하면 구조가 희미해진다.

　네 번째로 레비스트로스의 이론은 소쉬르의 세계에서 이분법적 방법론의 영향을 받았다. 언어학 연구에서 이분법적인 대립의 짝이란 무엇인가? 어의론적 구조에 있어서 의미의 통일을 어의소(語義素, sème)라 한다면 어의론적 구조는 대립되는 한 짝의 어의소 사이의 관계에 의하여 특징되는 의미의 존재 방식을 갖는다.

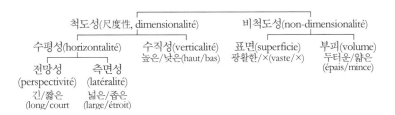

　이 도표8)는 언어활동에서 대립되는 이분법적 한 쌍의 관계가 무엇인가를 보여준다. 그런 점에서 의미란 언어활동에서 궁극적이고 고정된 어떤 것이라기보다 한 문장에 있어서 기호의 위치에 의해서 규정된 어떤 것으로 평가되어야 한다. 의미는 대립되는 한 짝의 관계에서 성립하는 '전체적 밭'과 '상관관계'의 문제와 다른 것이 아니다.

　마찬가지로 레비스트로스의 인식 이론은 신화와 인류학의 구조론적 연구에 있어서 하나하나의 기호가 어디에서 발견되었는가, 그것이 변형될 수 있는가 없는가, 주어진 한 구조의 밭에서 다른 기호들과 그것의 관계가 무엇인가 하는 것을 주의하게 된다.

---

8) Jean Marie Auzias, *Clefs pour le structuralisme*(Seghers), p.39.

3. 기록 해독의 문제와 예제(금기와 신화)

레비스트로스는 언어학의 구조론적 방법을 인류학에 적용한다. 이 점에
서 그 자신의 생각을 인용하는 것보다 더 정당한 길은 없다. 그에게 있어서
언어는 동시대에 모든 사회의 기본과 인간의 가장 완전한 사회적 표현을 구
성하는 사회적 현상일 뿐만 아니라 동시에 언어학의 모델이 인류학·신화학·
경제학·사회학 탐구를 위한 모델로 변형된다. "친족관계의 문제를 연구함에
있어서 사회학자는 음성학자의 연구와 형식적으로 유사한 상황에 있음을 발
견하게 된다. 음소와 마찬가지로 친족관계의 명칭도 의미의 요소들이다. 즉,
음소와 같이 친족 명칭은 체계 속으로 통합되는 조건에서만 의미를 얻는다.
음성학적 체계와 같이 친족관계의 체계도 무의식적 사유의 수준에 있는 정
신에 의하여 연구된다. 널리 세계에 분산된 지역들과 서로 매우 다른 사회들
에 있어서 친족관계와 결혼 규칙의 형식의 재발을 모든 경우에 있어서 관찰
가능한 현상들이 일반적이지만 은닉된 법칙들의 놀이에서 유래된다는 것을
믿게 한다. 다음과 같은 방식으로 문제가 정립될 수 있다. 실재의 다른 질서
에서 친족관계의 현상은 언어학적 현상과 똑같은 유형의 현상이다."[9]

위의 인용을 음미하여보면, 언어학적 분석을 인류학적 세계 속에 단순히
이전하는 것이 아니라 언어학적 분석을 인류학적 용어로 치환·변형시키는
것이 중요하다. 그래서 친족관계의 연구에서 레비스트로스는 이전의 인류
학자들과는 다른 방식으로 나아간다. 예컨대 그는 결혼 규칙의 기초 위에서
근친상간의 금지를 설명하는 것이 아니라 오히려 결혼 규칙을 이해하기 위

---

9) Cl. Lévi-Strauss, *Anthropologie structurale*, pp.40-42. "plon…: les systèmes de parenté
comme les systèmes phonologiques, sont élaborés par l'esprit à l'étage de la pensée
inconsciente; enfin la récurrence, en des régions éloignées du monde et dans des
sociétés profondément différentes, de forme de parenté, règle de mariage…donne à
croire que…les phénomènes observables résultent du jeu de lois générales mais
cachées.…les phénomènes de parenté sont des phénomènes du même type que les
phénomènes linguistiques."

하여 근친상간의 금지를 이용한다.

터부(tabou)의 보편성은 그 내용의 차이에도 불구하고 어느 집단에서든지 존재한다. 그것은 마치 언어활동의 언어 구조가 보편적으로 존재함과 같다. 금기라는 '터부'의 인류학적 보편성은 방언과 말의 차이에도 불구하고 언어 활동의 언어적 구조가 지니게 되는 보편성과 다른 것이 아니다. 더구나 동물의 세계에서는 전혀 금기라는 것이 없다. 바로 그 점에서 금기는 생물학적·본능적 기원을 갖는다고 생각될 수 없다. 금기 현상이 동물적 본능의 소산이 아닌 것으로 판명되지만 그렇다고 그것의 의미가 겉으로 드러나는 것은 아니다. 단적으로 레비스트로스에 의하면 그것은 복잡한 무의식적 구조다. 모든 사회나 모든 인간이 금기로서의 '터부'를 실천하지 않은 적이 없다. 지금까지도 우리는 그 금기에 대하여 그것의 기원과 효용을 설명하는 합리적 이론을 갖지 못하였다.

레비스트로스는 근친상간의 금지와 같은 금기 규칙을 목적론적·우생학적 견해를 표명하는 모건(Lewis H. Morgan)의 이론에서 프로이트의 정신분석적 이론에 이르기까지의 모든 주장을 반박한다. 그는 근친상간적인 금기의 기원을 오이디푸스 콤플렉스나 엘렉트라 콤플렉스에 귀속시키는 프로이트의 주장은 현대인의 병적 집념을 알리는 가설이지 결코 인류학적 실재에 상응하는 것은 아니라고 본다. 프로이트의 이론은 하나의 상징적 꿈일 뿐이며, 그것은 금기의 기원을 말하기보다 오히려 그것의 결과일 뿐이라는 것이다.

레비스트로스에 의하면,[10] 금기는 결코 단순히 부정적인 뜻으로 해석되어서는 안 된다. 그것은 성적 결합을 억압하거나 짓누르기 위해서가 아니라 오히려 그 결합을 다양화시키기 위해서 존재한다. 금기는 이 결합은 가능하지만 저 결합은 불가능하다고 규정한다. 이런 금기의 법칙은 긍정과 동시에 부정을 한 짝으로 지니기에 구조주의적 언어 이론의 방법인 대립되는 한 짝의 이분적 대립법과 통한다. 근친상간의 금지는 세대의 흐름을 분산시키고

---

10) Cl. Lévi-Strauss, *Les Structures élémentaires de la parenté*, pp.14-29 참조.

지시하는 모델이다. 그래서 남녀의 성적 결합을 선택하고 골라서 맺어줌은 성적 결합을 의미의 체계 속으로 탈바꿈시키는 역할을 한다.

"근친상간의 금지는 자연에서 문화로의 전이가 이루어진 근본적 행로를 구성한다."[11] 같은 차원에서 조잡한 소리를 음소로 변형시킴은 동물적인 성욕을 결혼의 체계로 탈바꿈시킴에서 재생된다. 음소의 체계는 결혼 체계에서 언어적 기호나 여자를 가리고 결합시키는 한 쌍의 대립적 관계(이것은 허용되고 저것은 불허되는)에 의해서 교환이 이루어진다. 자연적인 소리가 음절화된 언어에서 의미를 띠게 됨과 같이 생물학적 세계도 사회학적 세계로 변형되어야만 의미를 지닌다.

친족 단위의 시원적이고 치환될 수 없는 성격은 근친상간의 금지에서 생긴 결과다. 이리하여 인간의 사회에서 한 남자는 다른 남자로부터가 아니면 결코 여자를 취할 수 없게 된다. 자기 어머니나 누이를 아내로 얻지 못하고 다른 남자의 딸이나 누이를 아내로 얻는 대가로 그는 자기의 딸이나 누이를 남에게 주어야 한다. "족외혼과 언어활동은 똑같은 근본적 기능을 갖는다. 이를테면 둘 다 타인과의 교통, 집단의 통합을 위한 기능을 갖는다."[12] 그래서 금기는 여자를 언어활동의 기호처럼 주류(周流)시키는 것보다 다른 의미를 갖지 않는다. 마찬가지로 여자를 받는 쪽은 자기의 여자를 다른 쪽에 주어야 한다.

금기는 상호적이다. 그 이유 때문에 모든 교류가 남자들 사이에 가능해진다. 레비스트로스에 의하면 결혼 규칙과 친족 체계는 일종의 언어와 같다. 그런데 여기에 하나의 이견이 나올 수 있다. 언어를 교환의 기호로 보는 견해

---

11) 같은 책, p.29. "La prohibition de l'inceste n'est, ni purement d'origine culturelle, ni purement d'origine naturelle; et elle n'est pas, non plus, un dosage d'éléments composites empruntés partiellement à la nature et partiellement à la culture. Elle constitue la démarche fondamentale grâce à laquelle, par laquelle, mais surtout en laquelle, s'accomplit le passage de la nature à la culture."

12) 같은 책, p.565. "De ce point de vue, en effet, exogamie et langage ont la même fonction fondamentale; la communication avec autrui et l'intégration du groupe."

는 가능하나 어떻게 여자를 가치의 존재로 보지 않고 단순한 기호로 해석하는가? 이 이론에 대한 레비스트로스의 답변은 여자가 가치인 것과 마찬가지로 언어도 가치며 언어가 기호인 것과 마찬가지로 여자도 기호라는 것이다.[13] 단지 차이점은 언어적 교환 체계는 완벽한 데 비하여, 결혼적 교환 체계는 불안정하고 개략적이라는 것이다. 그런데 그것의 반대급부로서 언어적 기호의 교환은 점차로 정감적·미학적·주술적 가치를 잃고 과학화함에 반하여, 여자적 기호의 교환으로서의 결혼은 정감적 풍요와 열정 그리고 거기에 동반되는 신비를 더해간다. 그런 점에서 언어학자와 사회학자는 똑같은 방법을 응용할 뿐만 아니라 똑같은 대상의 연구에 종사하게 된다.

금기에 대한 구조론적 분석은 모스의 사회학의 이론인 증여를 근원적으로 합리적인 것으로 밝혔다. 그러므로 금기에 대한 우생학적·신비적 견해는 레비스트로스에 의해서 철저히 배격된다. 같은 사고방식의 연장에서 그는 신화의 의미에 대해서도 합리적·주지적 입장을 굳게 지킨다. 그는 레비브륄(Lucien Lévy-Bruhl) 같은 많은 신화학자들이 신화에 대해서 신비적이고 정감적인 세계관만을 부여하려는 사실을 슬퍼한다. 레비스트로스는 신화를 무정형한 신비적 감정으로 해석하는 견해에 반대하면서 신화의 구조에서 논리와 본질적으로 다르지 않은 지성의 현상을 본다.

전통적으로 우리는 논리적 사유와 신화적 사유를 이질적인 것으로 대립시켜왔다. 그러나 그런 발상의 습관은 인식론적 무지의 소산이다. 우리의 오랜 철학적 인식론은 한 편의 철학 논문을 어떻게 읽어야 할 것인가를 가르쳤지만, 신화가 어떻게 독해되어야 하는가를 말하지 않았다. 확실히 신화에서 사용된 표면적 내용은 쉽게 알 수 있다. 그러나 그 신화가 감추고 있는 의미를 잘 알지 못한다. 왜냐하면 신화적 '언어'는 음운 체계가 언어 체계 안에서 차지하는 위치와 유사한 위치를 점유하고 있기 때문이다.

시공을 상관 않고 무수히 많은 신화들이 있다. 그러나 그것들은 사실상 수

---

13) 같은 책, pp.568-569 참조.

적으로 유한하게 제한된 신화소(神話素, mythème)들의 반복에 지나지 않는다. 같은 일이 언어의 세계에서도 생긴다. 이를테면 수많은 책들 속의 문장은 제한되고 고정된 언어학적 기호들의 결합에 지나지 않는다. 그러므로 신화의 해석 방법은 언어적 기호를 결합하고 고르는 언어적 법칙과 다를 수가 없다.

소쉬르의 이론에 따라 언어활동은 '언어'와 '말'로 구별된다. 그러한 구별이 이제 레비스트로스에 의하여 신화에 대입된다. 신화의 '언어'적 측면은 공시적이며 그 측면의 시간은 반드시 계기적이 아니므로 역방향적(réversible)일 수 있다. 그와 반대로 신화의 '말'에 해당하는 국면은 통시적이고 그것의 시간은 엄밀히 계기적이기에 일방향적(irréversible)이다. 예컨대 어떤 신화가 언제 일어났고 무슨 사건이 생겼다고 하면 그 시간과 이야기의 사건은 다시 반복될 수 없고 옛날이야기에 그치는 '말'일 뿐이다. 그러나 우리가 다시 그 신화를 이야기할 때마다 그 신화의 구조적 언어는 되살아나고 현행화한다.

이래서 레비스트로스는 언어가 불변의 구조를 지니듯 신화도 그런 구조를 함유하고 있다고 생각한다. 그래서 언어학의 각 분야에 따라 음소·형태소·의미소가 있듯이, 신화에도 신화소가 있다. 이것은 신화를 전체의 상관관계에서 구성하고 있는 단위들이다. 하나의 신화가 낱말들에 의해서 짜여진 이야기일진대 어떻게 신화소들을 다른 순수 언어학적 단위들과 구별할 수 있는가? 신화소란 신화적 관계들의 마디들이요 다발들이다. 신화소는 순수하게 언어학적 수준에서 작용할 뿐이다. 그래서 음소가 음절을 만들고 형태소가 낱말을 만들어내듯 신화소의 결합은 신화를 만든다.

레비스트로스는 그의 저서 『구조론적 인류학』에서 신화에 대한 구조론적 분석의 출발점으로 '오이디푸스' 이야기를 예제로 든다.[14] 그의 관심은 신화의 내용도 새 해석도 아니다. 단지 그는 신화의 구조를 해독하려고 할 뿐이다. 신화가 어떤 관계의 체계에 의하여 결정되고 있으며, 다른 신화들과의 관계는 어떠한가 함이 그의 학문적 인식의 관심이다. 한 가지 예로 오이디푸스

---

14) Cl. Lévi-Strauss, *Anthropologie structurale*, pp.227-255 참조.

신화에는 다른 신화에서는 변수에 나타나지 않는 신화소가 있는데 그것이 바로 오이디푸스의 신체적 결격 사항이다. 그런데 그와 같은 사항은 독자적 의미 체계를 구성하지 않고 관계적 기능의 표현에서 기호적 의미를 지닌다. 그래서 각 신화소는 관계의 다발을 지시한다.

레비스트로스는 오이디푸스 신화 속에 담긴 신화소들을 수평적 분류와 수직적 난(欄)을 통하여 카드 위에 배열한다.[15)]

1	2	3	4
오이디푸스는 그의 어머니와 결혼한다. 안티고네는 그의 오빠를 묻는다.	오이디푸스는 그의 아버지 라이우스를 죽인다. 에테오클레스는 그의 아우를 죽인다.	오이디푸스는 스핑크스를 죽인다.	오이디푸스는 발이 부은 사람이다.

위의 도표는 오이디푸스 신화를 가장 간결하게 분류한 것이다. 만약에 도표를 오른쪽에서 왼쪽으로 읽으면 우리는 그 신화의 이야기를 간단히 말하는 셈이 된다. 그와 반대로 도표에서 1·2·3·4의 각 난에 따라 밑으로 읽어 내려가면 우리는 그 신화의 구조 속으로 들어가게 된다. '난 1'을 설명하면, 그것은 오이디푸스와 그의 어머니, 안티고네와 그의 오빠 등 근친관계의 친밀한 애정관계를 말한다. '난 2'는 오이디푸스가 그의 아버지를 죽이고 에테오클레스가 그의 아우를 죽이는 근친관계의 부정적 현상을 기술한다. '난 3'은 괴물의 격파와 관계되고, '난 4'는 걷기에 힘든 신체적 장애를 뜻한다. '난 1'과 '난 2'의 관계는 명백하다. 왜냐하면 그것들은 모두 근친관계의 결합과 배척을 알리는 한 쌍의 대척적인 극단이기 때문이다. 또 오이디푸스와 스핑크스의 싸움은 그 전에 있었던 카드모스와 용의 싸움을 복사한 것에 지나지 않는다. 왜냐하면 테베의 왕국을 통치하기 위해서는 괴수와 싸워 이겨야 하기 때문이다. 그런 싸움은 대지에 발을 붙이고 살아야 하는 인류의 토착적인 믿음

---

15) 같은 책, p.236.

과 인간이란 한 남자와 한 여자의 아이라는 사실 사이에 갈등을 암시하는 인간과 대지의 관계를 뜻한다. 결과적으로 '난 3'은 이와 같은 관계를 부정적·투쟁적으로 본 것이고, 그러기에 '난 2'의 주제를 다른 각도에서 재생한다.

서양의 많은 신화들은 대지의 아들인 인간을 불구자 또는 절름발이로 표상한다. 마찬가지로 오이디푸스라는 이름은 발이 퉁퉁 부은 인간의 이름이고 그의 아버지와 할아버지의 이름도 귀머거리 등 신체적 장애를 가리킨다. 그런데 '난 4'는 '난 3'이 투쟁으로 그린 대지와 인간의 관계를 긍정하는 의미를 갖는다. 왜냐하면 불구라는 신체적 조건은 결국 대지에 대한 인간의 어쩔 수 없는 야합을 뜻하기 때문이다.

이리하여 레비스트로스는 다음과 같은 인식 체계를 세운다. 그에 의하여 '난 3'과 '난 4'의 관계는 '난 1'과 '난 2'의 관계와 똑같은 질서를 갖는다. 즉, 1 : 2=3 : 4라는 공식이 도출된다. 말하자면 1과 4는 동류의 것으로 대응되고 2와 3 역시 같은 계열로 묶인다. 이리하여 우리는 여기서 대립되는 한 짝의 관계를 인식론적으로 보게 된다. 그리하여 신화는 논리적·수학적 체계와 같이 작용하는 상징 체계의 수단에 의하여 구조화되어 있다.

그와 같은 신화의 구조가 다른 신화 체계에도 나타난다고 레비스트로스는 논증한다. 인류학자 보애스의 조사에 의하면 북아메리카 인디언의 세계에서는 수수께끼가 별로 흔하지 않다고 한다. 그런데 근친상간의 결합에 의해서 태어났다고 신화가 전하는 익살 광대는 관중을 수수께끼로써 즐겁게 하여준다고 한다. 그리고 알공킨 인디언의 어떤 신화에 의하면 올빼미가 수수께끼를 제시하는데 영웅은 죽음을 각오하고 그것을 해결하지 않으면 안 되는 이야기가 있다고 한다.

이러한 신화의 이야기에서 레비스트로스는 그것이 오이디푸스 신화와 유사한 점이 있음을 말한다. 즉, 근친상간과 수수께끼 사이에 하나의 관계가 정립된다. 왜냐하면 수수께끼에 대한 답변은 구경꾼과 익살 광대의 거리를 결합시키고 근친상간도 떨어져야 할 두 사람을 결합시키기 때문이다. 또 다른 한편으로 올빼미와 스핑크스 사이에도 유사성이 있다. 두 경우에 있어서 사고 작용은 동일하다. 여기서 우리는 하나의 중대한 인식론적 성격을 레비스트로스가 내림을 보게 된다. "겉으로 자의적인 것같이 보이는 신화는 세계의 여러 지역에 있어서 똑같은 성격으로 똑같은 세부사항으로 재생된다. 여기서 만약에 신화의 내용이 전적으로 우연적이라면 지상의 이곳저곳에서 신화들이 서로 그토록 닮았다는 것을 어떻게 이해할 것인가?"16)

4. 자연과 인간의 칸막이와 같은 구조 연관

이상에서 전개된 내용을 토대로 레비스트로스가 생각한 신화의 인식론적 의미 분석을 더 추구하여보자. 이미 분석된 오이디푸스의 신화에서 우리는 두 가지 화해되지 않은 신화소의 대립적 관계를 알게 되었다. '난 3'에 보이는 대지의 중력(괴수들의 도전)에 대한 인간 의지의 승리와 '난 4'에 보이는 대지로의 토착화(신체적 장애)의 대립, '난 1'의 근친 애정과 '난 2'의 근친 살해라는 대립 등이 상호간에 하나의 유사한 대응의 짝을 구성한다. 그러한 대립은 모든 신화에서 변화와 항존(恒存), 삶과 죽음, 농사와 사냥, 전쟁과 평화 등으로 표현된다. 그러한 대립적 관계는 마치 어의학에서 '높다/낮다', '두텁다/얇다' 등의 대립적 기초의 상관관계와 다른 것이 아니다.

그러한 대립의 짝이 언제나 분명하게 모든 신화에 나타나는 것은 아니다. 즉, 대립되는 한 짝에서 한 용어가 다른 것으로 변형되는 경우가 일어난다. 그런 일은 한 짝의 대립자 사이에서 매개적 용어를 발견하기 위한 관계에서다. 요컨대 위의 논리를 일반적 개념으로 풀이하면 신화의 구조는 "어떻게 하나가 둘에서 탄생할 수 있으며, 어떻게 우리가 하나의 생산자만을 갖지 않고

---

16) 같은 책, p.229. "Pourtant ces mythes, en apparence arbitraire, se reproduisent avec le même caractère, et souvent les mêmes détails, dans diverses régions du monde. D'où le problème, si le contenu du mythe entièrement contingent, comment comprendre que, d'un bout à l'autre de la terre, les mythes se ressemblent tellement."

한 어머니와 한 아버지를 갖게 됨이 일어나는가를 이해함이 언제나 중요한 것"[17]임을 알린다. 대립의 한 짝에서 매개적 용어의 위치는 구조론적으로 중요하다. 예를 들면 푸에블로 인디언에게 변화는 죽음을 뜻한다. 그런데 매개자인 '농사'가 등장함으로써 변화는 생명의 성장으로 변형된다. 마찬가지로 죽음의 동의어인 전쟁은 '사냥'이라는 매체에 의하여 삶으로 변형된다. 또 육식동물과 초식동물의 대립도 '코요테(북미 초원지대의 늑대)'와 '버저드(수리의 일종)'의 출현으로 해결된다. 이 두 동물은 육식동물로서 고기를 먹고 살지만 그러나 초식동물처럼 결코 사냥을 하지 않는다.

똑같은 변형의 교환이 여러 신들과 영웅들의 행로에도 적용된다. 이 경우에도 하나의 매개자가 각 대립의 짝에 등장된다. 예컨대 그리스도교의 세계에서 메시아사상은 하늘과 땅의 모순을 해결하는 논리적 역할을 지닌다. 또 다른 경우에 대립되는 사항들 사이에 '폭소' 또는 그들 사이를 중매하는 '사기꾼' 등이 등장하기도 한다. 예를 들면 푸에블로 인디언의 '애시 보이(Ash Boy)'는 유럽의 '신데렐라'와 유사하다. 두 존재는 모두 어둠과 밝음, 못남과 잘남, 풍요와 가난, 하층계급과 상층계급의 매개자다.

매개자는 대립되는 한 쌍의 항을 해소시키거나 초월시키는 용어다. 그런데 그런 해결은 심리적 문제가 아니라 논리적 위치에서 설명되어야 한다. 다시 말하면 신화의 각 개념은 그 자체에 독립적인 의미를 지니는 것이 아니라 신화의 전체 구조 연관에서 그것이 차지하는 위치에 의존한다. 스핑크스를 죽일 때 오이디푸스는 선량하고, 어머니와 결혼할 때 그는 악하다. 또 그가 절뚝거릴 때 무척 약하고 그의 아버지를 죽일 때에는 강하다. 그러므로 의미는 오직 구조 연관에서만 생긴다.

그러면 오이디푸스 신화의 인식론적 의미 연관은 무엇인가? "오이디푸스 신화는 동일자가 동일자에게 태어나는가 또는 이타자에게서 태어나는가

---

17) 같은 책, p.240. "Mais il s'agit toujours de comprendre comment un peut naître de deux; comment se fait-il que nous n'ayons pas un seul géniteur, mais une mère et un père en plus?"

라는 근원적인 문제에 다리를 놓을 수 있는 일종의 논리적 도구다. 그런 수단에 의하여 다음과 같은 상관관계가 해명된다. 혈연관계의 지나친 접촉은 그것의 지나친 기피와 관계되고 토착적인 대지의 힘에서 벗어나고자 하는 노력은 그것에의 불가능성과 상관된다."[18] 물론 이 신화에는 대립의 한 쌍을 화해시키는 매개자가 보이지 않는다. 이것에 대해서 레비스트로스의 견해는 분명치 못하다. 아무튼 이 신화는 우주적인 구조가 모순되는 대립의 구조 관계에서 그 의미를 원초적으로 띠게 됨을 보인다.

중간 화해자가 있건 없건 모두 의미의 논리는 대립되는 항의 관계에서만 파악되는 것이지 무슨 독립적 실체의 알맹이로 간주되어서는 안 된다. 그런 뜻에서 각 용어는 어떤 필연적 관계만 있으면 다른 용어로 대치될 수 있다. 신화적 사유는 논리적 사유와 다르게 작동하지 않는다. 단지 그 둘은 상징 기호의 사용에서 차이가 날 뿐이다. 논리적 사유가 명제, 공리, 추상적 기호와 수를 사용한다면, 신화적 사유는 영웅·신·동물·식물 등을 사용한다. 그러므로 논리적 사유가 추상의 논리라면 신화적 사유는 구체의 논리다. 그런데 이 구체의 논리는 수학의 논리만큼 엄격하고 정밀하다. 그래서 "신화의 목적은 하나의 모순(그 모순이 현실적일 때에는 해결이 안 되지만)을 해결하기 위한 하나의 논리적 모델을 제공하는 데 있다."[19]

레비스트로스는 수많은 종류의 신화들에서 대립·매개·변형의 논리가 시간의 흐름과 차이를 무시하고 반복되고 있음을 지적한다. 무지개, 족제비, '낚시용 독' 등이 그것의 능기와 소기의 기호적 위치에서 자연과 문화, 연속과 불연속, 삶과 죽음, 날것과 익힌 것 사이에 낀 매개자가 된다. 무지개는 비의

---

18) 같은 책, p.239. "Mais le mythe d'Oedipe offre une sorte d'instrument logique qui permet de jeter un pont entre les problémes…qu'on peut approximativement formuler: le même naît-il du même, ou de l'autre? Par ce môyen, une corrélation se dégage: la sur-évévation de la parenté de sang est à la sous-élévation de celle-ci, comme l'effort pour échapper à l'autochtonie est à l'impossibilité d'y réussir."

19) 같은 책, p.254. "S'il est vrai que l'objet du mythe est de fournir un modéle logique port résoudre une contradiction(tâche irréalisable, quand la contradiction est réelle)."

종말과 병의 시작을 뜻하는 기호다. 그런데 그것은 매개자의 위치를 갖는다. 왜냐하면 무지개는 하늘과 땅 사이의 축복받은 결합의 상징이고 동시에 삶과 죽음 사이의 숙명적 이행을 상징하기 때문이다. 그래서 무지개는 족제비와 같은 의미를 지닌다. 왜냐하면 이 동물은 매우 성욕이 왕성하여 음탕한 놈이고 또 냄새가 지독한 놈이다. 왕성한 성욕은 삶과 관계되고, 고약한 냄새는 썩음과 죽음에 관계된다. 또 '팀보(Timbo)'는 인디언이 쓰는 고기를 낚는 독약인데, 그것은 오직 문화적 행사에서만 사용되는 자연적 질료다.

이와 같은 사상(事象)을 구조론적으로 정리해보면 모든 야생적 사유로서의 신화적 논리는 자연과 문화, 제신과 인간들, 우주의 길고 긴 생명과 인간의 덧없는 삶, 생명과 죽음, 하늘과 물 또는 땅, 식물과 동물 등의 대립적 분리와 연속(중매에 의한)의 도식 아래서 전개된다. 이와 같은 도식의 전개 속에서 레비스트로스는 자연 속에서의 인간 위치를 중심적 인식론의 주제로 삼는다. 이미 우리가 앞에서 본 바와 같이, 금기의 구조론적 의미도 결국 자연과 인간의 관계에서 성립되는 연속과 불연속 이외의 다른 것이 아니다.

레비스트로스에 의하면 '요리'도 자연세계와 인간세계를 분리시키고 합일시키는 행동으로서 인식된다. 요리와 금기는 인간을 자연으로부터 분리시키고 동시에 인간을 자연과 필연적으로 결합시키는 '언어'와 같다. 왜냐하면 언어는 인간과 사물의 거리를 뜻하고 동시에 그 거리를 지우려는 의지를 나타내기 때문이다. 그래서 요리와 근친상간의 금기는 언어와 유사하다. 요리는 '날것'과 '썩은 것'의 매개이고, 식물세계와 동물세계의 매개다. 레비스트로스는 요리 방식으로서 "날것과 익힌 것, 신선한 것과 썩은 것, 구운 것과 축축한 것 등이 특수 문화의 위치에서 추상적인 개념들과 그것들의 조립과 명제화를 밝히는 개념적 도구로 사용될 수 있다"[20]고 보았다. 이것에 대한 연구는 레비스트로스의 구조주의에 대한 각론에서 자세히 다루기로 한다.

요리와 같이 근친상간의 금기도 족내혼(endogamie)과 족외혼(exogamie)의

---

20) Cl. Lévi-Strauss, *Le cru et le cuit*, p.9, pp.340-347 참조.

매개자로서, 난잡한 혼음(混淫)과 고독한 한 개인의 수음(手淫) 사이에 성립하는 중매자로서 이해된다. 그런 모델은 소음과 침묵 사이에 다리를 놓는 구조의 뜻을 지닌다. 요컨대 무지개, 족제비, 낚시용 독 등은 익명적인 자연세계를 문화세계로 기호화시키는, 통과시키는 칸막이와 같다. 이 칸막이는 궁극적으로 자연에 있어서 인간의 위치를 의미 구조의 연관으로 알린다. 자연과 인간을 분리시키거나 결합시키는 이 칸막이는 인간이 자연의 길고 긴 연속에 비하여 죽어야 할 존재임을 말함에서 자연과의 분리를 말하고, 죽되 자연의 길고 긴 연속에 흡입되는 것임에서 자연과의 합일을 뜻한다. 그런 점에서 그 칸막이는 죽음의 옷감으로 짜여져 있다고 보아야 한다. 죽음은 인간을 문화 창조로 이끄는 길잡이다. 만약에 죽음이 없다면 대립되는 한 짝 사이에 상관관계의 대응과 교류, 예술 그리고 경제 교환도 있을 수 없으리라.

언어 규칙, 요리 규칙, 친족관계의 규칙 등은 자연의 영원한 존속과 인간 존재의 덧없는 찰나 사이에 낀 매개자적 위치와 다를 것이 없다. 이 점에서 레비스트로스의 철학은 프로이트의 심리학이나 헤겔·마르크스의 철학과 일맥상통한다. 그러나 그는 자연과 문화의 이분법을 노동·역사·혁명의 방법에 의해서가 아니라 우주의 개관적 법칙의 지식에 의해서 해결하려고 하였다. 레비스트로스에 의하면, 자연의 불멸성과 덧없이 짧은 인생의 매개자는 어떤 인격적이고 정신적인 본질을 지니지 않는다. 그 매개자는 무의식적이고 전체적 체계를 지닌 도안과 같은 것이다. 그 도안은 인류에게 때로는 족제비로서 때로는 무지개로서 표상된다.

족제비, 무지개, 낚시를 위한 독 등은 그 기원에서 보면 모두 자연적이다. 그러나 기능과 생산의 측면에서 보면 그것들은 문화의 측면이다. 그와 같은 매개자를 통해서 삶과 죽음의 대립, 인간의 은밀한 의미와 우주의 한없는 무의미성의 모든 대립이 사라지게 된다. 모든 인간의 의미는 자연을 통해서, 자연 속에서만 발생된다. 그래서 레비스트로스는 존재에 의하여 무를 설명하거나 무에서 출발하여 존재를 해명하는 모든 형이상학을 부정한다. 그런 세계는 논리적으로 불가능한 것으로 여겨진다.

전통적인 형이상학의 세계에서 아주 탁월한 방식의 뜻에서 정신적·신비적인 가치를 지닌 것으로 크게 환영을 받아오던 음악도 레비스트로스에 이르러 신화·요리·언어·금기와 같이 순수한 논리로서 정립된다. 비구조주의의 이론에서 신화는 원시인의 시적 환상으로 여겨졌다. 그러나 구조주의 이론에서는 신화와 음악 사이에 하나의 논리적 대응이 생기게 된다. 그래서 신화적 사유와 음악적 사유 사이에 하나의 구조론적 상응성이 있게 된다.

이 점을 보기 위하여 먼저 신화적 사유와 시적 사유의 관계를 음미해보아야 한다. "신화는 번역자가 배반자라는 공식(la formule traduttore traditore)의 가치가 실제적으로 적용이 안 되는 서술 양식이다. 이 점 때문에 언어적 표현 단계에서 보면 신화의 위치는 사람들이 접근시켜보려고 애쓰지만 시와는 정반대다. 시는 다른 외국어로 번역하기가 지극히 어려운 언어의 형식이다. 모든 번역은 여러 가지 뒤틀림을 야기한다."[21] 그래서 두 사유는 서로 그 번지수를 달리하게 된다. 그 두 가지가 서로 다른 만큼 반대로 신화적 사유와 음악적 사유는 가까워진다.

이런 주장의 근거를 레비스트로스의 글을 인용하면서 검토하여보기로 하자. "신화와 음악 작품의 공통적인 성질은 각기 자기 방식대로 분절된 언어활동의 측면을 초월하고 있는 언어활동이다."[22] 음악과 신화는 말할 나위 없이 시간의 영역과 같은 관계를 맺고 있다. 그러나 그것들과 시간의 관계는 매우 독특한 데가 있다. 레비스트로스는 그런 점을 지적함에서 신화와 음악

---

21) Cl. Lévi-Strauss, *Anthropologie structurale*, p.232. "On pourrait définir le mythe comme ce mode du discours où la valeur de la formule *traduttore*, *tradittore* tend pratiquement à zéro. A cet égard. la place du mythe, sous l'échelle des modes d'expressions linguistiques est à l'opposée de la poésie; quoi qu'on ait pu dire pour les rapprocher. La poesie est une forme de langue extrêment difficile à traduire dans une langue étrangère, et toute traduction entraîne de multiples déformations."

22) Cl. Lévi-Strauss, *Le cru et le cuit*, p.23. "La vraie réponse se trouve···dans le caractère commun du mythe et de l'oeuvre musicale, d'être des langages qui transcendent chacun à sa manière le plan du langage articulè."

은 시간을 부정하기 위하여 시간과 관계를 맺게 된다고 말하였다.[23]

요컨대 신화와 음악은 통시적이고 또한 공시적이다. 신화는 음악의 협주곡과 같이 번복될 수 없는 시간의 연주 속에서 이야기를 전개시켜나간다. 이 점에서 신화와 음악은 통시적이다. 그렇지만 신화는 이미 앞의 분석에서 본 것과 같이 자기 주제를 반복하고 재생한다. 그래서 과거에 일어났던 것이 지금에도 일어나고 미래에도 다시 일어나리라. 그런 측면에서 신화는 시간의 흐름을 고려하지 않고 거꾸로 역류할 수 있는 공시적 성격을 지니고 있다. 음악도 흐르는 시간을 응결시킨다. "음악 작품의 감상은 바로 그 작품의 내면적 조직의 사실에서 흐르는 시간을 정지시킨다. 그것은 마치 바람에 의하여 들어 올려진 밥상보가 그 바람을 다시 잡아 포개놓는 것과 같다. 그래서 음악을 듣는 동안 우리는 일종의 불멸성으로 미끄러진다."[24] 이리하여 음악과 신화 사이에 공시태적(共時態的) 구조의 동질성이 정립된다.

시에 관하여 말하자면, 시의 언어는 신화의 언어와 달리 번역이 거의 불가능하다. 시의 시간은 음률의 박자에 따라 흐른다. 그러나 한편으로 시는 시간 계기의 흐름을 부정하는 다른 시간도 갖고 있다. 즉, 시에 있어서 이미 이루어진 것이 거듭 재생하고 또다시 재귀하는 경우가 생긴다. 그런 점에서 시인은 시간의 사슬에 얽매이지 않고 시간을 초월하기도 한다.

> 한 알 모래 속에 세계를 보며
> 한 송이 들꽃에서 천국을 본다.
> 그대 손바닥 안에 무한을 쥐고
> 한 순간 속에 영원을 보라.[25]

---

23) 같은 책, p.24 참조.

24) 같은 책, p.24, "L'audition de l'oeuvre musicale, du fait de l'organisation interne de celle-ci, elle l'a retrappé et replié. Si bien qu'en écontant la musique et pendant que nous l'écontons, nous accédons à une sorte d'immortalité."

25) William Blake, 金鍾哲 對譯, 「純粹의 前兆」, 『天國과 地獄의 結婚』(民音社).

이처럼 시는 시간적으로 이미 있었던 것을 읊는 것이 아니라 과거·현재·미래를 창조의 현존적 순간으로 접합시킨다. 그래서 시의 외국어 번역이 어렵다 할지라도 시는 신화와 음악처럼 '미래의 기억', '과거의 기다림' 등과 같은 탈시간적 현전 방식을 겨냥한다.

회화도 구조주의적 관점에서 보면 실제 공간과는 다른 공간으로 우리를 인도한다. 물론 회화는 하나의 공간을 그린다. 그러나 그 공간에서 우리는 실제의 공간 현상을 보는 것이 아니라 다른 공간, 오랜 옛날부터 지금까지 있어온, 또 미래에도 있을 제2의 공간, 우리가 살고 죽는 공간을 본다.

음악과 시와 신화와 회화의 능기인 감각적(청각적·시각적) 기호들은 소기의 메아리와 다른 것이 아니다. 음악에서의 호흡과 청각의 고저, 시에서의 호흡에 의한 리듬 등은 능기다. 그런 능기를 통하여 그와 함께 소기가 전달된다. 그래서 개념적 의미는 감각적 측면과 분리되어 별도로 존재하는 것이 아니다. 예술에 있어서 생리학적 작용이 곧 개념적 의미를 갖는다. 그러한 작용이 독자와 시청자에게 재현되고 전달될 때 이른바 예술적 감동이 일어난다. 그런 점에서 시의 의미는 시인이 말했던 것에 존재하는 것이 아니라 독자가 시를 수단으로 하여 말하려고 하는 것에 성립한다. 음악과 회화의 의미도 같다. 청취자나 독자나 관람자는 '조용한 연주자', '글을 안 쓴 시인', '제2의 화가'와 같다. 모든 이는 예술 작품을 통해서 자신과 대화하고 자신을 발견하고 자신을 '미래의 기억'으로, '과거의 계획'으로 여기게 된다.

그런 한에서 예술의 이해는 능기와 소기의 기호 체계인 '부호'가 창작자에서 감상자에게 번역된 것으로 나타난다. 그런 까닭에 번역하기가 어려운 시의 부호는 음악이나 신화의 부호보다 좁을 수밖에 없다. 그러나 음악은 그림보다 그 부호가 좁다. 서구의 음악 체계의 부호는 동양의 음악 체계로 감각화가 잘 안 된다. 반면에 그림은 음악보다 부호의 이해 가능성이 넓다. 왜냐하면 그것은 감각적 경험의 세계에서 조직된 부호 체계이기 때문이다. 그림의 부호들인 색·선·부피는 지적 기호라기보다 오히려 감각적 기호다. 그래서 광범위한 영역의 사람들에게 쉽게 접근이 가능하다.

이 점에서 한 체계의 부호가 지적·논리적으로 완벽하고 복잡할수록 그것의 이해층은 얇아진다. 수학의 부호 체계는 가장 지적이고 논리적이기에 그만큼 완벽하다. 그 대신에 그 부호의 이해층은 얇고 좁다. 그래서 부호 체계의 완벽도와 이해 가능 정도는 반비례한다. 그런데 시와 수학의 이해도가 지극히 제한되어 있다 하여도 언어적 세계에서 서로 상반된 대칭의 자리에 서 있다. 왜냐하면 시의 세계에서 의미는 다양하지만 기호는 고정되어 있고 수학의 세계에서 기호는 가변적이지만 의미는 고정되어 있다. 시는 제한된 기호에 내포된 의미의 다양성 때문에 번역이 힘들다. 그러나 수학은 기호가 달라져도 의미는 고정되어 있기에 번역이 수월하지만, 단지 가장 덜 감각적이기에 이해층이 얇을 뿐이다. 그러므로 일반적으로 예술은 수학보다 애매성을 구조적으로 훨씬 더 많이 가진다.

수학, 음악, 그림, 무용, 신화, 시 등은 모두 언어 기호의 체계다. 언어 기호의 체계란 교통과 교환의 체계이며 다른 것이 아니다. 그러나 그 교통 체계는 보편성과 확장성(이해 정도)에 따라 보는 각도가 달라진다. 예컨대 언어적 기호로서 음악과 그림을 보면, 전자는 지성적 기호 체계(부호)이기에 수학과 같이 강한 보편성을 지니며, 후자는 감성적 기호 체계이기에 이해의 확장성을 지닌다.

이런 사실들의 구조를 도표화하기 위하여 기호 체계의 보편성을 'U', 기호 체계의 확장성을 'E'라 하고, 각각의 강약을 '+'·'-'로 표현해보자. 그러면 수학=$U^+ \cdot E^-$, 음악=$U^+ \cdot E^-$, 신화=$U^+ \cdot E^+$, 그림=$U^- \cdot E^+$, 무용=$U^- \cdot E^+$, 시=$U^- \cdot E^-$ 등으로 표시될 수 있을 것 같다. 이것들은 다 같이 공시태적인 언어 구조를 지니고 있다는 점에서 동질적이다. 그러나 지성적 보편성과 감성적 확장성에 따른 관점의 차이는 있다. 또한 신화적 사유와 시적 사유에도 차이점은 있다. 왜냐하면 신화적 사유는 $U^+ \cdot E^+$이지만 시적 사유는 $U^- \cdot E^-$이기 때문이다. 그래서 구조론적 교환 체계에서 볼 때 신화적 사유는 시적 사유와 비교할 수 없으리만큼 인식론적 중요성을 지니게 된다. 왜냐하면 신화적 사유는 한 짝의 대립되는 지성적 보편성과 감성적 확장성 사이에 매개자(공통분모)의 위치를 갖고 있기 때문이다. 그런 점에서 레비스트로스의 인류학 체계가 철학적 인식론에 알려준 교훈은 신화와 그에 유사한 토템, 금기, 요리 등과 같은 차원을 귀하게 여기라는 것이다. 이것들이 모두 낱말의 레비스트로스적인 뜻에서 '야생적 사유(la pensée sauvage)'다.

5. 야생적 사유의 논리적 의미

'야생적 사유'는 물론 원시 사회의 사유를 뜻한다. 레비스트로스에 의하면 그것은 역사적 사유와 비교된다. 야생적 사유는 단순히 원시인의 사유라는 것을 결코 의미하지는 않는다. 오히려 그것은 모든 사회에 현전해 있고 또 우리 자신 속에서 무의식적으로 나타나는 정신적 행동이다. 그런 뜻에서 야생적 사유는 역사적 사유의 성격을 싫어한다. 왜냐하면 그것은 역사적 흐름과 상관없이 예나 이제나 하나의 불변적 사유 모델을 형성하기 때문이다.

야생적 사유가 반역사적이라 하여서 어떤 논리적 엄격성이나 정합성이 결여되었다고 생각해서는 안 된다. 야생적 사유의 논리는 그것이 자신의 추리를 적용시키는 대상과 적용의 목적이 우리의 사유와 다르다 할지라도 작용의 전개 과정에 있어서 우리의 추리와 다름이 없다. 예를 들어, 일반적 구조를 구분하는 원시인의 분류세계는 현대 자연과학의 분류 체계에 비하여 그 정밀성에 있어서 부족하지 않고 오히려 풍요롭다. 호주 원주민의 식물가(植物家)와 유럽 식물학자는 공통적으로 자연 속에 질서를 도입한다. 그러나 전자가 식물의 감각적 질―맛, 색, 향기, 모양―을 중요시 여기며 동시에 그것과 다른 자연적·인간적 요소와 질 사이에 유비관계를 정립하는 반면에, 후자는 식물의 표본·과(科)·종(種)·유(類) 사이의 형태학적이며 양적인 관계만을 측정하고 탐구한다. 이렇게 보면 야생적 사유가 과학적 사유보다 더 포괄적인 셈이다. 왜냐하면 과학적 사유는 야생적 사유를 포괄하지 않지만 야생적 사유는 과학적 사유를 포괄하기 때문이다.

보통 야생적 사유는 비합리적이며 전반적으로 질적인 성격을 지니는 반면에, 과학적 사유는 정확하고 개념적이며 양적인 본질을 지닌다고 믿는다. 그런데 구조주의적 발상법에 의하면 이와 같은 구분은 전혀 환상적인 것에 지나지 않는다. 현대 화학은 향기와 맛의 다양성을 탄소·수소·산소·황·질소와 같은 다섯 가지 요소의 결합 방식에 의해 설명한다. 이와 같은 화학의 지식은 결국 모든 지식이란 유한한 요소들의 다양한 결합 방식 이외에 다른 것이 아님을 보여준다. 과거의 과학적 지식은 한 대상을 측정·관찰·해석하는 것에 집중되었다. 그런데 레비스트로스에 의하면 원시인은 느끼고 분류하고 결합함을 더 무겁게 여겼다. 어떤 점에서 현대 과학은 원시인의 야생적 사유와 같이 결합과 균형과 대립의 수단에 의하여 질의 세계를 파헤친다. 이른바 원시인의 분류학은 신비적이거나 비합리적인 것이 아니라 합리적 관계의 모형일 뿐이다. 그 점에서 현대 과학의 논리와 원시인의 야생적 논리 사이에 일종의 동질성이 형성되는 셈이다.

여기서 하나의 보기를 보자. 필리핀의 하누누(Hanunoo)족의 식물 분류법은 현대 식물학의 분류법과 유사한데, 상위의 포괄적인 범주에 접근하면 유사성이 감소된다.

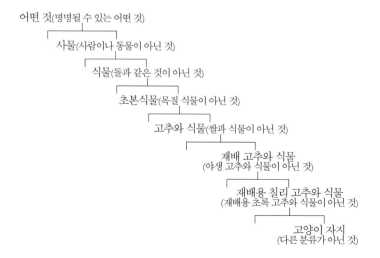

위의 분류법에서 우리는 늘 한 짝의 대칭에 의한 인식 방법을 본다. 예컨대 초본식물은 목질식물을 배격하는 한에서 그 인식이 성립한다. 즉, 그것은 다른 것과의 대립적 관계에서 성립한다. 이런 이분법적 인식 방법은 이미 어의학에서 보았지만(간단한/다양한, 열려진/닫혀진, 무거운/가벼운 등), 필리핀의 수바눈(Subanun)족은 병명을 이러한 식물 분류와 같은 체계로 정립한다.

원주민의 각 씨족들은 토템을 갖고 있다. 이를테면 퓨마, 흑곰, 독수리, 사슴 등이다. 이래서 각 씨족은 그들이 갖는 토템의 차이에 의해서 정의된다. 그런데 각 동물은 대응관계의 해부학적 법칙에 의하여 동질화되기도 한다. 이를테면 곰의 주둥이와 독수리의 부리는 서로 기능적 대응을 갖는다. 그래서 동가적(同價的)인 부분은 그들끼리 모이고 기능상 유사한 성격끼리 모인다.[26] 오사주(Osage)족에게 탄질(炭質)은 맹수로부터 자신을 보호하는 불의 의미와 같다. 그런데 석탄은 검은색이기 때문에 이 종족의 전사는 전투에 나가기 전 흑색과 석탄에 대한 특별 제의를 시행한다. 만약에 전사가 자신의 얼굴을 검게 칠하지 않으면 무훈을 자랑할 권리를 박탈당하고 만다. 그러면 각 토템 씨족에게서 탄질의 동물은 어떻게 분류되나?[27]

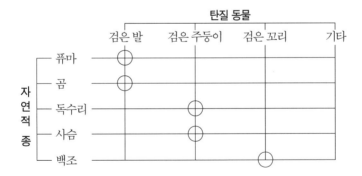

각 토템 씨족은 자연적 종에 있어서 상이하지만 탄질 동물의 구조에서 보면 퓨마와 곰은 검은 발, 독수리와 사슴은 검은 주둥이, 백조는 검은 꼬리를

---

26) Cl. Lévi-Strauss, *La Pensée sauvage*, p.184.
27) 같은 책, p.194 참조.

표상하는 점에서 유사성을 갖는다. 자연적 종으로서의 동물 토템은 단순히 생물학적인 어떤 것으로서가 아니라 자연적이든 문화적이든 무수히 많은 가능성을 내포하는 개념이다. 다시 말하면 동물 그 자체가 생물학적으로 신비한 의미를 띤 것이 아니라 동물을 수단으로 하여 사고의 대상이 구성되고 개념의 도구가 갖추어지게 된다.

야생적 사유가 과학적 사유와 다른 이방지대가 아니듯이 주술(magie)도 그 자체의 구조에서 보면 과학보다 덜 정합하지는 않다. 그 둘의 차이점은 레비스트로스가 지적하였듯이, 각각 적용되는 현상의 본성에 기인한다. 주술과 과학의 차이점은 원시인과 현대인의 감성과 이성의 차이에서 생긴 것이 아니라 그 감성과 이성이 빌리는 장비의 차이에서 생긴 것이다. "과학적 설명과 달리 (주술에서) 혼란스럽고 조직이 안 된 상태들인 정감과 표상들을 하나의 객관적 원인에 재결부시킴이 중요한 것이 아니라 그것들을 체계나 전체성의 형식 아래에서 관절로 잇게 함이 중요하다. 그런 체계란 그것이 혼란스런 상태들의 졸속이나 제휴를 허락하는 한에서만 정확히 값이 있다."[28]

또한 과학과 주술의 사이에는 상이한 목적에서 오는 차이가 있다. 주술의 경우에 기술적이고 작용적인 미비점은 (과학에 비하여) 크게 중요하지 않다. 단지 그것이 겨냥하고 있는 성취도는 과학의 것에 비하여 결코 보잘것없는 것은 아니다. 왜냐하면 주술은 과학이 모르거나 별로 취급하려고 하지 않는 문제를 정립하기 때문이다. 주술과 과학은 서로 비슷한 정신 작용에서 형성되어진 것이다. 이 점을 인식하기 위하여 우리는 레비스트로스가 말하는 토템 체계와 구체적 논리를 살펴보아야 한다.

이미 앞에서 여러 번 반복되었듯이 원시인 또는 원주민은 문명인의 발상

---

28) Cl. Lévi-Strauss, *Anthropologie structurale*, p.201. "A la différence de l'explication scientifique, il ne s'agit donc pas de rattacher des états confus et inorganisés, émotion ou représentations, à une course objective, mais de les articuler sous forme de totalité ou de système, le système valant précisément dans la mesure où il permet la précipitation, ou coalition, de ces états diffus."

법과 본질적인 차이가 없이 감성적인 것과 지성적인 것의 관계를 세워놓고 있다. 감각적인 것은 능기의 범주와 관계를 맺고 지성적인 것은 소기의 범주와 연결된다. 그래서 능기와 소기의 관계는 대립이나 유사성을 짓는 한 짝의 수단에 의하여 의미 체계로 통일된 기호가 된다. 그런 점에서 원시인은 레비브륄이 믿었던 것같이 비합리적 힘의 맹목적 세계에 침잠하기는커녕 오히려 기호나 합리적 의미 전달의 세계에 살아왔다.

그럼에도 불구하고 원시인과 문명인 사이에는 하나의 차이점이 있다. 바로 정감의 문제다. 야생인은 스스로를 자연의 한 부분으로 느끼며 동물의 세계와 깊은 친화감을 느낀다. 그런 만큼 그들은 역사를 멀리한다. 문명인은 오히려 역사를 가지고 있고 또 그것을 잘 안다고 자랑한다. 야생인은 역사를 우주에서 전개되는 인간의 유적생활의 시작으로 알고 자연과의 분리로서 인식하기에 역사를 불신한다. 그런데 그런 야생적 정감이 낱말의 레비브륄적인 뜻에서 초자연적인 신비주의를 결코 함유하지 않는다.

여기서 하나의 인류학적 보기를 들어보자. 오지브와(Ojibwa)족은 초자연적 우주를 믿는다. 그러나 초자연성을 그대로 믿는 것이 야생인의 사유 방식이 아니라고 레비스트로스는 본다. 야생인들의 세계에서 초자연적 존재는 인간과 같이 우주의 자연적 질서에 속할 뿐이다. 이를테면 초자연적 존재도 인간과 같이 지성과 감성을 가지며 ♀·♂의 구별도 갖고 가족과 감정, 사랑과 증오를 향유하기 때문이다. 그러므로 오지브와족에게 자연적 존재와 초자연적 존재는 차이가 아니라 그 동일성에서 더 강조되는 셈이다. 요컨대 야생인에게서 논리적 분류학과 동물 및 자연에 대한 우정이 공존하고 있다.[29]

야생적 사유는 자연을 매우 세밀하게 관찰하고 거기에 타당한 성질을 논리적으로 분류한다. 그런 분류의 논리를 레비스트로스는 '구체의 과학(la science du concret)', '하찮은 일 하기(bricolage)', '만화경의 논리(la logique de kaléidoscope)'라 부른다. 오랫동안 사람들은 원시인에게 과학적 사유에 대한 능력이

---

29) Cl. Lévi-Strauss, *La Pensée sauvage*, pp.50-52.

없다고 생각하여왔다. 그래서 그들에게는 생활에 관계되는 '실천적 감각'은 발달되었으나 '이론적 감각'은 얕다고 생각되었다. 그런데 그런 생각은 모두 피상적 견해에 지나지 않다고 레비스트로스는 반박한다. 한 가지 보기로 필리핀 원주민의 박쥐에 대한 분류는 대개 다섯 가지로 나뉘는데 그 분류의 정밀도는 현대인의 것에 비하여 결코 뒤지지 않는다. 그런데 그런 분류법이 추상명사로 표시되지 않고 구체적 명명을 갖기에 '구체의 논리'다. 그런 '구체의 과학'은 늘 자연의 질서를 전제로 한다.

구체의 과학은 질서의 학, 현상에 대한 객관적 탐구의 학이다. "그런 질서의 요구는 우리가 원시적이라고 부르는 사유의 기초에 해당한다. 그러나 그런 요구는 모든 사유의 기초에 해당한다."[30] 그런 한에서 '구체의 과학'은 추상의 과학과 달리 추리적 관찰에 의지한다기보다 오히려 감각적 관찰에 더 의존한다. 요컨대 야생적 사유의 자궁으로서 '구체의 과학'은 감각적인 것에 의해서 감각적인 체계를 조직하고 해명하는 사유 방식이다.

레비스트로스는 그런 과학적 논리를 '원시적 과학(la science primitive)'이라 부르지 않고 '최초의 과학(la science première)'이라 부른다.[31] 이 '최초의 과학'을 레비스트로스는 '하찮은 일 하기'의 인식 이론으로 잇는다.[32] 우리는 뒤에서 '구체의 과학'에 대한 인식 이론을 각론으로 다루게 될 것이다. 그래서 여기서는 더 이상 상세히 이론적인 접근을 피하기로 한다. 그런데 좌우간에 이 '하찮은 일 하기'는 추상의 과학에 의거한 기술(technique)과 다르다.

이것에 대한 상론은 뒤의 각론에서 보기로 하더라도 '하찮은 일 하기'의 인식 이론이 신화적 사유와 대응됨을 우리는 짐작할 수 있다. 그 까닭은 심리적 무의식, 신화, 토템과 금기 등은 모두 하찮은 일거리와 괴상한 기호를 가지고 있기 때문이다. 요컨대 신화적 사유는 '하찮은 일 하기'와 같이 늘 괴상

---

30) 같은 책, p.17. "Or, cette exigence d'ordre est à la pensée que nous appelons primitive, mais seulement pour autant qu'elle est à la base de toute pensée."

31) 같은 책, p.26.

32) 金炯孝, 『現實에의 哲學的 接近』(물결사 刊), pp.331-333 참조.

하찮은 일꾼(bricoleur)	기술자(technicien)
① 물질이나 원료의 획득을 위하여 일하지 않는다.	① 물질이나 원료의 생산을 위하여 일한다.
② 사용하는 공구가 제한되어 있다.	② 사용하는 도구가 무한하다.
③ 일의 성질이 폐쇄적이다.	③ 일의 성질이 개방적이다.
④ 응급조치에 따라 일한다.	④ 의식적인 설계에 따라 일한다.
⑤ 기호=능기/소기 에 따라 움직인다.	⑤ 개념에 따라 일한다.
⑥ 인식의 내재성	⑥ 인식의 초월성

하고 이상야릇하며 하찮은 기호를 대상으로 가진다. 그래서 신화는 사건의 외면적 성질(체험에 관여하지 않는)을 탐구함이 아니라 바로 그 자질구레한 사건의 파편과 찌꺼기의 배열에서 구조화된다. 그래서 신화는 우연과 필연, 사건과 구조를 이원적으로 분리하지 않는다. 그런 사유는 만화경의 방식을 띠지 않을 수 없다. '만화경'은 유리 파편들을 수단으로 하여 구조적 배열을 구현한다. 단적으로 말하여 '만화경'의 배열 방식은 그것의 의미 표현과 같다. 우리는 뒤에서 자세히 인식론적으로 '만화경의 방식'을 검토하게 될 것이다.

'구체의 과학', '하찮은 일 하기', '만화경의 방식' 등은 레비스트로스에 의하면 모두 '세미화법(細微畵法)의 차원'으로 모여진다. 세미화법은 실재보다 작게 그리는 미술의 표현이다. 세미화법의 특징은 시간적·공간적 모델의 축소다. 단적으로 의식론상으로 세미화법의 뜻이 무엇일까? 축소된 모델에서 전체의 인식은 부분의 인식보다 앞선다.[33] 여기에 대한 연구도 각론에서 더 자세히 다루기로 하자. 좌우간 과학적 인식이 아무리 그 품위를 높이 평가받아도 그것이 늘 어떤 사상(事象)의 부분적 인식에 그치는 경우 야생적 인식 자체가 더 근원적인 전체성의 가치를 받을 수 있는 것은 확실하다.

야생적 사유는 구체적 대상에 적용된 범주들을 늘 이분법적 관계(한 짝의

---

33) 같은 책, p.35. "A l'inverse de ce qui se passe quand nous cherchons à connaître une chose ou un être en taille réelle, dans les modèles réduits la connaissance du tout précède celle parties."

대위 관계)의 체계로 정리한다. 이와 같은 이분법적 대립의 논리는 언어·신화에만 국한되는 것이 아니라 다른 현상에도 적용된다. 예컨대 토템 분류 체계는 '세습적 사회계급(caste)' 제도의 식물 금기 체계를 이해하는 열쇠가 되기도한다. 전통적인 인류학의 논리에 의하면 인도의 '카스트(세습적 사회계급)'와 호주의 토테미즘은 전혀 동질적 인식세계가 아니었다. 그런데 레비스트로스에 의해서 토템 분류법이 세습적 사회계급 제도로 변형된다. 카스트의 식사법과 호주 원주민의 토템사이에 동일한 인식 논리의 연과성이 성립된다는 것이다. 이러한 연관성이 역사적 사건의 소산이 아님은 물론이다. 토테미즘과 카스트 제도는 대립과 유사성의 결합 방법에 따라서 작용하는 집단적이며 무의식적인 정신 구조의 표현이다. 다시 말하면 카스트가 인도 문화의 콤플렉스와 연관되고 토테미즘이 원시인의 표상 체계와 관계되기는 하여도 두가지는 인류의 공통적이며 보편적 사유방식의 표현에 지나지 않는다.

여기서 토템의 분류법과 카스트 제도의 상호 변형 논리를 이해하기 위하여 잠시 총론적인 설명을 할 필요를 느낀다. 무엇보다도 먼저 토테미즘이 무엇인가를 이해해야 하리라. 말리노프스키는 토테미즘을 기능주의적으로 해석하였다. 그는 종족의 생존이 의지하고 있는 동식물의 번식을 도우며 그것의 사냥과 채집을 통계하기 위하여 그것들과 좋은 관계를 유지하고자 하는 욕망의 외적 표현을 토테미즘이라고 생각하였다. 그런데 이런 견해가 레비스트로스에 의하여 완전히 부정된다.

레비스트로스에 의하면 중요한 것은 토테미즘이 무엇인가라는 실체론상의 물음법이 아니라 어떻게 토템 현상이 배열되는가라는 부사적 물음법이다. 그에 의하면 토템은 심리적·기능적·목적론적 뜻에서 원시인의 신앙 내용이 아니라 원시인이 우주에 대하여 인식하는 인식 체계로서의 부호들의 배합 방식이다. 단적으로 토테미즘은 자연과 문화라는 두 계열(한 짝) 사이의 관계에 대한 인식의 부호 체계와 같다.

자연	범주(catégorie)	특수적(particulier)
문화	집단(groupe)	개인(personne)

'자연/문화'의 두 계열(한 짝)에서 '범주/집단'은 각각 자기 계열의 집단적 인식 성격을 '특수적/개인'은 개체적 성격을 말한다. 그래서 그것은 또 한 짝 씩 결합되어 다음과 같이 전개된다.

	①	②	③	④
자연	범주	범주	특수적	특수적
문화	집단	개인	개인	집단[34]

이 네 가지의 결합 방식에 의하여 종족 사이의 생활 체계가 구조화한다(각론에서 상론할 것임). 이처럼 토템은 하나의 신앙 체계가 아니고 논리적 사고 방식의 구조를 뜻한다. 하늘/땅, 전쟁/평화, 위/아래 등 한 짝의 관계를 통하여 마치 음양의 이치처럼 우주를 통일적으로 설명하려고 하는 부사적 의미 연관을 지닌 논리 체계일 뿐이다.

그런데 왜 이런 논리 체계에서 불(George Boole)의 기호 논리처럼 추상적 개념이 등장되지 않고 구체적 기호들(오리, 도토리, 곰 등)이 등장하였나? "자연적 종들이 먹기에 좋기 때문에서가 아니라 생각하기에 좋기 때문에 선택된 것이다."[35] 토템의 분류는 결국 우리에게 구체적 행동으로 표현되는 인간의 사유와 그 사유가 적용되는 자연적 대상 사이에 구조의 동질성이 있음을 인식케 한다.

자연의 계열에는 역사가 없고 비통시적인 공시성을 닮은 영원한 반복이 있을 뿐이다. 문화 계열이 자연 계열과의 대위 관계를 끊고 역사적 시간의 흐름에만 국한되는 경우에 토템적 사고는 파괴된다. 이미 레비스트로스도 암시한 바이지만, 중국적 사유는 역사적 사고가 아니고 오히려 토템적 사고에 가깝다. 음양의 두 계열에 의한 순환론법 자체가 공시적 인식을 함유하고 있

---

34) Cl. Lévi-Strauss, Le Totémisme d'aujourd'hui. 英譯, R. Needham, *The Totemism* (Peguin Book), pp.84-86 참조.

35) 같은 책, p.162. "We can understand, too, that natural species are chosen not because they are 'good to eat', but because they are 'good to think.'"

다. 그뿐만이 아니라 유교적 분류 체계인 오행(五行)·오방(五方)·오상(五常)·오장(五臟)·오색(五色)은 토템적 사고방식과 다른 것이 아니다.

계절	겨울	봄	여름	가을	
오행	물(水)	나무(木)	불(火)	쇠(金)	흙(土)
오상	지(智)	인(仁)	예(禮)	의(義)	신(信)
오장	콩팥	간장	심장	폐	위장
오방	북	동	남	서	중앙
오색	흑(黑)	청(靑)	주(朱)	백(白)	황(黃)

이러한 유교적 인식 체계에서는 통시적 계기성이 문제가 되지 않고 순환론적·공시적 구조성이 중요할 뿐이다. 이러한 사유 체계에서는 역사의 인식 이론이 중요치 않다. 중국 문화에는 역사철학이 희박하다. 흔히들 춘추사관을 역사철학으로 평가하지만, 그것은 정치의 당위적 윤리를 말하기 위함이지 결코 낱말의 엄밀한 뜻에서 역사철학에 해당되지 않는다. 구조주의 이론에서 보면 이 점은 중국 문화의 단점이 아니라 오히려 탁월한 장점이다. 좌우간 앞의 도표의 모델은 비시간적·비역사적이다.

6. 변형, 토템적 사고, 그리고 무목적적 지식

중국 민족과 마찬가지로 인도 민족도 역사를 망각하였다. 유교의 이론이 역사철학의 독존 대신에 자연철학과 문화철학의 대응을 더 강조하였듯이, 불교와 힌두교도 시간과 역사를 부정한다. 처음부터 인도는 시간의 비판에 의하여 역사를 무화시켰고 카스트(세습적 사회계급) 제도에 의하여 역사적 사회의 다변성을 제거시켰다. 본디부터 인도는 상호 이질적인 민족 집단과 고유한 언어, 전통 친족관계를 지닌 혼합된 문화 체계였다. 이러한 특수성에서 인도는 모든 이질성을 해체시키는 것이 아니라 각각의 특수성을 좀 더 광범위한 체계 속에 통합하는 길을 채용했다. 이 방법이 시간 비판과 카스트 제도인데, 이것들이 결국 역사철학의 폐지를 낳았다.

그런데 앞에서 설명 없이 제기된 변형의 논리를 여기서 다루어야 한다. 어떻게 토테미즘이 카스트 제도에서 변형되는가? 예컨대 호주 원주민 가운데 에뮤(émeu)라는 새를 토템으로 하는 종족의 한 사냥꾼은 홀로 있을 때 이 새를 죽여서는 안 된다. 그러나 다른 종족과 동반하였을 때 그는 그것을 죽일 권리가 생긴다고 한다. 또 물을 토템으로 하는 종족의 사냥꾼은 목마를 때 물을 마실 권리가 없다. 그러나 반족(半族, moitié, 사돈)을 동반할 때 그는 이 반족으로부터 물을 얻어 마실 수 있다고 한다.

이런 보기에서 보면, 토템 분류는 결국 여자를 서로 교환하는(근친혼의 금기) 족외혼과 같이 다른 토템 집단과의 교환 체계(물물교환)를 알리는 부호인 것이다. 토템을 금식하는 것과 족내의 친족 여자를 성적으로 거부하는 금기는 바로 토테미즘과 족외혼 사이에 하나의 부호적 인식의 동일성이 있음을 보여준다. 토템의 체계를 정리하여보면 다음과 같다.

자연	종(species) ≠	종 2≠	종 3≠	……	종 n≠
	⋮	⋮	⋮		⋮
	상응관계	상응관계	상응관계		상응관계
	⋮	⋮	⋮		⋮
문화	집단(group) 1	집단 2≠	집단 3≠	……	집단 n≠

이 도표는 집단의 측면과 종의 측면에서 나타나는 각 계열상의 차이(≠)들 사이에 성립하는 대응 방식을 가리킨다. 이와 같은 각 계열의 이질성 대응은 상호간의 교환에 의한 균형을 유지하려는 수단을 갖는다.

그러나 자연적 토템을 갖는 각 사회집단은 다른 토템의 사회집단과의 관계에 대한 인식보다 오히려 독자적인 나름대로의 인식에 더 큰 비중을 두며, 각 사회집단(자연적 종을 모델로 한)은 다른 집단과의 교환(여자, 물건, 음식 등)보다 오히려 자기 집단을 영구히 세습적인 것으로 생각하려는 체계를 형성하게 된다. 그리하여 자연적 종과 문화적 집단이 각자 나름대로 합쳐져서 '유일무이한 사회적·자연적 영상'이 이룩된다.

자연	종 1	종 2	종 3	......	종 n
문화	집단 1	집단 2	집단 3	......	집단 n

이렇게 하여 문화 계열에 속하는 사회집단(1, 2, 3…n) 사이의 족외혼이 사라지게 되고 드디어 족내혼이 새로 등장한다. 그와 함께 세습적 집단의 폐쇄적 응집력이 강해진다. 여기서 물론 인류학상 족외혼과 족내혼의 문제가 어떤 이해의 인식을 철학적으로 제공하여주는가 함을 다루어야 한다. 그러나 이 점에 대해서는 뒤에서 보기로 한다. 다만 여기서는 토템 체계가 어떻게 카스트 제도로 변형되는가에 주의를 기울이기로 한다.

요컨대 카스트 제도는 어떤 신앙적 실천에서 온 것이 아니라 사회집단의 응집력과 집중력에서 온 것이다. 본디 카스트 제도나 토템 제도는 동일하게 '족외형 실천'이라는 물물교환, 용역교환, 여자교환을 알리는 종족적 인식 부호이다. 그런데 그것이 '족내형 실천'으로 변할 때 세습제가 발생한다. 세습제 계급의 사회집단은 자연의 토템화에서 오는 경우와 문화의 토템화에서 오는 경우가 각각 있다. 전자가 북미 대륙의 인디언 사회이고 후자가 인도 사회다. 이 점도 뒤에서 재론하기로 한다. 하여튼 카스트 제도는 토템 체계의 변형인 것만은 자명해진다.

이와 같이 전체성과 변형의 체계를 검토하는 구조주의적 인식세계에서 실존적 세계의 위치가 사라지지 않을 수 없다. 북미 대륙의 토템 집단이라든지 인도의 카스트 제도는 사회집단의 최소 단위가 개인이 아니라 집단임을 알려준다. 그러한 집단의 모델은 말할 나위 없이 역사적 사회가 아니라 자연적 질서, 자연적 종이나 과와 같은 자연 계열이다. 그런 점에서 개인의 실존이란 토템 집단이나 카스트 제도의 포로며 동시에 그것의 이용자다. 개인은 결코 토템 집단과 카스트 제도에서 빠져나올 수 없다. 그리고 마르크스의 지론과는 반대로 인간의 무의식에서 결코 계급과 집단의 성질이 소멸되지 않는다.

여기서 우리는 레비스트로스의 유명한 '토템 작동표(l'opérateur totémique)'를 보아야 한다. 그래야만 개인이 어떻게 해서 자연의 종과 같은 추상적 계열에 스스로를 연합시키는가를 이해할 수 있다. 다시 말하면, 원시의 야생인들이 개인으로서의 자신의 관념에서 어떻게 하여 종의 관념으로 어려운 개념적 변화를 이행하는가를 '토템 작동표'를 통해서 선명하게 인식할 수 있다. 이 점은 뒤에서 구체화하기로 하자.

토템적 사고는 '나는 곰이다'라는 진술을 표제화한다. 그런 사고방식은 불완전하고 유치한 사고의 속성이 결코 아니라 오히려 그것은 한 종족이 살고 있는 세계에 관한 객관적 진술이다. 다시 말하면 그것은 세계 안에 있는 개인과 다른 것들의 관계에서 개인의 위치를 말하는 진술이다. 토템적 분류는 인간세계를 합리적으로 분리시키기 위하여 만들어졌다. 그래서 그것은 오늘의 우리가 민족주의라고 부르는 사고방식과 유사하다. 레비스트로스가 말한 바와 같이, 우리는 어떤 나라들을 별명이나 또는 동식물로 종(種)적 방식에서 표상화한다. 이를테면 한국은 무궁화로, 미국의 공화당은 코끼리로 종화(種化)된다. 여기서 우리는 사회학자 뒤르켐이 말한 구절을 연상할 수 있다. "군인은 자기를 위해서가 아니라 국기를 위하여 죽는다." 국기가 나라의 구별을 짓듯이, 토템 분류는 한 종과 다른 종의 구별을 자연의 이름을 빌려 수행한다. 그래서 '나는 곰이다'라는 토템적 발상은 곧 '나는 한국인이다'라는 발상과 전혀 차이가 없다.

이와 같은 발상법은 감각적 영상이 객관적 관념에 연결되고 또 개별적인 어휘가 전체적인 문법 체계에 연결되어 있음을 알린다. 이러한 내용의 전개 과정에서 우리는 철학적 인식론상에서 인식의 보편성과 특수성에 관한 이론을 예견할 수 있다. 그러나 여기서는 아직 총론의 수준에서 머물러야 하기 때문에 인식의 보편성과 특수성에 대한 레비스트로스의 이론은 다음에 보기로 한다.

아무튼 여기서 분명히 지각할 수 있는 것은 토템적 사고(카스트 제도를 포함하여)는 친족관계의 개념, 사회학적 개념, 우주론적 개념의 상호 변형 논리를 이해케 하며, 또 그것들을 공통적으로 꿰뚫는 하나의 공통적 모델이 무엇인가를 인식케 한다. 이리하여 다음과 같은 인식론의 공식이 '토템 작동표'에서 나오게 된다. "만약에 'a집단 : b집단=곰 종(種) : 독수리 종'이라면 그때 'a의 구성원 x : b의 구성원 y=곰의 구성원 1 : 독수리의 구성원 m'이 된다."[36]

이 공식은 개인은 집단이나 계급의 세계 속에 정렬되고 배열될 뿐만 아니라 집단이나 계급이라는 종 개념이 각자의 위치를 결정한다는 사상을 내포하고 있다. 그뿐만이 아니다. 한 사회의 체제가 높음/낮음, 하늘/땅, 낮/밤, 곰/호랑이 등과 같은 대립적 한 짝으로 구조론적으로 정의된다면 그 사회는 그런 구조의 틀 속에서 도덕적 존재 방식의 대립을 구성원들에게 무의식적으로 주형한다.

이제 레비스트로스의 구조주의에 대한 인식론적 연구에 하나의 총론적 성격의 결론을 내릴 때가 되었다. 레비스트로스의 인류학적 구조주의는 철학적 인식론에 중대한 물음을 제기시킨다. 과연 오늘의 철학이 관자(管子)나 프로타고라스의 철학보다 더 나은가? 레비스트로스는 다윈이나 그에 유사한 진보의 철학을 철저히 부정한다. 진보의 철학에 젖어 있는 사람들은 야생의 원시 사회가 세계를 변혁하지 못했다고 하면서 문명 사회(백인 사회)의 우월을 내세운다.

우주 전체의 구조론적 본질이 변화하지 않고 불변인데 억지로 진보적 변화를 수행한 문명인의 논리(백인의 논리)는 우주에 내외적 병을 가져왔다. 내적 병은 기술이 '하찮은 일 하기'에 대치된 결과로 생긴 혼란·혁명·전쟁의 잔혹성이다. 그 병은 이제 인류의 심적·생물학적 통합을 위협하고 있다. 외적인 병은 진보한 사회가 지구상의 무수한 사회를 파괴·능욕·능멸·노예화시켰다는 사실이다. 『슬픈 열대(Tristes Tropiques)』의 고발은 바로 서양의 참회록이다.

인류의 황금시대는 애오라지 자연에도 역사(문화)에도 붙어 있지 않는 듯하다. 그들 사이의 관계가 균형 잡혔을 때 황금시대가 인간에게 온다. 이 점

---

36) Cl. Lévi-Strauss, 같은 책, p.224.

에서 레비스트로스는 루소와 베르그송 철학과 자신의 철학(반철학적)을 비교한다.[37] 레비스트로스의 이론을 따르면, 신석기 시대—문자와 금속술과 성읍 문명이 생겨 사람들과 나라들을 타락시키기 전—가 가장 황금기의 개념에 가까운 듯하다. 신석기의 인간은 예술과 공예품을 하찮은 일 하기로 만들어서 도자기, 뜨개질, 농업과 가축 길들이기 등을 하면서 구체의 과학 속에서 살아왔다. 이런 구체의 과학은 결코 오늘날의 추상의 과학보다 질적으로 저급한 것이 아니다. 더구나 신석기의 구체 과학은 오늘날의 추상 과학처럼 전혀 해로운 데가 없다.

레비스트로스의 사유는 분명히 물질주의적이고 결정론적이다. 그는 사회의 모든 이념과 제도를 하부의 무의식 구조의 산물로 본다. 그럼에도 불구하고 그는 유물사관의 변증법을 받아들이지 않는다. 왜냐하면 변증법은 과학이 아니라고 보기 때문이다. 그는 야콥슨(Edith Jacobson)이 말한 바대로 "언어에서 사유재산은 없다. 모든 것은 사회화되어 있다"라는 정리를 받아들이는 것 같다. 그리고 그는 모든 인식 체계의 철학적 비밀이 물질적 상호관계에 간직되어 있다고 본다. 그는 하부 구조와 상부 구조를 나누면서, 역사적 사회에서는 경제적 하부 구조의 결정론적 타당성을, 비역사적 사회에서는 혈연관계가 하부 구조의 결정론적 타당성을 보유하고 있다고 생각한다.

또한 그는 '실제 행동(pratiques)'과 '실천 강령(praxis)'을 구분한다. 말하자면 '실제 행동'에 관한 연구는 문명의 형식과 생활 형태의 특징을 지니기에 민족학의 영역이고, '실천 강령'의 연구는 역사학의 영역이다. 이 점에서 레비스트로스의 견해는 마르크스와 차이가 있다. 전자는 상부 구조일 수 있다. 레비스트로스는 '실제 행동'과 '실천 강령' 사이에 하나의 매개자를 둔다. 그 매개자는 하나의 개념적인 도식으로서, 그것에 의하여 자료와 형상이 경험적이며 동시에 논리적인 구조로 이룩된다.[38] 그런 구조는 주체로부터 독립

---

37) Cl. Lévi-Strauss, *The Totemism*(R. Needham 英譯), pp.172-175 참조. 여기에 관해서는 다음에 보기로 한다.

38) Cl. Lévi-Strauss, *La Pensée sauvage*, p.173. "Sans mettre en cause l'incontestable primat

된 객관적 본질을 지니며 자연적 존재의 우선권을 향유한다. 따라서 그 구조는 마르크스가 말하는 실천 강령에서 나오는 물질의 역사화와는 다르다. 마르크스의 인식세계에서 구조는 '프락시스(실천 강령)'의 세계에서만 의미를 띠고 인간 행동에 의하여 주형되고 변화되는 물질이다. 그래서 마르크스의 철학에서 '실천 강령'의 기능은 자연을 역사적으로 수정하기 위함이다.

다 같은 물질주의와 하부 구조의 철학을 갖고 있는 레비스트로스와 마르크스의 차이점이 결정적으로 어디에 있는가를 보아야 한다. 마르크시즘은 자연의 역사화 개념을 중시하기에 역사에 대한 유물적 이론이다. 그래서 '실천 강령'은 참 인식의 과정으로서 인간 존재를 뜻하며, 인간의 의식은 '실천 강령'이 역사를 변혁시킨 물질의 반영 이외에 다른 것이 아니다. 인간의 의식과 사상은 자연의 산물이 아니라 역사화된 자연인 사회의 산물이다. 그러므로 자연이 그 자체로 스스로 인간을 정의하거나 결정하지 못한다고 본다. 이 점에서 마르크스 이론과 레비스트로스 이론이 갈라진다. 왜냐하면 마르크스에 있어서는 인식론적으로 역사적인 것, 사회적 생산이 선행한다. 그러나 레비스트로스에 있어서는 그대로의 자연적 작동, 화학적·생물학적 작용이 선행한다. 마르크스에 있어서 의식은 역사와 함께 변한다. 그러나 레비스트로스에 있어서 인간의 의식은 불변이다. 왜냐하면 인간 의식의 영역은 역사가 아니라 자연이기 때문이다.

이런 대비에서 왜 레비스트로스가 사르트르와 이론적 논쟁을 하게 되었는가를 분명히 이해하게 된다.[39] 사르트르는 분석적 이성과 변증법적 이성을 구별한다. 후자는 전자를 부정하고 초월한다. 분석적 이성이 정태적이라면 변증법적 이성은 동태적이다. 사르트르에 의하면 변증법적 이성은 분석

---

des infrastructures, nous croyons qu'entre praxis et pratiques s'intercale toujours, un médiateur, qui est le schéme conceptuel par l'opération duquel une matière et une forme, dépourvues l'une de l'autre d'existence indépendante, s'accomplissent comme structures, c'est-à-dire comme être à la fois empiriques et intelligibles."

39) 같은 책, pp.338-348 참조

적 이성을 포괄하나 결코 후자는 전자를 이해하지 못한다. 변증법적 이성은 분석적 이성을 역사적 의미 연관으로 옮겨놓아 운동의 세계로 통합한다. 요컨대 분석적 이성은 변증법적 이성을 판단하기에 부적당하다. 확실히 인식론적으로 변증법적 이성은 분석적 이성을 판단하고 포괄할 수 있다. 이 논리에서 보면 사르트르의 방법론이 더 타당한 것 같다. 그러나 레비스트로스의 분석적 이성의 인식론이 그렇게 간단히 끝나지는 않는다.

레비스트로스는 사르트르에게 다음과 같이 물을 수 있다. 변증법적 이성이 자신을 이해하고 또 자신을 정당화시킬 수 있는가? 일반적으로 변증법적 이성은 운동의 역리(逆理)를 설명하여준다. 이를테면 지구는 겉으로는 움직이지 않는 것으로 나타나는 태양의 주위를 회전한다. 그런데 변증법적 이성은 그 태양을 망각하고 있다고 본다. 변증법이 운동의 논리라면 그것은 운동이 운동으로 여겨지기 위한 좌표점을 상정해야 한다. 그래서 레비스트로스는 변증법의 기초는 비변증법적이라고 지적한다. 왜냐하면 좌표점이 없는 운동은 이미 운동으로 여겨질 수 없기 때문이다. 레비스트로스의 분석적 이성 이론에서 보면, 유물변증법은 스스로를 이해할 수 있는 인식 기반과 좌표 체계를 상실하였다. 그래서 그는 변증법적 이성을 구성주의(constructionisme)로 명명한다. 왜냐하면 그것은 역사를 구성하려는 논리를 지니기 때문이다.

사르트르는 레비스트로스의 논리를 '게으른 이성(la raison paresseuse)' 또는 '선험적이며 유미적 유물론(le matérialisme transcendental et esthète)'이라고 비판한다. 레비스트로스의 철학이 사르트르의 철학처럼 역사 안에서 구성함이 아니라 오히려 인간을 자연 속에 해체시키려 하기 때문에 사르트르의 부정적 표현이 틀린 것은 아니다. 레비스트로스도 사르트르의 그 표현들을 적극 수용한다.

그러나 레비스트로스의 방법론을 '게으른 이성'이라 한다면 '용감한 이성'으로 표현되는 사르트르의 변증법적 이성은 결국 무엇인가 하고 레비스트로스는 사르트르를 이론적으로 압박한다. 사르트르가 말하는 철학은 결국 역사가 없는 민족이나 종족은 인간의 자격을 받을 가치가 없다는 이론이라고 레비스트로스는 비판한다. 그래서 사르트르의 변증법적 이성의 철학은 인간의 오직 하나의 존재 양식, 즉 역사를 구성하는 존재 양식에만 의지처를 찾아야 한다고 주장하기에 레비스트로스는 사르트르의 철학이 너무도 이기적이고 자기 중심적이라고도 비난한다.

사르트르의 철학은 신학이 배제된 데카르트의 철학이다. 그런 점에서 사르트르는 데카르트의 심리학적이고 개인적 차원에서 탐구된 '코기토'의 노예가 되었다고 본다. 데카르트의 개인의식 차원의 '코기토'를 사르트르는 사회적 차원으로 확대한 것에 지나지 않는다. 사르트르의 사회적 코기토란 자아 중심의 사회철학, 백인 사회 중심의 사회학 이외에 다른 것이 아니므로 레비스트로스는 사르트르가 '코기토'를 사회화함에서 단지 감옥을 바꿨을 뿐이라고 말한다. 왜냐하면 사르트르가 원시 사회와 문명 사회의 구별을 강조한 것은 자아와 타아의 근본적 대립을 반영한 것에 지나지 않기 때문이다.[40] 이리하여 레비스트로스는 데카르트와 사르트르의 철학을 다음과 같이 단죄한다. "물리학을 정초하기 바랐던 데카르트는 사회로부터 인간을 단절시켰다. 인간학을 정초하려고 한 사르트르는 자기 사회를 다른 사회들로부터 단절시켜놓는다."[41]

이 논문의 시작에서 언급되었던 지질학의 개념을 여기서 끝으로 다시 정리하자. 사회의 지질학자로서의 마르크스의 인식론, 의식의 지질학자로서의 프로이트의 인식론, 언어의 지질학자로서의 소쉬르의 인식론이 레비스트로스의 인식론에 깊이 관여하고 있음을 보았다. 이들 지질학자의 공통점은 모두 물질주의자라는 점이다.

---

40) 같은 책, p.330. "Son insistance pour tracer une distinction entre le primitif et le civilisé à grand renfort de contrastes gratuites, reflète, sous une forme à peine plus nuancié, l'opposition fondementale qu'il postule entre le moi et l'autre."

41) 같은 책, p.330. "Descartes, qui voulait fonder une physique, coupait l'Homme de la Société. Sartre, qui prétend fonder une anthropologie, coupe sa société des autres sociétés."

그런데 프로이트와 마르크스의 물질주의는 목적의 이념을 안고 있다. 그들은 그 목적을 의식보다 더 깊은 수준에 놓아두고 있다. 그 깊은 곳에 인간을 움직이는 힘이 있다. 우리가 그 힘을 일고 인식함은 곧 그 힘을 통하여 어떤 목적의 형평을 유지하기 위함이다. 그래서 마르크스는 인간의 영웅적인 '실천 강령'을 강조한다. 그것은 하나의 사회적 행동으로서 세계와 인간을 변혁시킨다. 프로이트는 마르크스보다 더 음울한 세계 속에 산다. 프로이트는 세계와 인간을 변혁하는 행동보다는 오히려 욕망과 억압과의 끈질긴 균형을 계속 추구함을 목적으로 삼는다. 그런데 마르크스와 프로이트는 다 같이 능동적이고 강력한 하부 구조적인 무의식의 지식에 도달하여 그 지식을 어떤 목적에 소용하려 한다. 그러나 레비스트로스의 물질주의 철학은 반복보다는 활동성을 인식하지 않는 작동(opération)을 중시하는 자연주의의 사유 체계다. 자연에는 목적이 없다.

레비스트로스의 인류학적 과학철학이 준 인식 이론의 대종(大宗)은 "문화를 자연 속에 재통합하며 그리고 마침내 삶을 그것의 물리·화학적 조건의 전체로 흡수시키는 것"[42]이다. 그런 철학은 자연히 '차가운 사회(la société froide)'를 '뜨거운 사회(la société chaude)'보다 가깝게 여긴다. 낱말의 레비스트로스적인 뜻에서 '차가운 사회'는 그 사회가 스스로 만든 제도에 의하여 역사적 요인이 그 사회를 흔들어놓으려는 모든 영향을 거의 자동적으로 없앤다. 그와 반대로 '뜨거운 사회'는 역사적 생성을 발전의 요인으로 도입한다.

물론 모든 사회가 역사 속에서 존재하면 변한다는 것을 레비스트로스도 인정한다. 그러나 그의 인식론적 의도는 변화하는 것이 표피적이고, 그 변화의 밑바닥에 숨어 있는 불변의 기저를 파악하려는 것이다. 그런 이론을 우리가 수용하면 역사적 사건들도 반복의 구조 속에서 해석되어야 한다는 결론이 나온다.

---

42) 같은 책, p.327. "Réintegrer la culture dans la nature, et finalement, la vie dans l'ensemble de ses conditions physico-chemiques."

인류학에 기반을 둔 레비스트로스의 과학철학과 인식론에 대한 비판도 치열하다. 치열한 만큼 비판의 타당도도 높다. 예컨대 바타유(Henry Bataille)는 근친상간의 금기, 친족관계, 결혼 법칙 등이 모두 모스의 증여 이론으로 해석될 수 없다고 그의『에로티즘(L'erotisme)』에서 주장한다. 에로티즘은 교환의 기호로 축소·환원되지 않는다. 레비스트로스의 이론에 대한 찬반은 다음에 보기로 하자.

인간은 자연적 작동인가 아니면 정열적 존재인가? 인간이 기호인가 아니면 역사인가? 이런 물음은 모두 철학적 사고가 인간에 대해서 제기하는 인간 자신의 자기 갈등이다. 그 갈등에서의 선택이 인간에 대한 인식과 지식의 성격을 결정한다. 구조주의는 자연적 작동과 기호를 인간의 자리에 대입시킨다. 폴 리쾨르(Paul Ricoeur)는 레비스트로스의 구조주의를 가리켜서 "주체와 의식이 없는 선험주의"라고 하였다. 구조주의적 인식론의 확장은 여기서부터 재조명되어야 하리라. 그러나 그것은 구조주의의 각론을 검토·연구한 다음에 정리될 과제다.

V. 구조주의의 사회과학적 접근*

1. 구조론적 사회 인식에 대한 접근

삶에 깊숙이 관여하여 삶의 정열과 역사의 흐름과 그 운명을 같이하는 철학이 한때의 일이라면, 반드시 관여 대신에 관찰을, 삶의 정열 대신에 사물의 기호화를, 역사의 흐름 대신에 자연의 빈틈없는 체계를 중시하는 철학이 생겨나는 법이다. 전자를 참여의 철학이라 부른다면, 후자를 비참여의 철학이라 부를 수 있다. 현대의 20세기를 건너면서 인류가 겪은 커다란 전쟁은 인간으로 하여금 인간관계의 자질에 가혹하리만큼 준엄한 회의를 하도록 압력을 가하였다.

철학의 영역에서는 인간의 내면세계와 바깥세계 사이에 어떤 방식에서든지 연관성이 있다는 생각이 부정적인 방향으로 기울어지게 되었다. 그리하여 20세기 초두를 지배하였던 서양 철학의 주류는 언어와 그 언어를 넘어서 있는 세계의 관계를 단절시켰고, 초기 실존주의의 철학은 인간을 고독한 존재로 그렸으며 심지어 존재의 부조리한 조건 아래서 사회에서 인간을 끊어 놓는 결과까지 잉태하였다. 물론 후기 실존주의의 사상에 이르러 인간의 사회성이 회복되기는 하였지만 회복된 사회성은 철학에 의해서 당위적으로 발견된 성질을 지녔지, 사회과학적으로 실재성을 지닌 그런 의미와는 거리가 멀었다.

요컨대 1950년대까지만 하여도 서양 철학에서 영국의 버트런드 러셀의

---

*『사회과학 방법론』(民音社, 1977) 게재.

논리적 원자론부터 프랑스의 사르트르의『구토』까지 20세기의 초반부에는 사고의 개체성과 논리의 단편성이 지식세계에 군림하였다. 이러한 미시적이고 단편적인 지식의 경향에 대하여 줄기차게 저항해왔던 쪽이 루카치에 의하여 대변되어온 마르크시즘 철학이었다.

그런데 마르크시즘의 철학성이 교조화되고 화석화된 공산주의 정치 풍토와 어느 정도 다른 점을 보인다 하여도 여전히 마르크시즘은 혁명의 뜨거운 피를 흘리게 하고 과격한 흥분에 미쳐 인간의 지식을 경직된 행동의 노예로 전락시키려는 본래의 의도에서 그렇게 멀지 않다. 마르크시즘은 20세기의 가장 대표적인 참여의 철학이요 참여의 사회과학이다. 그러나 그런 뜨거운 참여의 철학, 행동의 사회과학이 우리의 세계, 오늘의 세대에 남아 있는 문제를 해결하기에는 너무나 몰이성적이라 여길 때 우리의 지성은 뜨거운 정열 대신에 차가운 관찰력을 요구하는 비참여의 방법론을 찾지 않을 수 없게 된다.

구조주의의 사회과학적인 접근은 바로 그런 지적 요구의 소산이다. 구조주의는 현대의 모든 과학을 그 뿌리에서 통일하려 하고 또 이 세계를 인간이 거주하기에 진실로 적합하게 하려고 하는 징합적 체계의 요구에 대한 지적 응답이다. 물론 인간에게는 종교적·신앙적 요구도 있다. 그러나 구조주의는 그런 요구에는 침묵을 지킨다.

마르크시즘과 구조주의를 사회철학적으로 비교하여보자. 마르크시즘은 징합적 체계를 요구하는 사회과학이면서도 거기에는 종교적 요구에 대한 응답의 여지가 깔려 있다. 마르크스의 변증법에는 역사에 관한 엄밀한 분석과 지식보다는 닥쳐올 역사에 대한 흥분과 뜨거운 정열이 가득 차 있다. 그래서 정통적인 마르크시스트들은 역사를 종교적 신앙처럼 믿는 반면에 인간과 사회 그리고 자연에 대한 충분한 지식을 결여하고 있다. 그래서 역사의 표면에 나타나는 마르크시즘은 사회과학으로 차분히 정리되기 전에 하나의 전투적인 이데올로기로 굳어진다.

구조주의와 마르크시즘이 인식론의 성격에서 비슷한 점을 서로 갖고 있지만 구조주의가 자신을 결코 흥분된 피의 용광로 속으로 바치기를 원치 않는 점에서 구조주의는 가장 반이데올로기적이다. 그러면 구조주의는 어떤 인식론적 성격을 갖고 있을까?[1]

구조주의의 이론적 가치는 비단 철학, 정신과학과 사회과학, 인류학에 그치는 것이 아니다. 자연과학에서도 짙게 입증된다. 스위스의 심리학자 피아제는 물리적 현실과 거기에 사용된 수학 이론 사이의 구조주의적인 본질을 지적한다. 그리고 구조주의 방법론의 효시자인 레비스트로스는 인간학적인 관점에서 구조주의의 특징을 다음과 같이 기술한다.

원시적이든 문명적이든 사유의 법칙들은 물리적 실재와 그것의 한 국면에 지나지 않는 사회적 실재 속에서 표현되는 법칙들과 똑같다.[2]

이와 같은 인용은 구조주의가 인간을 포함하여 세계와 사회를 총체적으로, 거시적으로, 전반적으로 이해하려는 방법론임을 돋보이게 한다. 왜냐하면 넓은 의미에서 구조주의는 개인적인 현실과 실재를 중시하는 것이 아니라 개인 사이의 지배적인 관계를 인식하려고 하기 때문이다.

구조주의라는 명칭이 암시하듯이 그 방법론의 핵심은 구조라는 개념에 집약된다. 그러면 사회에서 구조란 어떤 방식으로 나타날까? 사회과학적인 의미에서 구조는 주어진 임의의 한 사회 일각에서 또는 전체 사회에서 교환이 유기적으로 조직되고 있는 법칙이다. 오늘날 구조라는 개념이 매우 다의적으로 쓰이고 있지만, 사회과학적 또는 사회철학적인 의미에서 구조는 '사회적 사실(les faits sociaux)'과 상통한다. 요컨대 '사회적 사실'은 조야한 사물도

---

1) 구조주의의 기본적 이해를 위하여 아래의 두 논문이 권장된다. 金炯孝, 「構造主義 認識論 序說」, 《哲學研究》 11(哲學研究會); 金炯孝, 「레비스트로스와 오늘의 構造主義」, 『現實에의 哲學的 接近』(물결新書).

2) Jean-Marie Auzias, *Clefs pour le structuralisme*, p.25. "(Car) les lois de la pensée, primitive ou civilisée, sont les mêmes que celles qui s'expriment dans la réalité physique et dans la réalité sociale, qui n'en est elle-même qu'un des aspects."

아니고 인간의 관념도 아니고 구조라는 개념으로 대변된다. 그런 점에서 구조의 사회적 본질을 이해하기 위하여 '사회적 사실'이라는 개념의 정리가 선결적으로 요구된다.

'사회적 사실'이라는 개념은 뒤르켐의 사회학에서 발단된다. 레비스트로스의 구조주의가 뒤르켐과 모스의 사회학 및 콩트의 철학과 밀접한 관계를 맺고 있는 것은 이들 선구자들의 이론 속에 구조주의적 인식 방법이 나타나 있기 때문이다. 뒤르켐은 그의 저서인『사회 분업론』에서 어떻게 개인들의 집합이 하나의 사회체제를 형성하게 되는가를 설문한다. 물론 개인들이 사회체제를 만들기 위해서는 하나의 공통적인 구조적 요인이 필요하다고 이 프랑스의 사회학자는 생각한다. 그는 그 요인을 '집단의식(la conscience collective)'이라 불렀다.『사회 분업론』에서 뒤르켐은 집단의식을 한 사회의 구성원에게 평균적으로 적용되는 '공통적 감정(le sentiment commun)'과 '신념의 몸(le corps de croyance)'이라 정의하였다. 그런데 이러한 뜻을 지닌 집단의식은 그 자신의 고유한 내재적 법칙과 생명을 지닌다. 그리하여 집단의식은 레이몽 아롱이 잘 설명하였듯이 다음과 같은 속성을 지니게 된다.

> 집단의식은 그 존재가 개인의식에 현존하는 신념과 감정에 의존한다 할지라도 적어도 분석적으로 개인의식으로부터 분리될 수 있다. 집단의식은 그 자신의 고유한 법칙에 따라 진행되지 단순한 개인의식의 표현이나 결과는 아니다.[3]

이와 같은 집단의식이 지니는 힘은 개인의 생각과 느낌, 그리고 믿음까지

---

3) Raymon Aron, *Main Currents in Sociological Thoughts* II, p.24. "The collective consciousness, whose existence depends on the sentiments and beliefs present in individual consciousness, is nevertheless separable, at least analytically, from individual consciousness; it evolves according to its own laws, it is not merely the expression or effect of individual consciousness."

강력히 포섭한다. 모든 개인의 생각, 느낌 그리고 믿음의 영역까지 구조적으로 통섭하는 집단의식의 이론에서 보면, 개인이란 철두철미 사회의 소생이지 결코 사회가 개인들의 집합에서 우연적으로 생기는 것은 아니다. 그리하여 모든 사람이 구조적으로 최소한도의 동질성을 띠도록 강요하는 집단의식의 사회는 뒤르켐의 사회학에서 '사회적 사실'로서 명명된다. 개인과 사회의 관계에서 사회가 개인보다 먼저 발생학적으로 형성되었다는 역사적 우선권에서 뒤르켐의 '사회적 사실'이 이해되어서는 안 된다. 오히려 사회가 개인보다 앞선다는 '사회적 사실'은 사회 현상의 설명에서 제기되는 논리적 우선권으로 인식되어야 한다.

예컨대 뒤르켐은 애덤 스미스적인 분업 이론을 그의 구조사회학의 입장에서 반박한다. 스미스는 분업의 발생을 개인들이 집단에서 일을 분담함으로써 결과적으로 집단의 생산성을 증대시키게 된다는 이익 개념에서 찾는다. 그러나 이런 설명을 뒤르켐은 비사회과학적이라고 배척한다. 왜냐하면 스미스의 이론에 따라서 개인들이 그들 사이에서 일을 분담하고 분업을 실시하여 결과적으로 집단의 생산성이 높아지게 되었다고 말함은 이미 개인들이 사회적 구조의 차이 이전에 그들의 차이를 서로 의식하고 있다는 가정과 같다. 그런데 뒤르켐의 사회학적 방법론에 의하면 개인의 의식은 결코 사회구조의 변화 이전에는 그들의 차이를 의식하지 못한다.

그러면 어떤 사회적 구조의 변화가 분업을 야기시켰는가? 여기서 이 프랑스의 사회철학자는 '사회적 사실'로서의 '집단의식'의 농도가 질적인 변화라기보다 함량의 변화를 받게 되었다고 분석한다. 좀 더 풀어서 설명하면 근대 사회로 접어들면서 집단의식은 '기계적 연대성'에서 '유기적 연대성'으로 옮겨가게 되었다는 것이다. '기계적 연대성'의 사회는 사회 구성원의 유사성이 가장 두드러지게 나타나는 사회다. 그리하여 그 사회에서는 가급적이면 개인과 개인의 차이를 축소시킨다. 개인들은 동일한 집단의식의 표현들로서 서로 유사하게 결합되어 있기에 그들은 거의 같은 정감을 느끼며 같은 가치를 아끼고 같은 것들을 신성한 대상으로 숭배한다. 그 사회는 매우 내면적으로 정합되어 있어서 개인들 사이의 차이는 부각되지 못한다. 그와는 성격을 달리 하는 '유기적 연대성'의 사회는 집단의 정합적 통합이나 통섭이 유사성에서 발단되지 않고 차이에서 비롯된다. 그래서 개인들은 비슷하지도 않거니와 바로 그런 차이 때문에 사회적 통합이 구조적으로 성취된다.

이렇게 보면 '유기적 연대성'의 사회는 이미 '사회적 사실'로서의 집단의식을 상실한 것이 아닌가? 반드시 그렇지만은 않다. 왜냐하면 신체의 각 유기체가 서로 성질을 달리하지만 하나의 생명체를 위해 필연적으로 협동하게 되는 것은 차이에 의한 통합의 구조적 필연성과 같기 때문이다. 뒤르켐의 이론에 의하면 일반적으로 '기계적 연대성'은 원시적 또는 레비스트로스의 표현대로 야생적 사회에서 지배적인 모형이고, '유기적 연대성'은 산업화 사회의 지배적인 모형이다. 낱말의 레비스트로스적인 뜻에서 '야생적 사회'에서는 한 씨족 집단의 개인들은 서로 교환될 수 있다. 왜냐하면 각 개인은 한 씨족 집단에서 동일한 집단감정을 향유하는 기호와 같기 때문이다. 동가(同價)의 기호들은 상호간에 교환 가능하다.

'유기적 연대성'의 사회와 '기계적 연대성'의 사회가 그러한 차이점을 안고 있다면, 어떻게 공통적인 '사회적 사실'이 적용될 수 있을까? 더구나 구조주의 이론에서 보면, 비록 사회적 변화가 생기더라도 사회구조의 깊은 뿌리는 변화에 둔감한 것이 아닌가? 요컨대 두 사회를 공통적으로 설명하는 요인이 무엇인가?

뒤르켐은 체질에 따라서 분류되는 '분할 사회(la société segmentaire)'를 매개자로서 내세운다. '분할 사회'의 개념은 개인들이 단단하게 접목되어 있는 사회집단을 가리킨다. 그래서 각 사회 분할은 마치 기하학적인 선분 개념처럼 독자적인 생명을 지니고 있어서 다른 분할 사회와 격리되어 존재할 수 있다. 그래서 '분할 사회'는 그 구성원에 대하여 강력한 집단의식을 갖도록 한다. 이 '분할 사회'는 '기계적 연대성'과 유사 관계를 갖지만, 표면적으로 분업화되고 다양화된 산업 사회와는 조금도 공통점을 갖고 있지 않는 것같이 보인다.

그러나『사회 분업론』에서 뒤르켐은 영국의 선진 산업 사회에서 발생한 분업 현상에서 야생적 사회에서와 같은 분할 사회의 구조가 여전히 부분적으로 남아 있음을 지적한다. 영국은 대륙보다 빨리 산업화되고 분업화되었지만 야생적 사회에서 볼 수 있는 분할적 모형이 여전히 지배적이다. 즉, 분업 사회가 생겨서 큰 공장과 대기업이 운영되고 있지만, 그 사회의 저변에는 여전히 '벌집 체계(rayon de miel)'가 강력히 남아 있다고 뒤르켐은 밝힌다. 이러한 관찰에서 그는 다음과 같이 결론을 유도한다.

노동 분업은 사회생활의 표면에 등장된 파생적이며 이차적인 사회 현상이다. 그래서 모든 사회에 있어서 그 사회의 표면적 현상은 '위치 선정에 따라서' 외부적 영향에 매우 민감하다. 그와는 달리 그 사회의 깊은 내재적 구조는 별로 외적 영향에 잘 수정되지 않는다. 따라서 사회구조에 있어서 큰 변동 없이 사회의 위치 선정을 물질적 안락, 경제적 향상에 두려고 하는 경우가 생기게 된다. 그리고 선진국을 모방하여 후진국도 자신의 사회구조의 심층을 변화시키지 않고 표면적 사회 현상의 위치 선정을 경제적인 것에 두는 모방을 일으킬 수도 있다. 그러므로 의식의 가장 표피적 현상은 교육과 같은 외부적 영향에 따라 얼마든지 바뀐다. 그러나 그 사회의 집단의식의 심층적 저변은 여간한 충격에서도 동요하지 않게 된다.

그런 점에서 사회 분업 현상은 스미스의 이론과는 달리 분할 사회의 불변적 구조가 그 표면적 현상의 위치 선정을 경제적 생산성의 증대에 두었기 때문에 오는 결과다. 이러한 설명 방식은 사회철학적으로나 사회과학적으로나 중대한 결론을 유도한다. 왜냐하면 사회 인식은 그 사회의 문명 상태 단계라든가 또는 경제생활의 수준에 의해서 결정되는 것이 아니기 때문이다. 문명의 상태나 경제 수준은 사회구조의 전체적 변동과는 아무런 관계가 없고, 단지 다른 사회의 모방이며 모사일 뿐이다. 그러므로 사회 변화나 변동은 불변하는 집단무의식의 사회구조 위에 누워 있는 셈이 된다.

이미 기술하였듯이, 영국이 대륙보다 더 빨리 산업화되었고 경제적 분업화로 치닫고 있지만 그 어느 사회보다 더 크게 '벌집 체계'와 '분할 사회'의 모형을 갖고 있다고 뒤르켐이 밝혔다. 영국 사회의 어떤 점이 그러한가? 가장 대표적인 예가 지방 분할과 전통의 힘이다. 이런 뜻에서 사회의 근대화 과정은 사회의 표면적 현상의 위치 선정에 관계되는 문제이지 구조의 변화와는 거의 관계가 없다는 사회 인식론이 학문적으로 대두된다. 그러므로 증가된 생산성의 합리적 추구로 사회적 차이를 설명할 수는 없다. 왜냐하면 그런 추구는 사회의 위치 선정의 구조적 좌표를 전제로 해서 가능해지기 때문이다.

뒤르켐, 그는 구조주의적 사회학의 선구자다. 그의 사회학은 부분보다 전체에 논리적 우선을 두며, 사회적 실재를 사회적 요소들의 합계로 환원시킬 수 없다고 주장한다. 그래서 집단성의 상태에 의하여 개인적 현상들을 설명해야 한다고 주장함이 곧 구조론적 사회 인식의 길이다. 마찬가지로 뒤르켐이 설명하고자 하는 노동 분업의 현상도 경제학자가 생각하는 개념과는 다르다. 그래서 사회를 과학적으로 연구하기 위해서는 참여의 뜨거운 철학으로서는 불가능하다는 결론이 나온다. 그런 점에서 밖에서 사회를 관찰하는 차가운 비참여의 철학이 지성적으로 요구된다. 우리는 직접적으로 감지되지 않는 사회의 상태와 현상을 구조적으로 인식하기 위한 방법을 발견하지 않으면 안 된다. 바로 그런 방법이 현대에서 인구에 회자되고 있는 구조주의 방법이다.

구조의 인식은 사회학뿐만 아니라 심리학의 영역에서도 중요시된다. 일반적으로 심리학에서 구조란 지각의 장(場, 밭)의 틀을 지시하는 것으로서 모든 개별적 지각 현상은 그 틀로부터 지역적 가치를 부여받게 된다. 구조주의적·형태주의적 심리학의 중심 개념은 전체성이다. 에렌펠스는 이미 1890년에 멜로디나 인물의 인상과 같은 복잡한 대상의 형태(Gestalt)나 전체적 집합의 성질에 관계되는 지각의 심리 현상을 구조주의적 방법에 의하여 해명하였다. 즉, '가' 음조의 멜로디를 '나' 음조의 멜로디로 옮겨놓으면 부분적으로 특수한 소리는 달라질 수 있지만 사람들은 동일한 멜로디라고 인식한다. 이처럼 지각의 밭에서 요소들은 전체에 늘 종속되기에 지역적이고 부분적인 변화가 전체의 인식에 어느 정도의 영향을 주기는 하되 지각되는 전체의 법칙은 늘 내재적으로 고유한 결을 지닌다. 퀼러가 지적한 가장 간단한 보기에 의하면 나누어진 공간은 나누어지지 않은 공간보다 더 크게 보인다. 언어학에서도 소쉬르는 겉으로 드러난 의미의 밑바닥에서 언어의 통일성을 감지하도록 한다. 그뿐만 아니라 모스의 사회인류학에서도 사회가 형성되는 것은 친족관계, 결혼관계, 혈연 체계, 언어 교환 체계, 경제 교환 체계, 신화 체계 등에 의해서다. 모스의 사회인류학 이론에서 사회란 상호작용 상태에 있는 체계들의 전체에 지나지 않는다.

임의의 한 사회에서 살고 있는 주체들은 그들을 지배하고 있는 교환의 원리를 반드시 이해하거나 인식하고 있지는 않다. 이런 현상은 마치 한국어를 모국어로 쓰는 우리가 한국어의 언어적 분석과 문법에 의도적으로 맞추어서 말을 하고 있지 않는 것과 같다. 이런 점을 장 라크루아는 레비스트로스의 구조주의에 관하여 다음과 같은 말로 유비적인 설명을 한다.

레비스트로스는 어떻게 인간이 신화를 생각하고 있는가를 보여주려고 하지 않고, 어떻게 신화가 인간들 사이에서 또 인간들이 모르는 사이에 생각되고 있는가를, 극한의 경우에 어떻게 신화들이 자기들 내부에서 생각되어지는가를 보여주려고 한다.4)

신화가 개인에 의해서 좌우되지 않는 전체성의 내재적 결을 향유하듯이 사회도 그러하다. 그래서 사회구조는 자기 스스로 움직이면서 단지 주체들 속에 담겨질 뿐이다. 사회구조는 두 가지의 면을 동시에 지닌다. 사회구조는 내재적 원리에 의하여 거기에 들어오는 모든 요소를 유기적으로 조직화한다. 그래서 구조는 형식이면서 동시에 의미이기도 하다. 그런데 구조가 품고

---

4) Jean Lacroix, *Panorama de la philosophie française contemporaine*, p.234. "Lévi-Strauss ne prétend pas montrer 'comment les hommes pensent les mythes mais comment les mythes se pensent dans les hommes et à leur insu' à la limite comment les mythes se pensent entre eux."

있는 의미는 플라톤의 철학에서 무겁게 등장하는 이데아와는 다르다. 플라토니즘의 이데아 개념처럼, 가능한 모든 사회의 삶을 지배하는 불변의 원형을 상상하는 일은 동일한 인물의 인상이 환경이 다르면 다르게 나타날 수 있다는 것을 망각하는 것과 같다. 그러므로 사회구조가 다르면 구조의 어의론적 뜻이 달라진다. 같은 개념의 어의도 문장의 구조에 따라서 달리 채색된다. 모든 구조는 형식이면서 동시에 의미다. 그래서 이중적인 면을 지닌다. 구조를 형식의 면에서 보면 그것은 모든 형식주의 이론과 같이 보편성을 지니게 된다. 그러나 구조를 그 속에 조직된 의미의 면에서 보면 모든 구조는 현재 상황의 특수한 역학관계에서 다시 채색되기 마련이다.

북미 인디언의 신화는 로마인의 농경 신화(Saturnus)나 멕시코의 카치나스 (Katchinas) 신화 속에서 동일한 구조의 배열을 기호적으로 띠고 나타날 수 있다. 이 점에서 레비스트로스는 다음과 같이 논급하였다.

이러한 신화들은 겉으로 자의적인 것같이 보이지만 세계의 여러 지역에서 같은 성격을 지니고서, 그리고 가끔 같은 세목(細目)을 갖고서 재생된다. 여기서 다음과 같은 문제가 등장한다. 만약에 신화의 내용이 전적으로 우연적이라면 어떻게 지구의 한 끝에서 다른 한 끝까지 신화들이 그토록 비슷하다는 것을 이해할 수 있겠는가?[5]

이러한 레비스트로스의 보편주의는 그의 구조주의 방법론을 확대시킨 학자들에 의하여 어느 정도 수정을 받고 있다. 예를 들면 쿠르테스는 다음과 같이 레비스트로스의 보편주의를 어의론적 특수주의와 결부시킨다.

---

5) Cl. Lévi-Strauss, *Anthropologie structurale*, p.229. "(Pourtant) ces mythes, en apparences arbitraires, se reproduisent avec les mêmes caractères, et souvent les mêmes détails, dans diverses régions du monde. D'où le problème: si le contenu du mythe est entièrement contingent, comment comprendre que, d'un bout à l'autre de la Terre, les mythes se ressemblent tellement?"

우리가 생각하기에 레비스트로스가 부딪치고 있는 근본적인 어려움은
종국적으로 어휘들의 어려움이다. 이 점에서 어휘들은 여러 가지 부호로
분절되거나 또는 다양한 어의론적 국면들로 분절된다는 그의 가설이 나오
게 된다. 이런 장애를 극복하기 위하여 그런 문제를 인류학으로 돌리면서
그 가설을 피하는 것으로 충분하리라. 신화에 어의론적인 것(le sémantique)
이 있다는 것을 아무도 부정할 수 없으리라.…구조론적 분석이 이루어질
수 있기 위하여 문장론이 신화의 이야기 속에 구체적으로 분절하는 일반
적 배후로서의 구성적인 어의론을 유지함이 필요하다.6)

쿠르테스의 논지를 설명하면, 비록 레비스트로스의 주장대로 각국의 신화
들이 결코 우연적일 수 없는 뜻에서 상호간의 유사성을 내용적으로 갖고 있
다 할지라도 그 신화가 이야기하는 문장에 있어서 어의의 구성과 뜻은 특수
하게 다를 수 있다는 것이다. 그런 점에서 쿠르테스는 레비스트로스의 구조
주의 방법론을 '언어 기호론'적인 입장에서 해설하면서, 그의 방법론은 보편
주의를 지향하려는 점에서 '어형 변화표의 읽기(les lectures paradigmatiques)'
에 탁월한 논리를 열어놓았다고 말하였다. 구조주의적 방법은 인간 사고의
문법을 성(性)·수(數)·격(格)에 따른 어미 변화의 부호와 동사 변화의 일람표에
의하여 보편적 부호로서 작성하려는 이념을 지니고 있다. 그런 탁월한 이념
은 동시에 '사절론적(辭節論的) 전망'에 의하여 보완되어야 한다고 쿠르테스

---

6) Joseph Courtès, *Lévi-Strauss et les contraintes de la pensée mythique*, pp. 180-181. "Les
difficultés fondamentales, à laquelle, nous semble-t-il se heurte Cl. Lévi-Strauss est
finalement celle des 『lexiques』: d'où son hypothèse que ceuxci sont articulés en
codes fifférents, ou en aspects sémantiques variés. Pour surmonter cet obstacle, il
suffirait d'écarter ce présupposé, renvoyant cette question aux sciences authro-
pologiques. Qu'ily ait du sémantique dans les mythes, nul ne saurait le nier; … Pour
que l'analyse structurale puisse s'exercer , il est seulement nécessaire de maintenir la
composante sémantique comme un car rière-fond général que la synthèse articule
concrètement dans les récits mythiques."

는 주장한다. 사절론이란 서로 상보적인 두 범주에 속하는 두 어휘 기호들 사이에 문법적으로 설정된 상호 의존의 산물을 연구하는 학문이다. 예를 들면 "가장 아름다운 날들은 지나가고…"라는 문장에서 '가장+아름다운+날들'은 하나의 사절이다. 이 세 단어들의 집단이 한 문장에서 통일체를 어떻게 형성하는가가 사절론의 중요한 연구 대상이다.

그런데 '가장 아름다운 날들'이라는 통합어의 개념이 문장의 성격에 따라서 각각 다른 어의를 지닐 수 있다. 예를 들면 여기에 두 문장이 있다. "오늘은 금년의 봄 날씨에서 가장 아름다운 날이다"라는 문장에서의 통합어와 "나의 생애에서 가장 아름다운 날이 지나갔다"에서의 통합어는 어의론적으로 다르다. 이래서 구조주의적 방법론은 사고 모델의 보편적 변화표와 어의론적 내용의 특수성을 보완해야 한다.

이와 같은 요구는 구조주의적 사회 인식론에도 적용된다. 앞에서도 언급되었듯이, 동일한 인물도 그가 속하는 체계에 따라서, 사회구조에 따라서 상이한 의미를 지닐 수 있다. 모든 사회의 어형 변화는 멘델레예프의 원소주기율처럼 일정한 부호의 일람표 속에 배열될 수가 있으리라. 그러나 각 사회의 고유한 어의론적 개념은 특수한 구조적 산물이 아닐 수 없다.

프랑스의 현상학자로서 구조주의와 매우 가까운 메를로퐁티도 구조주의적 방법론이 사회과학에 접근될 때 특수한 문화적 구조의 독특성을 배제하고 오직 기호 체계의 보편주의만을 고집하기가 어렵다고 말하였다.

언어 체계, 경제 체계 그리고 사회구조가 이행하는 친족 체계와의 사이에 어떻게 아무런 관계가 없겠는가? 그러나 그 관계는 매우 미묘하고 다양할 수 있다. 물론 그런 관계에 동질적 대응 구조가 때때로 있다. 다른 한편으로 신화와 제의(祭儀)의 경우에서처럼 한 구조가 다른 구조의 반대편이거나 적대편일 수도 있다. 구조로서의 사회는 여러 가지 면을 가진 현실이고 또 다원적인 각도에서 비판될 수 있다.[7]

물론 메를로퐁티도 사회과학적인 차원에서 구조주의 방법론의 획기적인 비중을 결코 가볍게 보지 않는다. 왜냐하면 그가 고백하였듯이 구조주의적 방법론의 으뜸 되는 관심은 상이한 사회구조의 절대적 사고방식을 넘어서 또는 그것 대신에 모든 사회에 통용되는 보편적인 상보성의 원리를 탐구하고 대치하려는 일이기 때문이다. 그래서 구조주의의 사회과학적 접근은 역사와 시간과 문명과 경제의 차이를 넘어서 모든 인류 사회에 적용되는 보편적 불변의 구조 논리를 발견하려는 데로 나아간다. 그 누구도 그런 접근의 의도를 제한시킬 수 없다. 마찬가지로 그 누구도 인류 사회의 보편적인 구조 이외에 각 사회의 특수한 구조가 존재한다는 것을 부정할 수도 없다. 왜냐하면 인류의 사고가 동일한 어형 변화의 문법 체계를 갖고 있다 할지라도 그 체계의 틀 속에 끼는 어의학적 사절론의 구체적 문장에서 같다고 단언할 수 없기 때문이다.

이처럼 구조주의의 방법론이 인식론적 갈등을 이론적으로 안고 있다 하여도 그것은 여전히 현대 과학의 방법론에 철학적 이론이 제공하여줄 새로운 발상법임에 틀림없다. 앞에서 사회학자 뒤르켐의 분업론을 보면서 구조주의적 사고의 전개 과정을 간략하게 살펴보았거니와, 구조주의적 방법론의 특성은 인간을 포함하여 사회를 바라보는 전체적이고 통일적인 길을 찾는 데 있다. 20세기 전반의 지성이 한편으로 원자론적이며 미시적인 분석에, 다른 한편으로 실존적인 내면성의 탐구와 기술에 침잠했다면, 20세기 후반은 그 지성의 경향에서 다분히 구조적인 맛을 짙게 풍긴다.

구조론적 지식의 가능성에 대하여 회의적이었던 비트겐슈타인도, 비록 그

---

7) M. Merleau-Ponty, *Signes*, pp.147-148. "Comment n'y aurait-il aucun rapport entre le système linguistique, le système économique et le système de parenté qu'elle pratique? Mais ce rapport est subtil et variable: C'est quelquefois une homologie. D'autres fois —comme dans le cas du mythe et du rituel—une structure est la contrepartie et l'antagoniste de l'autre. La société comme structure reste une réalité à facette, justiciable de plusieurs visées."

가 구조주의자는 아니지만, 구조적인 성향을 보인다. 왜냐하면 비트겐슈타인이 강조하였듯이, 세계는 사실들의 전체이지 사물들의 전체가 아니기 때문이다. 바로 그 '사실'이란 그에 의하면 사상(事象, states of affairs)이다.

> 하나의 사상에서 (객관적) 대상들은 쇠줄처럼 서로 조절된다.
> 하나의 사상에서 대상들은 서로 규정된 관계를 맺는다.
> 대상들이 하나의 사상에서 연결되는 규정된 방식은 그 사상의 구조다.
> 형식은 구조의 가능성이다.
> 한 사실의 구조는 사상들의 구조로서 구성되어 있다.
> 현존하는 사상들의 전체가 세계다.[8]

비트겐슈타인에 의하면 사상은 문장에 의하여 표현되지, 한 단어에 의해서 나타나지 않는다. 현대 언어학의 중심 개념이기도 한 문장론은, 촘스키의 이론과 같이, 모든 사람은 어떤 방식에서든지 그들의 언어적 능력을 조직하기 위한 선천적 성향을 지니고 있다는 결론으로 나아간다. 그리하여 모든 사람은 스스로 자신의 언어를 창조적으로 배우고 타인에게 의사 전달을 하게 하는 '보편적 문법(universal grammar)'의 지식에 관여하게 된다. 이러한 언어학의 구조적 경향은 앞에서도 암시되었듯이 심리학에도 적용된다. 형태심리학은 정신 과정에서 부분보다는 전체의 우위를 강조하는 사고와 지각의 심리학이다. 마찬가지로 막스웰·프랑크·애딩턴의 물리학에서도 자연과학은 총체적 방식으로 나아가는 사고의 필연성을 배우게 되었다고 언급된다. 요컨

---

8) L. Wittgenstein, *Tractatus Logico-philosophicus*, 2.03, 2.032, 2,032, 2.033, 2.034, 2.04 項 참조. "In a state of affairs objects fit into one another like the links of chain"(2.03). "In a state of affairs objects stand in a determinate ralationship to one another"(2.031). "The determinate way in which objects are connected in a state of affairs is the structure of the state of affairs"(2.032). "Form is the possibility of structure"(2.033). "The structure of a fact consists of the structures of states of affairs"(2.034). "The totality of existing states of affairs is the world"(2.04).

대 20세기 후반은 일반적으로 원자론을 구조주의에 의하여 대치하고 개인주의를 보편주의로 탈바꿈시키려는 과학적 훈련에 점차 젖어간다. 이와 같은 모든 변이에 자극제를 체계적으로 준 이가 클로드 레비스트로스다.

결국 우리는 신화를 구성하는 참다운 통일체는 단절된 관계들이 아니고 관계들의 다발임을 정립한다. 그리고 오직 그런 다발들의 결합 형식 아래서만 신화를 구성하는 통일체가 의미를 띠는 기능을 얻게 된다.[9]

2. 레비스트로스의 사회인류학적 방법

지금까지 구조주의가 어떻게 사회과학적으로 접근 또는 적용될 수 있는가를 관견하였고, 구조주의의 방법에 대한 비판적 또는 보완적 관점도 일별하였다. 그리고 무엇보다도 이 방법론이 지니는 의의는 모든 과학을 통합하는 전체성에 깃들어 있음도 성찰하였다. 그런 이념에 불을 붙인 이가 바로 이 절에서 다루고자 하는 레비스트로스다. 이 절에서 우리는 레비스트로스의 방법론을 사회인류학의 관점에서 예제의 성격을 띠면서 고찰하여보기로 한다.

레비스트로스의 사회인류학은 주로 인간 사고의 변치 않는 본성에 대한 믿음에 정박하여 있다. 따라서 그의 구조주의는 사회의 구체적이며 표면적인 제반 관계의 뒷면에 숨어 있는 하부 구조와 무의식적인 세계를 추상적인 모형의 연역적 체계에서 탐구하려 한다. 예컨대 풍습은 한 사회에서 외적 규범으로 주어지며, 그런 풍습은 그것이 나타나는 사회 상황과 마찬가지로 개인들의 감정을 겉으로 표가 안 나게 결정한다. 바로 이런 풍습이 한 사회의

---

9) C. Lévi-Strauss, *Anthropologie structurale*, pp.233-234. "Nous ponsons, en effet, que les véritables unités constitutives du mythe ne sont pas les relations isolées, et que c'est seulement sous formes de combinnaisons de tels paquets que les unités constitutives acquièrent une fonction signifiante."

하부 의식으로서 항구적으로 존속하는 하부 구조이다. 이런 점에서 구조의 본질은 사회적으로 공시성의 성격을 띠지 않을 수 없고, 그것은 역사와 같은 통시성의 성격과 다른 자리를 잡게 된다. 물론 레비스트로스도 한 사회의 구조가 어떤 과정을 밟게 되었는가를 인식하기 위하여 역사의 필요성을 결코 전적으로 부정하지는 않는다. 왜냐하면 역사는 어떤 사회구조의 모든 요소를 통합·통람하여 목록을 작성하는 데 절대적으로 불가결하기 때문이다.

사실상 역사는 인간에게도 어떤 특정의 대상에도 연결되어 있지 않다. 역사는 온전히 그것의 방법에서 성립한다. 왜냐하면 역사가 인간적이든 비인간적이든 어떤 구조의 요소 전체를 목록화하는 데 필요불가결하다는 것을 방법의 경험이 입증하기 때문이다. 지성의 탐구가 종착점으로서 역사에 이르기는커녕 오히려 역사는 논리적 지성의 탐구를 위하여 출발점으로 이용된다.…역사는 모든 것에 통한다. 그러나 그것도 역사에서 벗어나는 조건에서만 그렇다.[10]

결국 사회구조의 인식에서 역사학은 공시적 구조의 요소들이 어떻게 나타나고 사라졌는가를 목록화하기 위한 예비적 기능을 갖는 셈이다. 그런 점에서 레비스트로스가 통시적인 역사학에 근거하지 않고 공시적인 문화인류학적 방법 위에서 어떻게 사회 인식의 문제를 정립하는가를 몇 가지 예제로써 접근하기로 하자. 그러기 위해서 우리는 사회 인식의 구조적 진단을 위한 기본적 도식을 생각할 수 있다.

---

10) Cl. Lévi-Strauss, *La Pensée sauvage*, pp.347-348. "En effet, l'histoire n'est pas liée à l'homme, ni à aucun objet particulier. Elle consiste entièrement dans sa méthode, dont l'expérience prouve qu'elle est indispensable pour inventorier. L'intégralité des éléments d'une structure quelconque, humaine ou non humaine. Loin donc que la recherche de l'intelligibilité aboutisse à l'histoire comme à son point d'arrivée, c'est l'histoire qui sert du pont de départ pour toute quête de l'intelligibilité.… l'histoire mène à tout, mais à condition d'en sortir."

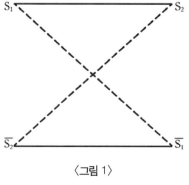

〈그림 1〉

S를 사회적인 것의 기호로 보면, $\overline{S}$ 는 비사회적인 것의 기호다. 그리고 S_1 과 S_2는 대립 관계에 있고, 마찬가지로 $\overline{S}_1$(非S_1이라 칭함)과 $\overline{S}_2$(非S_2라 칭함)도 대립 관계에 있다. 그리고 S_1과 $\overline{S}_1$, S_2와 $\overline{S}_2$는 모순 관계이고, S_1과 $\overline{S}_2$, S_2와 $\overline{S}_1$은 함축 관계이다. 이런 기호에 따라 문화사회를 S로 보면 자연히 $\overline{S}$의 기호는 자연으로 대입된다.

레비스트로스는 그의 저서 『친족관계의 기본 구조』와 『식사법의 기원』에서 문화와 자연의 대립 관계를 방법적으로 이해함이 매우 중요하다고 강조하였다. 그리고 자연과 문화의 차이는 생물적인 것과 사회적인 것의 대립으로 환원된다고 하였다. 그런 점에서 사회의 기본 구조를 공시적으로 인식하기 위하여 '자연 : 사회(문화)'의 대립을 하나의 체계로 연구하여봄이 좋으리라.

'자연 : 사회(문화)'의 대립은 최초로 '연속적인 것 : 분별 있는 것'으로 나타난다.

자연과 문화의 대립과, 연속적인 양(la quantité continue)과 분별 있는 양 (la quantité discret) 사이에는 하나의 동형(同形)이 있다.[11]

위의 인용이 뜻하듯이 '분별적인 것'은 규범적인 것의 위치 선정과 동가이며, 그것에 의하여 문화사회에 의미의 체계가 구성된다. 그런 점에서 자연세계에서 문화사회에로의 이행은 연속에서 불연속으로의 이행과 같다. 그런 점에서 고대 사회로 갈수록 자연의 연속성이 더욱 지배적이다. 모든 신화적

---

11) Cl. Lévi-Strauss, *Le Cru et le cuit*, p.36. "⋯il existe un isomorphisme entre l'opposition et de la culture, et celle de la quantité continue et de la quantité discrète."

사유에게 원시적 연속성의 분절은 사회와의 불가피한 길로서 나타난다. 그렇지만 사회화·문명화는 타락의 길이기도 하다. 왜냐하면 사회의 속성인 분별과 단절은 그 이전에 있었던 자연의 풍요한 연속성의 발자취에 지나지 않기 때문이다.

자연은 공허를 싫어한다고 한 옛 원리가 주장한다. 그런데 문화가 자연과 대립된다는 소박한 상태에서 문화는 풍요를 싫어한다고 말할 수 없을까?…자연을 쪼개고 거부하면서 문화는 풍요를 가지고 공허를 만드는 일에 먼저 전념한다.[12]

요컨대 사회 조직의 상징으로서의 분별의 체계는 원시적이고 자연적인 전체의 요소들을 파괴시킨 결과다. 그런 분별은 요리 체계, 사회계급, 복장 체계 등 모든 면에서 솟아난다. 그래서 문화의 시작으로서의 사회는 두 가지 면을 기본 구조로 구성한다. 하나는 비연속성의 설립으로서의 분절화이고 또 다른 하나는 규정적 질서의 정리다. 단적으로 사회란 구별과 규칙에서 생긴다. 규칙은 반복과 재생의 질서에 속한다. 이 점에서 규칙은 조직의 항존체로서 정의된다. 그와는 반대로 비연속성으로서의 분별과 구별은 체계에서 솟아난다.

자연은 최초의 직접태이며 타인과 세계와의 관계에서 인간의 투명성을 노정한다. 자연은 어떤 구별된 특수한 종(種)적 내용을 갖고 있지 않다. 자연은 모든 분절에 앞서 있는 최초의 모습이고 문화적으로 연구된 세계의 이면이다. 그래서 모든 신화는 자연을 사회 조직의 전제로서 간주한다. 자연은 문화사

---

12) Cl. Lévi-Strauss, *L'Origine des manières de table*, pp.355-356. "… un vieux principe affirme que la nature a horreur du vide. Mais ne pourrait -on pas dire que, dans son état brut où elle s'oppose à la nature, la culture, elle, a horreur du plein?…Eu excusant et en morcelant la nature, la culture se donne d'abord pour tâche de faire du vide avec plein."

회를 정립하도록, 자연의 다른 면을 가리키도록 신화에게 허락해주는 개념이기도 하다. 즉, 자연은 부정되기 위하여 신화 속에 등장한다. 따라서 자연은 문화와 사회의 한계다. 분절과 비연속과 구분으로서의 사회는 자연의 파생체다.

사회의 규범과 규칙, 그리고 조직은 모든 분절과 차이 이전에 존재하는 무분별의 자연 상태를 전제한다. 한 사회에서의 신화는 '자연:사회'의 양분법을 채용하면서 분별이 없는 근원적인 보편성의 놀라운 태초로 거슬러 올라간다. 그런 점에 역으로 한 사회의 신화는 자연의 단일성과 전체성으로부터 조직과 구조의 분별이 어떻게 분절되었는가를 진단하는 좋은 사고의 논리를 제공하여준다.

자연이 직접태의 질서에 속하고 사회가 매개의 체계에 속하는 한에서 자연과 사회는 모순의 관계에 있다. 그래서 두 개념 가운데 하나를 정립하는 것은 다른 것을 부정하는 것과 같다. 그와는 달리 '자연:문화(사회)'를 파생체의 개념에서 보면 그 둘은 모순 관계가 아니라 대립의 관계다. 그래서 문화사회는 이미 자연의 부정이 아니요 자연의 변형이 된다.

이제 여기에 '연속적인 것'으로서의 자연과 '분별적인 것'으로서의 사회라는 모순 관계 대신에 '정성 안 들인 것(le non-élaboré)'으로서의 자연과 '정성 들인 것(l'élaboré)'으로서의 사회문화라는 반대 개념으로 자연과 사회의 관계가 달라진다. 자연과 사회문화를 모순 관계로 놓느냐 아니면 반대 관계로 놓느냐는 것은 한 사회의 문화 구조를 진단하는 최초의 기준이 된다. 한 사회의 문화와 집단의식이 자연과 사회를 반대 개념으로 정립하였다고 신화가 가르친다면, 그 사회의 의식 구조 등은 자연의 모사가 된다.

자연과 사회를 모순 관계라고 상정하고 본다면, 모든 사회 규범은 적극적인 의미에서 규정적이고, 소극적인 의미에서 금지의 성격을 띤다. 이것을 〈그림 1〉에 대입하면 〈그림 2〉와 같이 표현된다.

사회적 규칙은 어째서 적극적(긍정적)인 면과 소극적(부정적)인 면을 동시에 갖게 될까? 가장 대표적인 예로 모든 사회에 반드시 현존하는 근친상간의 금지라는 규칙을 살펴보자.

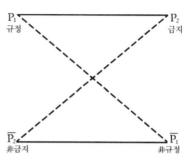

근친상간의 금지는 어머니, 누이나 딸과 결혼하는 것을 금지하는 규칙이라기보다 오히려 어머니, 누이나 딸을 남에게 주어야 하는 규칙이다.[13]

〈그림 2〉

근친상간의 금지는 자연에서 사회의 출현을 알리는 최초의 신호다. 근친상간의 금지는 단순한 금지만은 아니다. 동시에 그 규칙은 적극적으로 정돈한다. 왜냐하면 그 금지는 사회생활의 확대를 가져오는 족외혼과 마찬가지로 상호성의 규칙이기 때문이다. 즉, 취하는 것이 금지된 여자는 그것이 금지되었기 때문에 다른 사람에게 주어지는 선물이 된다.

근친상간의 금지 규칙은 〈그림 2〉에 따라 정리하면 $P_2 + \overline{P}_2$의 복합 기호다. 그러나 $P_1 + P_2$가 사회생활에서 교환 체계의 모든 가능성을 다 퍼내는 것은 아니다. 왜냐하면 사회생활에서 $P_1 + \overline{P}_2$와 같은 복합 개념이 가능할 수 있기 때문이다. 그런 결합 형식은 선취권이 있는 결합 속에 나타난다. 금지되지 않는 모든 것을 허용하는 경우가 $P_1 + \overline{P}_2$에 우선적으로 해당되리라. 이리하여 사회와 자연의 대립을 다음과 같은 공식으로 정리할 수 있다.

사회 = $(P_1 + P_2) + (P_2 + \overline{P}_2)$

자연 = $(\overline{P}_1 + \overline{P}_2) + (\overline{P}_1 + P_2)$

위의 공식에서 사회와 자연을 분지하는 선이 $P_2 - \overline{P}_2$ 사이다. 즉, 금지된 세

---

13) Cl. Lévi-Strauss, *Les Structures Élémentaires de la Parenté*, p.552. "La prohibition de l'inceste est moins une règle qui interdit d'épouser mère, soeur ou fille, qu'une règle qui oblige à donner mère, soeur ou fille à autrui."

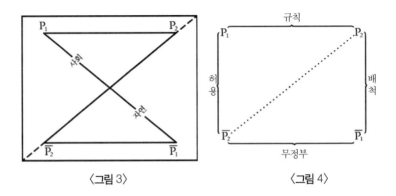

〈그림 3〉 〈그림 4〉

계(P₂)와 금지 안 된 세계($\overline{P_2}$)다. 왜냐하면 이 두 기호가 사회와 자연의 성격에 공통적으로 출현하기 때문이다.

〈그림 3〉에서 사회 쪽에는 P₁+P₂로 대변되는 규칙과 P₁+$\overline{P_2}$로 나타나는 허용(자유)이 있고, 자연 쪽에는 $\overline{P_1}$+$\overline{P_2}$로 표시되는 무정부(규칙의 부재에서 오는)와 $\overline{P_1}$+P₂로 이루어지는 배척이 있다. 이래서 자연과 사회는 모순되면서도 동시에 상보적이다. 사회와 자연은 규칙과 무정부라는 모순이면서도 공통적으로 P₂–$\overline{P_2}$의 축을 갖고 있기에 상보적이다.

사회와 자연의 구조적 도식은 요리의 구조에도 적용된다. '날것'이 자연 쪽이라면 '익힌 것'은 문화사회의 쪽이다. 그리고 익힌 것이 인간성을 나타낸다면 날것은 동물성과 직결된다.

> 표범과 인간은 양 극단적 개념들이다. 그들의 대립은 일상 언어에서 이중적으로 형식화된다. 표범이 날것을 먹고 인간은 익힌 것을 먹는다.[14)

인간과의 관계에서 요리를 보면 익힌 것은 규정된 것의 질서이고 날것은 금지된 것에 해당한다. 근친상간의 금지에서 본 P₁과 P₂의 경우처럼, 요리의

---

14) Cl. Lévi-Strauss, *Le Cru et le cuit*, p.91. "Le jaguar et l'homme sont des termes polaires, don't l'opposition est doublement formulée en langage ordinaire, l'un mange cru, l'autre cuit…."

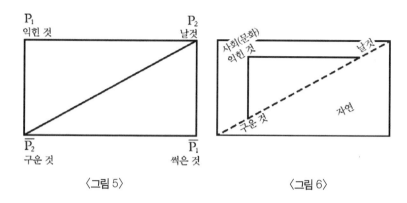

〈그림 5〉　　　　　〈그림 6〉

세계에서도 문화사회의 특징은 날것과 익힌 것과 연결하는 축으로 나타난다. 물론 익힌 것의 범주에는 '그을린 것'과 '삶은 것'도 포함된다. 그런데 잘 익힌 것도 아니면서 날것도 아닌 음식이 있다. 그것이 '구운 것'이다. 이래서 레비스트로스는 요리의 삼각형을 만든다.

〈그림 6〉의 삼각형이 주로 동물성 요리에 관계된다면, 〈그림 7〉의 삼각형은 주로 식물성 요리에 관계한다.

이러한 요리법 구조는 결국 요리가 자연과 문화 사이에 다리를 만드는 기술활동임을 알린다. 요리법은 온전히 사회적인 문화 쪽에만 존재하는 것은 아니다.

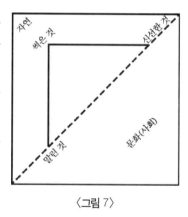

〈그림 7〉

　요리술은 온전히 문화적인 편에만 있지 않다. 자연과 문화 사이에 위치하여 요리는 오히려 그것들의 필요한 분절을 확신한다. 요리는 두 영역에서 솟아나서 각각 자기 표현에서 이런 이원성을 반영한다.[15]

---

15) Cl. Lévi-Strauss, *L'Origine des manières de table*, p.405. "⋯ l'art de la cuisson ne se situe pas tout entières du côte de la culture.⋯ Placée entre la nature et la culture, la

지금까지의 도식 구조에 있어서 근친상간을 금지하는 결혼 및 친족 체계가 사회와 자연의 모순·대립과 상보관계를 동시에 이원적으로 반영하듯이, 요리 체계도 자연과 문화의 모순·대립과 상보성을 동시에 이원적으로 나타낸다.

이미 여러 번 반복하였듯이 구조주의적인 인식 이론의 핵심은 사회의 현상적 차이 밑에 숨어 있는 논리적 동일성을 발견하는 데 있다. 그런 점에서 앞에서 도표로 해설되었던 '자연:사회'의 대위법에서 나오는 근친상간의 금지와 요리 체계의 논리적 동일성을 우리가 설명해주어야 한다. 왜냐하면 사실상 사회의 모든 현상은 근친상간의 금지나 요리 체계와 같은 구조에 의하여 결정적으로 지배되기 때문이다.

근친상간의 금지는 여자의 교환을 가능케 하는 사회의 첫 기호다. 그래서 거기에서 친족관계의 기본 구조가 발생한다. 레비스트로스는 인도-유럽 계통의 결혼 체계를 '일반적 교환의 단순 형식(la forme simple d'échange généralisé)' 이라 하였다. 그것은 A집단이 B집단으로부터 여자를 취하고 B집단은 C집단으로부터 여자를 취하며, 이어서 C집단은 A집단으로부터 여자를 취하는 순환 논법 체제를 갖고 있다. 그런데 문제는 그런 순환 논법의 여자 교환 체제가 사회 조직의 구성에 결정적 영향을 미친다는 데 있다. 그 결혼 형식에 대응되는 사회 조직이 '확장된 가족(la famille étendue)' 개념이다. '확장된 가족'은 공동 영역의 개발을 위하여 여러 방계적 혈통이 모인 사회 조직이지만, 결혼과 약혼에 관하여 상대적으로 자유를 향유한다. 이리하여 인도-유럽 계통의 문화사회에서 '확장된 가족' 위에 세워진 사회구조 안에서 여러 방계적 혈통은 각각의 가족을 구성하여서, 그 혈통은 동질적 결혼 규칙에 거의 얽매이지 않게 된다. 다른 말로 표현하면 결혼 규칙이 '확장된 가족'의 다양성 위에 정립되기는 하지만, 그 규칙은 많은 예외를 안게 된다.

---

cuisine assure plutôt leur necessaire articulation. Elle relève des deux domaines et reflète cette dualité dans chacune de ses manifestations."

앞의 〈그림 4〉에서 인도-유럽 계열의 결혼 체제는 P_1+P_2보다 $P_1+\overline{P_2}$에 더 기울어져 있다고 진단된다. 이 사회에서는 이른바 '선취권이 있는 결합', 즉 결혼에서 자유 선택의 여지를 많이 남겨주었다는 결론이다. 그와 동시에 인도-유럽 계통에서는 자연히 친족관계의 체계가 그 수에 있어서 많지 않은 호칭을 쓰게 된다. 그리고 친족관계를 정립하는 명칭과 호칭이 매우 주관적이다. 이런 성격은 결혼 체제에서 비교적 자유로운 결합인 $P_1+\overline{P_2}$의 경향이 우세한 데 기인한다. 그래서 한 주체로서의 개인과 별로 관계가 없는 먼 친족일수록 호칭이 애매하거나 거의 없다. 서구어에서 아버지, 어머니, 아들, 딸, 형제, 자매 등과 같은 용어는 상대적인 정확성을 지닌다. 그러나 아저씨·아주머니 같은 개념은 애매하고 막연해서 그 유동성이 심하다. 그리고 그 외에는 다른 친족관계의 명칭이 거의 없다. 이래서 레비스트로스는 인도-유럽 계통의 친족 체제를 '자기 중심적 체계(le système auto-centrique)'라 불렀다.

그와는 달리 중국-티베트 계통을 검토하여보자. 이 계통의 결혼제도도 역시 순환적이라는 점에서 서양의 그것과 다르지 않다. 그런데 이 계통의 결혼제도는 서양의 그것처럼 다른 집단에서 임의의 한 수를 결합하는 것이 아니라 언제나 2·4·6·8이라는 짝수의 집단과 함께 기능을 발휘한다. 그래서 여자를 교환하는 집단은 언제나 2:2로 구성된다. 그런 현상의 실례를 들면, 중국-티베트 계통의 결혼제도로 얽힌 친족관계는 늘 친가와 외가를 동시에 하나의 단위로 생각한다. 그러므로 친족의 구성 요소가 짝수로 대칭적이다. 그래서 부계 혈통뿐만 아니라 모계 혈통도 결혼의 교환 체계에서 반드시 고려된다.

그러므로 사회 조직에서도 동양에서는 보다 자유스러운 $P_1+\overline{P_2}$의 '확장된 가족'으로 다양화되는 것이 아니라 씨족의 단위적인 성격으로 기계화된다. 그래서 씨족이 또 하위 단위 씨족으로 세분화한다. 그런 현상으로 말미암아 사회 조직의 요소는 양적으로 증가하지만 사회구조 자체는 지극히 단순화된다. 여기에서 일반적으로 P_1+P_2의 성격이 지배적이 된다. 이와 병행하여 친족 체계는 많은 호칭을 갖게 된다. 중국-티베트 계통에서는 인도-유럽 계통에서 볼 수 없는 복잡다단한 친족의 호칭이 있다. 이리하여 일반적으로 동양적 친족 체계는 자아의 선택과 관계되는 '선취권이 있는 결합'의 여지가 빈곤하기 때문에 '객관적'이라고 레비스트로스에 의하여 언급된다.

이와 같은 친족 체계의 구조는 논리적으로 다른 사회구조에 대해서도 동형(同形)의 모형을 찾아야 한다. 근친상간의 금지에 따른 결혼제도를 한 번 더 대별하여봄이 이해에 도움을 주리라.

	인도-유럽 계통	중국-티베트 계통
결혼 제도	배우자의 선택에 비교적 자유의 여지를 많이 남긴다는 법칙에서 야기되는 순환적 체계	대칭적 교환(친가·외가)의 체계와 함께 엄격한 규정과 금지조항으로 주어지는 순환적 체계
사회 조직	'확장된 가족' 개념 위에 세워진 사회조직으로서 혈연적 관계가 치밀하지 못한 점	복잡한 구조로서 조직된 수많은 사회적 단위(예: 씨족·혈통)
친족 체계	① 자아 중심적인 주관성 ② 분류가 많지 않은 친족 명칭	① 객관적 ② 매우 다양하고 세분화된 친족 명칭

도표에서 동형적(isomorphique)으로 연역되는 것은 서양의 가옥 구조가 동양의 가옥 구조에 비하여 확장적, 개방적, 개인적, 자유 분위기적, 주관적 틀을 갖는다는 점이다. 그에 반하여 동양의 것은 폐쇄적, 은둔적, 집단적, 공동 운명체적, 규정적 성질을 띤다. 가옥의 주거 양상은 구조적으로 동형의 복장 체계를 쇠줄처럼 야기한다. 서양인의 복장 체계가 일반적으로 개성적, 다원적, 개방적, 자유분방적 모형을 갖는다면, 동양의 복장 체계는 일원적이고 폐쇄적이며 단원적(單元的) 형식으로 흐른다.

식사 방법에서도 결코 동형의 논리가 무너지는 것이 아니다. 대체로 서양인의 식사법은 자기 양을 따로 가져간다. '확장된 가족'의 개념과 같이 확장된 식사법이라 여겨도 좋으리라. 또한 같은 의미에서 빵처럼 이동이 자유롭고 용이한 취사 방법이 우선적이다. 그런데 동양인의 식사법은 그와는 대조적이다. 동양인은 한 상에 같이 집단적으로 같은 그릇에서 먹고 또 같은 솥의 밥을 먹고산다는 혈연 공동운명체적인 식사법이 지배적이다.

결혼 체계(친족 체계)와 요리 체계의 구조적 상응성을 논하는 데 가장 비근한 경우가 '먹다'라는 동사의 뜻이다. 이 동사는 한국어의 경우와 각국 원주민의 토박이말에서뿐만 아니라 프랑스어의 'manger', 영어의 'to eat', 독일어의 'essen'는 모두 음식의 섭취와 동시에 성행위의 욕구를 뜻한다. 부모가 깨물고 싶도록 사랑스러운 어린 자식을 동물처럼 이빨로 잘근잘근 씹는다. 그러므로 결혼 체계와 동형으로 요리 체계도 사회구조의 진단에 더없이 중요한 기호가 된다.

앞에 나온 '요리의 삼각형'을 다시 기억함이 좋다. '날것'의 자연성과 대조되는 것은 '익힌 것'의 문화성이다. 두 요리 방식에서 중간에 위치하는 것이 '구운 것'이다. '구운 것'은 반쯤의 날것이며 동시에 반쯤의 익힌 것이다. 물론 '익힌 것'의 계보에 '삶은 것'도 포함된다. 익힌 것(삶은 것)은 언제나 일정한 그릇 안에서 규정된 규칙에 따라 완성되는 것이며, '구운 것'은 밖에서 직접 불에 의해서 완성된다. 그러므로 전자의 요리는 요형(凹形)을, 후자는 철형(凸形)을 무의식적으로 형성한다. 그런 점에서 익힌 것, 끓인 것, 삶은 것은 언제나 '내부 요리(endo-cuisine)'라 불릴 수 있다. 내부 요리의 특징은 친족 내, 가족 내, 옥내 등의 명칭이 가리키는 친밀한 사람을 배려하고 있기에 자연히 한정된 조그만 집단이나 씨족·혈족에 주어질 수밖에 없다. 구운 것은 철형인 '외부 요리(exo-cuisine)'인 만큼 '확장된 가족'의 개념과 같이 확장된 요리법이라고 불러도 좋으리라. 바로 그런 점에서 레비스트로스는 고대 프랑스에서 암탉 스튜는 가족의 저녁식사에 나왔고 로티(rôti, 구운 고기)는 야외의 잔치에 쓰였다고 말한다.

주식으로 간주되는 동양의 밥과 서양의 빵은 익힌 것(삶은 것)과 구운 것의 요리법을 가장 대표적으로 나타낸다. 그리고 익힌 것이 구운 것에 비하여 오래 걸린다는 사실은 익힌 것이 구운 것보다 날것에서의 문화적 변용이 훨씬 깊다는 것을 말한다. 마찬가지로 썩은 것은 신선한 것과 말린 것보다 날것에서의 자연적 변용의 기간이 오래 요구된다. 익힌 것이 날것의 문화적 변용이라면 썩은 것은 날것의 자연적 변용이다. 밥과 빵이 익힌 것과 구운 것의 관계라면, 김치와 샐러드는 썩은 것과 신선한 것의 관계다. 김치도 밥만큼 내부 요리의 체계다.

　여러 관점에서 친족 체계, 요리 체계, 결혼 체계, 복장 체계, 주거 체계 등이 동일한 구조론적 논리를 갖추고 있는 것을 이해할 수 있으리라. 이렇게 해서 우리는 각각의 경우에 그리고 어느 공간에서 한 사회의 요리가 어떤 사회적 기호를 구조적으로 드러내고 있는가를 인식할 수 있다. 그런데 그러한 사회 기호는 외부의 충격에 의해서 큰 변화를 겪지 않는 한 무의식적으로 그 사회의 구조를 표현한다. 레비스트로스는 그의 저서『날것과 익힌 것』에서 프랑스 요리에서 기름·버터·치즈의 요리 체계에 관한 연구, 조미료 체계에 관한 연구, 포도주·맥주 등 음료수 체계의 연구, 그릇과 메뉴의 결합 방식에 관한 논리학의 발견 등이 프랑스 사회의 문화와 이데올로기의 결을 발견할 수 있는 열쇠라고 말하였다. 어찌 프랑스 요리만 그러하랴?

　이제 우리는 레비스트로스의 사회인류학적 방법을 근거로 하여 구조주의의 사회과학적 접근에 관해 임시적인 결론을 내려야 할 단계에 접어들었다. 구조주의의 방법론이 사회과학화함에 있어서 사회의 발생, 역사 또는 기능을 평가 절하하고 오직 구조만을 중시하는 한에서, 그리고 개인의 주체적 의식을 잘라버린 한에서 구조주의의 사회과학적 방법론은 변증법적 사유에 입각한 사회과학 방법론과 격렬한 갈등을 빚지 않을 수 없다. 레비스트로스의 사회철학과 변증법에 근거한 사르트르의 사회철학 사이에 일어난 충돌은 방법론적으로 불가피하였다. 여기서 우리는 주로 레비스트로스의 편에서 보기로 한다.

　무엇보다도 먼저 레비스트로스는 사르트르의 사회철학이 너무 자아와 '우리' 개념에 집중되어 있다고 비판한다. 그리고 사르트르가 연대 의식의 이념적 결속으로 주장하는 '우리'라는 대명사의 철학은 그 근본에서 '우리'와 다른 '다른 사람들의 우리'와 밀봉되어 닫혀 있다고 레비스트로스는 주장한다.

　사실상 사르트르는 그의 코기토의 포로가 되었다. 데카르트의 코기토는 보편적인 것으로 나아갔다. 그러나 그것도 개인적이며 심리적인 것으로 남아 있는 조건에서다. '코기토'를 사회화함으로써 사르트르는 단지 감옥만을 바꾼다. 지금부터 그에게는 각 주체의 집단과 시기는 무시간적인 의식을 대신하게 되리라. 인간과 세계에 관하여 사르트르가 취한 입장은 사람들이 전통적으로 닫힌 사회를 인식하는 데 만족하는 협소함을 제공한다.16)

결국 사르트르식의 사회철학과 그 변증법은 서구 사회의 '우리'와 비서구적인 '다른 사람들의 우리'의 관계에서 오직 서구적인 것의 우위만을 고집하는 반보편주의의 속성을 담고 있다고 레비스트로스는 비판한다. 그런 의도에서 레비스트로스는 변증법적 이성과 과학적 이성 또는 분석적 이성의 차이를 강조한다. 그는 변증법적 이성을 '언제나 구성하는 이성'이라고 부른다.

우리에게 있어서 변증법적 이성은 언제나 구성적이다. 즉, 그 이성은 깊은 골짜기 넘어 맞은편이 있음을 알면서도 그것을 인지하지 못하는 그런 심연 너머로 분석적 이성이 던지는, 거듭 늘어나고 개선되는 다리다.… 사르트르는 분석적 이성을 게으른 이성이라고 부른다. 우리는 변증법적 이성을 용감한 이성이라고 부른다.…17)

---

16) Cl. Lévi-Strauss, *La Pensée sauvage*, p.330. "En fait, Sartre désirent captif de son Cogito: celui de Descartes permettait d'accéder à l'universel, mais à la condition de rester psychologique et individuel; en sociologisant le Cogito Sartre change seulement de prison. Desormais, le groupe et l'époque de chaque sujet lui tiendront lieu de conscience intemporelle. Aussi la visée que prend Sartre sur le monde et sur l'homme offre cette étroitesse par quoi on se plaît traditionnellement à reconnâitre les sociétés closes."

17) 같은 책, pp.325-326. "Pour nous la raison dialectique est toujours constituante: c'est la passerelle sans cesse prolongée et améliorée que la raison analytique lance au dessus d'un gouffre dont elle n'aperçoit pas l'autre bord tout en sachant qu'il existe … Sartre appelle raison analytique la raison paresseuse: nous apelons dialectique la même raison, mais courageuse: …"

여기서 용감하다는 것은 변증법적 이성이 맞은편을 인식하지도 못한 채 다리를 놓고 앞으로 가려 한다는 인식론상의 맹목을 풍자한 것이다. 그와는 반대로 분석적 이성은 현실에 참여하고 행동하기 이전에 이해하는 것과 행동하는 것을 구별하려 한다. 이 점을 사르트르는 '게으른 이성'이라고 비꼬았는지 모른다. 요컨대 레비스트로스의 방법은 사회 인식에 있어서 정치학과 심리학보다는 인류학이 훨씬 도움이 된다고 본다. 자신의 주장을 펼치면서 그는 루소의 말을 『야생의 사유』에서 인용한다. "인간을 연구하려 하면 자기 가까이서 살펴보아야 한다. 그러나 인간을 연구하기 위하여 시선을 멀리 가져가는 법을 배워야 한다." 요컨대 사회 현실에서 타인의 인식이 변증법적이라 하더라도 타인의 모든 사회성이 통째로 변증법적이라는 결론이 나오는 것은 아니다. 레비스트로스는 사르트르가 분석적 이성에 대한 혐오감 때문에 이 이성이 사회 현실을 파악할 수 없다는 오류를 범했다고 말한다.

　　끝으로 변증법의 이성과 달리 구조주의의 분석적 이성은 어떻게 사회 현실을 설명하나? 이 점에서 구조주의 사회철학자 알튀세르의 인식론이 매우 도움을 준다. 알튀세르의 구조주의 사회철학에 의하면, 관념론의 스타일과는 달리 인간의 사고는 개인적인 주체의 산물이 아니라 역사적이고 사회적인 요인들이 섞여 있는 내적 상호작용의 결과다. 그리고 사회적으로 그런 상호작용은 헤겔의 철학에서 이해되는 '전체성'은 아니다. 알튀세르에 의하면 모든 사회관계는 대립자들의 동일성으로 환원되는 변증법적 성질을 지니지 않고 분리되지 않는 사회적 기호들의 상호작용의 놀이인 '초규정성(la surdétermination)'의 산물이다. 그러므로 사회나 역사를 만드는 창조적 의미의 주체는 존재하지 않는다. 따라서 사회철학의 개념은 인간주의적·주체적 사변에서 형성되지 못한다. 그러므로 경제적·사회적 관계의 모순은 영웅적이고 개인적인 투쟁에 의해서 치료되는 것이 아니다. 왜냐하면 사회의 모순은 구조주의적으로 볼 때 라크루아가 지적하였듯이 '체계 발전은 비지향화된 산물'이기 때문이다. 낱말의 알튀세르적인 뜻에서 '초규정성'은 사회 현실을 물리학에 있어서 인과율의 어떤 형식으로 치환시킨다.

미셸 푸코의 언어철학도 구조주의 사회과학적 접근에 큰 암시를 던져준다. 푸코에 의하면 각 문화의 틀에는 불쑥 솟아 있는 언어가 있다. 그런 언어는 그것을 사용하는 사람들에게 표면적으로는 인식되지 않는 역사적 범주들의 전체다. 그런 범주들은 무의식적이기는 하지만, 한 시대의 인식을 열고 닫고 한다. 그래서 푸코는 모든 역사의 시기에 가능한 지식들의 밭을 자르는 구조가 있다고 보고, 그것의 성격을 선천적이라고 하였다.

지금까지 우리는 이 간단한 논문에서 구조주의적 사회 인식론의 접근과 레비스트로스의 사회인류학의 방법을 소묘하여 보았다. 구조주의를 사회과학의 방법으로 볼 수 있는 의미는, 사회적으로 분절된 구조들이 그들의 결합자 속으로 흡수될 수 있을 뿐만 아니라 구조들 사이에 하나의 일반적 동형이 있음을 인식하는 데 있다. 서로 상이하게 보이는 구조가 동형적이며, 또 이런 동형이 우연적 일치가 아니라는 사실은 똑같은 이론이 두 가지를 설명할 수 있다는 것을 뜻한다. 그 사실은 이론의 내용에 관하여 아무것도 말하지 않는다.

구조주의는 구조들 사이의 동형의 논리를 겨냥한다. 그러므로 그것은 사회과학에 있어서 보편적 동형을 발견하려 한다. 이런 방법이 가져온 방법적 성공은 단순히 동형의 구조 논리를 발견한다는 것에만 있지 않다. 오히려 이 방법의 매력은 한 집단의 현상이 그 집단의 다른 현상과 동일시될 수 있다는 논증과 타당한 환원에 있다.

VI. 진리의 본질에 대하여*
이율배반적 진리와 담연한 진리에 관하여

1. ‘이것이냐 저것이냐’와 ‘이것과 저것’

인간과 그 주변의 문제는 동서 철학사를 통하여 언제나 철학적 진리의 한 결같은 관심사였다. 예나 이제나 인간은 철학 앞에서 영원한 수수께끼다. 인간이 무엇인가? 인간은 동서 철학사를 통하여 두 가지 좌표축에 의하여 해석되어온 것같이 보인다. 하나는 인간을 역사와 의식에서 해석하는 좌표축이며, 다른 하나는 인간을 구조와 기호에서 보는 측면이다. 이 두 좌표축은 상호 배척적인 요소를 갖고 있어서 전자가 뚜렷해지면 후자가 숨어버리고 그 반대의 현상도 나타나는 것 같다. 그와 같은 인식론상의 불확정성 원리 때문에 인간에 관한 진리의 본질은 다양성을 띠고 나타날 수밖에 없다.

루소가 그의 이상야릇한 저서인 『인간불평등기원론』에서 인간을 가까이서 관찰하는 철학과 인간을 멀리서 바라보는 철학으로 구분하였을 때, 그는 벌써 인간에 관한 불확정적 인식론의 역설을 이해하고 있었던 것처럼 보인다. 왜냐하면 인간을 가까이서 보면 그런 철학은 필연적으로 인간을 역사적 체험과 의식의 실존적 내면세계에서 읽을 수밖에 없고, 그와는 반대로 인간을 멀리서부터 관찰하게 되면 그런 태도는 인간을 전략적 구조와 기호의 집합 양상에 의해서 설명할 수밖에 없을 터이기 때문이다.

그런데 루소와는 다르게 마르크스는 관조하고 사변적으로 명상만 하는 사

---

* 계간 《정신문화연구》, 1983년 여름호(한국정신문화연구원).

상과 세계를 변혁시키는 실천을 구별하였다. 그러나 이런 구별은 루소의 구분만큼 별로 큰 타당성을 지니지 않는 것으로 보인다. 플라톤 철학이 감각세계를 초월한 이데아의 철학이라 하여도, 그래서 혁명의 의지를 제고하지 않아도 그의 철학적 사변은 세계를 많이 변혁시켰다. 유클리드 기하학이 플라톤 철학과 떼어서 이해될 수 없고 데카르트와 라이프니츠의 사상과 이론이 실천적 혁명론을 전혀 말하지 않았지만, 그들의 철학은 수학적 명증성의 기초 위에서 근대 서양 자연과학의 토대를 이론적으로 구축시켰고 오늘날 서양 기술 문명의 저력을 잉태한 산실로 평가받고 있다.

세계를 그들보다 더 근본적으로 변혁시킨 일이 그렇게 흔하던가? 이 점에서 동양 철학도 마찬가지다. 마르크스적 혁명철학에서 보면 노장철학이나 불교철학은 출세간적 도피철학으로 생각됨직하다. 그러나 세계의 변혁과 별로 짙은 인연을 풍기지 않는 것 같은 노장사상이 불로장생의 신선사상과 함께 동양 의학의 발달에 끼친 영향은 절대적이며, 불교사상이 동양인의 사유 방식에 근본적 정신 변화를 초래한 사실을 아무리 강조해도 지나치지는 않으리라. 그런 뜻에서 마르크스처럼 동서 철학을 관조학과 실천학으로 엄격히 구분함은 별로 깊은 공명을 불러일으키지 못할 것 같다. 동서 철학사를 통하여 모든 참다운 철학적 지성은 어떤 문제의 면전에서 내면적 접촉을 중하게 여기느냐 아니면 거기로부터 거리를 취함을 더 옳게 여기느냐에 진리의 본질을 두려고 하였던 것 같다.

마찬가지로 오늘날 한국의 철학적 지성이 과거 조선의 성리학적 세계를 너무 공리공담으로 공박하는 것도 타당치 않은 것으로 보인다. 왜냐하면 철학적 반성의 효용성은 무엇보다도 인간의 의미와 역할에 대한 근본적인 반성을 늘 전제로 하기 때문이다. 인간의 위대성이 철학의 존재 이유이기도 한데 그 인간의 위대성은 말(생각)과 노동, 의미부여와 행동의 변증법에 있다. 그래서 동서 철학사를 통하여 철학자가 사변(theoria)과 실천(praxis) 사이에 깊고 지속적인 대립을 상반되게 가졌다고 봄은 하나의 독단임에 틀림없는 것으로 보인다. 왜냐하면 모든 철학자는 자기의 사변세계를 전개함에 있어서 반드시 인간과 세계의 찬란한 변형을 겨냥하고 있기 때문이다. 여기서 진리의 본질을 철학적으로 묻는 이유가 생기게 된다. 진리란 무엇인가?

칸트는 그의 『순수이성비판』에서 인간 이성의 정당한 권리 회복과 동시에 인간 이성의 한계를 지적하였다. 칸트 이전에 그 누구도 이성의 역할을 양가적으로 진단해본 적이 없었다. 즉, 칸트가 제시한 이성의 이율배반을 그는 자기 자신과의 투쟁 상태에 있는 이성의 관심이라고 표명하기도 하였다. 과연 인간은 역사적 필연의 인과율에 의해서 해석되어야 하는가 아니면 자기 원인적 존재로서 인간의 역사적 존재가 설명되어야 하는가?

여기서 영혼과 세계와 신에 관한 칸트의 이성 비판에서 세계에 관한 이율배반을 하나의 보기로 검토해보자.[1]

명제(thesis)	반명제(anti-thesis)
① 세계는 시공에 제약되어 있음	① 세계는 시공에 제약되어 있지 않음
② 물질은 단순하고 불가분적 요소로 구성되어 있음	② 물질은 단순 요소로 구성되어 있고 무한히 가분적(可分的)임
③ 세계에는 자유 원인이 있음	③ 세계에는 자유가 없고 모두 필연 법칙으로 설명
④ 세계는 필연유(必然有)를 내포함	④ 세계에는 필연유라는 원인이 없음

이와 같은 이율배반적 입장에서 칸트는 어떤 형이상학적 입장을 견지하는 것을 포기하고 있다. 그런데 ①의 수학적 이율배반에 대하여 칸트는 두 가지 태도가 다 거짓이라고 본다. 왜냐하면 인간은 세계에 관한 전체적 직관을 가질 수 없고 모든 인간의 직관은 다 시공 속에서 이루어지기 때문이다. 그러므로 세계가 그 자체 유한·무한임을 결정하는 것은 불가능해진다. 인간에게 있어서 세계는 유한도 무한도 아니다. 그런데 ③의 역동적 이율배반에 대하여 칸트는 두 입장이 다 타당하다고 평가한다. 왜냐하면 명제의 입장은 물 자체(Ding an sich, thing in itself)의 세계에서 보면 타당하고 반명제의 입장은 현상

---

1) I. Kant, *Krilik der reinen Vernunft*(Hamburg: Verlag von Felix Meiner), pp.454-458.

계에서 보면 정당해지기 때문이다. 그러나 이성은 물 자체에 대하여 적극적인 인식을 할 수 없는 것은 말할 나위가 없다. 요컨대 칸트는 과학적 진리와 형이상학적 진리를 구분하였다.

이와 같은 칸트의 이율배반적 논리가 불교 철학의 논리에서 보면 과연 정당해지는가? 칸트는 세계와 인간 존재가 자유 원인으로 해석된다는 형이상학적 진리와 세계와 인간 존재가 모두 필연 법칙으로 설명된다는 과학적 진리를 나누었다. 따라서 형이상학적 진리와 과학적 진리가 이율배반의 성격을 지니게 된다. 그런데 이런 칸트의 태도는 승랑(僧朗)이나 승조(僧肇)와는 차이가 있다. 즉, 불교적 진리의 세계에는 이율배반이 존재하지 않고 객관적 진리와 형이상학적 진리 사이에 괴리도 존재하지 않는다.

우선 고구려 승랑의 이체설(二諦說) 논리부터 접근해보자.[2]

속체(俗諦)	진체(眞諦)
① 유의 긍정	① 무의 긍정
② 유 또는 무 중에서 하나의 긍정	② 유와 무 둘을 다 부정함
③ 유와 무 둘을 다 긍정하든지 또는 다 부정함	③ 유와 무 둘을 긍정하지도 않고 부정하지도 않음

이 도표를 해석하면 다음과 같다.

① 범인(凡人)은 만물이 실재하는 것이라고 판단하지만(俗諦·世諦), 부처는 일체개공(一切皆空)을 가르쳤다(眞諦).

② 그러나 일체개유(一切皆有) 또는 일체개공은 다 부분적인 진리일 뿐이다. 왜냐하면 모든 유는 동시에 무다. 눈앞의 책상은 유이고 동시에 어제의 그것이 아니다. 그러므로 2단계에서 설유(說有) 또는 설무(說無)를 주장함은 속(세)체이고 진체에서는 일체가 비유(非有)·비무(非無)라고 해야 한다.

③ 그러나 진리가 유·무의 둘을 긍정하든지 또는 유·무의 둘을 다 부정함도 역시 일면적인 진리에 불과하다. 왜냐하면 어느 한 쪽에 집착해 있기 때문

---

2) 朴鍾鴻, 『韓國思想史』(瑞文文庫), p.43.

이다. 그래서 ③단계의 진체에 가서는 유·무를 다 긍정하지도 않고 부정하지도 않게 된다.

고구려 승랑의 이와 같은 삼론종의 진리 인식론은 당의 길장(吉藏)에 의해서 더욱 깊이 표현된다. 그런데 승랑의 이런 인식 논리는 중국 철학사에서 구마라십(鳩摩羅什)의 제자인 승조에 의해서도 마찬가지로 나타난다. 그가 남긴 『조론(肇論)』에 수록되어 있다는 「부진공론(不眞空論)」의 내용을 먼저 음미하여보자.[3] 번역하면 다음과 같다.

그런즉 만물이 과연 불유로써 그 소이를 갖고 있는가? 또는 불무로써 그 소이를 갖고 있는가? 불유로써 그 소이를 갖고 있기에 비록 존재해도 유가 아니요, 불무로써 그 까닭을 갖고 있기에 비록 무이나 무가 아니다. …무릇 유가 만약에 참으로 유라면 유는 언제나 스스로 항상 존재하는 것이지, 어째서 인연을 기다린 연후에 존재하겠는가? 비유컨대 만물이 참으로 무라면 무는 항상 스스로 무인 것이지, 어째서 인연을 기다린 연후에 무가 되겠는가?…만약에 만물이 무라고 한다면 어떤 것도 생겨나지 말아야 한다. 어떤 것이 일어난다면 그것은 무가 아니다.…유라고 말하고 싶지만, 그 유가 진짜로 생긴 것이 아니다. 무라고 말하고 싶지만 모든 사상이 이미 형상을 갖고 있다. 모습을 지닌 것은 무가 아니며 참으로 유가 아닌 것은 실재로 존재하는 유가 아니다. 그런즉 참으로 공(空)하지 않음의 뜻이 여기서 분명히 나타난다.[4]

여기서 승조의 '물부천론(物不遷論)'을 더 인용하여본다.

---

3) 馮友蘭 著, 鄭仁在 譯, 『中國哲學史』(螢雪출판사), p.319.
4) 같은 책, p.319. "然則萬物果有其所以不有, 有其所以不無, 有其所以不有故, 雖有而非有, 有其所以不無故, 雖無而非無…夫有若眞有, 有自常有, 豈待緣而後有哉, 譬彼眞無, 無自常無, 豈待緣而後無也…萬物若無, 則不應起, 起則非眞…欲言其有, 有非眞生, 欲言其無, 事象旣形, 象形不卽無, 非眞有卽非實有, 然則不眞空義, 顯於玆矣."

무릇 사람들이 동(動)이라고 함은 옛날의 것이 지금까지 이르지 않기에 그런 연고로 동(動)이요, 정(靜)이 아니라고 한다. 그런데 내가 이른바 정(靜)이라고 함도 역시 옛날 것이 지금까지 이르지 않았기에 정이요 동이 아니다. 동이요 정이 아니라고 함은 옛것이 그대로 오지 않았기에 일컬음이요, 정이요 동이 아니라 함은 옛것이 사라지지 않았음을 일컬음이다.…무슨 까닭인가? 만약에 옛것을 옛날에서 구한다면 그것이 그때에는 존재하였지만, 그 옛것을 지금에서 찾으려면 현재에는 그것이 존재하지 않는다.… 옛날에 옛것이 없지 않았기에 그것이 사라지지 않았음을 알게 되고, 돌이켜 지금을 구함은 지금 또한 간 것이 아니다. 이래서 옛것은 스스로 옛날에 있었고 지금을 쫓아서 옛날에 이른 것이 아니고, 지금 것은 스스로 지금에 있지 옛날을 쫓아서 지금에 이른 것이 아니다.…무슨 뜻인가? 결과가 모두 원인을 갖는 것은 아니다. 그러나 어떤 원인으로 말미암아 결과가 생긴다. 원인으로 인하여 결과가 생기기에 원인이 옛날에 사라진 것이 아니다. 결과가 모두 원인을 갖지 않기에 원인이 지금까지 오지 않는다. 원인은 사라지지도 않고 오지도 않는다. 그래서 불천(不遷)은 지극히 분명하다.[5]

이와 같은 승랑이나 승조의 논리를 칸트의 그것과 비유하면, 우리는 다음과 같은 사실을 발견하게 된다.

칸트는 인간과 세계에 대하여 이원론적 진리의 길을 열어놓았다. 즉, 형이상학적·주체적 믿음의 진리와 과학적이고 객관적 진리의 길이다. 전자는 칸트의 용어를 빌리면 물 자체에 해당하고 후자는 현상계에 적용된다. 전자의 입장에서 보면 인간은 자유 자체이고 우주에서의 필연적인 존재 이유를 갖

---

5) 같은 책, p.320. "夫人之所謂動者, 以昔物不至今, 故因動而非靜, 我之所謂靜者, 亦以昔物不至今, 故曰靜而非動, 動而非靜, 以二昔物不來, 靜而非動, 以其不去…何則, 求向物於向, 於向未嘗無, 責向物於今, 於今未嘗有…於向未嘗無, 故知物不去, 覆求有今, 今亦不往, 是謂昔物自在昔, 不從今以至昔, 今物自在今, 不從昔以至今…何者, 果不俱因, 因因而果, 因因而果, 因不昔滅, 果不俱因, 因不來今, 不滅不來, 則不遷之致明矣."

는 합목적적 존재이고, 후자의 견해에서 보면 인간은 자연과학적 인과법칙의 필연적 결과이고 우주의 합목적성과 같은 필연 존재는 있을 수 없다.

그런데 승랑이나 승조의 철학에서 출발해서 인간과 세계에 관한 진리를 생각하면 인간과 세계에 관한 진리는 과학적 결정론에 의해서 설명되지도 않고 그렇다고 자유 자체라고 합목적적으로 해석되지도 않는다. 왜냐하면 인간과 세계의 역사에 대해서 승조가 보여주는 진리는 인과관계가 '불멸불래(不滅不來)'의 관계이기 때문이다. 원인이 사라지는 것이 아니기에(不滅) 결과는 자유의 왕국에서 자유 자체가 되지 않으며, 또 원인이 오는 것이 아니기에(不來) 결과는 원인의 과학적 인과법칙에 의하여 결정되지도 않는다. 그리고 승랑은 칸트처럼 유·무의 문제를 이율배반적으로 사고하는 것이 아니라 유·무의 대립이나 긍정과 부정을 궁극적으로 다 초월하고 있다.

이리하여 칸트 철학과 불교 철학에 있어서 세계와 인간 역사의 진리를 논하는 기본적 사유 바탕에 차이가 생기게 된다. 우리의 주체에 대한 보다 선명한 이해를 위하여 칸트적인 구상, 즉 세계와 인간의 역사에 대한 그의 진리관을 다시 분석하여보자.

① 과학적 결정론/정신적 자유론
② 초월적 존재 부정/초월적 존재 긍정
③ 객관적 사실/주관적 믿음

칸트는 두 가지 축을 언제나 동시에 보려고 하였지만, 칸트적인 종합은 언제나 불안한 종합 그 자체였다. 그의 진리 개념과 그것의 종합적 표현이 언제나 내부적 대립의 분열을 본질적으로 안고 있는 불안 자체였기 때문에 칸트가 조심스럽게 묶어놓은 데는 칸트 이후에 쉽게 양극으로 갈라지게 된다. 그리하여 한 번 불안한 결합이 이루어진 다음에 나타나는 서구 지성은 언제나 둘 중 어느 한 축을 애오라지 강조하는 사유의 흐름에서 거의 벗어나지 않는다. 그런데 보다 종합적이기를 요구한 서구 지성의 철학적 진리관은 칸트적인 사유의 길을 거의 벗어나지 않는 것도 사실이다.

우리가 보통 마르크스 하면 그가 칸트와 어떤 사유의 동질성을 나누고 있는가 하고 대부분 의심한다. 흉보면서 닮는다고, 마르크스가 헤겔을 흉보면서 그와 닮게 되었다고 하면 상식적으로 그 점을 의심하는 사람은 별로 없을 것이다. 그러나 깊은 사유의 저변에서 살펴보면 마르크스적 철학과 진리의 사유 구조가 칸트의 그것과 별로 먼 거리를 두고 있지 않음은 분명히 알 수 있다. 사유 구조에서 이웃사촌이라고 하여도 좋을 성싶다. 앞에서 거론된 칸트적인 진리관을 상기하면서 마르크스적인 진리 구조를 대비해보면 충분하다.

① 경제 결정론/역사적 혁명론

② 인간 존재의 유물화/인간 존재의 신격화

③ 과학적 사회주의/공산주의적 유토피아 믿음

마르크스가 말한 경제 결정론은 칸트가 말한 과학적 결정론과 다른 발상이 아니고, 거기에 대한 반명제로서의 역사적 혁명론은 칸트가 제기한 정신적 자유론과 상호 친화력을 지니고 있다. 역사의 혁명은 경제적 결정론에 의해서 자동 조절로 성취되는 것이 아니고 인간의 혁명적 자유의지의 소산이다. 혁명은 결정론의 조용한 작품이 아니고 자유의 투쟁이 낳은 피의 대가다. 그것만이 아니다. 마르크스의 유물론은 인간의 초월성을 부정하고 물질의 내재적 법칙으로 설명할 때 타당해진다. 그런 각도에서만 본다면 마르크스의 유물론은 돌바흐나 라 메트리 계통의 기계적 유물론과 전혀 다를 바가 없다.

마르크스는 칸트만큼 이율배반적이다. 왜냐하면 인간 존재의 유물화를 주장하는 그가 전혀 다른 옷을 입고 또 달리 나타나기 때문이다. 그 다른 옷이 곧 인간 존재의 신격화 사상이다. 마르크스의 역사철학이 신을 제거한 세속적 신학이라는 것은 이해하기가 별로 어려운 일은 아니다. 마르크스는 초월적 신을 제거한 다음에 인간을 관념적인 신의 자리에 올려놓았다. 헤겔 철학과 다른 뜻에서 찬탈의 역사(役事)가 있다. 마르크스는 저주스러운 인간의 역사가 모두 사유재산과 그것을 위한 탐욕에서 빚어지기 때문에 인간의 역사 현실에서 사유재산 제도만 철폐하면 인간은 천사로서 빛나는 변형을 할 수 있으리라고 믿었다. 사유재산은 악마의 것이라고 여겼다. 그러나 인간의 구체적 생활 현장에서 사유재산을 부정하고 그 제도를 철폐하여도 인간이 천사가 되지 않음을 경험하였다. 오히려 인간은 생기를 잃고 가장 수동적 존재로 전락하였다.

이른바 프롤레타리아 독재나 일당 독재론의 이데올로기는 역설적으로 가장 피동적 타성에 빠진 인간을 아름다운 초월자로 제조하려는 천사 만들기 운동의 다른 표현에 지나지 않는다. 그뿐만이 아니다. 마르크스는 공상적 사회주의와 과학적·객관적 사회주의를 엄연히 구분한다. 구별하지 않으면 안된다고 강조하기도 한다. 그러나 그는 이상스럽게도 공산주의 사회의 도래에 대한 유토피아적 신앙을 언제나 혁명의 영혼에 비추기를 좋아한다. 과학적 사실 판단과 주관적 믿음의 이율배반이 여기보다 더 진할 수가 없다. 마르크스가 겨냥한 진리는 이율배반 그 자체다.

반면에 불교 철학적인 입장에서는 세계와 인간의 역사에 대한 해석이 명확하게 '이것이냐 저것이냐'를 양자택일하는 방식으로 갈라지지 않는다. 진리는 늘 진체와 속체의 두 모습을 아울러 지니면서 인연결정(因緣決定)과 자성자득(自性自得)과 유·무의 개념이 결코 이율배반화하지 않고 합명중도(合明中道)로 귀착한다.

칸트는 명제와 반명제를 확연히 구별함으로써 절대적 진리(진체)와 세속적인 과학적 진리를 분화시켰고 그런 분화가 서양 근대 철학에서 과학적 합리성의 독자성과 합법성을 부여하는 계기가 되었다. 칸트 자신은 결코 무신론자이거나 반신론자가 아니지만 그의 철학적 사유는 현대 서양 철학의 무신론적 근거를 제공해주는 저수지가 되었다. 칸트 이후로 세속적 진리가 당당한 독자적 권위를 누리게 되었다. 권리가 세속화함으로써 인간의 세속적 위치와 역할이 강화되고 인간은 모든 판단과 가치의 심판관이 되었다. 서양 지성사에서 과학과 기술의 승리는 이미 칸트 철학에서 그 정당성을 찾았다.

이와 같은 칸트적인 이원론의 진리를 헤겔은 극복하고자 노력하였다. 헤겔은 자유와 결정을 궁극적으로 동일시하였고 객관적 사실과 주관적 믿음이 갖는 대립을 지양하려고 하였고 형이상학과 과학적 진리를 통합하고자 하였다. 요컨대 헤겔의 사유를 불교적 개념으로 표현하면 속체와 진체가 당장은 같지 않고 모순적이지만 역사의 전개 과정을 통하여 발전의 극치에 가서 궁극적으로 해소된다는 것이다. 헤겔이 종국적으로 현실의 완전논리화를 생각하면서 세속과 절대진리의 일치를 겨냥하였지만, 그 일치는 발전의 종국적 영광이지 주어진 현실의 세속성 속에서 순수 진리가 꽃핀다고 보는 것은 아니다. 즉, 진흙에서 무염(無染)의 연꽃이 피는 것 같은 염정불이(染淨不二)를 헤겔이 생각했던 것은 아니다. 따라서 헤겔의 궁극적 일원론도 칸트적인 불안의 이원론을 거의 영구적으로 떨쳐버릴 수 없었다.

2. 생각하는 것과 바라보는 것

이와 같은 이론적 초점 불일치의 진리가 서양사의 근본정신과 이념으로서 현실 역사 속에 나타났다.
① 고대 유대 사회: 유대민족(일신교)/비유대민족(다신교)
② 고대 그리스 사회: 그리스인(문명인)/야만인
③ 중세 사회: 기독교도/이교도
④ 근세 사회: 교황권/국왕권
⑤ 근대 사회: 부르주아(bourgeois)/프롤레타리아(prolétriat)
⑥ 현대 사회: 백인세계/유색인종세계
이처럼 대립·갈등 속에서 불안한 평화와 화해를 찾는 역사 현실의 본질을 칸트는 그의 유명한 표현인 '비사교적 사교성(die ungesellige Geselligkeit)'이라 말할 것이며, 때로는 '빛나는 비참(die glänzende Elend)'이라고 말하리라. 모든 갈등과 전쟁은 몰의도적이며 무구속적인 격정의 산물이지만, 갈등과 분열과 전쟁 속 자연의 의도가 지고한 예지의 숨은 시험을 하고 있다고 칸트가 생각하였다. 즉, 그가 생각한 자연의 의도는 전쟁과 갈등을 통하여 국가 간의 합목적성의 요구를 증대시키고 전쟁에 의해서 문화에 봉사할 모든 재능의 최고 발현을 가능케 하는 일에 뚜렷이 나타나 있다. 요컨대 인간의 이기심은

재앙을 가지고서 인간을 위협하나 그 재앙은 동시에 인간의 정신력을 환기시키고 조장·연마하여 인간으로 하여금 도덕적 목적의 요구를 강력히 느끼도록 한다고 칸트가 생각하였다.

역사 속에서 인간은 칸트가 분석한 그런 진리의 본질을 세계에 노정시켰던 것도 사실이다. 이율배반적 진리가 서양사의 전개 과정에서 보는 것과 같은 배척주의적이고 제국주의적인 성격을 출현시킨 것도 사실이지만 다른 한편으로 서양 지성이 현실화시킨 초점 불일치의 그 진리가 보편적인 방식으로 역사의 이율배반적 본질을 알려주는 강한 진실의 소리로서 들린다. 왜냐하면 그 초점 불일치의 이율배반적 진리는 역사에서 선은 결코 악과 분리될 수 없으며 선이 증대하는 만큼 악도 함께 증대한다는 역리를 내포하고 있기 때문이다. 그래서 구원의 역사가 멸망의 역사와 별개로 성립되지 않게 된다.[6]

선(善)	악(惡)
에너지의 증가	엔트로피의 증가
경제력의 신장	공해의 증가
자유의 쟁취	질서의 파괴
과학의 발전	좋은 야성의 상실
평등의 고양	형제애의 상실
세속적 풍요	마음의 가난 상실

인간이 무엇이냐? 바다를 가까이서 보면 바다는 한없는 격동의 현장이지만 비행기에서 멀리 내려다보면 바다는 고요의 물 세계일 뿐이다. 가까이서 보면 인간은 칸트에 의해서 체험된 바와 같이 이율배반과 역리가 쉴 사이 없이 밀려오는 격랑 자체다. 인간의 역사를 이율배반의 격랑이라고 하여도 결코 지나치지는 않으리라. 그러나 멀리서 여유를 갖고 바라보면 인간은 격랑의 역사 속에 일치하지 않는 두 개의 초점을 가진 존재인 것만은 아니다. 인간은 역사이고 인간의 진리는 곧 역사의 진리다.

---

6) J. Maritain, *Pour une Philosophie de L'Histoire*(Paris: Seuil), pp.22-53.

그러나 인간은 역사인 것만은 아니고 인간의 진리가 역사적 진리인 것만은 아니다. 앞에서 거론된 승랑과 승조의 진리도 인간이 역사적 존재인 것만은 아니라고 할 때 그들이 보았던 진리가 우리에게 말을 건네게 된다. 석가모니와 가섭 사이에 이루어진 접화미소(拈花微笑)의 의미는 한 송이의 꽃과 한 번의 웃음 사이에 탄생된 공(空)의 사상을 뜻하고 있다. 이 사실을 과학적이라고 하기에는 너무 미학적이고 거짓이라 하기에는 너무 감동적이다. 거기에서 이율배반의 진리가 아닌 고요와 평화의 진리, 자극이 없는 심연한 진리를 느낄 수 있다.

중국 선불교의 6조 혜능은 "선악을 생각하지 말고 현재의 순간에 너의 원천적인 모습, 네가 태어나기 전에 가졌던 그 모습만을 바라보라"[7]고 말하였다. 이 말은 선(禪)이란 아무것도 설명하지 않고 그냥 보기만 하는 것임을 암시하고 있다.

> 평안을 추구하여 움직임을 그치고자 하면
> 그대의 평안이 더욱 움직일지니
> 이렇게 양변에 집착되어 있으니
> 어찌 하나임을 깨달을 수 있을까.[8]

위의 선시에서 우리는 찢어지는 이율배반의 모순세계와는 동떨어진 모습을 읽을 수 있다. 깨끗하고 고요한 옹달샘에 비친 여름 하늘의 정취는 실물과 그것의 영상의 구분을 잊게 한다. 그 정취는 생각하는 것이 아니라 그저 바라보기만 하면 충분하다. 생각하는 것에서 비롯되는 이율배반이 아니라 그저 있는 그대로의 세계를 바라보는 '절대적 봄'이다. 이 절대적 바라봄은 생각하는 긴장이 아니고 자극과 흥분을 배제한다.

---

7) R. Linssen, *Le Zen*(Marabout Université), p.79.
8) 吳經熊 著, 徐燉珏·李楠永 譯, 『禪學의 黃金時代』(三一堂), p.96, "止動歸止, 止更彌動, 惟滯兩邊, 寧知一種."

그레이엄이 주장한 바와 같이 인생에서 '엄숙하지 아니할 필요성'은 그런 절대적 봄의 담연한 멋을 이해할 때 움튼다. 그래서 이율배반적 진리와 달리 담연한 진리는 혜능이 말한 바와 같이 "유를 묻거든 무를 가지고 대답하고, 무를 묻거든 유로써 응답하라. 평범한 것을 물으면 성스러움으로 답변하고 성스러움을 물으면 범상한 것으로 대답하라. 두 길이 상호 인연을 가져서 중도를 이룬다"[9]는 사상을 그 본질로서 지닌다.

담연한 진리는 긴장을 생활화하지 않는다. 칸트는 그의 유명한 '비사교적 사교성'의 진리를 해석하면서, 인간은 이기심 때문에 필연적으로 투쟁하게 되고 투쟁은 그 자체 좋은 것은 아니지만 투쟁이 없으면 인간의 모든 가능성은 지하에 매장된다고 말하였다. 그러므로 인간은 비사교적 사교성이라는 의도를 갖고 있는 자연에 감사해야 한다. 비사교성의 악이 역사 과정에서 선의 원천이 되었고 모든 부지(不知)가 도덕적 친화의 원천이 되었다. 그런데 노자는 칸트와 전혀 다르게 인간의 진리를 말한다. "성인은 쌓지 아니한다. 이미 남을 위하여 있기에 자기는 더욱 여유가 있게 되고, 이미 남에게 주기에 자기는 더욱 많아진다."[10] 엄숙함은 생각하고 행동하는 세계에서는 큰 진리로 나타나지만, 그저 있는 그대로를 바라보는 세계에서는 평화와 평안을 흩뜨려놓는 혼란의 원인일 뿐이다. 그래서 담연한 진리는 인간의 무성무취한 평상심이 있는 곳에 문득 생긴다. 아래의 시는 담연한 진리가 어떤 것인가를 우리에게 보여준다.

봄에는 백 가지 꽃이 피고 가을 하늘에는 밝은 달이 뜬다.
여름에는 시원한 바람이 불고 겨울에는 눈이 내린다.
만약에 한가로운 가운데 걱정을 걸어놓지 않으면
인생살이가 오래오래 즐거운 계절인 것을.[11]

---

9) 慧能, 『六朝壇經』, 「附屬品 第十」. "問有將無對, 問無將有對, 問凡以聖對, 問聖以凡對, 兩道相因, 成中道矣."
10) 老子, 『道德經』 81章. "聖人不積, 旣以爲人, 己愈有, 己以與人, 己愈多."

이 지극히 단순한 자연의 있는 그대로의 모습을 역사의 격랑에 부침하거나 거기에 정열을 바치는 인간은 망각하기 쉽다. 망각한다기보다는 보지 못한다고 말함이 더 적절할지 모른다. 승랑·승조·혜능이 그린 철학적 진리는 칸트나 헤겔·마르크스가 사랑한 진리와는 확실히 다르다. 담연한 진리는 인간이 역사의 숙명적인 초점 불일치에서 초월할 때 보이게 된다. 그렇다고 담연한 진리가 불교적 용어로서 진체(절대적 진리)에 해당하고 이율배반적 진리가 속체(세속적 진리)에 해당한다고 간단히 말해서는 안 된다. 오히려 담연한 진리는 진체와 속체의 이원적 세계가 회통되고 모든 생각의 노력이 사라질 때 나타난다. 역사적 진리가 본질적으로 이율배반적이라면 우주적·자연적 진리는 담연하다. 인간의 역사와 달리 이 우주와 자연은 불필요한 사치에서 벗어나 있다. 자연세계에는 낭비가 없다. 대자연의 진리는 본질적으로 검약의 길을 간다. 우주와 자연은 가장 필요한 것만을 가진다. 거기에 정신적 가난이 있다.

이와 같은 담연한 진리에서 볼 때 역사에 있어서 인간의 이율배반성은 중복되는 낭비와 장식이 아니겠는가? 역사의 현장에서 어쩔 수 없이 숙명적으로 체험하는 모든 갈등과 투쟁과 전쟁은 하나의 오해이고 복잡다단성에서 기인하는 것이 아닌가? 이율배반적 진리에 지치고 피곤할 때 사람은 담연한 진리의 소리에 귀를 기울이고 싶어 한다. 그리하여 사람이 생각하지 않고 성공하는 부드럽고 공정한 포기의 진리가 어떤 것인가를 어렴풋이 직관하게 된다. 왜냐하면 역사의 돌쩌귀에서 긴장하고 경련하는 일이 결국 인간을 갉아먹는 행위 이외에 다른 것이 아님을 인간은 자기 건강의 생리학을 통하여 깨닫기 때문이다.

담연한 진리는 잘 예측된 척도로서 어려움을 극복하려는 의지와 노력의 긴장보다는 그 지극한 자연의 순리에 자신을 전적으로 내맡길 때 나타난다.

---

11) 吳經熊, 『禪學의 黃金時代』, p.422. "春有百花秋有月, 夏有涼風冬有雪, 若無閑事掛心頭, 便是人間好時節."

이율배반적 진리에는 비싼 노력의 대가가 필요하다. 그러나 평상심에서는 그것이 불필요하다. 그렇게 가장 원형대로 사는 것, 그것이 담연한 진리다. 어떻게 보면 역사의식을 갖고 무장해서 전투적으로 사는 것보다 그냥 담연하게 사는 것이 '안녕하십니까'라고 인사하는 것만큼 쉬울 수 있다. 오직 그 것만이 복잡한 번뇌에서 인간을 해방시킬 수 있고, 인간에게 참 평화를 줄 수 있는 것으로 보인다.

이와 같은 평상적 진리의 지극히 단순한 원점을 어떤 철학자도 설명하는 데 성공하지 못하였다. 이 담연한 진리에는 베르그송이 멋지게 표현한 '아름다운 건조(la belle aridité)'라는 말이 적용될 수 있음직하다. '수다쟁이'의 수천 마디 능변이 이 '아름다운 건조'를 해명하지 못한다. 현실 사회에 있어서 인간의 해야 할 일을 강조한 공자도 다른 한편에서 이 아름다운 단순성의 진리를 가장 간결하게 천명하기도 하였다. 그런 점에서 유교가 실천의지와 도덕의지로 다 수렴되는 것은 결코 아니다. 『논어』의 한 구절이다.

자로(子路)와 증석(曾皙)과 염유(冉孺)와 공서화(公西華)가 공자를 모시고 앉았는데 공자께서 대화의 실마리를 풀어나가면서 "만일 남이 너희들을 알아 등용해준다면 무엇을 하겠는가" 하고 물었다. 자로가 대답하기를 "천승의 나라가 큰 나라 사이에 끼어 전쟁의 화를 입고 기근으로 시달림을 받는다 할지라도 제가 이를 다스리면 3년가량이면 백성을 용기 있게 하고 또 도의를 알도록 하겠다"고 장담하였다. 또 염유가 대답하였다. "사방 60~70리나 40~50리의 나라를 다스리면 3년간에 백성을 충족히 살 수 있게 할 수 있지만 예악에서는 군자의 힘을 빌려야 하겠습니다"라고 하였다. 또 공서화가 응답하였다. "자신이 있지는 않지만 종묘의 제사 지내는 일과 제후가 회동할 때 검고 단정한 예복과 예관을 쓰고 군주의 의식을 돕는 소상이 되고자" 원하였다. 이때까지 비파를 틈틈이 타고 있는 증석(증자의 아버지)은 비파를 놓고 다음과 같이 말하였다. "늦은 봄 봄옷이 지어지거든 어른 대여섯 사람과 아이들 예닐곱 명과 더불어 기수(沂水)에 목욕하고 무우(舞雩)에 올라 바람 쏘이며 시가를 읊다가 돌아오겠나이다."[12] 이 증석의 말에 깊이 감탄한 공자는 "나도 그를 따르겠다"라고 말하였다.

철학은 언제나 설문적 사유를 본질로 지닌다. 철학은 인간에 의하여 인간에게 제기되는 물음이다. 과학은 질문의 대상을 정밀히 한정하고 규정하여 그 의문에 대한 해결을 가져올 때 과학의 타당성을 지닌다. 그러나 철학은 완결된 해결을 끝없이 유예하여 동일 주제에 대해서도 언제나 탐구의 가능성을 열어놓고 있다.

모든 철학자는 지칠 줄 모르고 스핑크스의 질문을 스스로에게 언제나 제시한다. 인간이란 무엇이냐? 인간이 천의 얼굴을 가졌듯이 철학도 천의 모습을 지니고 있다. 적어도 현대 철학의 큰 특징 중 하나는 이성과 경험의 화해를 점차로 겨냥하고 있다. 과거의 전통 철학에서 논하는 경험과 합리의 대립은 오늘날 현대 철학에서는 무의미하다. 왜냐하면 현대 철학은 과거처럼 개념 속에서만 움직이는 데 만족하지 않고 현실에 살고 있는 인간들 사이에 내려왔기 때문이다. 그래서 철학은 개념과 관념에서 출발하는 대신에 내적·외적 사건에 관한 반성에서 비롯한다. 그 사건이 우리의 일상적 경험에 가치 있는 충격을 줄 때 철학적 사유가 발동된다.

그러나 철학적 사유가 발동할 때 철학적 사유는 모든 것을 다 스스로 생각하고 스스로 자기 내부에서 자연스럽고 쉽게 해답을 구하는 것은 아니다. 왜냐하면 인간은 실재를 창조하지 않고 그것을 수용하기 때문이다. 즉, 인간의 사유는 스스로 자기 자신을 정립하지 못한다. 인간의 사유는 그 사유가 뿌리 박고 있는 조건과 대화하거나 마중함으로써 살아간다. 수많은 경험과 사건이 나에게 주어지고 부과되지만, 내가 온통 그것들의 저자인 것은 아니다. 인간은 경험을 통하여 사유한다. 내 밖에서 들어오는 경험을 내가 감수하고 오

---

12) 『論語』先進. "莫春者 春服旣成, 冠者五六人, 童子六七人, 浴乎沂, 風乎舞雩, 詠而歸夫子喟然嘆曰, 吾與點也."

히려 내가 그것을 더 적극적으로 원해야 철학적 진리가 개시된다.

그런 점에서 이율배반적 진리와 담연한 진리는 내가 임의적으로 창출한 개념이 아니다. 그것은 세계 속에 사는 주체의 경험이 스스로 제기한 반성적 의미일 뿐이다. 인간은 세상에 살아가면서 이율배반적이기도 하고 담연하기도 하다. 인간은 모순이기도 하고 허공의 세계이기도 하다. 역사에 적극적이며 거기에 못을 박고 살아야 하는 운명적 존재로서의 인간은 이율배반적 갈등을 자신의 모습으로 여기지 않을 수 없다. 인간은 끝없이 무슨 일을 해야 하는 존재다. 할 일이 없는 무료(無聊)의 형벌보다 인간에게 더 큰 고통은 없다. 모든 무료는 인간의 심리에 필연적으로 권태의 악을 낳는다. 권태의 심리를 철학적으로 잘 해명한 마르셀의 말을 들어보자.

권태를 느낀다는 것은 사람들이 하는 일이나 존재하는 일에 접목하지 못함을 느끼는 것이다.…권태의 문제와 시간 또는 영원의 문제는 밀접한 연관성이 있다. 권태를 느낀다는 것은 시간을 채울 방법이 없다는 것이고 스스로에게 결핍을 만드는 일이다. 텅 빈 시간의 의식으로서의 권태…[13]

일함의 노력은 언제나 양가적이다. 일은 기쁨과 피곤과 허탈을 동시에 준다. 이 세계에서 살기 위해서 열심히 해야 하는 일이 이율배반적인 본질을 지니지 않을 수 없다. 왜냐하면 이 세계가 그리고 이 세계 속에서 전개되는 역사가 본질적으로 초점 불일치하기 때문이다. 선이 증대하면 악도 증대한다. 선이 적극적으로 있는 곳에 악도 그만큼 적극적으로 나타나기 때문이다. 진정으로 바쳐서 하는 모든 일이 언제나 정신과 영혼의 충만감만 주는 것이 아

---

13) G. Marcel, *Journal Métaphysique*(Gallimard, S'ennuyer), p.230. "c'est sentir qu'on n'adhère pas à ce qu'on fait ou même à ce qu'on est. … Connexion étroite entre le problème de l'ennui et celui du temps ou de l'éternité. S'ennuyer, c'est n'avoir pas de quoi remplir le temps, c'est se fair défaut à soi-même. L'ennui comme conscience du temps vide……."

니다. 주관적 진실과 성실이 많은 경우에 몰이해와 오해의 씨앗이 되기도 한다. 그래서 세상에서 후자가 때로는 객관적 진리라고 불리기도 한다. 일에 대한 의욕은 권태와 좌절의 공허함을 수반한다. 충만한 시간 의식과 공허한 시간 의식이 분리되어 존재하는 것이 아니다. 그러나 역사를 배제하고 인간을 해석할 수 없듯이, 일의 노력 없이 인간은 심연한 세계를 깨닫지 못한다. 목마르지 않은 이가 물을 봐도 갈증을 느끼지 못함과 같다.

갈등의 진리가 강한 곳에 그만큼 담연한 진리가 경험의 말에 나타나게 된다. 이때 강한 마음은 허한 마음이 되고 싶어진다. 허한 마음이란 앞에서 마르셀에 의하여 기술된 빈 시간으로서의 권태와는 다르다. 역사 안에서의 자유는 언제나 제한된 자유의 한계 상황을 갖고 있지만 역사를 벗어나 담연한 진리가 역으로 보내주는 자유는 그 순간에 온전히 필연성을 인식하고 자유로이 거기에 동의하게 된다. 담연한 진리는 있는 그대로의 원초적 순결성에 대한 거리감이 없는 명상이며 필연성의 능동적 마중이다. 그래서 담연한 진리는 언제나 필연성의 인식 이상이다. 그러나 담연한 진리는 단순히 역사와 사건 현장의 밖에서 국외자로서 말하지 않는다. 담연한 진리는 이율배반적 진리를 초월한다. 그러나 그 초월은 역사 안의 진리에 대한 부정도 아니고 역사를 떠나는 것을 뜻하지도 않는다. 인간은 죽는 순간까지 역사 밖을 벗어나지 못한다. 그래서 이율배반적 진리의 밖에서 인간은 존재하지 못한다.

인간은 역사 안에서 역사를 통하여 살면서도 역사를 넘어서려고 한다. 넘어가는 행위와 밖에 국외자로 있는 행위는 전혀 다르다. 담연한 진리는 이율배반적 진리의 밖에 국외적 진리로 있는 것이 아니고 이율배반적 진리를 통하여 그것을 넘어가고 있다. 영원은 죽음 밖에 있는 것이 아니고 죽음을 통하여 그것을 넘어가고 있을 뿐이다. 그래서 초월과 국외는 다르다. 이 점을 원효는 그의 『금강삼매경론』의 서문에서 잘 지적하였다.

불유의 진리가 무에 즉해서 거주하는 것이 아니고 그렇다고 불무의 현상이 유에 즉해서 살고 있는 것이 아니다. 하나가 됨이 아니고 둘을 융합하였기에 비진(非眞. 세속·역사)의 사실이 비로소 세속체가 되는 것이 아니요, 비속(非俗. 순수·절대)의 이치가 비로소 진체가 되는 것이 아니다. 둘을 융합하나 하나로 만들지 않기에 진체와 속체의 본성이 정립되지 않은 바가 없고 더러움과 깨끗함의 현상이 갖추지 아니함이 없다.[14)]

원효에서 이 논문을 끝맺으려 한다. 원효적 사상세계에서 역사적 진리와 초역사적 진리는 둘로 나뉘는 것도 아니고 그렇다고 일방이 타방을 지배·조정하는 것도 아니다. 이율배반이 있는 세계와 담연한 세계가 하나로 합일된 것도 아니요 둘로 싸우는 것만도 아니다. 또 그 두 개가 역사의 종말에 가서 합일되는 것도 아니다. 그 두 가지는 한 인간에 있어서 매 순간순간마다 합일되기도 하고 또 불합치되기도 한다.

인간은 갈등과 대립에서 오는 지배/종속, 자유/부자유의 존재만도 아니요, 역사 안에서 언젠가는 모순을 영원히 극복할 수 있는 존재도 아니다. 나는 생멸문(生滅門. 이율배반)이기도 하다. 그러나 나는 생멸문인 것만은 아니다. 여기서 담연의 문이 열린다. 모든 이율배반적 진리는 그 자체 이미 담연한 진리를 담고 있고 또 그 역의 이치도 가능한 데서 불가에서 '색즉시공(色卽是空) 공즉시색(空卽是色)'이요 '색불이공(色不異空) 공불이색(空不異色)'이라고 말했던 것이 아닌가.

『논어』에서 증자는 "책임은 무겁고 길은 멀다"[15)]고 말하였다. 역사 안에서 철학자의 책임은 무겁다. 그러나 그 책임이 아무리 무겁다 하여도 진리가 완결되는 것은 아니다. 증자의 말처럼 죽어서야 그 짐을 면할 수밖에 없으니 또한 멀지 않은가? 책임이 무거우나 진리가 역사 안에서 종결되지 않는다.

---

14) 『元曉全集』, 「金剛三昧經論」. "故不有之法, 不卽住無, 不無之相, 不卽住有, 不一而 融二, 故非眞之事, 未始爲俗, 非俗之理, 未始爲眞也, 融二而不一, 故眞俗之性, 無所 不立, 染淨之相, 莫不備焉."

15) 『論語』. "泰伯, 士不可以不弘毅, 任重而道遠. 仁以爲己任 不亦重乎, 死而後己, 不亦 遠乎."

죽어서야 그 짐을 면할 수밖에 없다. 그렇지만 무한 책임을 진다 해서 이율배반적 진리가 끝나는 것은 아니다. 그래서 철학자는 책임을 생각하는 진리 이외 그냥 여여(如如)하게 절대적으로 바라보는 진리를 어쩔 수 없이 또한 찾게 된다.